활단군기

황당고기

초판 발행 | 2009년 11월 15일
초판 2쇄 | 2013년 1월 15일

지은이 | 양태진
펴낸이 | 한미경
펴낸곳 | 예나루

등록 | 2004년 1월 5일 제106-07-84229호
주소 | 서울특별시 용산구 갈월동 10-3 한성빌딩 별관 202호
전화 | 02-776-4940
팩시밀리 | 02-776-4948

ⓒ 양태진, 2013

ISBN 978-89-93713-12-1 93910

일원화 공급처 | (주)북새통 서울시 마포구 서교동 384-12
  전화 | 02-338-0117 팩시밀리 | 02-338-7160~1

이 책 내용의 일부 또는 전부를 재사용하려면 반드시
저작권자와 예나루 양측의 서면에 의한 동의를 받아야 합니다.
저자와의 협의에 의해 인지를 생략합니다.

활달고기

양태진

예나루

차 례

책을 풀어 쓰면서 • 9
환단고기 정해(桓檀古記 正解) • 29
환단고기 범례(桓檀古記 凡例) • 32

삼성기 전(三聖紀 全)
삼성기 전 상편(三聖紀 全 上篇)　안함로 찬(安含老 撰) • 39
삼성기 전 하편(三聖紀 全 下篇)　원동중 찬(元董仲 撰) • 49
― 신시역대기(神市歷代紀) • 63

단군세기(檀君世紀) 이암 편(李嵒 編)
단군세기 서(檀君世紀 序) • 71
단군세기(檀君世紀) • 77

북부여기(北夫餘紀) 범장 편(范樟 編)
북부여기 상(北夫餘紀 上) • 139
북부여기 하(北夫餘紀 下) • 151
가섭원 부여기(迦葉原 夫餘紀) • 157

[차례]

 태백일사(太白逸史) 이맥 편찬(李陌 編纂)

    삼신오제 본기(三神五帝 本紀) • 167

    환국 본기(桓國 本紀) • 187

    신시 본기(神市 本紀) • 197

    삼한관경 본기(三韓管境 本紀) • 239

      − 마한세가 상(馬韓世家 上) • 243

      − 마한세가 하(馬韓世家 下) • 257

      − 번한세가 상(番韓世家 上) • 265

      − 번한세가 하(番韓世家 下) • 275

    소도경전 본훈(蘇塗經典 本訓) • 285

      − 천부경(天符經)

      − 삼황내문경(三皇內文經)

      − 삼일신고(三一神誥)

      − 신지비사(神誌秘史)

      − 대변경(大辯經)

      − 참전계경(參佺戒經)

    고구려국 본기(高句麗國 本紀) • 321

    대진국 본기(大震國 本紀) • 375

    고려국 본기(高麗國 本紀) • 395

    태백일사 발(太白逸史 跋) • 435

    환단고기 발(桓檀古記 跋) • 436

부록   동이(東夷) 그들은 누구인가 • 439

1. 동이(東夷)의 연원(淵源)
2. 동이(東夷)에 대한 시대별(時代別) 적용 의미(適用 意味)
3. 구이(九夷)로 알려진 동이제족(東夷諸族)
4. 동이족(東夷族)의 분포(分布)
5. 동이계(東夷系)인 요(堯) 순(舜) 우제(禹帝)
6. 우이(嵎夷)와 조선(朝鮮)
7. 동이족(東夷族)의 자태와 주 활동 무대(主 活動 舞臺)
8. 동이(東夷)와 삼위태백(三危太白)
9. 강성(強盛)했던 구이족(九夷族)
10. 동이족(東夷族)과 한족(漢族)의 대결(對決)
11. 전국(戰國) 및 진한대(秦漢代)의 동이(東夷)
12. 화이관(華夷觀)과 사이사상(四夷思想)

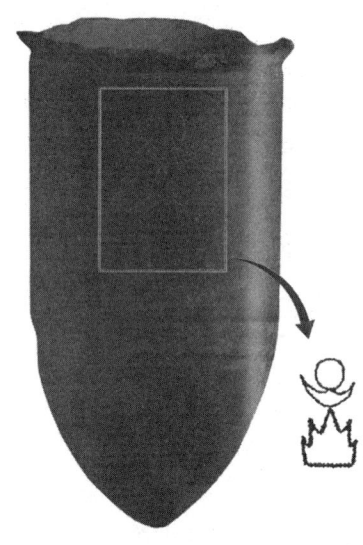

산동반도에서 발굴된 고조선의 토기와 아사달 문양. 아사달은 아사(아침, 해)+달(들)이라는 뜻으로, 순수한 고조선말 나라 이름이다.

책을 풀어 쓰면서

　환단고기(桓檀古記)라는 책이 세상에 알려지면서 이 책의 진위(眞僞) 여부에 대한 논란이 이어져 오고 있다. 이는 우리나라의 고대사 관련 문헌이 영성(零星)하기 때문이라고 생각된다. 흔히 우리는 반만년의 유구한 역사를 간직해 온 민족이라고 자랑스럽게 말하고 있다.
　그러나 이를 기록상으로 입증할 만한 자료는 별로 없다. 그 이유는 거듭되는 내우외환으로 문헌보고를 소실(燒失), 인멸(湮滅), 약탈(掠奪)당해 왔기 때문이다.
　그럼에도 불구하고 우리의 상고사와 관련된 자료들은 끊임없이 서명상으로는 나타나고 있다. 예컨대, 단군조선 때 신지(神誌)가 지었다는 신지비사(神誌秘史)를 비롯하여 해동비록(海東秘錄), 1412년 조선 태종 12년 때 쯤 소각된 것으로 보여지는 고구려 때의 사람 대영홍(大英弘)이 찬했다는 신지비사역술(神誌秘史譯述), 고구려 26대 영양왕(嬰陽王) 11년(기원 600년)에 전해 내려오던 100권의 유기(留記)를 태학박사 이문진(李文眞)이 요약한 신집(新集) 5권이 있었다고 전한다. 또 백제에서는 고흥(高興)이 백제사를 편찬한 서기(書記)가 있었고, 사료를 보존해 왔던 석실(石室)도 있었다고 전한다.
　신라에서는 진흥왕 6년(545년) 대아찬(大阿湌) 거칠부(居柒夫)에게

국사를 편찬케 한 바 있고, 성덕왕 때에는 김대문(金大問)의 화랑세기(花郎世紀)가, 발해에는 대야발(大野勃)의 단기고사(檀奇古史)가 있었다. 고려는 건국 초부터 시정(時政)을 기록하는 사관(史館)이라는 기관을 두었고, 후에 이것을 춘추관(春秋館)으로 바꾸고 여기에서 시사(時事)를 기록하였을 뿐만 아니라 역대에 전해 내려오던 자료들을 수집·보관·정리해 왔다.

고려 현종 3년(1012년) 거란의 침략으로 서고가 불타 사료는 없어졌다. 그러나 1014년 역사 편찬에 착수, 황주량(黃周亮)·왕가도(王可道) 등에 명해, 사료를 수집·정리하여 태조로부터 목종에 이르는 칠대사적(七大事跡) 36권을 편찬하였다. 이후 문종~덕종 연간의 인물인 박인량(朴寅亮)은 고금록(古今錄) 10권을, 연대 미상의 편년통재(編年通載)를, 예종은 이 편년통재를 바탕으로 홍관(洪灌)에게 명해 상고시대부터의 국사를 편찬토록 하였는데, 이것이 편년통재 속편(編年通載 續篇)이다. 의종 때에는 김관의(金寬毅)의 편년통록(編年通錄)·삼대종록(三代宗錄)을, 충렬왕 때는 임익(任翊)의 선원록(璿源錄)이, 이어서 원부(元傅) 등의 고금록(古今錄)을 비롯하여 정가신(鄭可臣)의 천추금경록(千秋金鏡錄), 민지(閔漬)의 세대편년요록(世代編年要錄) 등 다양한 사서들이 있었으나, 오늘날에는 삼국사기와 삼국유사만이 전해져 이것들만이 현존 유일의 사료로 알려지게 되었다.

그러나 충렬왕 34년(1308년) 사료 기관인 태사국(太史局)을 병합한 서운관(書雲館)에는 오늘날 흔히 '고기'라고 표현되는 서책들이 수장되어 있었다고 하며, 그 서명이 알려져 오고 있다. 즉, 주남일사기(周南逸史記)를 비롯하여 신비집(神秘集) 고조선비사(古朝鮮秘史) 조대기(朝代記) 대변설(大辯說) 지공기(誌公記) 표훈삼성밀기(表訓三聖密記) 도중기(道證記)

지리성모하사량훈(地異聖母河沙良訓) 수찬기소(修撰企所) 동천록(動天錄), 문태산(文泰山)·왕거(王居)·인설(仁薛) 등 3인이 기록했다고 하는 100여 권의 책과 마슬록(馬虱錄) 통부록(通夫錄) 호중록(壺中錄) 지화록(地華錄) 도선한도참기(道詵漢都讖記) 등이 있었다.

　이러한 서책들은 고려 멸망 이후에도 극히 일부이기는 하나 조선조 중기까지도 세간에 일부 암장(暗藏)되어 있었음을 알 수 있는데, 그 전거로 세조 예종 성종조에 이르기까지 1455년에서 1494년간에 걸쳐 세 차례나 전국에 구서지유(求書之諭)라는 유시를 내렸는데, 이 당시 대상자료로 고조선비사(古朝鮮秘詞) 대변설(大辯說) 조대기(朝代記) 삼성기(三聖記) 통천록(通天錄) 지공기(誌公記) 표훈천사(表訓天詞) 삼성밀기(三聖密記) 도증기(道證記) 지화록(地華錄) 등 본 환단고기에서 인용되고 있는 상당수의 서명들이 열거되고 있다.

　1468년인 예종 1년 5월 두 번째 수서령에 위의 10책 가운데 지공기(誌公記) 표훈천사(表訓天詞) 삼성밀기(三聖密記) 도증기(道證記) 지화록(地華錄) 등 다섯 종류의 책만 그 해 연말까지 수거를 명한 것으로 보아 이 책들은 당시까지만 하여도 미수거되었던 것으로 보여진다.

　또 다른 예로 이규보(李奎報)가 말하기를 "동명왕본기에는 고구려 개국에 관한 내용이 당시 알려진 것보다 훨씬 상세하게 적혀 있어 감탄했다"고 하면서 우리나라가 본시 성인의 고장임을 알게 할 목적으로 동명왕편에 대한 장시(長詩)를 지었다고 하는데, 그는 '김부식이 삼국사기를 펴내기 이전에 구삼국사를 얻어 보았다'고 함으로써 당시까지는 물론 이후에도 상당기간 우리의 상고사에 대한 기록이 전해져 오고 있었음을 알 수 있다.

　그러다가 이 귀중한 비장서들이 자취를 감추게 되었는데, 일제침략기의 단군조선사에 대한 말살정책과 6·25 전란을 겪으면서 고찰(古刹)들과 고가(古家)가 전화(戰禍)를 입었기 때문이라 생각된다. 그러나 유구한 역사를 이어온 우리 민족에게 나라 잃은 슬픔보다 더한 통분은 사라져 가는 역사의식이라는 절박한 외침이 애국선열들에 의해 제창, 강조되어 독립운동과 병존해 오면서 고기(古記)에 대한 구서열정(求書熱情) 또한 식을줄 모르고 지속되어 오는 가운데 민족자존의 앞날을 역사복원에 두어 왔다는 사실이다.

나라를 바르게 이끌어 가는 데는 민족의 기백과 기개, 역사의식이 우선되어야 한다. 역사의식이 불분명하고 식자(識者)들의 기개가 진작되지 못해 기백있는 절개를 펼 수 없다면, 나라의 근본은 흔들리고 정치와 법도 설 자리를 잃게 된다. 올바른 역사의식이란, 폄하할 자는 폄하하고 포상할 자는 포상하는 신상필벌의 대원칙하에서 당해 시대를 진단해 만세의 표준이 되어야 한다.

나라가 형체라면 역사는 혼과 같은 것이다. 형체가 혼을 잃어버린다면 그 형체는 존립할 의미가 없는 것이다. 이러한 형체의 핵심은 그 시대를 살아가는 개개인들이다. 개개인의 기백과 절개는 곧바로 나 하나에서 비롯되는 것이다.

즉, 국가라는 형체에 역사의식이라는 혼을 함께 갖춤은 나 자신에서부터 시작되어야 한다. 그러니 천하만사도 나를 먼저 아는 데 있다. 나를 올바르고 정확히 알려면 올바른 역사의식을 갖추어야 한다. 환단고기는 우리나라가 환국시대를 거쳐 신시시대, 단군조선시대를 이어 부여, 고구려 이후의 역사를 계승해 온 세계사에서 매우 오래된 나라요, 우수한 문화를 향유한 민족임을 깨우치고 환기시켜 주고자 하는 의도를 내포하고 있는 저작물이라 하겠다.

이제 수록된 내용을 간략하게 언급해 보고자 한다.

먼저 이 책의 범례부터 살펴보면, 수록한 각 장별 기사명을 삼성기·단군세기·북부여기·태백일사 등을 한데 묶어 책명을 환단고기라 하였다고, 하고 삼성기(三聖記)에는 2종이 있는데 내용이 비슷하기는 하나 모두 완성편은 아니라고 하면서, 그 가운데 하나는 신라 26대 진평왕(眞平王) 때의 도승(道僧) 안함로(安含老) 씨가 찬한 것이 집안에 전해져 내려 오던 것을 〈삼성기 전 상편〉이라 하고, 연대 미상의 원동중(元董仲) 씨가 찬한 것을 평안북도 태천(泰川)의 진사(進士)인 백관묵(白寬黙) 씨에게서 나온 것을 〈삼성기 전 하편〉으로 하여 한데 모아〈삼성기 전〉이라 하였다고 하는데 내용은 대체로 비슷하다. 양자 모두가 인류의 시작에서부터 환인, 환웅시대에 관한 기사를 싣고 있다.

환국을 개창한 천제환인은 안파견이라 불렸으며 7대를 이어왔는데 그 햇수는 알 수 없다고 하고, 삼성기(三聖紀) 하편(下篇)에는 환국(桓國)에 대해 언급하기를 '국토가 남북으로 5만 리, 동서로 2만 여리이며, 열 두 지국(支國)을 두고 관할해 오면서 7대를 이어왔는데, 역년(歷年)이 3031년 또는 63,182년이라 하면서 확실치 않다'고 하고 있다.

이밖에 웅호(熊虎)의 환골이신설(換骨移神說)과 고대 동방세계의 신웅(神雄)으로 알려진 치우천왕(蚩尤天王)의 활약상을 기술하고, 사마천의 치우천왕에 대한 기록이 견강부회론(牽强附會論)임을 제기하고 있다.

다음, 신시역대기에는 천제환인(天帝桓因)의 아들 환웅이 천부인 3개와 3천명의 부하를 거느리고 태백산 단(檀)나무 아래로 내려와 신시(神市)를 열고 웅녀(熊女)와 결혼하여 단군을 낳으신 이후 배달국이 신시에 도읍을 정하였다가 뒤에 청구(靑丘)국으로 옮겨 18대를 이어 1565년간 존속해 왔다는 매우 간략한 내용이 담겨 있다. 여기에는 1대인 환웅천황(桓雄天皇)에서부터 18대인 거불단환웅(居弗檀桓雄)에 이르기까지 각 환웅대별

(桓雄代別)로 재위 기간과 수(壽)를 기록하고 있는데, 16대 이하가 100세 미만이나 그 이상은 (94세의 수(壽)를 누린 8세 안부련환웅(安夫連桓雄)을 제외하고) 모두 100세를 넘겨 장수하였다.

　제2편이라 할 수 있는 단군세기는 행촌(杏村) 이암(李嵒)이 편찬한 것이다. 행촌 선생은 고려말 인사로 이명(李茗) 범장(范樟)과 같이 압록강변 천보산(天寶山)에 있는 태소암(太素庵)에서 환단시대부터 전해져 오는 진결(眞訣)을 얻게 되었는데, 이 진결은 백진사에게서 얻었다고 하며, 백진사의 집안은 학문하는 가문으로 고가(古家)에 장서가 많았다고 한다.

　단군세기(檀君世紀)는 서(序)와 본기(本紀)로 나누어져 있는데, 이 중 서는 나라가 잘 되게 하는 것은 무엇보다 선비의 기개를 드높이는 일이며, 아울러 사학(史學)을 중시하는 일 또한 이에 못지 않다고 하면서 국가와 역사가 동일체임을 강조하고 있다. 신시가 개천하면서 스스로 전통을 세우고 나라와 백성이 그 전통으로 일어남 또한 그 같은 역사를 바탕으로 한 것이라 하여 올바른 역사야말로 올바른 민족, 국가를 영위해 나갈 수 있는 혼(魂)불임을 역설하고 그 혼불은 삼신일체(三神一體)의 도(道)에 있는데, 부여와 고구려 등의 강국이 멸망한 것은 나라의 도(道)가 쇠해짐에 따라 나라 역시 멸망하였다고 말하고 있다. 끝머리에는 쓴 연대와 장소, 저작자를 밝히고 있다.

　본서 가운데 매우 비중 높은 단군세기(檀君世紀)에는 단군왕검 이래 47대인 단군 고열가(檀君 古列加)에 이르기까지의 치적(治績)을 언급함으로써 단군조선을 신화화한 기록에 전면적으로 대응하고 있어 우리나라 고대사 복원에 초석이 될 것으로 보인다. 특히 말미에 단군 기원 무진년부터 금상폐하(공민왕 1351~1374)가 대를 이은 지 12년이 되는 계묘(癸卯)년에 이르기까지 모두 3616년이 된다고 하면서 기술한 날짜, 장소, 저자를 밝혀

놓고 있다.

　북부여기 상하(上下)는 휴애거사 범장이 찬한 것이다. 원래 단군세기 합편이라 하던 것을 삭주 이동(梨洞)의 이진사 형식 씨 댁에 소장되어 있던 것인데, 백진사 소장본 단군세기와 같은 것이다. 그리고 세간에 별본이 전해지고 있는데, 이 별본들은 앞의 책들과 비교해 내용이 다르거나 구성면에서 그 수준이 떨어진다고 하였다. 편자인 범장(范樟)은 고려 공민왕 때의 사람인데 호가 휴애(休崖), 자가 여명보(汝明甫)로 일명 범세동(范世東)이라고도 한다. 금성(錦城) 출신으로 간의대부(諫議大夫)의 벼슬을 지내다가 고려 망국 후 만수산(萬壽山)에 들어가 은신해 온 인물이다.

　북부여기(北夫餘紀) 상(上)에는 시조 단군 해모수(解慕漱)의 재위 45년간에서 2대 단군 모수리(慕漱離)의 재위 25년간, 3대 단군 고계사(高奚斯)의 재위 49년간, 4대 단군 고우루(高于婁)의 재위 34년간에 이르기까지 150여 년간의 통치 기록이 담겨 있다. 특히, 2대 단군 모수리(慕漱離) 첫해인 정미년(丁未年)에 '월지(月支)를 중마한(中馬韓)이라 한다(月支卓之生鄕也謂中馬韓)'하여 주목을 끌고 있고, 또한 '경향분수법(京鄕分守法)'을 세워 국방을 튼튼히 하였다고 한다. 북부여기(北夫餘紀) 하(下)는 5대 단군 고두막(高豆莫)의 재위 기간과 6대 단군 고무서(高無胥)의 짧은 재위 기간에 관한 것으로, 여기에 물고기와 자라가 다리를 놓아 분능수를 건너게 하였다는 이야기를 싣고 있다.

　가섭원(迦葉原) 부여기(夫餘紀)는 동명왕 고두막한이 말하기를 "나는 천제의 아들인데 장차 이곳으로 도읍을 정하고자 하니 북부여 왕은 다른 곳으로 옮기라"하였다. 이후 임금이 병을 얻어 타계하자 동생인 해부루(解夫婁)가 뒤를 이었는데 동명왕이 다시 군대를 출정시켜 위협하니 국상(國

相) 아란불(阿蘭弗)이 말하기를 '통하(通河) 강가에 가섭(迦葉)이라는 들판이 있는데 땅이 기름져 오곡이 잘 자라 가히 도읍이 될 만하다.'고 왕에 권유해 도성(都城)을 가섭원으로 옮겼는데, 이 나라를 가리켜 가섭원 부여(迦葉原 夫餘) 또는 동부여(東夫餘)라 하며 3대를 이어 오다가 100여 년만에 고구려에 병합되었다.

북부여는 단군조선 이후부터 고구려가 건국되기 이전까지 오늘날의 만주지역 일대를 통치해 온 나라로, 당시 동이족(東夷族)이 세운 국가로는 가장 강성했던 나라였다. 오늘날까지 우리 민족의 풍습과 제도의 상당 부분에 영향을 끼치고 있는데, 이는 바로 제천의식・순장(殉葬)의 풍습・백의(白衣)의 숭상・평화 애호 정신 등이다. 뒤에 부여는 동・북으로 나뉘었다가 망하였다. 그런데 편찬자는 한결같이 북부여 역대왕을 단군조선을 계승한 임금으로 나타내고 있어 주목을 요한다.

태백일사(太白逸史)는 일십당 주인 이맥(李陌)씨가 펴낸 것인데, 이것을 해학 이기 선생이 소장해 왔다. 여기에 삼신오제 본기, 환국 본기, 신시 본기, 삼한관경 본기, 소도경전 본훈, 고구려국 본기, 대진국 본기, 고려국 본기와 함께 발문도 수록하고 있다.

환단고기를 전후편(前後編)으로 나눈다고 할 때, 태백일사는 후편에 해당된다.

편자인 이맥은 호를 일십당(一十堂)이라 하며 행촌 이암의 현손(玄孫)이라고도 한다. 조선조 연산군 때의 인물로 문과에 급제하여 벼슬길에 나섰으나 직언을 하다가 연산군 10년에 괴산으로 귀향을 갔다가 16년만에 풀려나 중종 15년에 수찬관(撰修官)이 되었다. 그는 귀향지에서 향노들로부터 들은 이야기와 비장사전(秘藏史傳)들을 열람한 이후 이를 바탕으로 본 태백일사를 지었다고 한다.

첫편에 실려 있는 삼신오제 본기는 표훈천사(表訓天詞) 대변경(大辯經) 고려팔관기(高麗八觀記) 오제설(五帝說) 등을 통하여 삼신(三神)이 천하만물의 창조자이시며 주관자임을 설파한 내용이다. 표훈천사에서는 하늘의 삼신이 온 세계를 통치하는 한량없는 지능(智能)이 있어 이치로 세상을 다스린다고 말하고 있다.

대변경에서는 만물의 창조자이신 삼신은 이 땅의 무리들에게 '부도(父道)는 하늘을 본받고, 사도(師道)는 땅을 본받고, 군도(君道)는 만민을 본받아 다스려 나가야 한다.'고 하였다. 고려팔관기에서는 삼신설을 바탕으로 상계(上界)의 주신은 천일(天一)이며, 하계(下界)의 주신은 지일(地一), 중계(中界)의 주신은 태일(太一)이라 하는데, 이의 주체는 상제(上帝)로, 각각의 신이 있는 것이 아니라 작용하여 삼신이 된다고 하였다. 오제설에서는 오방설(五方說)을 내세우고 있는데, 동서남북 사방(四方)과 중방(中方)이 있어 각기 그 사명(司命)을 감당케 하고, 천지만물과 인류사의 근원 통치도 이 오제의 신들이 다스린다는 것이 삼신오제본기의 내용이다.

환국 본기(桓國 本紀)는 발해의 비장서(秘藏書)인 조대기(朝代記)와 삼성밀기(三聖密記)의 내용을 바탕으로 환인국(桓因國) 또는 환국(桓國)이라고도 부르는 나라가 7대에 걸쳐 3301년(혹 63182년이라고도 함)간 통치했다는 역사의 기록이다. 영토의 넓이가 남북으로 5만리, 동서로 2만리였는데, 그 경내에 12소국을 거느리고 이들을 오훈(五訓)과 오사(五事)로 다스렸음을 말하고 있다.

신시 본기(神市 本紀)는 환웅천황이 신시시대를 열고 다스림에 따른 제반사를 언급한 것으로, 발해시대에 쓰여진 것으로 알려진 진역유기(震域留記)를 저본(底本)으로 하고, 여기에 덧붙여 삼성밀기 조대기 대변경 운급헌원기(雲芨軒轅記) 삼한비기(三韓秘記) 위서 물길전(魏書 勿吉傳) 한서지리지(漢書地理志) 사기 봉선서(史記 封禪書) 선가서(仙家書) 통지씨족략(通志氏族略) 고려팔관잡기 등의 기록들을 인용하고 있다.

다음, 삼한관경 본기(三韓管境 本紀)에는 마한세가 상하와 번한세가 상하를 구분하여 싣고 있는데 마한과 번한세가를 언급하기에 앞서, 환웅천왕이 제사 지낸 산이 불함 또는 음이 비슷한 완달이라 하는 산인데 후에 웅녀임금이 세습하여 왕검이 되었다고 하고, 웅씨가 나누어져 소전(小典)이 되고 소전의 아들이 신농(神農)인데 소전의 다른 한 갈래로 공손(公孫)이 있었는데 헌구(軒丘)로 쫓겨났다. 이른바 헌원(軒轅)의 족속이 그 후손들이라 하고 있다.

웅녀군의 후손을 려(黎)라고도 하였는데 처음으로 단허(檀墟)에 봉함을 받아 왕검(王儉)이 되었다. 이후로 신인(神人) 왕검(王儉)이 비왕(神王)에 오르고 웅씨왕을 이어 구환(九桓)을 통일하여 하나로 만들었는데, 왕검께서는 백성들의 소리를 들어 공법(公法)을 세우고 이를 천부(天符)라 명하고 만세의 경전으로 받들게 하여 그 누구도 범할 수 없게 하였다. 그리고 삼한과 더불어 땅을 나누어 다스렸는데, 진한(辰韓)은 천왕이 친히 다스리고 마한과 번한은 각각 관경을 정해 다스리게 하였다.

마한세가(馬韓世家) 상(上)은 단군 1대로부터 22대까지의 치세이며, 마한세가(馬韓世家) 하(下)는 우현왕(右賢王)이 된 단군색불루(檀君索弗婁) 때에 삼한시대가 끝나고 신왕조가 백악산에 도읍을 정한 이래 47대인 단군고열가(檀君高烈加)가 왕위를 버리고 아사달로 들어가자 진조선(辰朝鮮)이 오가(五加)와 더불어 정치를 하다가 끝내 회복하지 못하고 끝을 맺었다는 기록이다.

번한세가(番韓世家) 상(上)에는 치우천왕이 1만여 리의 땅을 넓히고 우순(虞舜)에게 땅을 통치하게 하였고 홍수가 남에 오행치수법을 활용하여 물난리를 다스리게 하는 등 치세의 공적을 쌓았다. 치우천왕의 후손 치두남(蚩頭男)은 요중(遼中)에 12성을 쌓아 영토 방비를 공고하게 하였다. 단군 소태(檀君蘇台)가 우사(雨師) 소정(小丁)에게 번한(番韓)을 맡게 하였다.

이 시기에 은(殷)이 발군(發軍)하고자 함에 고등(高登)과 서여(西余)가 이를 미리 쳐부수고 서여가 번한을 맡고 있던 소정(小丁)에게 자객을 보내 참살시켰다는 등의 내용이 전한다. 하(下)에는 단군색불루가 삼한을 병합하여 문물과 제도를 크게 고치고 팔조의 금법을 시행하게 하였으며, 이벌(伊伐) 치하 때 이두법이 제정되어 삼한에 널리 시행하게 하였다고 전한다.

이후 여러 대(代)를 거쳐 오는 동안 연(燕)나라가 쳐들어와 기후(箕詡)가 번조선왕이 되어 이를 막아내고, 그 아들들이 대를 잇다가 기준(箕準) 때에 위만에게 유인 당해 패하고 바다로 들어가 돌아오지 않았다는 내용이다.

소도경전 본훈(蘇塗經典 本訓)에는 선인(仙人)인 자부(紫府) 선생의 선대(先代)인 발귀리(發貴理)가 아사달에서 제천고사(祭天告祀)를 올린 글과 칠성력(七星曆)의 시원인 칠정운천도(七政運天圖)를 자부(紫府) 선생이 만들고 뒤에 창기소(蒼其蘇)가 그 법을 응용하여 오행치수법을 밝혔다는 내용과 환역(桓易)의 원리를 밝혔으나 후대에 내려오면서 돌아보지 않으려 함에 이를 한스럽게 여겨 이후라도 끝까지 이어져 전하기를 바라는 뜻에서 기술하였다고 한다. 이어서 81자의 천부경과 366자로 된 삼일신고 167자로 된 인물(人物)에서는 동수삼진(同受三眞)한다 하고 대변경(大辯經)의 구서지회(九誓之會), 을파소(乙巴素) 선생의 팔훈(八訓)으로 경(經)을 삼고 오사(五事)를 위(緯)로 삼아 교화가 크게 행해져 참전이 이루어지지 않은 곳이 없다는 참전계경을 수록하고 있다.

　고구려국 본기는 고구려사를 고기(古記)인 조대기(朝代記) 대변경(大辯經) 삼한비기(三韓秘記) 이명유기(李茗留記)를 바탕으로 하여 강성·광활하였던 고구려의 영토 개척과 경략, 수·당과의 항전 등 역사상 특기할 사항 등을 수록하고 있다. 무엇보다 고구려의 건국시기에 대한 삼국사기의 기록에 의문을 갖게 하고 있으며, 광개토대왕비문에는 호태왕이 주몽 시조로부터 19세 손이라 하고 있는데 삼국사기에는 13세 손이라 나와 있어 적어도 6세대의 왕조가 비어 있게 되는 점이라든지, 말기의 연개소문이 당군을 제압하고 요동지역은 물론 오늘날의 북경지역까지 진군하여 그 경역을 관할하였던 사실 등이 기록되어 있어 민족적 자부심을 고취시키는 내용으로 채워져 있는가 하면 멸망 요인에 대한 깊은 각성을 심어 주고 있다.

　대진국 본기(大震國 本紀)에서는 대진국이란 발해국을 칭하는 것인데, 고구려 멸망 30년 후에 고구려의 유장(遺將)인 대조영(大祚榮) 주도하에 창건된 나라로 국호를 진국(震國)이라 하고 건국이념을 고구려 부활에 두면서 고구려의 정치 문화 제도 전반을 계승해 왔다고 밝히고 있다.

　이러한 진국이 발해국(渤海國)으로 개칭되기는 기원 713년 무렵인데, 발해라는 국명의 유래는 이 나라의 중심처가 목단강(牧丹江)인데 이 강을 일명 호이합하(瑚爾哈河) 또는 대진하(大震河)라 하였다. 이 강의 발원지가 돈화현 노야령(老爺嶺)으로 강의 흐름이 곡절북류(曲折北流)하여 경박호(鏡泊湖)가 되었는데 이 호수를 발해라고 부른 데서 연유해 발해라는 국명이 생겨났다고 한다.

　대진국(大震國)의 국력이 가장 강성했던 시기는 제10대 선왕(宣王 : 大仁秀)시대로 이 시대를 가리켜 당서(唐書)는 해동성국(海東盛國)이라 칭하였다. 건국 후 14대 227년 동안 존속해 온 이 나라는 건국 초부터 시종일관 적대관계를 유지해 왔던 거란에게 멸망당함으로써 끝내는 우리나라 대부분의 북방 영토를 상실하게 되는 요인이 되고 말았다. 우리나라 역사에서 발해사에 대한 기술이 빈약한데, 본 대진국 본기(大震國 本紀)는 발해사 복원에 일조가 될 것으로 보여진다.

고려국 본기(高麗國 本紀)는 신라 말기의 난세를 극복하고 삼국 정립 이래 최초로 단일국가를 이룩한 고려가 고구려를 계승한 국가임을 자칭하면서 안으로는 동족 간의 화합을, 밖으로는 옛 강토의 회복을 다짐하였다. 그러나 고려는 발해국을 멸망시킨 거란의 위협적인 세력과 더불어 전 세계를 공포로 몰아 넣었던 몽고군의 침입, 원(元)나라의 극심한 내정 간섭에다 여진족의 발호, 홍건적의 내침, 왜구의 노략질 등의 외환에 시달려야 했다. 여기에다 대내적으로는 빈번한 무신정권의 등장과 정치적 갈등으로 환란이 끊이지 않았으나 높은 문화수준과 불교를 국교로 한 정신적 단합 하에 34대 475년을 지속하다 1392년 군부세력인 이성계 일파에 의해 멸망하고 말았다.

무엇보다 1388년 원(元)나라에 이어 새로이 건국한 명(明)나라가 철령(鐵嶺) 이북의 우리나라 땅을 요동에 예속시키겠다고 하자, 조야(朝野)가 분노하며 요동정벌에 나섰으나 이성계 휘하의 군부가 위화도에서 회군함으로써 민족적 숙원인 요동 땅 확보는 수포로 돌아갔다. 이성계는 역성혁명의 명분을 얻기 위해 고려왕실종계(高麗王室宗系)를 날조했다. 신돈의 자식이 왕위를 계승하였다고 기만함에 대부분의 조정신하들이 이에 불복하여 저항하거나 은둔하게 되니 이른바 두문동 72인이라는 고려말 충의열사가 속출되었고, 왕씨족의 대대적인 살육이 벌어지면서 고려국은 1392년 결국 멸망하게 된다. 이 기록을 담은 책이 본 고려국 본기(高麗國 本紀)이다. 고려국 본기는 오늘날 전해지고 있는 고려사가 이같은 내용과 상반되게 쓰여진 왜곡사(歪曲史)임을 깨우쳐 주고 있다.

이상과 같은 줄거리로 엮어져 있는 환단고기를 우리의 상고사 부분이 운무에 가려져 역사적 사실이 아닌 신화로 변질된 사실을 뒤바꿔 놓을 수 있는 희귀서라고 하는가 하면 일부에서는 믿기 어려운 가필(加筆)된 위서(僞書)라 폄하하고 있다. 이러한 상반된 견해를 도외시할 수 없어 논점을 정리해 보고자 한다.

환단고기가 가필(加筆)된 위서(僞書)라는 논거는 이 책의 출현이 1954년 심당(心堂) 이고선(李固善)이 편저한 단서대강(檀書大綱 : 1981년에 영인본으로 나온 바 있다)을 저본으로 하여 1950년대 이후 이유립이 만들어 낸 책이라는 것이다. 오늘날의 환단고기는 위의 단서대강(檀書大綱)의 내용 중 민족적 자긍심을 높이고 중국에 대해 우월감을 느낄 수 있게 하는 부분을 중심으로 뽑아 만든 책으로 보여진다는 것이다.

심당전서의 단서대강은 단기고사를 주로 인용하고 있으며 대종교의 2대 교주인 김교헌(金敎獻)이 1914년에 쓴 신단실기를 참고하지 않았나 의심된다는 것이다. 내용면에서도 환웅이 1년을 365일 5시간 48분 46초로 했다는 환단고기의 기록에 대해, 서양 천문학이 들어오기 전인 19세기 말 이전까지는 우리나라에 시분초(時分秒)라는 개념이 없었는데 환웅이 책력을 만들었다고 하는 것으로 보아 1911년에 조작된 것으로 보인다. 또한 삼성기에 나오는 환국이나 배달국의 존재는 고고학상 존재할 수 없다고 보며, 사학(史學), 인류, 산업, 전세계, 원시국가, 남녀평등권, 부권(父權) 등의 용어가 쓰였는데 이는 근대에 생긴 용어이다. 이러한 용어들이 쓰여진 것으로 보아 이 책은 근대에 쓰여진 것이라고 보고 있다.

단군세기에 고조선의 인구가 1만8천 호라 하는데 이 역시 납득되지 않는 수치이다. 또는 단군세기 북부여기 태백일사에 청대 이후에 사용된 영고탑이나 태백일사의 눌현(訥見)을 상춘(常春) 주가성자(朱家城子)라 하는데, 이들 지명은 청 가경(嘉慶) 연간(1796~1820)부터 사용되기 시작한 것이다. 태백일사 고구려국본기에 연개소문을 개금(盖金)이라고도 하며 성이 연(淵)씨라 하고 아버지는 태조(太祖), 조부는 자유(子遊), 중조는 광(廣)이라 한 기록은 1923년 중국 낙양에서 천남생묘지(泉男生墓誌)가 발견되어 세상에 알려지게 된 내용으로 보아 이 책은 그 후에 쓰여졌다는 것이다. 따라서, 태백일사는 조선 중기가 아니라 청 이후인 1923년 후에 작성된 것으로 보인다는 것이다.

단군세기에 27대 단군 고태 때 주(周)에서 도덕경을 가져왔다고 하는데, 이 당시는 BC 583년으로 아직 노자(老子)가 나타나지도 않았던 시기이며, 31대 단군 노물 때 주(周)에서 춘추(春秋) 예기(禮記)를 가져왔다고 하는데, 이때가 BC 545년으로 공자의 나이 7세에 해당되는 시기로 앞뒤가 맞지 않는다는 것이다. 저자 이암이 쓴 단군세기는 공민왕 12년에(1363) 해당되는 상황이 아니라 구한말의 상황에 맞기 때문에 고종 말기에 쓰여졌을 가능성이 높다는 것이다.

계연수가 1917년 대종교에 보낸 편지를 보건대 환단고기 서문에 계연수가 천부경과 태백일사를 포함한 네 권의 책을 이미 필사했다고 하는 1911년과는 시간적으로 맞지 않아 적어도 1917년까지는 계연수가 환단고기를 쓰지 않았다고 보았으며, 환단고기에 소개되어 있는 책들은 1911년에 있었을 원본이 존재하지 않으며 그 책의 기본이 될 수 있는 다른 글들도 남은 것이 없는 것으로 보아 위작(僞作)으로 보인다는 것이다.

가필(加筆) 위작(僞作)일 가능성을 위의 논거에 준해 보면 전면 부정하기가 쉽지 않다. 그러나 역사적 사실에 대한 기록이 정확하고 진실에 입각

[책을 풀어 쓰면서]

해야 한다 함은 재론의 여지가 없다. 역사서의 기록일수록 더더욱 그렇다. 분명히 진실, 진리는 하나이며 여러 개일 수 없다.

그런데도 똑같은 사안을 같은 말로 쓰고, 같은 글자, 같은 시각에 기록한 것마저 기록자의 사관(史觀)에 따라 달라짐은 무엇을 말하는 것인가? 하물며 시대가 다르고 언어가 다르고 상황이 다른 위치에서 그것도 수천년 전의 일들을 정리해 놓는다는 것은 어떻게 보면 불가능한 일이라 하겠다.

오늘날 우리가 정사(正史)라고 하는 삼국사기나 조선왕조실록을 예로 볼 때 과연 이들 사서에 오류나 조작, 가필, 위작된 점이 없는가를 자문해 보아야 한다. 굳이 단재 신채호의 말을 빌리지 않더라도 위서(僞書)가 많기로는 중국과 같은 나라가 없을 것이다.

고려말의 학자 이곡(李穀 : 고려 충렬왕 24년(1298)~충정왕 3년(1351))의 가정집(稼亭集) 속에 동유록(東遊錄)을 보면 서른 여섯 봉마다 비석(碑石)이 있었건만 호종단(胡宗旦)이 모두 없애버리고 오늘날까지 남아 있는 것은 밑돌뿐이다. 호종단은 당나라 사람으로 우리나라에 와서 벼슬하여 5개도를 순방할 때에 가는 곳마다 빗돌이란 빗돌은 모두 글자를 쪼아 없애 버리기도 하고 깨버려 강물에 던져 버리기도 하였다. 종이나 석경(石磬)조차도 모두 쇠를 녹여 틈을 막아 소리가 나지 않도록 하였다. 예컨대 한송정(寒松亭) 총석정(叢石亭) 삼일포(三日浦)의 빗돌이며 계림부(鷄林府)에 있는 봉덕사(奉德寺) 종 등이 이에 해당된다. (稼亭集 李鳴馥 엮음, 1939 권5~11, 12장 三十六峰有碑 胡宗旦 皆取而沈之 今其趺 猶存焉… 胡宗旦者 李昇唐之人也 來仕本國 出巡五道 所至輒將碑碣 或刮居其字 或碎 或沈 至於鐘磬 有名者 皆鎔鐵以塞之 使之不聲 若於寒松 叢石亭 三日浦之碑 鷄林府 奉德之鐘之類 可見也). 저자인 이곡은 원나라 제과(制

科)에 둘째로 급제, 한림국사원 검열관(翰林國史院 檢閱官)을 지내며 중국 학자와 교유하다 귀국하여 정당문학(政堂文學)이 되었다. 그의 문장(文章)이 매우 유창하고 아담하며 뜻이 오묘하여 중국인도 경탄해 마지 않았다. 여말의 충신 이제현(李齊賢)과 함께 편년강목(編年綱目)을 중수(增修) 하였고, 충렬 충선 충숙 3조의 실록(實錄)을 편찬한 인물이기도 하다.)

위 글로 보아 우리 옛문헌으로써 후세인들이 보아 역사적 근거가 될 만하다 싶으면 공사(公私)를 막론하고 인멸시켜버렸음을 알 수 있다. 이런 상황하에서 우리의 사가들이 바른 역사를 기술할 수도 없었을 것이고, 썼다고 해도 발각되면 혹독한 제재를 당했을 것이다

기록의 진위(眞僞)는 정밀하게 분석해야 하나 그 의도 역시 중시해야 한다. 고대의 지명은 매우 복잡하여 판가름하기 쉽지 않다. 원래 지명은 한 곳이었으나 시대의 추이에 따라 여러 곳에 있을 수 있기 때문이다. 예컨대 창려(昌黎)라는 지명은 요시습유(遼史拾遺) 동경고고록(東京考古錄)에는 다섯 곳이나 되는데 이는 동명이역(同名異域)이 많기 때문이다.

유명한 사고전서 총목에서 서진(西晉)의 진수(陣壽)가 지은 삼국지 해제에 주자(朱子) 이후로는 모두 진인(晋人) 습착지(習鑿齒)가 옳고 진수(陣壽)는 그르다고 하였다. 그런데 당시 이들이 처한 상황을 보면 착치(鑿齒)는 촉한(蜀漢) 황제를 정통으로 하기가 시대 조류에 역행이 되어 어려웠다. 즉 착치(鑿齒) 때는 진나라가 남하한 뒤라 그 사실이 촉한과 같다 해서 이전에 안주해 있던 인사들이 정통을 따지는 것이 당대의 시론이었다.

그런데 진수는 진나라 무제의 신하가 된 신분이었고 진나라 무제는 위나라의 계통을 이어 받았으니 위나라를 잘못이라 하면 진나라도 잘못이라 하는 것이 된다.

이는 결코 남의 나라의 경우에 국한된 것이 아니다. 2천여 년 전의 우리 고대사는 운무(雲霧)에 가려져 알아도 아는 것 같지 않고 물어도 대답할 길을 모르는 형상에 빠져있는 실정이다. 외국에 나가면 모두가 애국자가 된 듯하나 그것은 순간이며 역사를 바로 알고 마음속 깊숙이 우러나오는 애국심의 바탕은 역사뿐이다. 그러니 역사를 올바로 안다는 것이 얼마나 중요한 일인가!

사료를 분석하고 수용하는 데는 나름대로의 안목이 있어야 한다. 무엇보다 우리나라의 사료라는 것이 한자어(漢字語)로 짜맞추어진 것이기 때문에 우리의 옛말에 대한 이해가 있어야 한다. 즉, 삼국사기나 고려사 지리지에 기록된 인명 지명 등이 오늘날 우리가 쓰고 있는 글로 된 것이 아니라는 사실에 유의해야 한다.

이러한 낱말들은 시대와 지역별 방언(方言)에 따른 말소리대로 표기한 음역(音譯), 새김으로 번역한 훈역(訓譯), 음과 훈에 관계없이 뜻만 표현시킨 의역(意譯)등 이해하기 어려운 점이 한두 가지가 아니다. 고대 우리나라에도 가림토라는 표음문자가 있었다고 하는데, 이러한 글들이 전부 한자로 둔갑되었으니 글이 남아 있었다고 하여도 불과 100년 전의 한글도 알아보기 어려운 상황을 고려하지 않을 수 있겠는가?

예컨대 다음과 같은 문장을 통해 사료에 대한 이해가 자구(字句)에만 매달리기보다는 시대적 상황과 작성자의 진의를 파악하는 것이 얼마나 중요한 것인가를 알아야 한다. 즉 〈七十生男子非吾子 家産委託於壻 他人勿侵〉라는 문장이 있는데 해석상 문제가 되는 글자는 '비(非)', '타(他)'자인데 이 비(非) 자가 [아니다]와 [아니리]라는 전혀 상반된 엄청난 차이를 드러내고 있다는 점이다. 그 연유가 어디에 있던 오늘날 한자(漢字)가 우리의 줄기말 속에 절대적인 비중을 차지하게 됨으로써 우리 본연의 문자가 침해를 받고 있는 것이다. 똑같은 한자(漢字)를 놓고 동아시아 여러 나라가 발음하는 음이 다르고 때로는 뜻풀이를 달리 하고 있다.

우리나라 국호였던 조선의 예를 들어보자.

수 천년 전 단군조선이 있었는데 이 당시 과연 국호를 한자로 표기하였을까? 중국의 경우 진(晋) 때 이후부터 한자표기가 가능했다고 하니까, 결국 한문표기를 할 수 없었을 것이다.

그러니 '조선'이라는 말에 대해 그 어의(語義)의 변화를 여러 가지로 제기하게 되는데, 주신(珠申) 주신(州愼) 숙신(肅愼) 직신(稷愼) 여진(女眞) 등은 '조선'과 동음이었다고 한다. 발음상에 비추어 보면 Chu-Sin(珠申)을 비롯해 Su-Shen(州愼 稷愼 肅愼), Ju-Sin(女眞)의 Cho-Seun(朝鮮)과 동음(同音)이다. 오늘날의 한자병음(漢語並音) 자모로 표기해 보면 Zhu'Shen(珠申) Zhou-Shen(州愼) JiShen(稷愼) SuShen(肅愼) Nu'Zhen(女眞) Chao-Xian(朝鮮) 등 비슷하게 발음된다.

그러니 숙신이나 조선은 중국 발음으로는 같다는 것을 알 수 있다. 박달나무를 뜻한다는 단(檀), 환하다는 의미의 환(桓), 박달을 백달이라 한 것이 배달(倍達)로 앞 날이 밝은 한의 땅이라는 의미에서 비롯되었다는 번한(番韓 : 汗), 말한이 아닌 마한(馬韓), 밝다의 의역이라는 진한(辰韓)의 진(辰)은 신(晨)과 같은 의미의 날이 밝아 온다는 밝다의 의미로, 맥(貊)은 발(發)자와 같은 밝다의 의미에서 붙여진 나라 이름들이다.

우리는 언필칭 단군의 후예라고 한다. 그러면서도 후손으로 조상에 대한 역사적 기록은 영성(零星)하기 이를 데 없다. 그렇다 하더라도 조선왕조 세종실록지리지를 비롯하여 성종 때에 나온 동국세년가(東國世年歌)에 1048년간 통치하였고 지금도 사당이 아사달에 있다고 기록하고 있다. 세조 12년(1465년) 11월 17일조를 보면, '동국의 문헌이 단군으로부터 우리 왕조까지 분명하여 참고할 만하다. 다른 변방의 나라나 요 금 서하에 비유할 바가 아니다'라고 하였다.(世祖十二年丙戌十一月己巳朔十七日乙酉 東國文籍 自檀君至本朝 歷歷可考 非他蕃國遼金西夏之比也) 이렇듯 후대에까지 편사자료가 있었음에도 불구하고 고대왕조의 계승 내용을 밝혀놓지 못한 데는 분명 까닭이 있을 것이다.

해당 사료의 존속은 주남일사기(周南逸史記)를 비롯하여 신비집(神秘集) 고조선비사(古朝鮮秘史) 조대기(朝代記) 대변설(大辯說) 지공기(誌公記) 표훈사(表訓詞) 삼성밀기(三聖密記) 도증기(道證記) 지리성모하사량훈(地異聖母河沙良訓) 동천록(動天錄) 문태산(文泰山)·왕거(王居)·인설(仁薛) 등이 기록했다고 하는 100여권의 수선기소(修撰企所)라는 책과 마슬록(馬虱錄) 통부록(通夫錄) 호중록(壺中錄) 지화록(地華錄) 도선한도참기(道詵漢都讖記) 등이다.

문헌사적으로 우리의 고대사 복원은 우리 내부에서의 진위론을 떠나 어떻게 하면 올바른 상고사를 밝혀낼 수 있는가에 역점을 두어야 한다. 그러한 방법의 하나로 발해의 대야발(大野勃)이 지은 단기고사(檀奇故事)의 한역본(漢譯本)과 발해문자로 된 원본을 발굴해 내는 데 역점을 두어야 하며 고고유물의 발굴지(發掘地)나 장소(場所)도 고대 선인들의 주활동무대였던 지역으로 시야를 넓혀 역사 연구의 외연(外延)을 넓혀 나가도록 하고 제기된 문헌에 대해서는 취사(取捨) 선택(選擇)의 지혜를 모아 나가야 하며 위서냐 진서(眞書)냐 하는 논의에 지나치게 민감하기 보다는 어떻게 하면 올바른 역사의식을 견지해 나가느냐 하는 데, 일조(一助)가 될 수 있느냐 하는 데 초점을 맞추어 나갔으면 한다.

환단고기 정해(桓檀古記 正解)

일십당주인(一始堂主人) 계연수편(桂延壽編)

환단고기 정해(桓檀古記 正解) 문인(門人) 철성(鐵城) 이유립(李裕岦) 정해(正解)

일십당주인(一始堂主人) 계연수(桂延壽)의 자(字)는 인경(仁卿)이고 호(號)는 운초(雲樵 : 1864년 5월 28일~?)이다. 평안북도 선천 태생(宣川人)으로 일찍이 수많은 서적을 두루 섭렵하였다. 한번 본 것은 곧바로 암송할 정도로 기억력이 뛰어났다. 어려서부터 명산대천을 찾아 다녔고, 도사(道士)나 기이한 행적의 스님(異僧)으로부터 수련을 받으며 정진하였다.

환단(桓檀) 이래 고유 철학사상을 탐구하여 일가(一家)를 이루었는데, 태천(泰川)의 진사(進士) 백관묵(白寬黙) 선생이 운영하는 서당을 찾아 공부하면서 원동중(元董仲) 선생이 찬한 삼성기와 홍행촌 노인의 단군세기, 삭주(朔州)의 진사(進士) 이형식(李亨栻) 댁에서 범휴애(范休崖)가 찬한 천리경(穿理鏡) 등을 필서(筆書)하였다. 이해학(李海鶴) 선생을 사사(師事)하면서 태백진훈(太白眞訓) 태백일사(太白逸史)를 전수해 받았고, 정주(定州)의 소호(篠湖) 이탁(李沰) 씨를 따라가 을파소가 지은 참전계경(參佺戒經)을 얻게 되니 이 모든 것이 보물과 같은 고서들이다.

1898년(광무 2년) 태백진훈(太白眞訓)과 단군세기(檀君世紀)를 간행하고 그 이듬해인 기해년(己亥年)에 참전계경(參佺戒經) 태백일사(太白逸史) 천부경요해(天符經要解)를 간행하였다. 광무 13년 정월 초 하룻날 해학(海鶴) 선생께서 단학회(檀學會) 강령삼장(綱領三章)을 작성한 후, 3월 16일 마리산(摩璃山) 참성단(塹城壇)에서 단학회 창립을 고유하고 7월 13일 해학 선생이 절식(絶食) 끝에 자진(自盡)하시니 문인(門人)인 계연수(桂延壽)가 통곡하였으며, 다음과 같은 만장(輓章)을 지었다. (輓章은 夢尊兩楹七月天 秋空一鶴白雲仙이로다. 一斧劈破振民氣하고 三育全材恢國權이로다. 苦心은 未愜斬奸後 絶食은 最哀雪恥前으로 道大에 難容今世界하니 後承倍切負雙肩이로다.)

　광무 15년 신해(辛亥) 5월 환단고기를 예전 진한(辰韓) 땅인 만주 관전현(寬甸縣) 성(城) 안에서 간행하고 5월에 성릉비문징실고(聖陵碑文徵實考)를 발표하고 18년 갑인 3월 16일 단해(檀海) 이관즙(李觀楫) 석천(石泉) 최시흥(崔時興) 송암(松庵) 오동진(吳東振) 백하(白下) 전효운(全孝雲) 벽산(碧山) 이덕수(李德水) 일봉(一峰) 박응백(朴應伯) 창춘당(昌春堂) 양승우(楊承雨) 직송헌(直松軒) 이용담(李龍潭) 국은(菊隱) 이태즙(李泰楫) 녹수(綠水) 서청산(徐靑山) 백주(白舟) 백형규(白亨奎) 등 12 선인(十二仙人)이 압록강변(鴨綠江邊) 삭주(朔州) 천마산(天摩山)에 모여 제천혈맹(祭天血盟)을 결의(結義)하였다.

　이듬해 백암(白巖) 홍범도(洪範圖) 석주(石洲) 이상룡(李相龍) 등의 동의(同意)를 얻어 이 해 10월(十月) 박응룡(朴應龍) 정창화(鄭昌和) 박용담(朴龍淡) 김병주(金炳周) 이용준(李龍俊) 이태우(李奉禹) 허기호(許基浩) 신찬정(申讚禎) 이양보(李陽甫) 주상옥(朱尙玉) 이동규(李東奎) 김석규(金錫奎) 손영린(孫榮麟) 이진무(李振武) 등 14 핵랑(核郞)이 추서발기(追

署發起)하고 발기문(發起文)을 작성하였다. 이 해 겨울, 단학회(檀學會)를 남만주(南滿洲) 관전현(寬甸縣) 홍석납자구(紅石拉子區) 홍석령산하(紅石嶺山下)로 옮기고 배달의숙(倍達義塾)을 세움과 동시에 단학학보(檀學學報)를 간행하였다.

23년 기미 삼월에 대고산(大孤山) 항일시위(抗日示威)에 동참하고 3월 16일 석주(石洲) 이상룡(李相龍) 홍범도(洪範圖) 여운형(呂運亨) 신채호(申采浩) 이탁(李沰) 최시흥(崔時興) 오동진(吳東振) 이관즙(李觀楫) 이덕수(李德秀) 김효운(金孝雲) 편강렬(片康烈) 양승우(楊承雨) 최석순(崔錫淳) 허기호(許基浩) 박용담(朴龍淡) 이봉우(李奉禹) 이태즙(李泰楫) 주상옥(朱尙玉) 나창헌(羅昌憲) 박응백(朴應伯) 최지풍(崔志豊) 이용담(李龍潭) 전병주(金炳周) 서청산(徐青山) 백형규(白亨奎) 김활석(金活石) 이동규(李東奎) 등 28인이 서명한 조선인십보장(朝鮮人十寶章)을 발표하였다.

4월에 이상룡(李相龍) 막하(幕下)에 참획군정(參劃軍政)에 기여 대한민국 2년(1920년) 경신(庚申) 8월 15일 한인(韓人)으로 간특(奸慝)한 감영극(甘永極)을 체포해 그 시신(屍身)을 압록강(鴨綠江)에 던져버렸다. 배달의숙(倍達義塾)에 불이 나 초고(草稿) 10여 종과 장서(藏書) 3천여 권이 불에 탔다. 문인(門人) 이관즙(李寬楫)은 곡(哭)하고 다음과 같이 만장(輓章)을 지었다.(輓丈에 理融經誥道貫天하야 天符至妙達魚鳶이로다. 養英功可風千里요, 傳教魂能月萬川이로다. 聞鷄起舞豪雄志요, 抗日復讐烈士拳이로다. 獨修心喪皐比席에 胸海恨無運巨船이로다.)

환단고기 범례(桓檀古記 凡例)

一. 고기가 처음 인용되기는 일연이 지은 〈삼국유사〉부터이다. 그런데 그나마 고기를 얻어 볼 수 없게 됨에 삼성기 단군세기 북부여기 태백일사 등을 한데 묶어 책명을 〈환단고기〉라 하였다.

一. 삼성기는 2종이 있는데 내용이 비슷하기는 하나 모두 완성편은 아니다. 그 하나는 안함로 씨가 찬한 것이 집안에 전해져 내려 오던 것을 〈삼성기 전 상편〉이라 하고 원동중 씨가 찬한 것을 태천 백진사 관묵 씨로부터 얻은 것을 〈삼성기 전 하편〉으로 하여 이를 합해 〈삼성기 전〉이라 하였다.

一. 단군세기는 홍행촌 노인이 편찬한 것으로 문정공 행촌 선생으로부터 전해 내려 온 것인데, 이 역시 백진사에게서 얻은 것이다. 진사의 집안은 학문하는 고가(古家)로 장서가 많았는데 두 종류의 사서가 나왔음은 수 백의 벗이 주는 선물에 견줄 수 없다 하겠다. 아마도 우리 조국을 길이 빛내 주고자 함일 것이리라!

一. 북부여기 상하는 휴애거사 범장이 찬한 것이다. 원래 단군세기 합편이라 하던 것을 삭주 이동(梨洞)의 이진사 형식 씨 댁에 소장되어 있던 것인데 백진사 소장본 단군세기와 같은 것이다. 그리고 세간에 별본이 전해지고 있는데, 이 별본들은 앞의 책들과 비교해 내용이 다르거나 구성면에서 그 수준이 떨어진다.

一. 태백일사는 일십당 주인 이맥 씨가 펴낸 것을 해학 이기 선생이 소장해 오던 것이다. 무릇 환단 이래 전해 내려 온 교학 경문 등의 전거가 얼핏 보아도 뚜렷하다. 천부경 삼일신고 두 편의 전문이 이 책에 실려 있어 낭가가 볼 때 유가의 대학이나 중용과 버금될 만한 것이다. 참으로 환단 이래 전해져 온 삼일심법은 실로 태백진교가 중흥될 수 있는 토대가 될 수 있으리라! 손발이 자연스러이 춤추고 흥겨워 기뻐 외치고 싶을 지경이다.

一. 환단고기는 해학 선생의 감수를 제가(이 책을 편서한 계연수를 말함) 힘써 정성을 기울여 옮겨 쓴 것이다. 홍범도・오동진 두 벗이 출연해 여러 인사들에게 청해 이루어진 것으로 그 하나는 인간의 자아 자주성의 발견, 또 하나는 민족문화의 이념 표출과 아울러 세계 인류의 공존 화합에 기여하게 될 것으로 보아 크게 기뻐하는 바이다.

一. 신시개천 5808년 광무 15년(1912년) 신해 5월 광개절에 태백 유도 선천의 계연수 인경이 묘향산 단굴암에서 쓰다.

凡例

一. 古記引用始自一然氏之遺事 而今其古記不可得見 乃以三聖紀 檀君世紀 北夫餘紀 太白逸史 合爲一書名曰桓檀古記

一. 三聖紀有二種而似非完編 安舍老氏所撰餘家舊傳 今爲三聖

紀全上篇 元董仲氏所撰得於泰川 白進士寬默氏 今爲三聖
紀全下篇 總謂之三聖紀全

一. 檀君世紀紅杏村叟所編 乃杏村先生文貞公所傳也 此書亦得
於白進士 進士文藻古家也 素多 藏書 而今兩種史書 俱出其
家 奚帝譬諸百朋之賜可 謂祖國之萬丈光彩也

一. 北夫餘紀上下休崖居士范樟所撰也 舊有檀君世紀合編 者得
於朔州梨洞李進士亨栻家 檀君世紀 與白進士所藏無一字異
同 今又有別本而行於世者 此本內容自與前書頗有所殊故更
不及之也

一. 太白逸史一十堂主人李陌氏所編 乃海鶴李沂先生所藏也 蓋
桓檀以來相傳之敎學經文 悉備取材典據可一見瞭然者也 且
其天符經三一神誥兩書全文俱在篇中 實爲郎家之大學中庸
也 嗚呼 桓檀相傳之三一心法眞在是書 果太白眞敎重興之
基 歟手自舞足自蹈興欲共喜欲狂也

一. 桓檀古記悉經海鶴先生之監修而且余精勤繕寫又因洪範圖吳
東振兩友之出金 付諸剞劂一爲自我人間之發見 主性而大賀
也 一爲民族文化之表出理念而大賀也 一爲世界人類之對合
共存而 大賀也 神市開天五千八百八年卽光武十五年 歲次
辛亥五月廣開節太白遺徒宣川桂延壽仁卿書 于妙香山之檀
窟庵

대전에서 출토된 것으로 전하는 청동기 시대의 농경문 청동기. 제사 지내는 시기를 표시하고, 신을 부르는 것을 상징하는 것으로 추정된다. 전면의 그림은 솟대를 상징하고, 후면에는 추수하고 농사를 짓는 장면이 묘사되어 있다.

삼성기 전(三聖紀 全)

삼성기 전 상편(三聖紀 全 上篇) 안함로 찬(安含老 撰)
삼성기 전 하편(三聖紀 全 下篇) 원동중 찬(元董仲 撰)
— 신시역대기(神市歷代紀) —

청동거울은 태양의 상징이며, 최고 지도자의 상징이기도 했다. 제정일치 시대의 지도자 단군도 청동거울로써 자신의 권위를 드러냈을 것으로 추정되고 있으며, 지금도 무속에서는 명도라 하여 청동거울을 신기(神器)로 활용하고 있다. 삼한관경(三韓管境) 본기(本紀)에 단군이 행차할 때 풍백이 청동거울을 들고 앞장섰다는 것으로 볼 때 거울은 천부인의 하나로 추정된다. 그런데 다뉴세문경은 현대 과학 기술로도 복원이 불가능한 비밀을 간직하고 있다. 바위 그림은 샤먼을 묘사한 것으로 보인다.

그림 : 중앙아시아의 바위 그림, 동북아역사재단

빗살무늬토기는 신석기 시대의 대표적인 토기이다. 토기에 새겨진 빗살 문양은 하늘에서 내리는 비를 표현했다는 주장도 있고, 햇살을 나타냈다는 말도 있고 풍어(風魚)를 의미하는 일종의 부적이라고도 한다. 어떤 주장이 옳은지에 대해서는 확실하지 않으나 원초적이면서 영원한 생명력을 지녔다는 점에는 이견이 없다. 빗살무늬토기의 무늬에는 인간과 신, 직선과 곡선 등 우리 미술의 원형이 있다.

삼성기 전 상편(三聖紀 全 上篇)
안함로 찬(安含老 撰)

삼성기(三聖紀)는 신라인 안함로(安含老:?~640년)가 찬(撰)한 것과 원동중(元董仲)이 찬한 것의 두 종류가 있다. 이 책에서는 전자의 것을 상(上)이라 하고 후자의 것을 하(下)로 하였다. 안함로는 신라인인데 성은 김이고 이름은 안홍(安弘)으로 이찬(伊湌) 시부(詩賦)의 손자이다. 해동고승전(海東高僧傳)에는 서기 601년 왕명으로 수(隋)나라에 가서 대흥성사(大興聖寺)에 있다가 605년 귀국했다고 하고, 삼국사기에는 57년 귀국했다고 전한다.

두 책의 내용은 대체로 비슷하다. 양자 모두가 인류의 시작에서부터 환인·환웅시대에 관한 내용을 담고 있다. 즉 환국을 개창한 천제환인은 안파견이라 불렸으며 7세를 이어왔는데 그 햇수는 알 수 없다고 한다.

다음 환웅이 신시시대를 열어 배달국이라 하고 도읍을 신시에 두었다. 18세에 1565년간 지속되었다. 이후 단군왕검이 아사달에 도읍하고 국호를 조선이라 하였다. 무진년부터 나라를 다스리기 시작하여 47세 연수로 2096년이라는 내용을 싣고 있다.

[삼성기전]

 우리 환님이 나라를 세운 시기는 매우 오랜 옛날이다. 사백력(斯白力)[1] 하늘 위에 신이 있어 권능으로 온 세상을 밝게 비추고 만물을 생장케 하셨다. 만물이 생겨나고 자라남을 보면서 즐거워하고 기(氣)를 타고 다니며 드나듦이 자연의 오묘함과 잘 어울렸다. 형상이 없어도 보며 행위가 없이도 작위(作爲)하며 말없이 행하였다. 때에 8백여 명의 동녀동남(童女童男)이 흑수(黑水)[2]와 백산(白山)[3]으로 내려왔다.
 이즈음 환인께서 감군(監群)[4]으로 하늘에 계셨는데 무리들에게 부싯돌로 발화케 하여 음식을 익혀 먹는 법을 처음으로 가르치셨다. 이 나라를 환국[5]이라 하고 그 환님을 가리켜 천제환인(天帝桓因) 또는 안파견(安巴

---

1) 사백력(斯白力)은 오늘날의 시베리아 지역을 일컫는다고 하는데, 이 일대가 한때 몽고의 영향하에 있으면서 한자(漢字)로 실필아(失必兒)라 표기되어 오다가 근세기에 들어와서는 서비리아(西比里亞), 서백리아(西伯利亞)로 변칭되어 오고 있다. 또 다른 설로 선비이(鮮卑爾)의 전자(轉者)라 한다.
2) 흑수(黑水)는 흑룡강(黑龍江)을 뜻한다. 소식(蘇軾)의 지장도(指掌圖)에 '진한지북(辰韓之北) 유남북흑수(有南北黑水)'라 하였고 만주명(滿洲名)으로 살합연오납(薩哈連烏拉), 로어(露語)로 아목이(阿穆爾)이니 아므르 강(Amur river)이라 함은 여기에서 연유되었다. 이 강은 중국과 러시아 간의 국경하천이 되고 있다.
3) 백산(白山)은 흰 뫼 밝산의 한자표기이다. 환웅천왕조강지태백산(桓雄天王肇降之太白山)으로 오늘날의 백두산이다. 그 주봉은 천왕봉(天王峰)으로 환웅천왕(桓雄天王)의 승운천강처(乘雲天降處)이다. 백산이라 칭하는 산은 여러 곳에 있는데 북쪽지방에 있는 산들로는 평북 희천군과 강계군 경계에 위치한 높이 1875m, 함남 신흥군 동상면과 풍산군 웅이면 안수면 경계의 높이 2379m, 함경남도 정평군 고산면과 평남 영원군 신성면 경계의 높이 1837m, 함남 풍산군 웅이면에 높이 2476m 등의 여러 산들이 있기도 하다. 고문헌에 백산은 도흑수지백산천리횡단도처밀림(渡黑水至白山千里橫旦到處密林)이라 표현되고 있다.
4) 감군(監群)은 관경지장(菅境之長)이니 역왈왕검(亦曰王儉)으로 주신(珠申)이라 하다가 후에 안파견(安巴堅)이라고도 하였다.
5) 환국(桓國)은 전기환국(前期桓國)과 후기환국(後期桓國)으로 대별할 수 있는데 전기환국(前期桓國)은 6만3천1백82년, 후기환국(後期桓國)은 환인국(桓仁國)으로 전칠세(傳七世)에 3천3백1년간 존속해 왔다고 한다. 일제(日帝)의 주구(走狗) 이마니시(今西龍)가 환국(桓國)을 환인(桓因)으로 개서(改鼠)하여 조선의 건국연대를 낮추고자 하였다.

堅)6)이라 불렀다.

　천제환인은 7세를 이어 왔으나 그 햇수는 알 수 없다. 후에 환웅씨로 이어졌는데 천신의 뜻을 받들어 흑수와 백산지간인 천평(天坪)이라는 지역에 내려와 취락지에 우물을 파고 이 지역을 청구(靑邱)7)라 하였다.

　천부인(天符印)8)을 가지고 오사(五事)9)를 주관하며 재세이화(在世理化)하고 홍익인간(弘益人間)케 하였다. 신시(神市)10)에 도읍하고 국명을 배달(倍達)11)이라 하였다. 삼칠(三七)일12)을 가려 천신에 제사를 올렸는

---

6) 안파견(安巴堅)은 이두어(吏讀語)로, 아버지라 발음하며 거발환(居發桓)이라고도 하는데 하늘을 계승하여 아버지를 세운다는 이름이며(繼天立父之號天父), 거발환(居發桓)은 천지인(天地人)을 하나로 정한다는 칭호로도 알려져 있다. 중국어 발음으로는 안파첸이 되며 요(遼)나라의 아보기(阿保機)는 만주어로 아버지가 된다.

7) 청구(靑邱)는 밀림청초지구허(密林靑草之邱墟)를 말한다. 본래 동방의 바다 밖 신선이 사는 세계의 이름으로 전해왔다. 하늘에는 청구(靑邱)라는 별이 있어 그 별이 우리나라 땅을 맡고 있다는 신앙이 생겨 이로 인해 우리나라의 별칭이 된 것이라 한다. 청(靑)은 오색(五色) 가운데 동방을 나타내는 빛이고 구(邱)는 땅을 나타내는 말이기도 하다. 여기서는 관경(管境) 내 속국(屬國)으로 구대능하 우안(舊大凌河 右岸)과 산해관(山海關) 사이로 일출구진지야(日出九津之野)를 말하고 있다.

8) 천부인 구전 태백진훈(天符印 舊傳 太白眞訓)에 부(符)란 천제지위리환인(天帝智爲利桓仁)이 명서자 웅(命庶子 雄)하고 할부세봉 수삼신지서(割符世封 授三神之誓)요, 인(印)은 사서자 웅인새(賜庶子 雄印璽)하여 천제(天帝)와 같이 신고 고명 인새(神誥 誥命 印璽) 3개를 말한다. 범세동(范世東)의 착리경연의(窄理鏡演義)에 이착리경 무천고 용광검(以窄理鏡 舞天鼓 龍光劒)하고 위삼진귀일지수련법야(爲三眞歸一之修鍊法也)라. 대저 경이근궁(鏡以筋躬)하고 고이화중(鼓以化衆)하고 검이거사(劒以去邪)하니 이 셋은 하루라도 떨어져 지낼 수 없는 것으로 이른바 부여합 신여인(符如合 信如印)이니라 하였다.

9) 오사(五事)는 우가주곡 마가주명 구가주형 저가주병 계가주선악(牛加主穀 馬加主命 狗加主刑 猪加主病 鷄加主善惡)을 관장함을 말한다.

10) 신시(神市)는 신의 도시인 백두산정의 신단수 아래 웅족과 호족이 공동으로 건설한 터전으로 삼신산(三神山)의 산상도시(山上都市)를 일컫는다.

11) 배달(倍達)은 환웅천왕정유천하지호 신시개천경본의(桓雄天王定有天下之號 神市開天經本義)에 삼신소회태지위리상국배달(三神所懷胎之爲理想國倍達)이라 하여 배달국소도(倍達國所都)가 신시(神市)이다. 배=밝, 달=땅을 나타내는 말로, 배달은 밝은 땅이라는 의미이기도 하며 박달나무와도 연관된다.

| 중앙아시아 제단석 | 천손민족인 한민족은 하늘에 제사를 올리고 숭상해 왔다. 하늘에 제를 올리던 제단석이다. (몽골고비의 암각화, 동북아역사재단)

데 그 때에 밖의 잡물과 접하기를 꺼리고 삼가며 문을 잠그고 주문을 암송하며 공을 드려 축원하였다.

선약(仙藥)을 드시고 신선이 되어 괘(掛)[13]를 놓아 앞날을 내다보고 상(象)을 잡아 신을 움직였다. 영험한 이들로 하여금 보필토록 하고 웅씨의 여식을 맞아 황후로 삼고 혼례법을 정하고 짐승의 가죽으로 폐백(幣帛)하

---

12) 삼칠일(三七日)은 세 이레로 아이를 낳은 지 3주가 지난 21일째의 날까지 외부인의 출입과 접촉을 금지시키는 기휘(忌諱) 기간이다.
13) 괘(掛)는 음양으로 나뉜 효(爻)를 세 개 또는 여섯 개씩 어울려 놓아 어우르는 차례를 바꾸는 데 따라 3효가 어울려 8괘를 이루고 6효가 어울려 64괘를 이루게 된다.

게 하였다. 씨 뿌려 농사를 짓고 가축을 기르게 하고 저자를 열어 물물을 교환하도록 하니 구역(九域)14)이 조공(朝貢)하고 온갖 새와 짐승들이 춤추었다.

후세에 환인을 지상 최고의 신이라 추앙하며 세세토록 제사를 올렸다. 신시 끝 무렵 치우천왕(蚩尤天王)15)은 청구 땅을 넓혀 18세를 이어 내려오니 그 기간이 1565년이나 되었다.

이후 신이신 왕검이 불함산16) 단목17) 아래로 내려 오셨다. 그 분은 신의 덕과 성인의 어짐을 고루 갖추고 조칙(詔勅)을 이어 받고 하늘의 뜻을 계승, 나라 세운 뜻이 숭고 강열하였다.

이에 구환(九桓)18)의 만민들이 하나같이 기뻐하고 지성으로 복종하며 받들고 천제의 화신(化身)으로 받들고 제왕으로 모셨다. 이 분이 단군왕

---

14) 구역(九域)은 구환(九桓)을 뜻하는데 구환 중 환인씨(桓因氏) 나라가 가장 큰 나라로, 전칠세 역삼천삼백일년(傳七世 歷三千三百一年)이다. 구(九)는 전체를 뜻하는 수로 구주(九州)라 함은 전국(全國)을 나타내는 의미로 쓰여져 왔다. 구환(九桓)은 이십오사(二十五史)에 구이(九夷)를 지칭하고 있다.
  요순우(堯舜禹) 때의 기(冀) 연(兗) 청(青) 서(徐) 형(荊) 양(揚) 예(豫) 양(梁) 옹(雍) 은(殷)나라 때의 기(冀) 옹주(邕住) 서(徐) 형(荊) 양(揚) 예(豫) 양(梁) 옹(雍) 유(幽) 영(營) 주(周) 때의 기(冀) 연(兗) 청(青) 서(徐) 형(荊) 양(揚) 예(豫) 유(幽) 병(幷) 등의 구주(九州)로 나라 전체를 말하는 것이다.
15) 치우천왕(蚩尤天王)은 신시역대기에 단군 14세 자오지환웅(慈烏支桓雄)을 가리킨다. 그는 동방의 군신으로 구리로 된 머리와 쇠로 된 얼굴에 모래와 쇠 가루를 먹고 살았다는 이른바 동두철액(銅頭鐵額) 형에 그의 무덤에서 연기가 나면 난리가 난다고 하고 연기를 치우 깃발이라 하며 중국과 우리나라에도 치우사당이 모셔져 있었다.
16) 불함산(不咸山)은 태백산을 가리키는데 완달산 홀빈(完達山 忽濱)으로 송화강 인근에 위치한다. 육당 최남선의 불함문화론은 백두문화론을 의미한다고 하였다.
17) 단목 유단칙필유수(檀木 有壇則必有樹)라 하여 단(檀)에는 나무가 있게 마련인데 여기에 있는 나무가 대체로 단목(檀木)으로 목질(木質)이 매우 단단하여 철을 대신할 만큼 영구재로 쓰였다.
18) 구환(九桓)은 구황육십사민(九皇六十四民)으로 이들의 영토는 남북이 5만 리, 동서가 2만 리로 천해 금악 삼위 태백(天海 金岳 三危 太白)이 모두 이 영토 내에 있었다.

43

검[19]으로 신시의 오랜 법도를 되살리고 아사달(阿斯達)[20]에 도읍해 나라를 여니 국호가 조선이다.

　단군은 단아하게 두 손을 마주 잡고 좌정해 있으면서도 현묘한 도를 통해 뭇 생령들을 한결같이 교화하였다. 팽우(彭虞)에게는 땅을 널리 개척케 하고 성조(成造)에게는 궁실을 짓게 하고 고시(高矢)[21]에게는 파종을 해서 농사를 주관하도록 하였고 신지(臣智)에게는 서계(書契)[22]를, 기성(奇省)에게는 의약을, 나을(那乙)에게는 판적(版籍)을, 희전(羲典)에게는 괘서(掛書)를, 치우(蚩尤)에게는 병마(兵馬)를 관장케 하였다.

　비서갑(菲西岬) 하백(河伯)의 여식을 황후로 맞이해 누에치기를 맡기니 그 다스림이 천하에 펼쳐 모든 백성들이 흡족하기 이를 데 없었다. 병진

---

19) 단군왕검(檀君王儉)의 아버지는 배달국의 18세 거불단(居弗檀)이며 어머니는 웅씨족 단국(熊氏族 檀國)의 왕녀(王女)이다. 신묘년(辛卯年, B.C 2370) 5월 2일 인시(寅時)에 태어났다. 비서갑 하백녀의 딸을 아내로 맞아 네 아들을 두었는데 부루 부소 부우 부여(扶婁 扶蘇 扶虞 扶餘)이다. 14세 되던 갑진년(甲辰年, B.C 2357)에 웅씨족의 왕은 그가 신성(神聖)하다 함을 듣고 그로서 비왕(神王 : 부왕(副王))으로 삼고 대읍(大邑)의 정치를 대행하도록 하였다. 무진년(戊辰年, B.C 2333) 제요도당(帝堯陶唐) 때에 단국(檀國)으로부터 아사달(阿斯達)의 단목(檀木) 터에 이르니 만백성이 받들어 천제자(天帝子)로 추대하였다. 이에 구환의 백성들이 모두 기뻐하며 진정으로 복종 단결하여 통일됨에 국호를 조선이라 하였다. 단군은 비왕으로 있기를 24년, 제위에 있기를 93년 130세까지 사셨다. (단군세기 단기고사 규원사화를 참조함) 오늘날 개천절로 기념하는 것은 동국통감(東國通鑑)에 의해 무진년(戊辰年, B.C 2333) 당고즉위 원년(唐高卽位 元年)이라 하고 개천(開天)이 최초의 건국절(建國節)이라 할 때 단군왕검(檀君王儉)을 운운하는 것은 연대기상으로 적절치 않다.

20) 아사달(阿斯達)의 아사는 새, 처음을 의미하며 달은 산을 뜻하는데, 첫 도읍지를 말함으로써 그 곳이 만주 하르빈의 완달산 또는 백두산을 가리킨다. 종래에는 평양이라 하였다.

21) 고시(高矢)는 고시례(高矢禮)로, 이는 주곡(主穀)을 담당하는 자인데 후에 농업의 신(神)으로 받들어져 논밭일을 하다가 음식을 먹기 전에 '고시례'하면서 밥과 반찬을 올려 풍년을 비는 풍습이 생겨나게 한 인물이다.

22) 서계(書契)의 서(書)는 기(記)를 의미하고 계(契)는 문자로 신약(信約)한다는 뜻이다. 신시(神市)에는 녹서(鹿書)가 있었다.

년 주(周)나라 고왕(考王) 재위 시 국호를 대부여(大夫餘)로 고치고 수도를 백악(白岳)23)에서 장당경(藏唐京)24)으로 옮겼다.

이어 팔조의 법을 제정하고 독서와 활쏘기를 일과로 하고 하늘에 제사 지냄을 교시하고 밭 갈고 누에치기에 힘쓰도록 하였다. 산택(山澤)의 출입을 금함이 없게 하고 죄를 처자에게 묻는 일이 없도록 하고 백성들과 더불어 논의 협력해 나라를 다스렸다.

남정네에게는 일감(恒職)을, 여인네에게는 좋은 배필을 맞게 하니 가가호호마다 살림살이가 풍족하였다. 산적이 없으며 들에는 굶주린 자가 없으며 가무 소리가 나라 전역에 넘쳐났다. 단군왕검은 무진년부터 나라를 다스려 47세를 내려오니 햇수로 2096년이다.

임술년 진나라 시황 때 신인(神人)인 대해모수(大解慕漱)25)가 웅심산(熊心山)26)에서 일어났다. 정미년 한나라 혜제(惠帝) 때 연(燕)의 추장 위만이 몰래 서쪽 모퉁이 땅 한쪽에 스며들었는데, 번한(番韓)의 준(準)이 이에 맞서 대전하였으나 승산이 없자 바다로 나가 도망하였다.

---

23) 백악산(白岳山)은 아사달로, 오늘날의 만주 농안(農安)인 장춘(長春) 등지이다.
24) 장당경(藏唐京)은 만주 개원(開原) 땅이다.
25) 해모수(解慕漱)는 임술(壬戌) 57년(B.C 239) 4월 8일 웅심산에서 내려와 군사를 일으켰다. 선조는 고리국인(槀離國人)이다. 은밀히 수유(須臾)와 짜고 옛 도읍인 백악산을 기습하여 점령하고 스스로 임금이라 하니 사위(四圍)의 백성들이 그의 명을 따랐다. 수유(須臾)의 제후(諸侯)였던 기비(箕丕)를 번(番)조선왕으로 임명하면서 북부여가 건국되니 해모수는 북부여의 시조가 되고 고열가제(高列加帝)의 힘은 약해졌다. 해(解)는 태양과 통한 태양숭배 종족의 유풍에서 나왔다.
26) 웅심산(熊心山)은 길림성(吉林省) 영길현 서북쪽 납목하 지류(拉木河 支流)인 상차하 동안(峎岔河 東岸)으로 추정된다. 웅심산 태백산(熊心山 太白山)의 한 기슭(麓)이다.

여기서부터 삼한의 무리가 대부분 한수(漢水)[27] 이남으로 옮겨갔으나 한 때는 군웅이 요해(遼海) 동쪽에서 군병을 일으켜 쟁패하였다. 계유년 한 무제가 군대를 동원해 우거(右渠)를 멸하고 서압록인 고두막한(高豆莫汗)이 창의(倡義)해 단군이라 칭하였다.

을미년 한 소제(昭帝) 때 부여의 고도(故都)를 점거하고 동명(東明)[28]이라 국명을 칭하니 이것이 신라[29]의 고토이다. 계해(癸亥)년 봄 정월에 고추모(高雛牟)[30]가 천제의 아들이라 하며 북부여를 계승해 일어나 단군의 옛 법을 회복해 해모수를 제향하고 태조로 삼으며 연호를 최초로 다물(多勿)[31]이라 하니 이분이 고구려 시조이다.

---

27) 한수(漢水)는 춘추전국 시대의 본거지가 황하의 남북이라 할 때 여기서의 한수는 중원(中原)에 있는 란하(灤河)나 황하(黃河)로 보아야 한다. 수경 주(水經 注)에 한수(漢水) 동으로 면수(沔水)에 흘러든다고 하였고, 그곳을 소구(疏口)라 부른다고 적고 있다.
하개균(何介鈞)의 장강중유원시문화초론 호남고고집간 제일집(長江中遊原始文化初論 湖南考古輯刊 第一集) 64에 호북성 굴가령문화(湖北省 屈家嶺文化)는 한수유역(漢水流域)이라 하고 괄지지(括地志)에 주(周)는 괵(虢)과 연합하여 악(鄂)의 수도를 공격하여 악후(鄂候)를 사로 잡았는데, 유족들은 한수(漢水)를 따라 호북 악성 대야(湖北 鄂城 大冶)일대로 도망하여 다시 근거지를 마련하는 길밖에 없었다고 한다. 이상과 같은 기록들로 미루어 보아 한수(漢水)의 위치를 짐작할 수 있다. 이밖에 제29세 단군 마휴(摩休) 때 왕문(王文)이 예전부터 있어 온 신전(神篆)이 번거롭다 하여 이를 근거로 글을 새로 만들었다고 하는데 '이 시기의 왕문(王文)은 한수(漢水) 사람이다'라고 하여 왕문의 출신지를 보아도, 한수(漢水)는 중원(中原)에 위치하였음을 알 수 있다.

28) 동명(東明)을 국명(國名)으로 본 것은 본기 삼성기 전 상편(本紀 三聖記 全 上編)이 유일한 것으로 앞으로 연구할만한 언급이다.

29) 신라는 오늘날의 북간도(北間島) 일역 토문강(土門江) 이북 선춘령(先春嶺) 이남 2천리지지(千里之地)라 하는가 하면 옛날 부여국의 서울에서 건국, 몽고 할힌골 강 유역이라 하기도 하며 문정창(文定昌)은 신라 시조는 흉노의 곤사왕설(昆邪王說)도 제기하고 있다.

30) 고추모(高雛牟)는 단군 해모수(解慕漱)의 현손(玄孫)으로, 옥저후 불리지(沃沮候 弗離支)의 아들이다.

31) 다물(多勿)이란 이복구토(以復舊土)의 의미로, 다물흥방지의(多勿興邦之義)도 같은 뜻이다. 원전 삼국사기(原典 三國史記)에 려어위복고구토위다물(麗語謂復古舊土爲多勿)이라 하고 있는데 땅 따먹기 놀이의 따물다는 말은 여기에서 연유되었다.

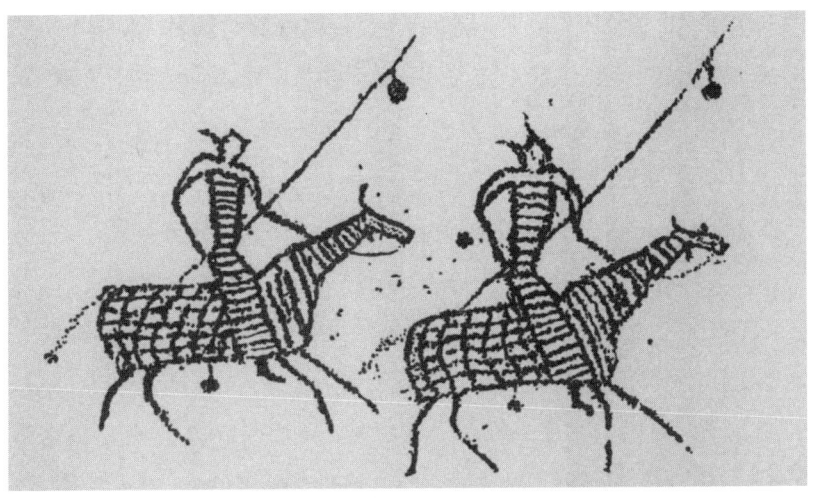

|중앙아시아 바위 그림| 몽골 고비 알타이에서 발견된 개마무사. 고구려 덕흥리 고분 개마무사와 동일한 집단이었음을 알 수 있다. (몽골고비의 암각화, 동북아역사재단)

三聖紀 全 上篇   安舍老 撰

吾桓建國最古 有一神 在斯伯力[1]*之天 爲獨化之神 光明照宇宙 權化生萬物 長生久視 恒得快樂 乘遊至氣 妙契自然 無形而見 無爲而作 無言而行 日降童女童男八百於黑水[2]*白山[3]*之地 於是桓因 亦以鑑群[4]* 居于天界 掊石發火 始敎熟食 謂之桓國[5]* 是謂天帝桓因氏 亦稱安巴堅[6]*也 傳七世年代不可考也 後桓因氏繼興 奉天神之詔 降于白山黑水之間 鑿子井女井於天坪 劃井地於青邱[7]* 持天符印[8]* 主五事[9]* 在世理化 弘益人間 立都神市[10]* 國稱倍達[11]* 擇三七日[12]* 祭天神 忌愼外物閉門自修 祝願有功

服藥成仙 劃掛[13]* 知來 執象運神 命群靈諸哲爲輔 納熊女氏爲后 定婚嫁之禮 以獸皮爲幣 耕種有畜置市交易 九域[14]* 貢賦 鳥獸率舞 後人奉之爲地上最高之神 世祀不絶 神市之季 有蚩尤天王[15]* 恢拓青邱 傳十八世 歷一千五百六十五年

後神人王儉 降到于不咸之山[16]* 檀木[17]*之墟 其至神之德 兼聖之仁 乃承詔繼天而建極 巍蕩惟烈 九桓[18]*之民咸悅誠服 惟爲天帝化身 而帝之是 爲檀君王儉[19]* 復神市舊規 設都阿斯達[20]* 開國號朝鮮 檀君端拱無爲 坐定世界 玄妙得道 接化羣生 命彭虞土地 成造起宮室 高失[21]*主種稼 臣智造書契[22]*奇省設醫藥 那乙管版籍 義典卦筮 尤作兵馬 納菲西岬河伯女 爲后治蠶 淳厖之治 熙洽四表 丙辰周考時 改國號爲大夫餘 自白岳[23]*于徒於藏唐京[24]* 仍設八條 讀書習射 爲課 祭天爲敎 田蠶是務 山澤無禁 罪不及孥 與民共議 協力成治 男有常職 女有好逑 家皆蓄積 山無盜賊 野不見飢 絃歌溢域 檀君王儉 自戊辰 統國 傳四十七世 歷二千九十六年

壬戌秦時 神人大解慕漱[25]* 起於熊心山[26]* 丁未漢主盈時 燕酋衛滿 窃居西鄙一隅 番韓準 爲戰不敵 入海而亡 自此三韓所率之衆 殆遷民於漢水[27]*之南 一時羣雄 競兵於遼海之東 至癸酉漢主徹時 漢移兵 滅右據 西鴨綠人高豆莫汗 倡義興兵 亦稱檀君 乙未漢主弗陵時 進據夫餘故都 稱國東明[28]* 是乃新羅[29]*故壞也 至癸亥冬春十月 高鄒牟[30]* 亦以天帝之子 繼北夫餘而興 復檀君舊章 祀解慕漱 爲太祖 始建元 爲多勿[31]* 是爲高句麗始祖也

삼성기 전 하편(三聖紀 全 下篇)

원동중 찬(元董仲 撰)

삼성기 전 하편(三聖紀 全 下篇)의 저자는 원동중(元董仲)으로, 여기에 환국(桓國)에 관해 언급하기를 국토가 남북으로 5만 리, 동서로 2만여 리이며 12지국(支國)을 두고 관할해 오면서 7세를 이어왔는데 역년(歷年)이 3031년 또는 63,182년이라 한다고 하면서 확실치 않다고 하였다. 웅호(熊虎)의 환골이신설(換骨移神說)과 고대 동방세계의 신웅(神雄)으로 알려지고 있는 치우천왕(蚩尤天王)의 활약상을 기술하고 사마천의 치우천왕에 대한 기록이 견강부회론(牽强附會論)임을 알게 하고 있다.

인류의 시조를 나반(那般)[1]이라 하는데 나반이 최초로 아만(阿蔓)[2]을 만난 곳은 아이사타(阿耳斯它)[3]라는 곳으로, 꿈 속에서 천신의 교화를 받아 혼례를 치루었는데 구환의 족속은 모두 이들의 후예들이다. 그 옛날 환국(桓國)[4]이 있어 백성들은 부유하고 수효도 많았다. 맨 처음 천산[5]에 올라 거하면서 득도장생(得道長生) 무병장수하였다. 하늘의 뜻을 받들어 뭇 생령들을 교화하여 싸움을 없이하고 힘써 생업에 매진케 하니 굶주림과 추위를 모르고 지냈다.

이어서 혁서환인(赫胥桓仁) 고시리환인(古是利桓仁) 주우양환인(朱于襄桓仁) 석제임환인(釋提壬桓仁) 구을리환인(邱乙利桓仁)으로 이어져 지위리환인(智爲利桓仁)에 이르는데 이를 환인 또는 단인(檀仁)이라고도 한다. 고기(古記)에 이르기를 파나류산(波奈留山)[6] 아래 환인씨의 나라[7]가 있어 천해(天海)[8] 동쪽 땅이라 하고 이름하여 파나류지국(波奈留之國)[9]이라 하였다.

---

1) 나반(那般)(아버지)은 환부제(桓夫帝)로 인류최고최선시조(人類最高最先始祖)인데 할아버지는 한아버지라는 의미이다.
2) 아만(阿曼)(어머니)은 지황후(地皇后)이다.
3) 아이사타(阿耳斯它)의 '아이(阿耳)'는 원시(原始)요, '사타(斯它)'는 삼림(森林)으로 시베리아 지대를 뜻한다.
4) 환(桓)은 한, 하나, 하늘, 환하다, 훤하다, 밝다, 빛나다, 맑다의 의미를 내포하고 있다.
5) 천산(天山)은 천산산맥(天山山脈) 동편의 이른바 만년설산(萬年雪山)으로 알려지고 있는 기련산(祁連山)을 가리킨다.
6) 파나류산(波奈留山)은 일명 천산(天山)이라 하며, 시베리아 중앙고원에 있다.
7) 유환인씨지국 환국(有桓仁氏之國 桓國)은 환인씨의 정유천하지호(定有天下之號)이다.
8) 천해(天海)는 일명 북해 명경호(北海 明鏡湖)와 붉카을 배액늑호(拜額勒湖))이다.
9) 파나류국(波奈留國)에 대해 삼성밀기(三聖密記)에 '파나류산지하 유환인씨지국(波奈留山之下 有桓仁氏之國) 하니 천해이동지지(天海以東之地)를 파나류지국(波奈留之國)이라'라고 하였다.

그 땅의 넓이가 남북으로 5만리 동서로 2만여 리인데, 이를 총체적으로 환국이라 하며 세분하면 비리국(卑離國)10) 양운국(養雲國)11) 구막한국(寇莫汗國)12) 구다천국(句茶川國)13) 일군국(一羣國) 우루국(虞婁國 : 일명 畢那國)14) 구모액국(句牟額國)15) 매구여국(賣句餘國 : 일명 稷臼多國)16) 객현한국(客賢汗國)17) 사납아국(斯納阿國)18) 선비국(鮮裨國 : 일명 豕韋國 : 通古斯國)19) 수밀이국(須密爾國)20)으로 모두 12나라이다. 천

---

10) 비리국(卑離國)은 진서(晉書)에 '비리국(卑離國)은 재숙신(在肅愼)'이라 하고 '대진용주숙신현지 서북 마행 가이백일 영호(大震龍州肅愼縣地 西北 馬行 可二百日 領戶) 2만'이라 하였다.
11) 양운국(養雲國)은 진서(晉書)에 '거비리국 마행 오십일 영호(去卑離國 馬行 五十日 領戶) 2만'이라 하였다.
12) 구막한국(寇莫汗國)은 진서(晉書)에 '양운국(養雲國)에서 백일행 영호(百日行 領戶) 5만여호(餘戶)'라 하였다.
13) 구다천국(句茶川國)은 현 시베리아의 구이야후라(勾爾耶侯羅)로, 옹고이야하상류지 일군국 거막한백오십일(翁古爾耶河上流地 一羣國 去莫汗百五十日)이라 하였다.
14) 우루국(虞婁國)은 일명(一名) 필나국(畢那國) 또는 주루(住婁)라 하는데, 해남이(海拉爾)로 북만주흑룡강성 호륜현남안(北滿洲黑龍江省 呼倫縣南岸)로 내몽고 자치구 해란아(內蒙古 自治區 海蘭兒)이다.
15) 구모액국(勾牟額國)은 일명(一名) 구모객두(勾牟客頭)라 하며, 석늑액하우안(石勒額河右岸)인 석늑액역(石勒額驛) 지역이다.
16) 매구여국(賣句餘國)은 일명(一名) 직구다국(稷臼多國)으로, 재직구다하연변(在稷臼多河沿邊)이다.
17) 객현한국(客賢汗國)과 일군국(日羣國) 미상(未詳)
18) 사납아국(斯納阿國)은 시베리아 사아란산(斯阿蘭山) 아래 애니세이강(艾泥洗伊江) 발원지에 있었다.
19) 선비국(鮮裨國)의 선비(鮮裨)를 선비(鮮卑)로 적기도 하는데 일명(一名) 시위국(豕韋國) 또는 통고사국(通古斯國)이라 하며 시위(豕韋)는 즉 실위(室韋)이며 통고사(通古斯)로 모두 같은 혈통인 환단 조선 북부여 고구려(桓檀 朝鮮 北夫餘 高句麗)와 일계민족(一系民族)이다.
20) 수밀이국(須密爾國)은 세계 문명사 가운데 가장 주목받고 있는 슈메르 문명을 주도한 나라이다. 이 나라는 초기에는 시베리아 중앙고원과 바이칼 인근에 자리하고 있었으나 후에 아이태(阿爾泰)의 목로(牧路)를 따라 서남(西南)으로 우회(迂回)하여 천산남북로(天山南北路)하여 이란고원(怡蘭高原)을 넘어 중앙아세아(中央亞細亞)로 진입(進入)하여 환국문명(桓國文明)을 퍼뜨린 나라이다.

해는 오늘날의 북해이다. 7세를 이어왔는데 역년(歷年) 3031년이라 하기도 하고 혹은 63,182년이라고도 하는데 확실치 않다.

환국 말기 안파견이 지상의 삼위태백(三危太白)을 내려다보고 홍익인간(弘益人間)할 만하다고 여겨 누가 할 수 있을까 하니, 오가(五加)가 말하기를 서자(庶子) 가운데 환웅(桓雄)이 있는데 용맹한데다 어질고 지혜로워 일찍부터 홍익인간할 뜻을 갖고 있으니 그를 태백산으로 내려 보냄이 가할 듯하다 하니, 안파견이 환웅에게 천부인 세 개를 내려 주며 말하기를 이제 사람과 물건이 모두 갖추어졌으니 수고로움을 아끼지 말고 3천의 무리와 함께 하늘의 뜻에 따라 백성들을 가르쳐 재세이화(在世理化)하여 만

| 반고 | 중국 신화에서 반고는 세상을 만든 거인으로 등장한다.

세 자손들에게 홍범(洪範)21)을 보이라 하였다.

  이 시기에 반고(盤固)라는 이가 있었는데 기이한 술수를 좋아하고 따로 나아가 살기(分道)를 청하매 허락하였다. 재보(財寶)와 십간(十干) 십이지(十二支)의 신장(神將)22)들과 더불어 공공(共公)23) 유소(有巢)24) 유묘(有苗)25) 유수(有燧)와 같이 삼위산26)의 납림동굴(拉林洞窟)27)로 가 군주가 되니 그를 제견(諸犬) 반고가한(盤固可汗)28)이라 하였다. 이 무렵 환웅이

---

21) 홍범(洪範)의 '홍(洪)'은 황(皇)이고 '범(範)'은 극(極)을 의미하며, 서경(書經)의 한 편(篇)으로 기자가 천지(天地)의 대법(大法)을 베풀어 주 무왕(周 武王)에게 준 것이다.

22) 십간 십이지(十干 十二支)는 목화토금수(木火土金水)의 오행(五行)을 음양(陰陽)으로 나눈 역수상(曆數上)의 명사(名詞)이다. 즉, 십간(十干)은 갑을병정무기경신임해(甲乙丙丁戊己庚辛壬亥)이고 십이지(十二支)는 자축인묘진사오미신유술해(子丑寅卯辰巳午未申酉戌亥)이다.

23) 공공(共公)은 요(堯)임금 때의 치수관리(治水官吏)로 도야공(陶冶工)이다. 산해경(山海經)에 '축융강처우강수 생공공 공공생술기(祝融降處于江水 生共工 共工生術器)'라 하였다.

24) 유소(有巢)는 영선공(營繕工)인 성자(聖者)로 거처의 법을 가르쳐 금수(禽獸)와 맹수(猛獸)의 피해를 막게 하였다. 유소(有巢)의 명칭은 새가 나무 위에 둥지를 치는 것을 보고 사람의 거처 마련을 생각해 냈다는 데서 얻어졌을 것으로 생각된다. 유소(有巢)의 집단은 장강(長江) 하류 항주만(杭州灣) 일대의 연해평원 호소구릉(沿海平原 湖沼丘陵) 일대에서 문명을 일궜다.

25) 유묘(有苗)는 삼묘(三苗)라고도 하며 오늘날의 묘족(苗族)으로 종묘공(種苗工)을, 유수(有燧)는 화기공(火氣工)을 지칭한다.

26) 삼위산(三危山)은 중국 감숙성 돈황현(甘肅省 敦煌縣) 남쪽에 있는 산이고 태백산(太白山)은 삼국유사에 나오는 백두산(白頭山)을 지칭하는데 이 양대(兩大) 명산(名山) 사이의 땅을 다스리도록 하였다 함은 그 지경(地境)이 매우 광활하였음을 의미한다.

27) 납림동굴(拉林洞窟)은 삼위산에 있는, 480개의 굴이 있다는 돈황석굴로 알려진 곳에 있는 동굴이다. 유명한 돈황천불동이 있는 이 지역은 예로부터 서역과의 교통의 요지였다.

28) 반고(盤固)는 반고 반구 반호(盤古 盤狗 盤瓠)로도 적으며 여러 견족(畎族)의 시조(始祖)라 하기도 하고, 무능만 묘요야랑(武陵蠻 苗猺夜郎)의 시조(始祖)로 보는 견해와 동이(東夷)와 서이(西夷)를 구분해 서이(西夷)의 삼위산(三危山) 계통이 반고를 시조로 보는 견해가 있다. 그리고 천지창조 신화에 나오는 인물로 죽어서 머리는 오악(五岳)이 되고 기름은 바다가 되고 두 눈은 해와 달이 되었다는 내용이 삼오역기(三五曆紀)와 통감외기(通鑑外紀)에 전하고 있다.

| 풍백 | 고구려 벽화에 등장하는 비렴은 바람의 신이다. 풍백의 다른 모습으로 추정된다.

　3천의 무리를 이끌고 태백산 정상의 신단수29) 아래로 내려와 이 곳을 신시30)라 하고 환웅을 천왕으로 모셨다.
　풍백 우사 운사로 하여금 곡식 생명 형벌 병 선악과 인간의 360여사를 주관케 하고 재세이화 홍익인간하였다. 이때에 곰과 범이 이웃에 살면서 신단수에 빌기를 "원컨대 변하여 신계(神戒)를 따르는 백성이 되게 하옵소서." 하였다.

---

29) 신단수(神壇樹)는 신을 받드는 제단이 있는 곳에 심어진 수목(樹木)들로, 이 수목은 박달나무인 단목(檀木)으로 단(壇)과 단(檀)은 상접(相接)해 왔다.
30) 신시(神市)는 환웅이 3천의 무리를 거느리고 태백산 아래 신단수 인근에 세웠다는 나라로, 상고 시대의 우리나라를 일컫는다. 웅호 양족(熊虎 兩族)이 공동건설한 도시로, 삼신산상(三神山上) 도시라는 것이다. 이밖에 신정(神政) 시대에 신성시하던 장소라는 설도 있다. 신시를 신불로 읽어야 한다는 설이 있기는 하나 시(市)와 불(市)은 비슷하기는 하나 결코 같다고 할 수는 없다.

이에 화답하기를 "가르쳐 주리다." 하면서 주술로써 뼈를 바꾸고 정신을 고쳐 신이 만들어 놓은 령(靈)을 고요하게 하고 쑥 한 묶음과 마늘 스무 개를 주며 일컫기를 "너희가 이것들을 먹고 백일 동안 햇볕을 보지 않으면 사람의 모습으로 변하리라." 하였다.

곰족과 범족들이31) 모두 이를 받아 먹고 삼칠일간을 조심하여, 곰은 그 기간을 잘 참아내 사람의 모습을 얻게 되었으나 범은 제 멋대로 굴며 계명을 지켜내지 못하였기 때문에 좋은 결과를 보지 못하였다. 이는 두 성품이 다르기 때문이다.

웅녀는 짝도 없는 외톨이가 되어 돌아갈 곳이 없어 신단수 아래 엎드려 태기가 있기를 간절히 빌었다. 이에 환(桓)이 거짓 모습을 하고 혼인하니 태기가 있어 아들을 낳고 그를 환계(桓系)에 올렸다.

환웅천왕이 처음으로 하늘에 제사를 올리고 천경(天經)을 강술하고 신고(神誥)를 가르쳐 백성들이 잘 살아갈 수 있도록 하였으며 이후 치우천왕으로 하여금 땅을 개척하고 구리·쇠 등을 캐내고 군대를 조련시켰으며 산업을 일으켰다.

이때는 구환이 한결같이 삼신을 원조(源祖)로 하여 소도신심(蘇塗信心)32)과 지경(地境)을 관할케 하며 책벌을 맡아 다스리게 하였다. 무리와

---

31) 웅호이족(熊虎二族)이란 곰을 토템으로 하는 웅족(熊族)과 범을 토템으로 하는 호족(虎族)을 말하는데 삼국유사에 일웅일호(一熊一虎)라 하여 종족을 하나의 동물로 보게 함으로써 후에 해석상 오해를 낳게 하였다.
32) 소도(蘇塗)는 삼국위지(三國魏志)에 다음과 같이 나와 있다. 해마다 시월제천(十月祭天)하고 국중대회(國中大會)를 여니 이를 동맹(東盟)이라 하고 국읍(國邑)이 제천신(祭天神)하는데 소도(蘇塗)에 큰 나무를 세우고 방울을 울리고 북을 치며 천신(天神)을 섬겼다. 제천과 동시에 교육도 실시하였다. 후세로 오면서 환인 환웅 치우의 삼성(三皇)도 제천의 대상이 되었으며 단군도 제사를 받게 되었다. 소도제천은 점차로 확대되어 국중대회와 지방대회로 나뉘어졌다. 가정에도 소도가 들어서게 되어 삼신을 모셨다. 이러한 제사의 풍속은 점차로 확대되어 조상신 산천 어렵 전진(戰陣) 출행의 제사로까지 발전하였다. 제천할 때

의논하여 화백(和白)정신으로 지혜로운 삶을 이어나갔다. 이 시기부터 구환이 삼한의 관경33)을 다스리니 이들을 천제의 아들 단군왕검이라 하였다.

밀기(密記)34)에 이르기를 환국 말기에 다스림에 어려움을 주는 강족(强族)35)이 있어 걱정거리였다. 환웅이 삼신36)으로 가르치고 전계(佺戒)37)

의 단을 천단이라 하고 주최하는 사람을 뽑아 천군(天君)이라 하였다. 참성단은 천단의 하나이며 소도를 상소도와 하소도로 구분하기도 하였다.

후세의 역대 여러 나라들이 모두 제사를 지냈는데 부여 예 맥 마한 신라 고구려는 10월로 하고 백제는 4월로 하되, 도천(禱天) 무천(舞天) 제천(祭天) 교천(郊天) 영고(迎鼓) 동맹(東盟)이라 하였다. 부여에서는 제사지낼 때 소를 잡아서 발굽으로 길흉을 점치는 풍속이 있었다. 소도 제천에서는 환무(環舞) 백희(百戱)를 연출하는 영신민속(迎神民俗)놀이도 펼쳤다. 행사에는 천부경 삼일신고 참전계경을 강연한 후 행사에 들어갔다. 요컨대 제사를 지내던 성지(聖地)였을 뿐만 아니라 민족의 이상을 실현하는 대화합의 교육장소이며 행사였다. 아울러 소도 제천의식은 구려교화(九黎敎化)의 근원이었다. 소도는 솟대 솟터의 음역이 아닌가 여겨지기도 한다.

魏書 東夷傳에 常以五月下種訖 祭鬼神 群聚歌舞飮酒 晝夜無休 其舞數十人 俱起相隨踏地 低昻手足相應 節奏有似 鐸舞 十月農功畢 亦復如之 信鬼神 國邑各立一人 主祭天神 名之天君又諸國 各有別邑名之爲蘇塗 立大木 懸鈴鼓 事鬼神諸亡逃至其中 皆不還之 好作賊 其立蘇塗之義 有似浮屠而所行善惡有異

33) 관경(管境)은 '관할하는 경지(境地)'를 말하는데, 삼한(三韓)에는 분조관경(分朝管境) 삼조선(三朝鮮)에는 분권관경(分權管境)의 제도(制度)가 있었다. 만주원류고(滿洲源流考)에 따르면 숙신(肅愼)의 어원인 주신(珠申)이라는 말은 소속(所屬)인 관경을 뜻한다고 하며 여기에는 누리의 뜻이 담겨 있다고 보는 이도 있다.

34) 밀기(密記)는 고려의 서운관(書雲觀)에 소장되어 있던 고대 조선 관련서적들로 표훈삼성밀기(表訓三聖密記) 조대기(朝代記) 주남일사기(周南逸士記) 신비집(神秘集) 고조선비사(古朝鮮秘史) 대변설(大辨說) 지공기(誌公記) 삼성기(三聖記) 도증기(道證記) 지리성모하사량훈(智異聖母河沙良訓) 수찬기소(修撰企所) 100여 권 동천록(動天錄) 마슬록(磨虱錄) 통부록(通夫錄) 호중록(壺中錄) 지화록(地華錄) 도선한도참기(道詵漢都讖記) 등으로 알려지고 있다.

35) 강족(强族)은 여웅(女熊) 남호(男虎) 세력이 서로 싸우고 화합치 못한 가운데 웅호 양족을 환웅께서 조정하여 지내게 하였으나 호족이 순응치 않음에 사해(四海)로 내쳤다.

36) 삼신(三神)은 세 분의 신(神)이 아니라 우주창조자이신 천신(天神)을 일컫는다 오늘날까지 전언(傳言)되고 있는 삼신 할머니 삼신항아리 등은 모두 여기에서 연유된 것이다.

37) 전계(佺戒)란 모든 백성들이 준수해야 할 계(戒)로, 우주(宇宙)의 정기(精氣) 정수(精粹)인 해 뜨는 곳에 모여 삼광오정(三光五精)이 뇌 속에 엉겨 현묘한 광명을 스스로 깨닫고 서로

를 따르도록 서약케 하고 업38)을 정해 선악을 가려 징벌하도록 하였다. 이로부터 은밀히 강족을 토벌하고자 하였다. 이때는 족속명도 하나로 되어 있지도 않았고 풍속도 점차로 달라져 갔다. 원래 살아온 무리는 범족이고 새로이 살아가려는 족속은 곰족이었다.

범족은 잔인하고 탐욕스러워 약탈을 일삼는 데 비해 곰족은 어리석으면서도 자만에 빠져 조화를 이루지 못하였다. 이들이 같은 굴39) 속에 살아온 지 오래되나 날로 멀어져 서로 돕지 않고 혼인도 하지 않았다. 매사를 달리하며 사이가 좋지 않았다.

이에 웅녀의 추장이 환웅이 신덕(神德)이 있다 함을 듣고 간청하기를 "저희들에게 살아갈 굴 하나를 내려주시고, 신계(神戒)를 받드는 무리로 받아 주옵소서" 하니 환웅께서 허락해 곰족 무리들을

| 단군굴 | 일본 북구주 후쿠오카현 소에다정의 영언산 신사에는 환웅의 모습을 담은 그림이 전하고 있다.

가 돕게 되는 것으로 선가(仙家)의 가르침을 말하기도 한다.
38) 업(業)은 풍년을 기원하는 대상으로 생산 작업을 맡고 있는 신으로, 이른바 업주가리(業主嘉利)인데 업신(業神)과 집안의 토기 속에 곡식을 담아 설단해 놓고 이 단지(壇地)를 부루(扶婁)단지라 하는데 이 역시 업신(業神)을 섬기기 위함이다.
39) 혈(穴)은 암혈(岩穴)이나 동굴(洞窟)을 나타내는 것으로 혈(穴)은 홀(忽)이 되고 홀(忽)은 동(洞)으로 동(洞)은 읍낙(邑落)으로 읍(邑)은 현(縣) 주(州) 군(郡)으로 변해진 것이다. 태백일사(太白逸史)에 신농씨(神農氏)는 소전(小典)의 아들로 소전 소호(小典 小皞)는 모두 고시씨(高矢氏)의 방계손(傍系孫)이라 한다.

| 신농씨 | 고구려 벽화에서는 신농씨가 소머리에 흰 옷을 입은 인물로 묘사되고 있다.

받아들여 자식을 낳고 산업을 일으키게 하였다. 그런데 범족은 끝끝내 습성을 고치지 못함에 사해(四海)로 내쳤다. 환족의 시작은 이렇게 된 것이다.

후에 갈고환웅(葛古桓雄)이 계셔서 염제신농(炎帝神農)40)의 나라와 강계를 정하고 지냈다. 여러 대가 지난 이후 자오지환웅(慈烏智桓雄)41)께서는 신과 같은 용맹에 동두철액(銅頭鐵額)형인 구리로 만든 철모를 쓰고 쇠로 만든 갑옷을 입고 구름과 안개를 일으키고 광석을 캐어 쇠를 녹여 병장기를 만드니 천하가 자오지환웅을 몹시 두려워하였다.

세상에서는 이 분을 치우천왕(蚩尤天王)이라 불렀는데, 치우란 천둥 우

---

40) 염제신농(炎帝神農)은 농사와 의약의 시조로, 연대는 B.C.3218~3078이다.
41) 자오지환웅(慈烏支桓雄)은 치우천왕(蚩尤天王)을 말한다. 그는 동두철액(銅頭鐵額)의 한 인물로 군신(軍神)으로 떠받들어지고 있었다. 관자오행(管子五行)에 헌원(軒轅)이 치우(蚩尤)를 득(得)해 천도를 밝혔다고 하고 한서(漢書)에는 유방(劉邦)이 패공(沛公)으로 모시고 패정(沛廷)에서 치우(蚩尤)를 제사지냈다고 하였다. 사기오제기주(史記五帝紀註)에는 치우능(蚩尤陵)이 동평군 수장현 관향성(東平郡 壽張縣 關鄉城) 내에 있다고 하면서 백성들이 해마다 시월(十月)에 제사를 올리는데 높이가 7장(丈)으로 붉은 기운이 일어나 마치 깃발처럼 보여 이를 치우기(蚩尤旗)라 한다고 하였다.

뢰 비바람을 크게 일으켜 산천을 뒤바꿔 놓는다는 속어라고 한다. 치우천왕께서 염제신농씨의 나라가 쇠함을 보고 뜻을 세워 수차 천병(天兵)으로 하여금 서역으로 진군시켰다.

색도(索度)42)에서 출병 회(淮)43)·대(岱)44) 지역에 주둔시켰다. 헌원(軒轅)이 여기서 일어나자 곧바로 탁록(涿鹿)45)으로 나아가 헌원46)을 사로잡아 신하로 삼은 후 오장군(吳將軍)을 보내 서편의 제곡고신(帝嚳高辛)을 쳐 공을 세우게 하였다.

천하가 세 갈래로 대치하고 있을 때 탁의 북쪽에 대요(大撓)가 있었고 동편에는 창힐(倉頡)이, 서편에는 헌원(軒轅)이 있었다. 서로가 병력을 가지고 승리를 거두고자 하였으나 뜻을 달성할 수 없었다. 초기에는 헌원의 일어남이 뒤처져 치우와 싸워 이로움이 없자 대요에 의지하고자 하였으나

---

42) 색도(索度)는 오늘날의 색로(索盧)로, 황수(潢水)라고도 한다. 독사방여기요(讀史方輿紀要)에 '진정부 기주 속강현 서북(眞定府 冀州 束强縣 西北) 30리에 색도수(索度水)가 있는데 이는 황하(黃河)이다.'라고 하고 있다.
43) 회(淮)는 회수 회수 예수(滙水 澮水 濊水)라 칭해 왔는데, 하남성(河南省) 남부 동백산(桐栢山)에서 흘러나와 동류(東流)하다가 안휘성 북부(安徽省 北部)를 지나 강소성(江蘇省)에 달하면서 대운하(大運河)와 합쳐져 왔는데 잦은 홍수와 기상이변으로 유로(流路)의 변경(變更) 또한 심하다.
44) 대(岱)는 대악(岱岳) 또는 대종 대태(岱宗 岱泰)라 하는데, 산동 제남부 태안(山東 濟南部 泰安) 북쪽 5리에 있는 태산(泰山)을 일컫는다.
45) 탁록(涿鹿)은 곰이 살고 있는 들판(유일웅지야(有一熊之野))으로, 옛 조양(造陽) 땅이다. 오늘날의 장액(張掖) 웅이(熊耳 : 이웅(耳熊) 유웅(有熊)) 등지로 폐 승주(廢 勝州)된 곳인데, 오늘날의 산서성 대동부(山西省 大同府)이다.
46) 헌원(軒轅)은 천원(天黿)의 음전(音轉)이다. 그를 황제(黃帝)라 하는데 성은 공손(公孫)이며 헌원(軒轅)은 이름이다. 후에 성을 희(姬)로 고쳤다. 그는 배달국 시대에 자부선인(紫府仙人)의 문인(門人)으로 삼황내문(三皇內文)을 받아 가지고 간 뒤에 왕이 되었다.
이러한 헌원에 대해 사기에는 춘추필법으로 다음과 같이 위작(僞作)해 놓고 있다. 즉 '사마천 사기왈 제후함래빈종 이치우최위폭 천하막능벌 헌원섭정치우(司馬遷 史記曰 諸侯咸來賓從 而蚩尤最爲暴 天下莫能伐 軒轅攝政蚩尤)'라 하였다.

별 수 없었고 창힐에 기대보았으나 마찬가지였다.

이는 대요나 창힐 모두가 치우와 같이 하는 무리들이었기 때문이다. 대요는 일찍이 간지(干支)의 술수를 배웠고 창힐은 부도문(符圖文)을 배웠다. 당시 모든 제후들이 이들의 신하가 되어 섬기지 않는 자가 없었음은 이 때문이다.

사마천의 사기에 이르기를 천하의 제후 모두가 따랐기 때문에 치우가 매우 횡포하였으나 감히 벌할 자가 없을 때 헌원이 섭정을 하였다. 치우의 형제가 81명이 있었는데, 이들은 한결같이 짐승의 모습에 말을 하며 동두철액(銅頭鐵額)에 모래를 씹어 먹고 오구장(五丘杖)47) 도극 (刀戟) 태노(太弩)를 만드니 그 위엄이 천하를 진동시켰다. 치우는 옛 천자의 이름이라 하였다.

三聖紀 全 下篇　元董仲 撰

人類之祖曰那般1)* 初與阿曼2)* 相遇之處 曰阿耳斯它3)* 夢得天神之敎 而自成昏禮 則九桓之族 皆其後也 昔有桓國4)* 衆富且庶焉 初桓因居于天山5)* 得道長生 擧身無病 代天宣化 使人無兵 人皆作力自無飢寒 傳赫堉桓仁 古是利桓仁 朱于襄桓仁 釋提壬桓仁 邱乙利桓仁 至智爲利桓仁 或曰檀仁 古記云波奈留之山6)* 下 有桓仁氏之國7)* 天海8)* 以東之地 亦稱波奈留之國9) 其地廣南北五萬里 東西二萬餘里 惣言桓國 分言則卑離國10)*

---

47) 오구장(五丘杖)은 고대 무기의 이름이다. 도극(刀戟)은 칼과 굽은 창을, 태노(太弩)는 활틀을 놓고 화살을 쏘는 무기이다.

養雲國[11]* 寇莫汗國[12]* 句茶川國[13]* 一羣國 虞婁國:一名 畢那國[14]* 句牟額國[15]* 賣句餘國:一名 稷臼多國)[16]* 客賢汗國[17]* 斯納阿國[18]* 鮮裨國:一名 豕韋國:通古斯國)[19]* 須密爾國[20]* 合十二國也 天海今曰北海 傳七世 歷年共三千三百一年 或云六萬三千一百八十二年 未知孰是. 桓國之末 安巴堅下視 三危太白 皆可以弘益人間 誰可使之 五加僉曰庶子 有桓雄 勇兼仁智 嘗有意於易世以弘益人間 可遣太白而理之 乃授天符印三種 仍敕曰如今人物 業已造完矣 君勿惜厥勞 率衆三千而往 開天立教 在世理化 爲萬世子孫之洪範[21]*也 時有盤固者 好奇術 欲分道而往 請乃許之 遂積財寶 率十干十二支之神將[22]* 與共公[23]* 有巢[24]* 有苗[25]* 有燧 偕至三危山[26]* 拉林洞窟[27]* 而立爲君 謂之諸畎 是謂盤固可汗[28]*也

於是桓雄率衆三千 降于太白山頂神檀樹[29]*下 謂之神市[30]* 是謂桓雄天王也 將風伯雨師雲師 而主穀主命主刑主病主善惡凡主人間三百六十餘事 在世理化弘益人間 時有一熊一虎 同隣而居 嘗祈于神檀樹 願化爲神戒之氓 雄聞之曰可教也 乃以呪術換骨移神 先以神遺靜解 靈其艾一炷 蒜二十枚 戒之曰爾輩食之不見日光百日 便得人形 熊虎二族[31]* 皆得而食之 忌三七日 熊能耐飢寒 遵戒而得儀容 虎則放慢不能忌 而不得善業 是二性之不相若也 熊女者無與爲歸故 每於檀樹下祝願有孕 乃假化爲桓而使與之爲婚 懷孕生子 有張.

桓雄天王 肇自開天 生民施化 演天經 講神誥 大訓于衆 自是以後 治尤天王 闢土地 採銅鐵 練兵興產 時九桓皆以三神 爲一

源之祖 主蘇塗32)* 主管境 主責禍 與衆議 一歸爲和白 竝智生雙修 爲居佺 自是九桓 悉統于三韓管境33)*之天帝子 乃號曰檀君王儉.

密記34)*云桓國之末 有難治之强族35)*患之 桓雄乃以三神36)說教 以佺戒37)*爲業38)* 而聚衆作誓 有勸懲善惡之法 自是 密有剪除之志 時族號不一 俗尙漸岐 原住者爲虎 新移者爲熊 虎性嗜貪殘忍 專事掠奪 熊性愚復自持 不肯和調 雖居同穴39)* 久益疏遠 未嘗假貸 不通婚嫁 事每多不服 咸未有一其途也 至是熊女君聞桓雄有神德 乃率衆往見 曰願賜一穴廛 一爲神戒之盟 雄乃許之 使之尊接 生子有産 虎終不服悛 放之四海 桓族之興 始此焉

後有葛古桓雄 與炎農40)*之國 劃定疆界 又數傳而有慈烏支桓雄41)* 神勇冠絶 以銅頭鐵額 能作大霧 造九冶而採鑛 鑄鐵作兵 天下大畏之 世號爲蚩尤天王 蚩尤俗言雷雨大作 山河改換之義也 蚩尤天王見炎農之衰 遂抱雄圖 屢起天兵於西 又自索度42)*進兵據有淮43)*岱44)*之間 及軒候之立也 直赴涿鹿45)*之野 擒軒轅46)*而臣之 後遣吳將軍 西擊高辛有功

時諸夏鼎峙 涿之北 有大撓 東有倉詰 西有軒轅 自相以兵 欲專其勝而未也 初軒轅稍後起於於蚩尤 每戰不利 欲依大撓 而未得 又衣倉頡而不得 二國皆蚩尤之徒也 大撓嘗學干支之術 倉頡受符圖之文 當時諸候 罔不臣事者 亦以此也

司馬遷 史記曰諸候咸來賓從 而蚩尤最爲暴 天下莫能伐 軒轅攝政蚩尤 有兄弟八十一人 竝獸身 人語 銅頭鐵額 食沙 造五丘杖47)* 刀戟太弩 威振天下 蚩尤 古天子之號也

신시역대기(神市歷代記)

신시역대기(神市歷代記)는 천제환인(天帝桓因)의 아들 환웅이 천부인 3개와 3천 명의 무리를 거느리고 태백산 단(檀)나무 아래에 내려와 신시(神市)를 열고 웅녀(熊女)와 결혼하여 단군을 낳은 이후 18세 1565년간 통치한 역대(歷代)의 내력이다.

[삼성기 전]

　　배달(倍達)은 환웅(桓雄)께서 천하의 호(號)를 정하면서 붙인 칭호이다. 도읍을 신시(神市)라 하고 후에 청구국(靑丘國)[1]으로 옮겨 18세(世) 1565년간 지속되었다.

　　1세 환웅천황(桓雄天皇) 또는 거발한(居發桓)이라 하며 재위는 94년 수(壽)는 120세이시다.

　　2세 거불리환웅(居佛理桓雄)은 재위 86년에 수(壽)는 120세이시다.
　　3세 우야고환웅(右耶古桓雄)은 재위 99년에 수(壽)는 135세이시다.
　　4세 모사라환웅(慕士羅桓雄)은 재위 107년에 수(壽)는 129세이시다.
　　5세 태우의환웅(太虞儀桓雄)은 재위 93년에 수(壽)는 115세이시다.
　　6세 다의발환웅(多儀發桓雄)은 재위 98년에 수(壽)는 140세이시다.
　　7세 거련환웅(居連桓雄)은 재위 81년에 수(壽)는 140세이시다.
　　8세 안부련환웅(安夫連桓雄)은 재위 73년에 수(壽)는 94세이시다.
　　9세 양운환웅(養雲桓雄)은 재위 96년에 수(壽)는 139세이시다.
　　10세 갈고환웅(葛古桓雄)은 일명 갈태천왕 또는 독로한(一云葛台天王 又曰瀆盧韓)이라 하였는데 재위 100년에 수(壽)는 125세이시다.
　　11세 거야발환웅(居耶發桓雄)은 재위 92년에 수(壽)는 149세이시다.
　　12세 주무신환웅(州武愼桓雄)은 재위 105년에 수(壽)는 123세이시다.

---

1) 청구(靑丘)는 본시 동방 바다 밖에 신선이 사는 세계의 이름이다. 하늘에 청구라는 별이 있어 그 별이 우리나라 땅을 맡고 있다는 신앙으로 인해 우리나라를 지칭하는 국명이 되었다. 글자 뜻을 풀이할 때 청(靑)은 오색(五色)에서 동방을 나타내는 빛이고 구(丘)는 땅을 나타내는 말로, 청구란 동방의 세계를 의미하며 그 중심은 우리나라임을 의미한다. 포박자(抱朴子)에 '헌원(軒轅)이 동쪽 청구(靑丘)에 도달, 풍산(風山)을 지나 자부(紫府) 선생을 뵙고 삼황내문경(三皇內文經)을 받았다' 라고 하는가 하면, 독사방여기요(讀史方輿紀要)에는 '청구는 산동성 청주부 낙안현 북(靑州府 樂安縣 北)'이라 하고, 두보시(杜甫詩)에는 '만만산동일백주삭성여안포청주(漫漫山東一百州削成如案抱靑州)'라 하였으며, 왕회해(王會解)에는 '청구는 해동지명(海東地名)'이라 하였고, '청구국(靑邱國)은 대능하(大凌河) 서편인데 출구진지지(出九津之地)'라 하였다.

13세 사와라환웅(斯瓦羅桓雄)은 재위 67년에 수(壽)는 120세이시다.

14세 자오지환웅(慈烏支桓雄)은 세칭(世稱) 치우천왕(蚩尤天王)으로 청구국(靑丘國)으로 도읍을 옮겼는데 재위 109년에 수(壽)는 151세이시다.

15세 치액특환웅(蚩額特桓雄)은 재위 89년에 수(壽)는 118세이시다.

16세 축다리환웅(祝多利桓雄)은 재위 56년에 수(壽)는 99세이시다.

17세 혁다세환웅(赫多世桓雄)은 재위 72년에 수(壽)는 97세이시다.

18세 거불단환웅(居弗檀桓雄) 또는 단웅(檀雄)이라 하며 재위 48년에 수(壽)는 82세이시다.

神市歷代記

倍達桓雄定有天下之號也 其所都曰神市後 都靑丘國[1]* 傳十八世歷一千五百六十五年

一世 桓雄天皇一云居發桓 在位九十四年壽一百二十歲.

二世 居佛理桓雄在位八十六年壽一百二十歲

三世 右耶古桓雄在位九十九年壽一百三十五歲

四世 慕士羅桓雄在位一百七年壽一百二十九歲

五世 太虞儀桓雄在位九十三年壽一百一十五歲

六世 多儀發桓雄在位九十八年壽一百四十歲

七世 居連桓雄在位八十一年壽一百四十歲

八世 安夫連桓雄在位七十三年壽九十四歲

九世 養雲桓雄在位九十六年壽一百三十九歲

十世 葛古桓雄一云葛台天王又曰瀆盧韓在位一百年壽一百二十五歲

十一世 居耶發桓雄在位九十二年壽一百四十九歲

十二世 州武愼桓雄在位一百五年壽一百二十三歲

十三世 斯瓦羅桓雄在位六十七年壽一百二十歲

十四世 慈烏支桓雄世稱蚩尤天王徒都靑丘國* 在位一百九年壽一百五十一歲

十五世 蚩額特桓雄在位八十九年壽一百十八歲

十六世 祝多利桓雄在位五十六年壽九十九歲

十七世 赫多世桓雄在位七十二年壽九十七歲

十八世 居弗檀桓雄或云檀雄在位四十八年壽八十二歲

강원도 원주 신림의 성황림 신성한 공간은 반드시 하늘과 맞닿아 있는 나무와 함께 한다. 이 나무는 생명의 나무라 할 수 있으며, 하늘과 땅을 이어주는 역할을 한다.

세계 모든 검(劍)들 가운데 가장 오래되고, 선진적인 검들은 모두 동이족 지역에서 발견되었다. 요령지역을 중심으로 하는 비파형 동검의 청동문화는 고조선과 연결되는 문화이다. 삼한관경(三韓管境) 본기(本紀)에 단군이 행차할 때 운사가 백검(佰劍)으로 호위했다는 기록으로 보아 검은 단군의 상징이기도 했다. 바위 그림은 사냥을 하는 모습을 담고 있다.

그림 : 중앙아시아의 바위 그림, 동북아역사재단

단군세기(檀君世紀)

이암 편(李岩 編)

단군세기 서(檀君世紀 序)
단군세기(檀君世紀)

일제 때 서울 휘문의숙에서 유학한 한 학생이 구월산 수학 여행길에 그곳 삼성사에서 가져왔다는 단군의 영정이다.

단군세기 서(檀君世紀 序)

단군세기 서(檀君世紀 序)는 본서가 역사서로서 역사의 중요성을 일깨워 올바른 역사야말로 올바른 민족, 국가를 영위해 나갈 수 있는 혼(魂)불임을 강조하고 있다. 그 혼불은 삼신일체(三神一體)의 도(道)에 있는데, 부여 고구려 등의 강국이 멸망한 것은 각개 나라의 도(道)가 쇠해짐에 따라 나라 역시 멸망하였음을 말해 주고 있다.

나라를 바르게 하는 데는 선비의 기개보다 앞서는 것이 없고 사학(史學)보다 앞서는 것이 없다. 사학이 불명하고 선비의 기개가 진작되지 못하고 기개를 펼 수 없다면 나라의 근본은 흔들리고 정치와 법도 어긋난다.

사학은 폄하할 자는 폄하하고 포상할 자는 포상하게 하고 인물에 대해 평가하고 시대를 진단함으로써 만세의 표준이 되어야 한다. 이 백성이 세상을 살아 온지도 오래이다. 창세 이래 지켜 나가야 할 조목과 질서가 더해지고 나라와 역사가 병존해 오는 가운데 다스림 모두가 나 자신보다 앞세워 소중히 여겨야 할 일이다.

아! 정치란 그릇을 다루는 것과 같으며 사람은 도와 같은 것이니 기(器)가 어찌 도(道)를 떠나 존재할 수 있겠는가? 나라가 형체라면 역사는 혼과 같은 것인데 형체가 혼을 잃어버린다면 어찌 형체가 존재할 수 있겠는가!

도와 기를 아울러 닦는 자도 나요 형체와 혼을 함께 갖추는 것도 나 자신이니라. 그러니 천하만사도 나를 먼저 아는 데 있다. 그렇다면 나를 알기 위해서는 무엇부터 알아야 할까? 이는 삼신일체의 도에 있다. 그 뜻은 대원일(大圓一)이라는 뜻 가운데 있다. 조화의 신이 내려와 나의 성(性)이 되고 교화의 신이 내려와 나의 명(命)이 되고 치화(治化)의 신이 내려와 나의 정(精)이 되었나니 곧 바로 인간이 만물 가운데 가장 존귀한 것이다.

그러니 인간성이란 신(神)의 뿌리라 할 수 있다. 신이 성(性)에 근본을 두고 있다고 해서 성이 신은 아니다. 기(氣)가 밝게 빛나 어두워지지 않는 것이 참 성이다. 이에 신은 기를 떠날 수 없고 기 또한 신을 떠날 수 없는 것이다. 내 몸의 신이 기와 합쳐진 후에야 성은 명(命)과 더불어 볼 수 있는 것이다.

성은 명을 떠나지 않고 명은 성을 떠나지 않을 때 내 몸의 성과 명이 합해진 연후에야 시작되지 않은 신의 성과 기의 명을 볼 수 있는 것이다. 이를 성의 지극히 뛰어나고 총명함을 뜻하는 영각(靈覺)이라 한다. 영각은 천신과 더불어 그 근원을 같이 하고 명의 근원은 현생과 같이 한다.

산천은 기(氣)와 같이 하고 기는 정(精)의 영속(永續)이다. 즉 창생과 더불어 그 업을 같이 한다. 하나를 잡되 셋이 포함되며 셋이 합쳐져 하나로 귀일됨이라.

그런고로 마음을 정하고 변치 않는 것을 '참된 나'라 하고 신통만변함을 일신(一神)이라 한다. 참된 나는 일신(一神)이 거하는 궁전이다. 이 참된 근원을 알고 법도에 따라 수행하면 길하고 상서로움이 자연히 밝고, 빛남이 항시 비추어질 것이다. 이것이야 말로 천인(天人)이 서로 어우러져 그 인연이 삼신의 계맹(戒盟)을 지킴으로 능히 하나로 귀일된다.

그래서 무기(無機)의 성(性) 명정(命精)이 삼신일체의 상제이며 우주만물이 혼연히 심기신(心氣身) 한 몸이 되어 자취없이 길이 길이 존재하면서 무기의 감식촉(感息觸)이 바로 환인주조(桓因主祖)이시다. 세계만방과 더불어 베풀어 함께 즐거워하고 천지인(天地人)이 무위자화(無爲自化)하니라.

가르침을 받고자 하는 자는 먼저 스스로 바르게 하고 모습을 바꾸고자 하는 자는 무엇보다 먼저 그 형상을 없이 하여야 할 것이다. 이것이 나를 바로 알고 나 홀로 구하는 유일의 길(道)이다.

애닯구나! 부여는 부여의 도가 없어진 후에 한인(漢人)이 침입해 왔고 고려는 고려의 도가 없어진 후에 몽고가 쳐들어 왔다. 만약 그 때에 부여에 부여적인 도가 있었다면 한인(漢人)은 한(漢)으로 돌아갔을 것이며 고려 또한 고려의 도가 있었다면 몽고는 몽고로 돌아갔을 것이다.

애닯구나! 얼마 전 잠(潛)[1])청(淸)[2])배(輩)의 사론(邪論)이 온갖 귀신(百鬼)이 야밤에 나돌듯 세상을 가리면서 남생[3])과 발기(發奇)[4])의 역심(逆心)

[단군세기]

이 상응 합심하니 나라를 위한다는 자, 어찌 도와 기를 모두 잃고 형과 혼이 소멸되는 때 어찌 자신만이 온전하다 할 수 있겠는가! 작금에 외인의 내정 간섭이 날로 심해져 임금을 세우고 폐하는 등 저들 멋대로 하는데 우리 대신들은 속수무책이니 이는 무엇 때문인가? 나라에 역사가 없고 형체가 혼을 잃었기 때문이다. 일개 대신의 능력만으로는 나라를 구하리라 말할 수 없다. 온 나라 백성들이 나라를 구해야겠다고 스스로 다짐하고 구국을 위해 유익한 방도를 찾아낸 연후에야 나라를 구할 수 있다고 말할 수 있으리라! 그렇다면 구국의 길은 어디에 있는가? 앞서 말한 바와 같이 나라에 역사가 있고 형체에 혼이 담겨 있어야 한다. 신시 개천으로 국통이 이어져 왔고 그 국통으로 백성들이 흥기하였으니 어찌 사학이 중요하다 하지 않을수 있단 말인가? 이에 단군세기의 머리말을 기꺼이 쓰는 바이다.

상지 12년 계묘 10월 3일 홍행촌 늙은이 강도 해운당에서 쓴다.

---

1) 오잠(吳潛)은 고려 충렬왕(1326~1308) 때의 간신(奸臣)으로, 시호(諡號)는 문재 찬성사(文齋 贊成事) 선(璿)의 아들로 충렬왕 때에 과거에 급제해 승지로 있으면서 왕의 연락(宴樂)에 동조해 왔고 지도첨의사사(知都僉議司事)가 된 후 임금 부자 사이를 이간하고 모함하였다. 후에 김심(金深) 오감량(吳監良) 등이 임금의 거처에 숨어 있는 오잠을 끌어내다 원나라로 보내니 안서(安西)로 귀양을 가게 되었다. 뒷날 환국해 구성군(龜城君)에 봉해진 후에도 여전히 간신 노릇을 한 인물이다.
2) 유청신(柳淸臣 : ?~1326) 몽고어에 능통해 원나라의 외교사절로 활약하였다. 충렬왕 충선왕 재위 시 관직에 있었고 특히 충렬왕 복위 후에는 고흥(高興) 부원군에 피봉되고 임금의 옥대(玉帶)를 받기도 하였다. 그러나 충숙왕 즉위 후 왕을 수행, 원나라에 가서 심왕 고(瀋王 暠)를 고려 왕으로 삼으려는 매국적 음모를 꾀하다 발각되어 불귀의 몸이 되어 죽었다.
3) 남생(男生)은 연개소문의 장자로, 당에 망명하여 당의 고구려 정벌에 향도가 되어 고구려를 멸망케 한 반역자이다.
4) 발기(發岐)는 고구려 신대왕 백고(新大王 伯固)의 장자(長子)로, 고구려의 분열을 기도한 인물로 남생 못지 않은 반역자이다.

檀君世紀 序

爲國之道 莫先於士氣 莫急於史學何也 史

學不明則士氣不振 士氣不振則國本搖矣 政法岐矣 盖史學之法 可貶者貶可襃者 襃刑量人物 論診時像 莫非標準萬世者也 斯民之生 厥惟久矣 創世條序 亦加訂證 國與史竝存 人與政俱擧 皆自我所先所重者也

嗚呼政猶器人猶道 器可離道而存乎 國猶形史猶魂 形可失魂而保乎 並修道器者我也 俱衍形魂者亦我也 故天下萬事先在知我也 然則其欲知我 自何而始乎 夫三神一體之道 在大圓一之義 造化之神 降爲我性 敎化之神 降爲我命治化之神 降爲我精 故惟人爲最貴最尊於萬物者也.

夫性者神之根也 神本於性而性未是神也 氣之炯炯不昧者乃眞性也 是以神不離氣 氣不離神 吾身之神 與氣合而後 吾身之性與命可見矣 性不離命 命不離性 吾身之性與命 合而後吾身 未始神之性 未始氣之命可見矣 故其性之靈覺也 與天神同其源 其命之現生也 與山川同其氣 其精之永續也 與蒼生同其業也 乃執一而含三 會三歸一者是也

故安心不變 謂之眞我 新通萬變 謂之一神 眞我一神攸居之宮也 知此眞源 依法修行 吉祥自臻 光明恒照 此乃天人相與之際 綠執三神戒盟而始能歸于一者也. 故性命精之無機 三神一體之上帝也 與宇宙萬物 混然同體 與心氣身 無跡而長存 感息觸之無機 桓因主祖也 與世界萬邦 一施同樂 與天地人 無爲而自化也

是故其欲立敎者 須先立自我 革形者 須先革無形. 此乃知我求

獨之一道也. 嗚呼痛矣 夫餘無夫餘之道然後 漢人入夫餘也 高麗無高麗之道 蒙古入高麗也 若其時之制先 而夫餘 有夫餘之道 則漢人 歸其漢也 高麗 有高麗之道 則蒙古歸其蒙古也 嗚呼痛矣 向年 潛[1]* 清[2]* 輩之邪論 陰與百鬼夜行 以男生[3]* 發岐[4]* 之逆心 相應而合勢 爲國者 抑何自安於道器兩 喪形魂全滅之時乎

今外人干涉之政 去益滋甚 讓位重祚 任渠弄壇 如我大臣者 徒束手而無策何也 國無史而形失魂之故也 一大臣之能 姑無可救之爲言 而乃擧國之人 皆救國自期 而求其所爲有益於救國然後 方可得以言救國也 然則救國何在哉 向所謂國有史而形有魂也 神市開天 自有其統 國因統而興 史學皆不重歟 書此 樂爲檀君世紀序 上之十二年 癸卯十月十三日 紅杏村叟 書于江都之海雲堂

단군세기(檀君世紀)

환인국(桓因國) 이후에 등장한 단군조선(檀君朝鮮)은 환국(桓國) 배달국(倍達國)을 계승하여 47세 2096년간 이어 오면서 동아시아의 넓은 대륙에서 독창적인 문화를 창출하여 발전시켜 왔으며, 그 문화는 동양 문화의 원류가 되었다. 즉, **단군세기(檀君世紀)**는 정치·문화·산업 전반에 걸친 경제, 군사 등 제반분야에서 선구적 역할을 담당했던 아시아 최대의 강국으로 자리매김해 온 2096년간의 치적사(治積史)이기도 하다.

고기에 왕검의 부친은 단웅, 모친은 웅씨의 왕녀로 신묘년 5월 2일 인시에 박달나무 아래에서 출생했다. 왕검은 신인의 덕이 있어 주위의 여러 사람들이 두려워하며 복종했다. 왕검이 14세 되던 해인 갑진년, 웅씨 왕은 그가 신성하다는 말을 듣고 그로서 비왕(裨王)을 삼아 대읍(大邑)의 국사를 대행하도록 하였다.

| 무씨사당 화상석-1 |

| 무씨사당 화상석-2 |

산동성 무씨사당 화상석에는 동이민족의 신화들이 기록으로 전하고 있다.

무진년 당요(唐堯) 때 단국(檀國)에서 아사달의 단목(檀木)으로 오니 사람들이 천제의 아들로 추대하였다. 구환을 하나로 만들고 신성화 함이 멀리 멀리 미치니 이 분을 단군왕검이라 하였다. 비왕에 있은 지 24년, 제위에 오르기를 93년, 수가 130세이셨다.

무진년 첫 해 신시에 다스림이 크게 시작되니 도처에서 모여든 백성들은 산곡 간에 퍼져 살면서 풀잎으로 옷을 만들어 입고 맨발로 살았다. 개천 1565년 상달 삼일[1]에 신인 왕검이 오가(五加)[2]의 수장(首長)으로 800의 무리를 이끌고 단목이 있는 곳으로 왔다. 무리와 더불어 삼신께 제를 올렸는데 그는 신덕과 성인의 어짐을 함께 갖추었다. 하늘의 뜻을 받들고 다스림이 매우 훌륭했다.

이에 구환의 백성들이 한결같이 따르고 복종하며 천제의 화신(化神)으로 추대하고 단군왕검이라 불렀다. 신시의 옛 규례를 다시 세우고 아사달[3]에 도읍하여 나라 이름을 조선이라 하였다. 조서(詔書)에 다음과 같이 일렀다. 하늘의 법도는 오직 하나이며 그 문은 둘이 아니다.

너희는 성심을 다해 마음을 한결같이 하면 하늘에 이를 수 있다. 하늘의 법도는 항시 하나인 바 인간의 마음도 이와 같을진대 내 몸에 마음을 묶어

---

[1] 개천일 천오백육십구년 시월 삼일(開天一 千五百六十九年 十月 三日)은 단군왕검 부왕(父王)의 개국연대(開國年代)인데, B.C. 2333년을 단군기원으로 보는 설과 B.C. 2393년을 기원으로 보는 두 가지 설이 있다. 본서(本書) 삼성기 전 하편(三聖記 全 下篇)에 '고기운… 환인씨지국…전칠세역년공삼천삼백일년 혹은 육만삼천일백팔십이년미지숙시(古記云 … 桓仁氏之國…傳七世歷年共三千三百一年 或云 六萬三千一百八十二年未知孰是)'라 하여 정확하지 못함을 알게 하는데 반드시 연구되어야 할 과제이다.
[2] 오가(五加)는 신시배달국의 중앙관직인 우가(牛加) 마가(馬加) 구가(狗加) 저가(猪加) 양(계)가(羊(鷄)加)이다.
[3] 아사달(阿斯達)은 단군이 처음 도읍한 곳으로, 처음 땅이라는 뜻이다. '달(達)'은 고어(古語)에서 산(山)을 가리킨다. 백악산(白岳山)으로 추정된다.

사람들의 마음에 이르게 하면 인심이 교화되어 하늘 법도에 합치되고 만방으로 쓰임을 다 하리라.

너희는 어버이로부터 태어났고 어버이는 하늘로부터 내려 왔으니 어버이를 공경함은 하늘을 공경함과 같으니 그 같은 뜻이 만방에 미치게 되면 이것이 충효니라. 너희가 이 도를 잘 본받으면 하늘이 무너진다 하더라도 반드시 그 화(禍)를 벗어날 것이다. 금수나 낡아빠진 신발도 짝이 있느니라. 너희는 남녀 간에 화목하여 원망하거나 시샘하거나 음란하지 말라.

너희의 열 손가락을 깨물어 보아라. 아픔에 차이가 없듯이 너희는 서로 서로 사랑하고 미워하지 말며, 서로 돕고 다투지 않으면 가정과 나라는 흥할 것이다. 소와 말을 보라. 서로 먹이를 나누어 먹느니라. 너희가 서로 서로 양보하고 힘써 일하며 빼앗거나 훔치려 하지 않는다면, 나라는 번창할 것이다. 너희는 범을 보아라. 강폭하고 영험한 데는 전혀 없이 마침내 천하게 되지 않았느냐. 너희가 난폭하지 않고 타고난 성품을 지니고 살아간다면, 타인을 상하게 하는 일은 없을 것이다.

항시 하늘의 뜻을 받들고 만물을 사랑하도록 하라. 너희는 기울어짐을 바로 세우고 약한 자를 긍휼히 여기고 도우며 결코 멸시하지 말아야 한다. 너희가 이러한 법칙을 어긴다면 신의 도움을 받지 못할 뿐만 아니라, 너희 자신은 물론 가정마저도 지킬 수 없을 것이다.

너희가 밭의 곡식에 불을 지른다면 곡식은 다 타버려 신과 사람들이 모두 노여워 할 것이다. 불에 탄 곡식 냄새를 애써 감추려 해도 그 냄새는 퍼지게 마련이다. 너희는 올곧은 품성을 지녀 결코 사특하거나 악한 마음, 화를 자초케 하는 마음을 가져서는 안 된다. 하늘을 우러러 받들고 백성들과 친하면 복록은 무궁할 것이다. 너희 오가의 뭇 백성들은 이 뜻을 잘 받들어 행할지어다.

|부소암| 경남 남해 금산에는 단군의 아들 가운데 하나인 부소의 흔적을 전하는 부소암이 있다.

아울러 명하기를 팽우(彭虞)에게는 토지를 개척케 하고 성조(成造)에게는 궁실을 짓게 하고 신지(臣智)에게는 글자를 만들게 하고 기성(奇省)에게는 의약을, 나을(邪乙)에게 판적(版籍)을, 희(羲)에게는 의전과 괘무(卦筮)를, 우(尤)에게는 병마를 관장하게 하였다. 그리고 비서갑의 하백녀를 황후로 맞아들여 누에를 치는 일을 맡아 하게 하니, 그 다스림이 온 천

지에 두루 두루 퍼져 나갔다. 정사년인 50년, 홍수가 범람해 백성들이 살아가기 어려웠다. 제께서 풍백 팽우에게 물길을 다스리도록 명하고 또한 산천을 잘 관리해 백성들이 편히 살 수 있도록 하였다. 우수주(牛首州)에 이에 관한 비석이 있다.

무오년인 51년에 운사 배달신에게 명해 혈구에 삼랑성을 쌓고 제천단을 마리산에 마련토록 하니 지금의 참성단이 그것이다. 갑술년인 67년에 제왕께서 태자 부루를 보내 도산(塗山)[4]에서 우사공(虞司空)[5]을 만나도

---

[4] 도산(塗山)은 단군의 태자 부루(夫婁)가 하(夏)나라 우(禹)왕과 만나 치산치수법(治山治水法)과 오행치수(五行治水)의 이론을 전수시킨 도산회맹(塗山會盟)으로 알려진 곳인데, 오늘날 안휘성 회원현(安徽省 懷遠縣)을 흐르는 회하(淮河)의 동쪽 강변이다. 일명 당도산 모산 방산 동산 형산(當塗山 茅山 防山 棟山 衡山(완위 : 복금 宛委 : 覆金))이라고도 하고 있으나 이 모두가 오늘날의 회계산(會稽山)을 지칭하지 않나 생각된다.
오월춘추(吳越春秋)에는 하(夏)나라 우(禹)왕이 도산씨(塗山氏)의 여인에게 장가 든 장소라 적고 있다. 그 위치는 봉양부 회계현 동남(鳳陽府 會稽縣 東南)쪽 15리 산음현 서북(山陰縣 西北)쪽 45리 강남 회원현 동(江南 懷遠縣 東)쪽 8리 강녕부 포용현 동남(江寧府 包容縣 東南)쪽 45리 강남 진강부 금단현 서(江南 鎭江府 金壇縣 西)쪽 65리라는 등 얼핏 볼 때에는 전혀 다른 지역인 양 생각되기 쉬우나, 고대(古代)의 도산(塗山) 지역이 매우 광활하였음을, 또는 활동무대의 변동을 가늠케 하는 징후라 하겠다. 무엇보다 이 지역은 단군조선 시대에 위구려지도회(爲九黎之都會)이며 공자(孔子)가 욕거 차회사지간(欲居 此淮泗之間)이라 한 데 유의(留意)할 필요가 있다.

[5] 우사공(虞司空)의 사공(司空)은 소호김천씨(小昊金泉氏) 때 둔 관명(官名)으로, 요 주 당대(堯 周 唐代)도 있었다. 채전(蔡傳)에 평수토자(平水土者)를 사공직 서주관(司空職 書周官)에 사공(司空)은 장방토(掌邦土)하여 거사민(居四民)하며 시지리(時地利)하게 하였다. 우(虞)는 사기 색은(史記 索隱)에 국명(國名)이라 하면서 하동 대양현(河東 大陽縣)으로 비정하고 있다. 사기 정의 괄지지(史記 正義 括地志) 옛 우성(虞城)은 합주 하북현 동북오십리 우산지상(陝州 河北縣 東北五十里 虞山之上)이라 하였다. 역도원(酈道原)의 진한대(秦漢代)의 지리서(地理書)인 수경주(水經注)에 간교 동북(幹橋 東北)에 우성(虞城)이 있는데 요 이이녀로 빈우지지(堯以二女로 嬪于虞之地)라 하였다. 순(舜)이 요(堯)를 도와 천하를 잘 다스리고 선위(禪位)를 받아 나라 이름을 우(虞)라 하고 뒤에 우(禹)에 선위(禪位)하였다. 제순유우 맹자(帝舜有虞 孟子)는 이루장구 하(離婁章句 下)에 순생어제풍 이어부하 졸어명조 제풍부하명조 동이지지 순동이지인야(舜生於諸風 移於負荷 卒於鳴條 諸風負荷鳴條 東夷之地 舜東夷之人也)라 하였다.

록 하였다. 태자가 오행치수의 법을 전하고 국계도 정하였다.

　유주와 영주6) 두 고을을 우리 측에 속하게 하고 회대(淮岱)의 제후를 정해 지역을 나누어 다스리게 하였는데, 이 일을 우순7)으로 하여금 감독 케 하였다. 경자년인 93년, 임금이 유궐(柳闕)에 계셨는데 흙 계단이 저절 로 생겨나고 수풀은 그대로 있어 단목이 무성한 가운데 곰 범 등이 함께 노 닐며 소와 양이 커가는 것을 보셨다.

　밭도랑을 내고 골을 깊이 파며 누에 치고 물고기 잡고 사냥하는 일 등을 가르치니 백성들은 여유로워져 나라 살림에 보탬이 되었다. 나라의 큰 행

---

6) 유영(幽營)이란 유주(幽州)와 영주(營州)를 뜻하는 것으로, 유주(幽州)는 요(堯)임금의 12주(州)의 하나로 순(舜)임금 때 기주(冀州)의 땅을 갈라 유주(幽州)라 하였는데 이는 동북(東北) 유매의 땅이란 뜻이다. 하북성(河北省)의 순천 영평 만주 요녕성(順川 永平 滿洲 遼寧省)의 금주(錦州) 서북 일대의 땅이다. 치소(治所)는 전연(前燕) 때 용성(龍城)으로 산서성 이석현치(山西省 離石縣治) 남연(南燕)은 발한 산동성 당읍현(發汗 山東省 堂邑縣)의 서남 전조(前趙)의 유연(劉淵)이 설치한 치소(治所)인데 이석(離石) 등지이다. 영주(營州)는 순(舜)임금이 청주 동북(靑州 東北)의 땅을 갈라 영주(營州)라 하였는데 오늘날의 하북성(河北省)으로부터 요녕성(遼寧省)에 걸쳐 있는 지대이다. 후조(後趙) 때 하북성 천안현(遷安縣)의 서쪽이며, 후위(後魏)가 둔 만주 열하성 조양현(熱河省 朝陽縣)의 치소(治所)이다. 양(梁)나라 때는 호남성 도현(湖南省 道縣), 요(遼) 때에는 하북성 창려현(昌黎縣) 등지이다.

7) 순(舜)임금은 제풍(諸風)에서 태어나고 부하(負荷)로 이사하여 명조(鳴條)에서 죽으니 제풍 부하 명조(諸風 負荷 鳴條)는 동이족(東夷族)의 땅이니 그는 동이(東夷) 사람이다. 순(舜)임금에 대해 회계구기(會稽舊記)에 순(舜)은 상우인(上虞人)으로 우(虞) 30리에 요구(姚丘)라는 곳이 있는데, 여기가 순임금의 출생지라 한다. 사마천사기오제본기(司馬遷史記 五帝本紀)에 순(舜)은 기주인(冀州人)이라 하면서 경역산 어뢰택 도하빈 작십기 수구(耕歷山 漁雷澤 陶河濱 作什器 壽丘)라 하였다.
이때가 부하(負夏)에 있을 시기이다. 사기정의(史記正義)에 포주 하동현(蒲州 河東縣)은 기주속현(冀州屬縣)이다. 송영초 산천기(宋永初 山川記)에 포판성중(蒲坂城中)에 순묘(舜廟)가 있고 성(城) 밖에 순(舜)이 살던 집과 그의 두 비(妃)의 제단(祭壇)이 있다. 기구(耆舊)에 전(傳)하기를 성 안에 순정(舜井)이 성북(城北)에 역산(歷山)이 산상(山上)에 순묘(舜廟)가 있다. 정의 괄지지(正義 括地志)에 포주 하동현 뇌수산(蒲州 河東縣 雷首山)은 일명 중조산 역산 수양산 포산 양산 감조산 저산 구두산 박산 오산(一名 中條山 歷山 首陽山 蒲山 襄山 甘棗山 豬山 狗頭山 薄山 吳山) 등 무려 11개의 별칭을 갖고 있다 하고, 임혜상(林惠祥)은 순(舜)은 은상(殷商)의 조상(祖上)이라 하였다.

사인 10월 제천을 올리니 백성들 모두가 한결같이 즐거워하였다. 이에 임금의 교화는 구역 멀리 탐랑(耽浪)까지 미쳤고 그의 가르침은 점차 멀리 퍼져 나갔다. 천하의 땅을 구획해 삼한으로 나누어 다스리니 삼한은 5가 64족이었다.

이 해 3월 15일 봉정(蓬亭)에서 임금이 돌아가시니 교외 10리 지점에 장사지냈다. 만백성은 친부모를 잃은 듯 단군기를 받들고 조석으로 경배하며 항시 마음속 깊이 잊지를 않았다. 태자 부루가 왕위를 이었다.

2세 단군 부루 재위 58년

신축(辛丑) 원년(元年), 임금은 어질고 다복한데다 재물이 많이 모여 넉넉(富)하였다. 백성들과 더불어 산업을 일으키니 추위와 굶주림에 시달리는 자가 하나도 없었다. 해마다 춘추(春秋)로 나라 안을 순시하고 예를 갖추어 하늘에 제사를 올리고, 잘하고 잘못한 것을 가려 신상필벌을 엄격히 행하였다. 도랑을 파고 고치는가 하면, 농사일과 누에치기를 권장하고 배움의 터를 갖추고 학문을 일으키니 문화가 크게 발전하고 날로 그 여파가 멀리까지 빛났다.

초기에 우순이 유주와 영주 두 고을을 남국[8]의 이웃에 두었는데 임금이 군병을 보내 이 땅을 정벌하고 군주들을 쫓아낸 후 동무(東武) 도라(道羅) 등으로 하여금 다스리게 하고 그 공로를 표창하였다. 신시 이래로 해마다 하늘에 제사지낼 때마다 온 백성들이 함께 모여 노래 부르고 덕을 찬양하고 화합하면서 어아가를 부르며 즐기고 감사하였다. 신인(神人)이 화합하고 나라 전체가 이 의식을 행하니 이를 참전계(參佺戒)라 하였다. 노

---

8) 후한서 동이전에 '지우중정 남이작구(至于仲丁 藍夷作寇)'라는 기록으로 보아 이 시기 (B.C.1568~1558)의 남이(藍夷)는 남국인(藍國人)으로 보인다.

래 가사는 다음과 같다.

> 어아 어아
> 우리 대조신(大祖神) 큰 은덕은
> 배달나라 우리 모두 백백천천년 잊지 마세!
> 어아 어아
> 착한 마음은 큰 활이 되어
> 악한 마음 명중시키네!
> 우리 모두 하나같이 대궁의 활줄이 되어
> 착한 마음 곧은 화살 한 마음 같아라!
> 어아 어아
> 우리 모두 하나의 대궁되어
> 수많은 화살로 명중시키니
> 착한 마음은 끓는 물 속에다 악한 마음을
> 한 덩어리 눈과 같이 녹여 내세!
> 어아 어아
> 우리 모두 하나의 대궁으로 강건해
> 일심동체되면 배달나라9) 광영이로다.
> 영원무궁한 큰 은덕
> 우리의 대조신이시여!
> 우리의 대조신이시여!

---

9) 배달국(倍達國)은 환웅이 무리 3천을 거느리고 태백산(太白山) 아래 도읍을 정하고 신시(神市)라 하였다. 풍백 우사 운사(風伯 雨師 雲師)로 하여금 직책을 나누고 모든 무리가 환웅(桓雄)을 천황(天皇)으로 받들고 나라를 세우니 국호를 배달국이라 하였다. 배달국은 18대 역년(歷年) 1565년간 지속되었다.

임인(壬寅) 2년(二年), 임금께서 소련(小連) 대련(大連)[10]을 부르시고 치도(治道)에 관해 물으셨다. 이에 앞서 소련 대련은 상을 잘 치루고 삼일 동안 게을리하지 않았고 석 달 동안 태만하지 않았고 일 년 내내 슬퍼하였으며 삼년 동안 슬퍼하였다.

이때부터 풍속이 다섯 달 동안에 상을 그치던 것을 오래일수록 영광으로 여겼다. 이러니 천하의 큰 성인이 아니고서 어찌 이처럼 빨리 덕화를 번지게 할 수 있겠는가! 소련 대련 두 분의 효행을 듣고 공자께서 효는 사람을 사랑하고 세상을 유익하게 하는 근본이라고 하면서 온 세상에 널리 알

| 부루단지 | 토기 속에 곡식을 담은 단지(壇地)를 부루(扶婁)단지라 하는데, 이는 업신(業神)을 섬기기 위함이다.

---

10) 소련 대련(小連 大連)에 대해 예기 잡기 하(禮記 雜記 下)에 '소련대련선거상(小連大連善居喪)'이라 하여 상(喪)을 잘 치뤘음을 말하고 있는데, 중국의 고전에 소련 대련(小連 大連)은 하늘이 낸 천종지효(天從之孝)라 하는데 이 말은 하늘이 낸 효자를 뜻한다.

려 표준으로 삼도록 하였다.

계묘 3년 9월에 조서를 내려 백성들에게 머리를 땋아 덮게 하고 푸른 옷을 입게 하였다. 도량형기(度量衡器) 등을 통일시키고 베와 모시의 가격이 다르지 않도록 하였으며 백성들 간에 속임이 없도록 하니 원근을 막론하고 편하기 이를 데 없었다. 경술 10년 4월에 구정(邱井)을 정리하여 전장(田帳)을 만들어 백성들로 하여금 사사로이 이익을 취하지 못하게 하였다.

임자 12년에 신지(神誌) 귀기(貴己)가 칠회력(七回曆)과 구정도(邱井圖)를 제작해 올렸다. 무술 58년에 임금이 돌아가시니 일식이 생겼고 산짐승들이 무리를 지어 어지러이 울어댔고, 만백성 역시 통곡하였다. 뒤에 백성들이 집 안 한 곳을 택해 단을 만들고 토기에 곡식을 그득하게 담아 단 위에 놓으니 이를 부루단지라 하였다. 이를 업신이라 여겨 흠이 없는 사람이 받는 계라 하여 전계(佺戒)라 부르니 이는 사람과 업이 모두 온전하다는 뜻이다. 태자 가륵이 즉위하였다.

3세 단군 가륵 재위 45년

기해 원년 5월, 임금께서 삼랑(三郎) 을보륵(乙普勒)에게 신왕(神王)의 종전지도(倧佺之道)11)에 대해 물으셨다. 보륵이 엄지손가락을 교차시키고 오른 손을 얹어 삼육대례(三六大禮)12)를 올린 다음 나아가 다음과 같이

---

11) 신왕종전지도(神王倧佺之道)란 신성(神聖)한 천제(天帝)의 치화(治化)와 교화(敎化)의 원리(原理)이다. '종(倧)'이란 인+종(人+宗), '전(佺)'은 인+전(人+全)으로, 여기에서 종훈 전계(倧訓 佺戒)가 나왔다.
12) 삼육대례(三六大禮)는 천제(天帝) 임금 또는 제사 시 하는 민족 고유의 배례법(拜禮法)으로, 우수(右手)를 위로 오게 하고 엄지를 +로 꼬이게 잡고 허리를 굽혀 세 번 절하고 일어서서 한 발 나아가 여섯 번 허리만을 굽혀 절하고 일어서는 것이다.
이는 2번 절을 하게 되는 셈인데 머리로만 세 번과 여섯 번 땅에 닿도록 허리를 굽히는 배례법(拜禮法)이다.(초배삼고재배육고 삼배구고 종중 특위십고 시위 삼육대례(初拜三叩再

아뢰었다.

"신은 능히 만물을 있게 하고 각기 제 성품을 다 하도록 하시며, 신의 오묘한 바를 뭇 백성들로 하여금 의지하게 합니다. 임금은 능히 덕과 의로 세상을 다스려 각각의 생명을 편안하게 함에 백성들은 임금이 선포하는 일을 모두 따릅니다. 종(倧)은 나라에서 가려 뽑는 것이고, 전(佺)은 백성들이 천거하는 것으로 모두가 7일을 주기로 하여 삼신께 맹세를 올립니다. 즉, 삼홀(三忽)은 전(佺)이고 구환(九桓)은 종(倧)이 되는 것이니 대체로 이를 도(道)라 합니다. 대저 아비가 되고자 하는 자는 아비의 도를 다해야 하고 임금은 임금의 할 바를 다해야 하고 스승이 되고자 하는 자는 스승으로서 할 바를 다해야 합니다. 자식 신하 제자가 되고자 하는 자, 그 모두가 할 바를 다해야 할 것입니다. 그런고로 신시개천의 도도 역시 신시의 가르침을 베푸는 것으로서 나를 알고 내 마음을 비워 공(空)이 되기를 구하면 사물은 능히 인간사에 복으로 존재할 뿐입니다. 천신을 대신하여 천하의 왕이 되어 도를 넓히고 중생을 살아가게 하고 단 한 사람도 본성을 잃지 않게 하여 만왕을 대신해 인간사를 다스려 병을 없애고 한을 풀어 주며 하나의 생명도 다치는 일이 없이 온 나라 안의 뭇 백성들이 망령되지 않게 하여 참에 이르게 하는 것입니다. 삼칠일을 기하여 전 백성이 모여 계를 지키게 하니 이로부터 조정에는 종(倧)이 있고 야(野)에는 전계(佺戒)가 있어 우주의 정기는 그 정수가 해 뜨는 곳에 모이고 삼광오정(三光五精)[13]은 삶들의 뇌에 뭉쳐 현묘 광명함을 스스로 얻어 서로 돕게 되는 것입니다. 이것을 거발환(居發桓)이라 하며 이를 구환(九桓)에 베풀자 사람들이 하나로 돌아

拜六叩 三拜九叩 從衆 特爲十叩 是爲 三六大禮))
13) 삼광오정(三光五精)에서 '삼광(三光)'은 해 · 달 · 별을 가리키고, '오정'은 오행(五行)의 정(精)을 말한다.

와 감화된 것입니다."

　경자 2년, 풍속이 아직 하나같지 않아 지방마다 말이 달랐다. 상형(象形)의 뜻을 나타낼 수 있는 진서(眞書)는 있었으나 열 집만 있는 고을에서도 말이 통하지 않고 백 리되는 나라에서는 글자를 서로 해득하기가 어려웠다. 이에 삼랑 을보륵에게 명해 정음 38자를 만들게 하니 이것이 가림토(加臨土)14)이다. 그 글은 이러하다.

ㆍ ㅣ ㅡ ㅏ ㅓ ㅜ ㅗ ㅑ ㅕ ㅠ ㅛ ㅣㅣ ⚊ ✕ ㅋ
ㅇ ㄱ ㄴ ㅁ ㅅ ㅈ ㅊ ㅿ ㅇ ㅎ ㅅ ㅆ M
ㅍ ㄹ ㅐ ㅂ ㅈㄱ ㅊ ㅅㅅ ㅋ ㅍ ㅍ

---

14) 가림토(加臨土)의 가림(加臨)이란 앞가림이라는 말처럼 어떤 사안을 가리는 의미인 판정(判定)의 뜻이고, 토(土)는 토씨로 보고 있으며 가림다문(加臨多文)이라고도 한다. 단군 가륵(嘉勒)께서 방언이 서로 달라 백 리 되는 땅의 나라에서도 글을 서로 이해하기 어려운 상황에 이르자, 삼랑 을보륵(三郎 乙普勒)에게 명해 정음(正音) 38자를 만들었는데, 이 글자가 가림토이다. 훈민정음 서문에 정인지(鄭麟趾)가 한글의 형상은 옛 전자(篆字)를 모방하였다고 말하고 있고, 실록에도 그렇게 기록되어 있다.
　전자(篆字)의 연원을 살펴보면 단군 때에 신전(神篆)이 있었는데 이 글은 백산 흑수 청구 구려(白山 黑水 靑丘 九黎) 등지에 널리 쓰여졌다고 한다. 그런데 부여 사람 왕문(王文)이 처음으로 전서(篆書)가 번거롭다 하여 그 획을 줄여 새로 부예(符隸)를 만들어 썼다.
　진시(秦時)에 정막(程邈)이 숙신(肅愼)에 사신으로 갔다가 한수(漢水)에서 왕문(王文)의 예법(隸法)을 얻어갔고 그 글자의 획을 조금 변화시킨 모양이 지금의 팔분(八分)이다. 진시(晋時)에 왕차중(王次中)이 해서(楷書)를 만들었는데 왕차중은 왕문의 후손이다. 지금의 한자(漢字) 또한 신시(神市)에서부터 전해 내려오는 글자의 한 지류이다. 진서(眞書)에 위진한 진조선지서야 가림토지토 일작다(謂辰韓 眞朝鮮之書也 加臨土之土 一作多하니 다(多)는 다물지다(多勿之多)로 구위토지음의(俱爲土之音義)하니 즉 토지전(吐之轉)이요, 가림(加臨)은 위판정야(謂判定也))라 한다.

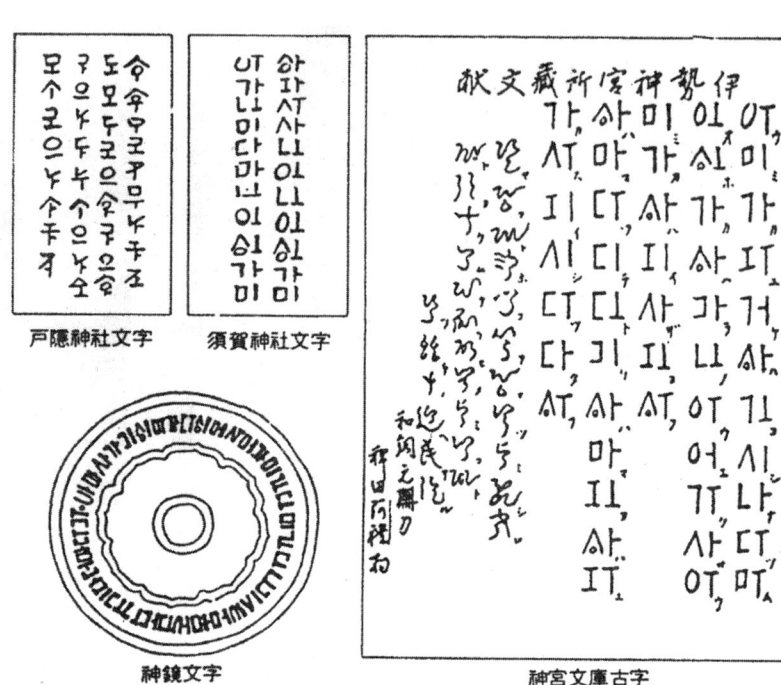

| 가림토 유사문자 |

　　신축 3년, 신지(神誌) 고설(高契)에게 명하여 배달유기(倍達留記)15)를 편수케 하였다. 갑진 6년, 열양(列陽)의 욕살 색정(索靖)을 약수(弱水)로 옮겨 살게 하고 종신토록 가두었다가 후에 용서하고 그 땅에 봉하니 그가 흉노의 조상이 되었다. 병오 8년에 강거(康居)가 반란함에 임금이 지백특(支伯特)에서 토벌하였다. 여름 4월에 임금께서 불함산에 오르셔서 민가에서 연기가 조금 올라오는 집들을 보고 세금을 감하도록 차등을 두었다.

---

15) 배달유기(倍達留記)는 B.C. 2180년경 신지(神誌) 고설(高契)이 찬술(撰述)한 배달국 역사 서로, 서명만 전해지고 있다.

무신 10월, 두지주(豆只州) 예읍(濊邑)이 반란을 일으키자 여수기(余守己)에게 명해 추장인 소시모리(素尸毛犁)16)를 참하도록 하였다. 그 땅을 이후 소시모리라 하였는데, 그 음이 변하여 우수국(牛首國)이 되었다. 그 후손 가운데 협야노(陝野奴)라는 자가 있어 바다로 도망하여 삼도(三島)를 점령하고 천왕이라 잠칭하였다. 계미 45년 9월에 임금이 돌아가시자 태자 오사구(烏斯丘)가 왕위에 올랐다.

4세 단군 오사구 재위 38년

갑신 원년, 임금의 동생 오사달(烏斯達)이 몽고리한(蒙古里汗)으로 봉해졌다. 혹자는 말하기를 지금의 몽고족이 그 후손이라고도 한다. 그 해 겨울인 10월에 북쪽으로 순행하였다가 태백산으로 돌아와서 삼신께 제를 지내고 신령한 약초를 얻었다. 이를 인삼이라 하는가 하면 선약이라고도 한다. 이후 신선은 죽지 않는다는 말은 인삼을 캐서 먹으면 정기를 보양할 수 있다는 말과 밀접한 관련이 있는 것으로 보았다. 인삼을 캐낸 집에서 전하기를 신령스러운 신의 이적이 나타나고 기이한 체험이 많았다고 한다.

무오 5년에 둥근 구멍이 뚫린 패전(貝錢)을 만들었다. 가을 8월에 하(夏)나라 사람이 방물을 바치고 신서(神書)를 구해 갔다. 10월 조야(朝野)의 별기를 돌에 새겨 백성들에게 공포하였다. 경인 7년, 조선소를 살수17)

---

16) 소시모리(素尸毛犂)는 소시위우 모리위두(素尸爲牛 毛犂爲頭) 우두(牛頭)는 제천시(祭天時)에 올리는 제물(祭物)로 소 머리로 예읍(濊邑)의 추장인 우수 소식지장도(牛首 蘇軾指粧圖)에 진한지북 유남북흑수(辰韓之北 有南北黑水)하고 요사지리지(遼史地理志)에 동경로 진주 봉국군절도(東京路 辰州 奉國軍節度)는 본고려개모현(本高麗蓋牟縣)으로 개주(蓋州)로 고쳐지고 그 후에 진주(辰州)라 하였다. 이 모두가 진한(辰韓)이라는 데서 얻어진 지명이다. 위의 기록들을 통해 오늘날 요동반도(遼東半島)에서 흑룡강(黑龍江)에 이르기까지가 단군(檀君)의 관경(管境)이었던 진한(辰韓) 땅임을 알 수 있다.
17) 살수(薩水)는 남만주 개평현(蓋平縣) 남하(南河)이거나 란하(灤河)가 아닌가 여겨지며, 결

| 치우천 | 탁록현에 있는 치우천. 치우의 구려족이 물을 마셨다는 우물이다.

상류에 건조했다.

임인 19년, 하나라 왕 상(相)이 덕을 잃어 임금이 식달(息達)에게 명해 남(藍) 진(眞) 변(弁) 세 부의 군사를 거느리고 가서 쳐부수니 천하가 이 소문을 듣고 모두 항복하였다. 신유 38년 6월, 임금이 돌아가시자 양가(羊加) 구을(丘乙)이 왕위를 이었다.

코 평안북도의 청천강이 아님은 확실하다. 현(現) 지명(地名)은 주남하(州南河)로 여겨지는데 낭산분수령(狼山分水嶺)에서 동류(東流)해 대양하(大洋河)하고 서류(西流)하는데 이 강은 개평 남쪽의 강이라 할 때 구려하 또는 요수를 지칭한다고 볼 수 있다. 단군세기(檀君世紀)에 '사세 단군오사구(四世 檀君烏斯丘)께서 경인칠년(庚寅七年)인 B.C. 2131년에 설조 선우살수지상(設造 船于薩水之上)'이라 하였다.

5세 단군 구을 재위 16년

임술 원년, 명하기를 태백산에 단을 쌓고 사자를 보내 치제하게 하였다. 계해 2년 5월 메뚜기의 일종인 황충(蝗蟲)이 무리를 지어 휩쓸고 간 들판을 친히 돌아보고 삼신에게 이를 없애주기를 고하니 수일 만에 없어졌다.

을축 4년, 처음으로 육십갑자를 이용한 책력을 만들었다. 기사 8년, 독인(毒人)[18]이 표류하여 동해 바닷가에 왔다. 정축 16년, 장당경을 친행하여 삼신단을 봉축하고 환화(桓花)를 많이 심었다. 7월, 임금이 남방을 순시하다 풍류강(風流江)을 건너 송양(松壤)[19]에 이르러 병을 얻어 돌아가시니, 대박산(大博山)에 장사를 지냈다. 우가(牛加) 달문(達門)이 대중들에 의해 뽑혀 대통을 이어 받았다.

6세 단군 달문 재위 36년

첫해는 무인년이다. 임자 35년에 여러 한(汗)들을 상춘(常春)으로 모이게 하여 구월산에서 삼신에게 제사를 올리게 하고 신지 발리(發理)로 하여금 서효사(誓效詞)[20]를 짓게 하였다. 그 사(詞)는 다음과 같다.

아침 햇빛을 먼저 받는 곳에 삼신이 세상을 밝히며 임하도다. 환인께서 먼저 모습을 드러내고 덕을 널리 그리고 깊게 심으셨도다. 여러 신들께서 논의 끝에 환웅을 세상에 내려 보내니 조서를 받아 하늘 문을 여셨다.

---

18) 신독인(身毒人)은 인도(印度)의 고명(古名)이다. 사기대완전(史記大宛傳)에 '기동남유신독국(其東南有身毒國)'이라는 기록이 보인다.
19) 송양(松讓)은 삼국사기 동명왕(三國史記 東明王)편에 비류국(沸流國)의 임금이라 하고 송양국은 소양의 이름을 따서 부른 것이라 하고 그 위치는 비류수(沸流水)인 지금의 혼강(渾江)으로 비정되고 있다.
20) 서효사(誓效詞)는 삼신(三神)에게 맹서하고 만민에 복을 기원하는 글이다. 고려 숙종 때 김위선(金謂禪)의 상소문에 신지의 비사를 인용하였다고 한다.

[단군세기]

　치우황제가 청구[21]에서 일어나 만고에 명성을 떨치니 회대(淮岱)의 여러 왕들이 귀의하고 천하에 대적할 자가 없었다. 왕검이 대명을 받으니 기뻐함이 구환을 흔들었다. 물 속의 물고기처럼 백성들은 소생하고 바람결에 풀잎이 나부끼듯 덕화가 날로 새로워졌다. 원한을 품은 자 먼저 한을 풀고 병자는 병을 털어버리고 어질고 효성스러운 한 마음이 온 세상을 밝게 비추었다. 진한이 나라 안을 진정시키고 치도하니 만사가 새로워졌다.
　모한(慕韓)은 좌에서 보좌하고 번한은 남방을 대비하니 험준한 암벽이 사방을 둘러 싼 듯하다. 성주께서 신경(新京)으로 행차하니 저울의 추와 저울대 같으니라. 저울 받침은 백아강(白牙岡)[22]이요 저울대는 소밀랑(蘇密郞)[23]이며 저울추는 안덕향(安德鄕)[24]이로다.

　머리와 꼬리가 균형을 이루니 덕이 힘입어 신정을 지켜 나라를 일으키고 태평성세가 되었다. 70개국의 항복을 받고 삼한의 대의를 길이 보존하였도다. 국가의 흥륭패망은 있게 마련이니 홍패를 논하지 말라. 오로지 천신을 섬기는 데 성심을 다하라!
　이에 제한들과 언약하기를 이제 약속을 함께 하는 사람들은 환국의 다섯 가지 교훈[25]과 신시의 다섯 가지 일을 영구히 준행해 나갈 것이다. 천

---

[21] 청구(靑邱)는 배달국 14대 치우천황께서 다스리시던 영토인데, 우리나라의 별칭이기도 하다.
[22] 백아강(白牙岡)은 마한(馬韓)의 수도로, 대동강이 있는 평양이라고도 하고 하르빈 남쪽의 완달산으로 보기도 한다.
[23] 소밀랑(蘇密浪)은 진한(辰韓)의 수도로, 단군이 계시던 오늘날의 하루빈(哈爾賓) 또는 발해의 중경(中京)인 현덕부치(顯德府治)로 보기도 한다.
[24] 안덕향(安德鄕)은 번한(番韓)의 수도로, 탕지(湯池)로 보는가 하면 산동성 능현(陵縣)의 안덕(安德)이라고 하는 견해도 있다.
[25] 오훈(五訓)은 성신불위(誠信不僞) 경근불태(敬勤不怠) 효순불위(孝順不違) 염의불음(廉義不淫) 겸화불투(謙和不鬪)이다.

제 올림을 인본으로 삼고 치도에는 백성들이 배불리 먹을 수 있는 것을 우선으로 한다.

농사짓는 일을 만사의 근본으로 삼고 제사를 오훈의 근원으로 삼았으며 백성들과 같이 산업을 일으켜 나라를 다스려 나갔다. 먼저 겨레의 소중함을 강론하고 다음으로 포로나 죄수들을 용서하여 사형이나 억울하게 화를 당하지 않도록 하였다.

경계를 지키게 하고 화백으로 공의를 삼고 오직 한 마음으로 서로 위하고 화합하며 겸손으로 자신을 낮추어 힘을 길렀다. 이로써 어진 정사가 비롯되었다. 이때에 맹약하고 공물을 바치니 큰 나라가 둘, 작은 나라는 스물에 촌락은 3624개 처나 되었다. 계축 36년 임금이 돌아가시자 양가(羊加) 한율(翰栗)이 왕위를 이었다.

7세 단군 한율 재위 54년

갑인 원년 정미 54년, 단제(檀帝)가 돌아가시고 우서한(于西翰)이 왕위를 이었다.

8세 단군 우서한(혹은 오사합) 재위 8년

무신 원년, 20분의 일을 세금으로 하는 법을 정해 널리 통용하게 하였다. 유무(有無)를 가려 상호 부족함을 보완토록 하였다. 기유 2년, 이 해에 풍년이 들어 벼 한 포기에 이삭이 여덟 개씩이나 달렸다. 신해 4년, 임금께서 변복을 하고 국경을 빠져 나가 하(夏)나라 정세를 살피고 돌아와 관제(官制)를 대대적으로 고쳤다.

갑인 7년, 삼족오(三足烏)가 궁궐 뜰 안으로 날아 들어왔는데 그 날개

| 울릉 성황당 | 동이족은 머무는 지역마다 신령스러운 소도를 만들었다.

가 석자나 되었다. 을묘 8년, 왕이 돌아가시니 태자 아술(阿述)이 등극하였다.

9세 단군 아술 재위 36년

병진 원년, 임금이 인덕이 있어 백성 가운데 범법하는 자가 있으면 필히 말하기를 똥이 땅을 더럽히나 비와 이슬이 내려 씻어낸다고 하면서 내버려 두고 탓하지 않았다. 이에 범법자들이 그 덕에 감화되어 덕화(德化)는 크게 번져 나갔다.

이 날 두 개의 해가 한꺼번에 뜨니 구경꾼이 울타리를 치듯이 늘어섰다. 정사 2년, 청해의 욕살 우착(于捉)이 군사를 이끌고 궁궐로 쳐들어 오자 임금이 상춘으로 피신하고 새로이 궁을 구월산 남녘에 건립하고, 우지(于支)

우율(于栗) 등에게 명해 토벌케 하여 이들의 목을 베고 3년 후에 환도하였다. 경인 35년, 임금이 돌아가시니 우가 노을(魯乙)이 왕위를 이었다.

10세 단군 노을 재위 59년

신묘 원년, 큰 동산을 만들어 가축 이외의 짐승들을 기르기 시작하였다. 임진 2년, 임금께서 직접 부락으로 내려가 백성들의 근황을 묻고 야외에 수레를 멈추게 하니 어진 이들이 주위에 많이 모여들었다.

을묘 5년, 궁문 밖에 신원목(伸寃木)을 세워 백성들의 사정을 듣고자 하니 백성들이 매우 기뻐하였다. 병오 16년, 동문 밖 10리에 연꽃이 피어나고 불함산에 누워있던 바위가 저절로 일어서고 천하(天河)에서 신기한 거북이가 등에 윷판과 같은 그림을 지니고 나타났다. 발해 연안에서는 금덩어리가 나왔는데 수량이 13석이나 되었다. 을축 35년, 감성(監星)[26]을 설치하였다. 을축 59년, 임금이 돌아가시니 태자 도해(道奚)가 그 뒤를 이었다.

11세 단군 도해 재위 57년

경인 원년, 오가에 명해 열둘 명산 중 가장 좋은 곳을 골라 국선(國仙) 소도를 설치하고 박달나무를 둘레에 많이 심고 가장 큰 나무를 골라 환웅의 상으로 삼아 제사를 지내고 웅상(雄常)[27]이라 명하였다.

---

26) 감성(監星)은 천문대(天文臺)이다.
27) 웅상(雄常)에 대해 산해경 권삼 해외서경(山海經 卷三 海外西經)에 기록하기를 '대황지중 유산 명왈불함 숙신씨국 숙신지국 재백민지국 북유수 명왈웅상 선대팔제 어차취지 황야 (大荒之中有山 名曰不咸 肅愼氏國 肅愼之國 在白民之國 北有樹 名曰雄常 先代八帝 於此 取之 荒野)에 불함이라는 산이 있는데 숙신국에 있다. 이 나라는 백민(白民)의 나라에 있 으며 그 북쪽에 나무가 있어 웅상이라 한다. 삼황오제(三皇五帝)인 팔대제는 여기에서 그 이름을 취하였다.'고 하였다.

국자사부(國子師傅) 유위자(有爲子)가 아뢰기를 "우리 신시는 환웅으로부터 개천하여 무리를 받아들여 전(佺)으로 계(戒)를 베풀어 왔습니다. 천경신고(天經神誥)는 임금이 지어 가르쳤고 의관과 칼 차는 것을 아래 백성들까지 즐겨 받아드렸습니다. 백성들은 범죄함이 없고 차별 없이 다스렸고 들에는 도둑이 없으니 모두 안심하고 살았습니다. 병 없이 장수하고 배고픔이 없어 살림살이 넉넉해 산에 올라 노래 부르며 달맞이 하며 춤을 추니 원근을 불문하고 흥겨워하지 않는 곳이 없었습니다. 이러한 덕교가 만민에 더해졌고 칭송 소리 사해에 넘쳐났습니다. 이리 되기를 청하나이다."라고 하였다.

겨울인 10월, 대시전(大始殿)을 짓도록 명하니 매우 장려하였다. 환웅의 상을 모시고 제사를 받들었다. 머리 위는 광채가 나 번쩍번쩍 빛나 마치 하늘의 둥근 해처럼 온 세상을 비추는 듯하였다. 단수 밑 환화 위에 앉아 있으니 마치 참신이 원심 가운데 있는 듯하였다. 천부인을 가진 대원일(大圓一)의 그림을 누전에 걸어 놓으니 일컬어 거발한이라 하였다.

3일 동안 재계하고 이레 동안 강론(講論)하니 온 세상에 그 영향이 미쳤다. 이를 염원하는 징표의 글은 다음과 같다.

　　하늘은 아득 묵묵 크니 그것이 도이다.
　　막힘없이 널리 펴져 나감, 이것이 진일(眞一)이다.
　　땅은 저장함을 제일로 여기니 그것이 도이다.
　　둥글음을 본받고 모든 일은 힘써 일하는 데 있다.
　　사람은 지혜롭고 능한 것을 크게 여기니 이것이 도이다.
　　원을 가려내는 것 그것이 해야 할 일이며 협일이다.
　　고로 신이 이 땅에 내려와 성통광명(性通光明)하여

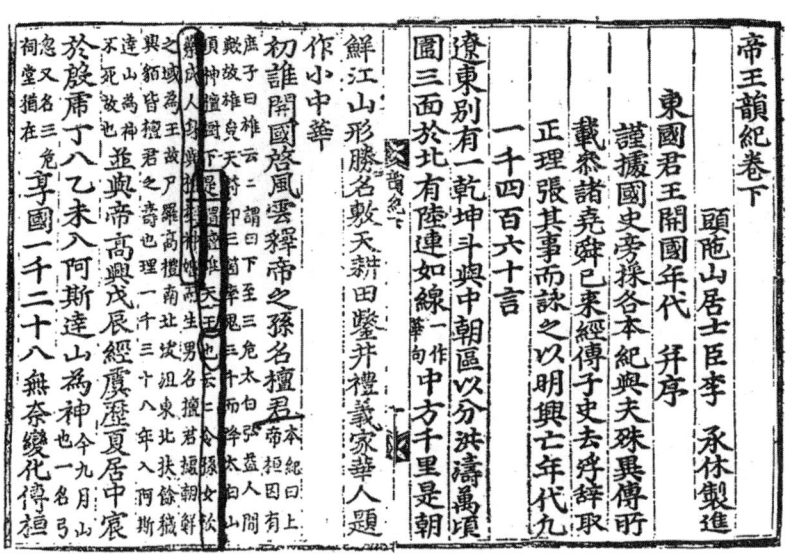

| 제왕운기(帝王韻紀) | 요동에 위치한 조선에 대해 기록하고 있다.

인간을 널리 유익하게 하였다.
이를 돌에 새겨놓다.

정사 28년, 고장마다의 방물을 한데 모아 진기한 것들을 보게 하니 세상 사람들이 다투어 물건을 내놓음에 벌여 놓은 것이 산더미 같았다. 정묘 38년, 백성들 가운데 장정을 뽑아 병사를 만들고 그 가운데 20명을 추려 하(夏)나라 서울로 보내 국훈(國訓)을 처음으로 전해 국위를 떨쳤다. 을해 46년, 송하 강변에 관청을 두고 배와 이에 관련되는 기물을 만들게 하니 세상에 전파되었다.

3월에 산 남쪽에서 술과 제물을 마련하여 삼신께 축사를 드렸다. 이 날

밤, 특별히 술을 내려 백성들과 더불어 마시며 여러 가지의 놀이를 보고 난 후 파하였다. 이후 누전에 올라 경전을 논하고 삼일신고를 강론하였다.

오가를 돌아보고 말씀하시기를 "이제부터는 살생을 금하고 방생하고 옥문을 열어, 주리는 자에게 먹을 것을 주고 사형제도를 없애도록 하라" 하니 세상 사람들이 크게 기뻐하였다. 병술 7년, 임금이 돌아가시니 온 백성이 슬퍼함이 친부모의 상을 당함과 같았다. 삼년간 근신 풍악소리가 없었다. 우가 아한(阿漢)이 왕위를 이었다.

12세 단군 아한 재위 52년

정해 원년 무자 2년 여름 4월, 뿔 하나 달린 짐승이 송화강 북쪽 기슭에 나타났다. 가을인 8월, 나라 안을 순시하고 요하[28] 좌편에 이르러 순수관경비(巡狩管境碑)를 세우고 역대 왕명과 호를 새겨 후세에 전하도록 하였다. 이것이 최초의 금석문이다. 후에 창해역사(蒼海力士) 여홍성(黎洪星)[29]이 이 곳을 지나다가 시 한 수를 다음과 같이 지었다.

마을 밖을 변한이라 하는데 상석대 매우 특이한데 심하게 상해 있네.
철죽꽃 붉게 피어 있는 가운데 글자는 마멸되고 이끼만 푸르네.
처음 새겼을 때는 나라의 흥망을 적어 세웠으리.
문헌으로 고증되지는 않으나 이것이 단씨의 자취가 아닌가 하노라.

---

28) 요하(遼河)는 일명(一名) 요수(遼水)라 하는데, 그 물은 갈석산(碣石山)에서 나오며 요하(遼河) 동쪽을 요동(遼東)이라 한다.
29) 여홍성(黎洪星)은 진시황(秦始皇) 때의 인물로 장량(張良)에게 동조, 하남성 박랑사(博浪沙)에서 진시황의 거마(車馬)를 공격하였으나 부차(副車)들만 부수고 말았다. 사기유후세가(史記留候世家)에 '동건창해군 득력사 여홍성위철추 중백이십근 오중부차(東見滄海君 得力士 黎洪星爲鐵椎 重百二十斤 誤中副車)'라는 기록을 통해 여홍성이 천하장사였음을 알 수 있다.

을묘 29년, 청아(菁莪)의 욕살 비신(조信)과 서옥저(西沃沮)의 욕살 고사침(高士琛) 맥성(貊城)의 욕살 돌개(突蓋)를 열한(列汗)으로 봉하였다. 무인 52년, 임금이 돌아가시니 우가 흘달(屹達)이 즉위하였다.

13세 단군 흘달(혹은 대음달) 재위 61년

기묘 원년 갑오 16년, 주와 현을 나누어 정하고 직책을 나누고 제도를 갖추었다. 관리는 권한을 겸할 수 없게 하고 다스림에 있어 월권을 못하게 하였다. 백성이 고향을 떠나는 일 없이 일터에서 안정되게 사니 거문고 가락소리가 온 나라에 넘쳐났다.

그 해 겨울, 은나라가 하나라를 정벌하니 하의 걸왕이 구원을 청해왔다. 임금께서 읍차(邑借) 말량(末良)에게 구환의 군대를 이끌고 가서 도우라 하니 은의 탕왕이 사신을 보내 사죄하였다. 이에 명을 내려 군사를 되돌리게 하였는데 걸이 약조를 위반하고 병사를 보내 길을 막았다. 이에 은나라와 함께 걸왕을 정벌하기로 하고 신지 우량(于亮)이 비밀리에 견(畎)의 군대를 끌고 가서 낙랑과 합동으로 빈(邠)과 기(岐)의 땅30)을 점거하고 관청을 그 곳에 설치하였다.

무술 20년, 소도를 여러 곳에 설치하고 천지화(天指花)를 심었다. 미혼자제들에게 글 읽고 활 쏘는 훈련을 시켰다. 이들을 국자랑(國子郎)이라 하고 이들의 행차에는 머리에 천지화를 꽂게 하였으므로 사람들은 이들을 천지화랑31)이라 불렀다. 무진 50년, 오성(五星)이 모여들고 누런 학이 날아와 뜰 안 소나무에 둥지를 틀었다.

---

30) 빈기(邠岐)의 빈(邠)은 주(周)의 조상인 공유가 세운 나라인 섬서성 순읍현 서편이고, 기(岐)는 주(州)의 구읍으로 섬서성 기산현 동북편이다.
31) 천지화랑(天指花郎)은 단군시대의 화랑(花郎)이다.

[단군세기]

기묘 6년, 임금이 돌아가시니 백성들이 곡기를 끊고 곡을 하였다. 명을 내려 죄수들을 석방하고 살생을 금하고 방생토록 하였다. 해를 넘겨 장사를 지낸 후 우가 고불(古弗)이 즉위하였다.

14세 단군 고불 재위 80년

경진 원년 을유 6년, 이 해에 큰 가뭄이 왔다. 임금께서 친히 하늘에 비 내려 주기를 빌었다. 빌며 말하기를 "하늘이 크다 하나 백성이 없으면 무엇을 위해 베풀 것이며, 비내림으로 인해 대지가 기름지다 하나 곡식을 거둘 수 없다면 어찌 귀하다 하리요. 백성이 하늘처럼 귀히 여기는 것이 곡식이며, 하늘이 마음 두는 것은 사람이니, 하늘과 사람은 일체로 어찌 사람을 버릴 수 있으랴! 이제 비를 내려 곡식을 잘 자라게 하여 때맞춰 구제하게 하소서." 하니 비가 억수같이 수천 리에 내렸다.

신유 42년 9월, 고목에 싹이 나고 오색 닭이 성 동편 자촌에서 나니 사람들이 잘못 알고 봉이라 하더라. 을해 56년, 관원을 도처에 보내 호구를 조사하니 총계 1억 8천만이다. 기묘 16년, 임금이 돌아가시니 대음(代音)이 왕위를 이었다.

15세 단군 대음(혹은 후흘달) 재위 51년

경진 원년, 은나라 왕 소갑이 사신을 보내 화친을 청했다. 이 해에 80분의 일 세법을 정하였다. 신사 2년, 홍수가 나 민가들이 큰 피해를 당하였다. 임금께서 몹시 가련하게 여겨 곡식을 창해(蒼海) 사수(蛇水)의 땅으로 옮겨 백성들에게 골고루 나누어 주도록 하였다. 이 해 겨울 10월에는 양운 수밀이국 두 나라 사신이 와서 방물을 바쳤다.

기축 10년, 임금께서 서쪽을 순행하다 익수에 가서 신지 우속(禹粟)에게 명하여 금철 및 고유(膏油)를 채취하라 하였다. 가을 7월에는 우루국인 20가구가 투항해 옴에 염수(鹽水) 근처에 정착해 살도록 하였다. 정미 2년, 임금께서 태백산에 오르셔서 역대 열성조 임금의 공적을 새겨 비석을 세웠다. 기미 40년, 동생인 대심(代心)을 남선비(南鮮卑)의 대인으로 봉하였다. 경오 51년 임금이 돌아가시니 우가 위나(尉那)가 왕위에 올랐다.

16세 단군 위나 재위 58년

신미 원년 무술 28년, 구환의 여러 한들이 영고탑[32]에 모여 삼신과 상제에게 제사를 올리고 환인 환웅 치우 단군왕검을 모셨다. 5일 동안 백성들과 함께 대연회를 열고 불을 밝혀 밤새도록 경을 외우고 마당밟기를 하였다.

한 편은 횃불을 나란히 들고, 또다른 한 편은 둥글게 원을 그리고 춤추며 애환의 노래를 불렀다. 애환이란 지난 날 옛 신들에게 올리는 노래들을 말하는데, 선인들은 환화에 이름을 붙이지 않고 단지 꽃이라고만 하였다. 애환가는 다음과 같다.

산에 꽃이 있네
산에 꽃이 피네
지난해 만 그루의 꽃을 심고
올해도 심었네
불함산에 봄이 오면
산에 붉은 빛이 천신을 섬기고
태평세월 즐긴다네

---

[32] 영고탑(寧古塔)은 길림성 영안현(寧安縣)에 위치해 있다. 발해 때에 상경 용천부 용주치(上京 龍泉府 龍州治)로 경박호(鏡珀湖)가 서편에 있다.

무진 5년 단제가 돌아가시고 태자 여을(余乙)이 왕위를 이었다.

17세 단군 여을 재위 68년

기사 원년 갑신 52년, 임금께서 오가와 함께 나라를 순시하였는데 개사성(蓋斯城)33) 부근에 이르니 청포를 입은 노인이 하례를 드리며 말하기를 "선인의 나라에 오래 사는 동안 임금님의 덕이 두루 미쳐 그르침이 없고 편벽되지 않으며 백성과 그 이웃들이 수심 고통 책화(責禍)를 입음 없이 믿음으로써 국경을 관활하고 은혜로 성곽도 나라도 전쟁을 겪지 않았나이다."라고 하였다.

이에 임금이 답하기를 "고맙소. 짐이 덕을 닦기 미천해 백성들의 바람에 보답하지 못할까 두려울 뿐이오." 하였다. 병자 68년, 임금이 돌아가시니 태자 동엄(冬奄)이 왕위를 이었다.

18세 단군 동엄 재위 49년

정축 원년 병신 20년, 지백특(支伯特) 사람이 와서 특산물을 바쳤다. 을축 49년, 단제가 돌아가시고 태자 구모소(緱牟蘇)가 즉위하였다.

19세 단군 구모소 재위 55년

병인 원년 기축 24년, 남상인(南裳人)34)이 입조하였다. 기미 54년, 지리숙(支離叔)이 주천력(周天曆)과 팔괘상중론(八卦相重論)을 지었다. 경신 55년, 임금이 돌아가시니 우가 고홀(固忽)이 왕위를 이었다.

---

33) 개사성(蓋斯城)은 신림(神林)으로 보아 고구려 때 사비성(沙卑城), 발해 남경 남해부(南京 南海府)이다.

34) 남상인(南裳人)은 후한서 남만전(南蠻人)에 '교지지남 유월상국(交阯之南 有越裳國)'이 있었다는 것으로 보아 여기에서의 남상(南裳)은 상국(裳國)을 의미하는 듯하다.

20세 단군 고홀 재위 43년

신유 원년 신미 11년 가을, 태양이 무지개를 뚫었다. 병신 36년, 영고탑을 개축하여 이궁을 지었다. 경자 40년, 공공(共工) 공홀(工忽)이 구환의 지도를 만들어 임금께 바쳤다. 계묘 43년, 세상이 편안치 못한 가운데 임금이 세상을 뜨니 태자 소태(蘇台)가 즉위하였다.

21세 단군 소태 재위 52년

갑진 원년, 은나라 왕 소을(小乙)이 사신을 보내 공물을 바쳤다. 경인 4년, 은나라 왕 무정(武丁)이 귀방(鬼方)을 쳐 이기고 이어서 대군을 이끌고 색도(索度) 영지(令支) 등의 나라를 침공하였으나 우리 편에 대패하여 화해를 청하고 조공을 바쳤다.

임진 49년, 개사원(蓋斯原)의 욕살 고등(高登)이 은밀히 군사를 이끌고 귀방을 습격해 멸망시키니 일군국과 양운국의 두 나라가 사신을 보내 조공을 바쳤다. 이때 고등은 대군을 장악하고 서북의 땅을 차지하였는데 그 세력이 매우 강하였다. 이에 수차 사람을 보내 우현왕(右賢王)으로 임명해 줄 것을 청하였는데 소태(蘇台) 임금께서는 위태롭게 여겨 허락하지 않았다. 그러나 거듭해 청함에 허락하고 두막루(豆莫婁)라 부르게 하였다.

을미 52년, 우현왕 고등이 죽으니 손자인 색불루(索弗婁)가 왕위를 이어 받았다. 단제께서 나라 안을 순시하다가 남쪽의 해성[35]에 이르러 부로들을 불러 모아놓고 하늘에 제사 지내고 가무를 즐겼다.

이어서 오가를 불러 양위할 것을 이들과 더불어 논의하기를 "나는 늙어서 정사를 돌보기 어려우니 서우여(徐于餘)에게 맡겼으면 한다."라고 하

---

35) 해성(海城)은 발해 때 남경 남해부(南京 南海府)이며 남옥저(南沃沮) 땅이었다. 오늘날 요녕성 안산 서남(鞍山 西南)이다.

였다. 살수 땅 백 리를 묶어 봉토로 하여 섭주(攝主)로 하고 호를 기수(奇首)라 부르게 하였다.

우현왕이 이 말을 듣고 사람을 보내 중지하도록 권했으나 들어주지 않았다. 이에 우현왕이 좌우 신하와 사냥꾼 여러 가호를 이끌고 부여 신궁에서 즉위하였다. 임금이 부득이 옥책과 국보를 건네주고 서우여를 폐하고 서인으로 살게 하였다. 임금은 아사달에서 숨어 살다 세상을 떴다. 이 해에 백이숙제36)도 고죽군의 아들로 망명해 동해가에 살면서 농사에 힘쓰며 지냈다.

22세 단군 색불루 재위 48년

병신 원년, 임금이 명하기를 녹산(鹿山)37)을 개축하고 관제를 고치도록 하였다. 가을인 9월에 장당경38)으로 친행해 묘를 세우고 고등왕을 제사 지냈다. 11월, 구환의 군사를 이끌고 수차례 걸쳐 싸워 은나라 서울을 파괴하고 화친하였으나, 또다시 대전을 치루고 이들을 격퇴하였다. 다음 해 2월, 하상(河上)에서 이들을 추격하여 승전의 하례를 받고 변한 백성들을 회대 지역으로 옮겨 살게 하면서 가축을 기르고 농사를 짓게 하니 국위가 크게 떨쳤다.

신축 6년, 신지 육우(陸右)가 아뢰기를 "아사달은 천년 제업의 땅이기

---

36) 백이숙제(伯夷叔齊)는 은(殷)나라 처사(處士)이다. 고죽군(孤竹君)의 장남(長男)이며 숙제(叔齊)의 형(兄)이다. 무왕(武王)이 은(殷)을 치려하는 것을 막으려다 듣지 않으므로 주나라 곡식 먹기를 부끄러이 여겨 수양산에 들어가 고사리를 캐먹으며 살다 굶어 죽었다. 연대상으로 보아 맞지 않는 내용이다.
37) 록산(鹿山)은 만주 농안현(農安縣)으로, 장춘(長春)에서 서북쪽으로 140여 리 떨어져 있다.
38) 장당경(藏唐京)을 만주 개원(開原)으로 보는 이가 있기도 하다. 삼국유사에는 주나라 무왕이 즉위한 기묘년에 단군이 수도를 장당경으로 옮겼다가 아사달로 돌아와 신선이 되어 승천하였다고 한다.

는 하나 대운이 다했으니 왕기가 짙은 영고탑이 백악산을 능가하니 도읍을 옮겨야 합니다."라고 청하였다. 그러나 임금께서 그러한 제의를 받아들이지 않고 "신도에 이미 자리를 잡고 있는데 어찌 다른 곳으로 옮겨 갈 것인가." 라고 하였다.

을묘 20년, 남국이 매우 강성해지자 고죽군과 함께 여러 적들을 쫓아내고 남쪽으로 이동하여 엄독홀(奄瀆忽)에 이르러 거처하였다. 이 근처는 은나라 국경과 가까워 여파달(黎巴達)로 하여금 군사를 이끌고 빈기(邠岐) 지역을 점거, 이 지역 유민들과 함께 나라를 세우니 국호를 여(黎)라고 하였다.

서융과 함께 은의 여러 제후들과 섞여 사는데, 남씨의 위세가 매우 강성하였다. 임금의 교화는 멀리 항산(恒山) 이남의 땅에까지 미쳤다. 신미 36년, 변방의 장수 신독(申督)이란 자가 휘하의 군사들과 난을 일으키니 임금이 잠시 영고탑으로 피하였는데 많은 백성들이 따라왔다. 계미 48년, 임금이 돌아가시니 태자 아홀(阿忽)이 왕위를 이었다.

23세 단군 아홀 재위 76년

갑신 원년, 임금의 숙부인 고불가(固弗加)에게 낙랑홀을 다스리라 명하고 웅갈손(熊乫孫)을 보내 남국의 왕과 같이 남쪽 정벌군을 돌보면서 은나라 땅이던 여섯 고을을 다스리도록 하였다. 그런데 은인들이 서로 다투고 승복을 하지 않자, 군대를 보내 굴복케 하였다. 가을인 7월, 신독의 목을 베고 도읍으로 돌아와 죄수와 포로를 석방하였다

을유 2년, 남국 임금 금달(今達)이 청구의 임금을 비롯해 구려의 임금 등과 함께 주개(周愷)에서 만나 몽고리의 병력과 합세해, 이르는 곳마다 은의 성책을 쳐부수고 오지 깊숙이까지 진격해 회대의 땅을 평정하였다.

포고씨(蒲古氏)를 엄(淹)에, 영고씨(寧古氏)를 서(徐)에, 방고씨(邦古氏)를 회(淮) 땅에 나누어 봉하니, 은인(殷人)들이 그 위세에 눌려 겁을 먹고 감히 가까이 오지 못하였다. 무자 5년, 이한(二韓)과 오가(五加)를 불러 모으고 영고탑으로 도읍을 옮길 것을 논의하였다. 기해 76년, 임금이 돌아가시니 태자 연나(延那)가 즉위하였다.

24세 단군 연나 재위 11년

경자 원년, 황제의 숙부인 고불가에게 섭정을 명하였다. 신축 2년, 여러 한들이 조서를 받들고 소도를 늘리고 하늘에 제사를 올렸다. 나라에 대사가 있거나 재변이 일어나면 서둘러 이 곳에서 기도하고 백성들의 뜻을 하나로 모았다.

경술 11년, 임금이 돌아가시니 태자 솔나(率那)가 왕위를 이어 받았다.

25세 단군 솔나 재위 88년

신해 원년 정해 37년, 기자가 서화(西華)로 옮겨 지내면서 인사조차 거절하였다. 정유 4년, 임금이 소도에 올라가 고례(古禮)를 강론하다가 영신(佞臣)과 직신(直臣)에 대해 물으셨다.

삼랑(三郎) 홍운성(洪雲性)이 나서서 답하기를 "사리를 따져 굽히지 않는 자가 직신이고 위세를 두려워 해 굽혀 맹종하는 자가 영신입니다. 임금은 만사의 근원이며 신하는 시류에 따라 흐르는 물과 같습니다. 근원이 탁해 흐려졌다면 맑기를 바란다 해도 불가하니 임금이 성인이 된 연후라야 신하가 곧고 바르게 보필할 수 있습니다."라고 하니 옳은 말이라 하였다.

기유 59년, 밭농사가 풍년이 들어 조 한 줄기에 다섯 이삭이나 달렸다. 무인 88년, 임금이 돌아가시니 태자 추노(鄒魯)가 보위를 이었다.

26세 단군 추로 재위 65년

기묘 원년 가을 7월, 백악산 계곡에 흰 사슴 200마리가 무리지어 노닐었다. 계미 65년, 임금이 돌아가시니 태자 두밀(豆密)이 왕위를 이었다.

27세 단군 두밀 재위 26년

갑신 원년, 천해가 넘쳐 아란산(阿蘭山)이 물에 잠겼다. 이 해에 수밀이국 양운국 구차천국 등에서 사신을 보내 방물을 임금께 올렸다. 신묘 8년, 심한 가뭄 끝에 폭우가 쏟아져 백성들이 수확을 할 것이 없었다. 곡식 창고를 열어 백성들에게 골고루 나누어주도록 명하였다.
기유 26년, 임금이 돌아가시니 태자 해모(奚牟)가 왕위를 이었다.

28세 단군 해모 재위 28년

경술 원년, 임금이 질환이 있어 백의동자에게 하늘에 빌도록 시키니 쾌차하였다. 경신 11년 여름 4월, 태풍이 일어나고 폭우가 쏟아졌다. 뭍으로 물고기가 떨어져 내려왔다. 정묘 18년, 빙해의 여러 한들이 사신을 보내 공물을 바쳤다.
정축 28년, 임금이 돌아가시니 태자 마휴(摩休)가 왕위를 이었다.

29세 단군 마휴 재위 28년

무인 원년, 주나라 사람이 공물을 바쳤다. 을유 8년, 지진이 일어났다. 병술 9년, 남해의 조수가 석 자나 물러갔다. 신해 34년, 임금이 돌아가시니 태자 나휴(奈休)가 왕위를 이었다.

30세 단군 나휴 재위 35년

임자 원년, 남쪽을 순시하다가 청구 지역의 다스림을 살펴보고 치우천왕의 공덕을 각석하였다. 서쪽 험독홀에 이르러 제후국의 여러 한들과 만난 후 열병식을 거친 후 하늘에 제사를 지냈다. 주나라 사람들과도 수호하였다. 병진 5년, 흉노가 조공을 바쳤다. 병술 35년, 임금이 돌아가시니 태자 등올(登屼)이 왕위를 이었다.

31세 단군 등올 재위 25년

정해 원년 임인 16년, 봉황이 백악에서 울고 기린이 상원에서 노닐었다. 신해 25년, 임금이 돌아가시니 아들 추밀(鄒密)이 왕위를 이었다.

32세 단군 추밀 재위 30년

임자 원년 갑인 3년, 선비산(鮮卑山) 추장 문고(們古)가 공물을 바쳤다. 계해 12년, 초나라 대부 이문기(李文起)가 입조하였다. 갑자 13년 3월, 일식이 있었다. 병인 15년, 흉년이 들었다. 신사 30년, 임금이 돌아가시니 태자 감물(甘勿)이 왕위를 이었다.

33세 단군 감물 재위 24년

임오 원년 계미 2년, 주나라 사람이 와서 호랑이와 코끼리 가죽을 바쳤다. 무자 7년, 영고탑 서문 밖 감물산(甘勿山) 아래에 삼성사를 짓고 제사를 친히 올렸다. 서고문은 다음과 같다.

삼성의 높으심은 신과 더불어 공은 같사오며, 삼신의 덕은 성인으로 인해 가일층 크시다. 빈 것과 큰 것은 일체되어 날개와 온몸이 여일하다. 지혜와 삶을 함께 닦으니 형과 혼 함께 널리 모두 번지고 참다운 가르침은 비로소 서며, 믿음은 오래오래 저절로 밝아지도다. 기세를 타고 존귀하여지니 스스로 살피고 되돌아보면 백악은 만고에 푸르고 열성은 계속 이어져 내려오는도다. 문은 예악을 일으키고 도술은 그 연원이 깊고 넓어 하나를 잡아 셋을 품고 셋을 모아 하나로 돌아가 천계를 크게 펴니 영세지법으로 삼았도다.

을사 24년, 임금이 돌아가시니 태자 오루문(奧婁門)이 왕위를 이었다.

34세 단군 오루문 재위 23년

병오 원년, 이 해 오곡이 풍성하게 익었다. 백성들 모두 기뻐하며 도리가(兜里歌)39)를 지어 부르니 그 가사는 다음과 같다.

하늘 아침 해 맑게 빛나며
나라에는 성인의 덕 큰 가르침 널리 퍼져
대읍의 나라 배달성조에 수많은 백성
어지러운 다스림 없이 기쁨으로 노래하노니
길이길이 태평하리라!

을묘 10년, 해 둘이 함께 뜬 후 누런 안개가 사방을 덮었다. 무진 23년, 임금이 돌아가시니 태자 사벌(沙伐)이 왕위를 이었다.

---

39) 도리가(兜里歌)는 신시 단군조선(神市 檀君朝鮮) 시대에 제천국중대회(祭天國中大會)가 열릴 때 집단으로 부른 노래이다.

35세 단군 사벌 재위 88년

기사 원년 갑술 6년, 이 해에 황충의 피해와 홍수가 있었다. 임오 14년, 범이 궁전에 나타났다. 임진 24년, 비가 많이 내려 산이 무너져 계곡을 메웠다. 무오 50년, 임금께서 장군 언파불합(彦波弗哈)을 보내 바다의 웅습(熊襲)을 평정하였다. 갑술 66년, 조을(祖乙)을 보내 연나라 서울을 바로 공파(攻破)하고 제나라 군사와 임치(臨淄)의 남쪽 교외에서 대전해 승리했음을 전하였다. 병자 68년, 임금이 돌아가시니 태자 매륵(買勒)이 왕위를 이었다.

36세 단군 매륵 재위 58년

정축 원년 갑진 28년, 지진과 해일이 났다. 무신 32년, 서촌 사는 한 백성의 집에서 다리가 여덟 개 달린 송아지가 태어났다. 신해 35년, 용마가 천하에서 나왔는데 등에는 별무늬가 있었다. 갑인 38년, 협야후(陝野候) 배반명(裵幣命)을 보내 해적을 토벌케 하였다. 그 해 12월에 삼도(三島)가 완전히 평정되었다. 무진 52년, 병력을 보내 수유의 군사들과 같이 연나라를 정벌케 하였다. 이에 연나라 사람이 제나라에 위급함을 알리자 제나라 백성들이 대거 고죽으로 들어갔다. 연의 군사는 우리 측의 복병에 걸려 싸웠으나 패하고 화해를 구걸하고 물러났다. 갑술 58년, 임금이 돌아가시니 태자 마물(麻勿)이 왕위를 이었다.

37세 단군 마물 재위 56년

을해 원년 경오 56년, 임금께서 남행 중 기수(淇水)에 이르러 돌아가시니 태자 다물이 즉위하였다.

38세 단군 다물 재위 45년

신미 원년 을묘 45년, 임금이 돌아가시니 태자 두홀(豆忽)이 즉위하였다.

39세 단군 두홀 재위 36년

병진 원년 신묘 36년, 임금이 돌아가시니 태자 달음(達音)이 즉위하였다.

40세 단군 달음 재위 18년

임진 원년 기유 18년, 임금이 돌아가시니 태자 음차(音次)가 즉위하였다.

41세 단군 음차 재위 20년

경술 원년 기사 20년, 임금이 돌아가시니 태자 을우지(乙于支)가 즉위하였다.

42세 단군 을우지 재위 10년

경오 원년 기묘 10년, 임금이 돌아가시니 태자 물리(勿理)가 즉위하였다.

43세 단군 물리 재위 36년

경오 원년 을묘 36년, 융안의 수렵꾼인 우화충(于和冲)이 장군이라 자칭하며 수만의 무리를 모아 서북의 36군을 함락시켰다. 임금이 군병을 파견했으나 제압하지 못했는데, 겨울이 되자 적도들이 도성을 포위하고 급하게 공격해 왔다. 임금이 좌우의 궁인들과 함께 종묘사직의 신주를 모시고 배로 피난해 해두로 갔다가 돌아가셨다. 이 해에 백민성(白民城) 욕살 구물(丘勿)이 명을 받들고 군대를 움직여 장당경을 점령하니 구지(九地)의 장수들이 이에 따르며 동서(東西) 압록(鴨綠) 18성이 모두 병력을 내어 지원하였다.

44세 단군 구물 재위 29년

병진 원년 3월, 도성이 큰 수해를 당하였다. 적들이 혼란에 빠졌다. 임금 구물이 1만의 군사를 거느리고 이들을 토벌하니, 적들은 싸워보지도 못하고 괴멸하고 말았다. 이에 적장 우화충의 목을 베었다.

구물이 여러 장수들의 추앙을 받는 가운데 3월 16일 단을 쌓고 하늘에 제사를 지내고 장당경에서 즉위식을 올렸다. 국명을 대부여라 고치고 삼한은 삼조선이라 하였다. 이로부터 삼조선도 단군을 받들고 일존임리(一尊臨理)의 제도를 만들었으나, 화전(和戰)의 권한만은 일존(一尊)에게 부여하지 않았다. 7월, 해성(海城)을 개축해 평양이라 부르게 하고 이궁도 짓게 하였다. 정사 2년, 예관이 삼신영고제를 청하니 제사를 올렸다.

이 날이 바로 3월 16일로 임금께서 친히 행차하여 경배하였는데 첫 절에는 세 번 머리를 조아리고 두 번째는 여섯 번, 세 번째는 아홉 번 머리를 숙여 예를 갖추게 되어 있는데 무리를 이끌고는 열 번 머리를 조아렸다. 이를 삼육의 대례라 한다. 임신 17년, 감찰관을 주군에 보내 민정을 살피고 효자와 청백리를 천거하게 하였다.

무인 23년, 연나라에서 사신을 보내 신년 하례를 하였다. 갑신 29년, 임금이 돌아가시고 태자 여루(余婁)가 왕위에 올랐다.

45세 단군 여루 재위 55년

을유 원년, 장령(長嶺)의 낭산(狼山)[40]에 성을 쌓았다. 신축 17년, 연나라 사람이 변경지 고을을 침범함에 수비장 묘장춘(苗長春)이 이들을 격퇴시켰다. 병진 32년, 연나라 사람 배도(倍道)가 침입하여 요서를 함락시키고 운장(雲障)으로 밀어 닥쳐왔다. 번조선 대장군 우문언(于文言)에게 명해 이들의 침입을 막아내고 진(眞) 막(莫) 두 조선도 원병을 보내 복병을 숨겨두고 공격해 연 제 두 나라의 군사를 오도하(五道河)에서 패퇴시키고 빼앗겼던 요서 지방의 여러 성들을 완전히 수복하였다. 정사 33년, 연인들이 패전한 후 연운도(連雲島)에 주둔하며 배를 건조해 쳐들어 올 기세였으므로 우문언이 추격해 대파시키고, 그 장수를 사살하였다. 신미 47년, 북막(北莫)의 추장 액니거길(厄尼車吉)이 말 200필을 바치고 함께 연나라를 칠 것을 청하였다. 이에 번조선의 장수 신불사(申不私)가 일만의 군사를 이끌고 북막군과 연합해 연나라 상곡(上谷)을 공격해 빼앗고 성을 쌓았다. 무인 54년, 상곡전투 후 연나라가 해마다 침공해 오더니, 이후 사신을 보내 화해를 청하므로 허락하고 조양(造陽) 서쪽을 경계로 정하였다. 기묘 55년 여름, 몹시 가물었다. 무고한 사람이 옥살이를 하지 않았을까 하여 대사면을 내리고 임금이 친히 기우제를 지냈다. 9월에 임금이 돌아가시니 태자 보을(普乙)이 즉위하였다.

46세 단군 보을 재위 46년

경진 원년 12월, 번조선 왕 해인(解仁)이 연나라에서 보낸 자객에게 살해당하자, 오가가 들고 일어났다. 무술 19년 정월, 읍차(邑借) 기후(箕詡)

---

[40] 랑산(狼山)은 하북성 청원현(淸苑縣) 서북편에 있는 산으로, 발해 때 남경 남해부 청주 낭산현지(南京 南海府 晴州 狼山縣地)이다.

가 병사를 이끌고 궁으로 들어와 스스로 번조선왕이라 하면서 사람을 보내 윤허해 줄 것을 청하니 허락하고 연나라 침입에 굳건히 대비하라 하였다.

정사 38년, 도성에 화재가 크게 나 임금이 해성의 이궁으로 옮겼다. 계해 44년, 북막의 추장 이사가 음악을 바치니 후히 상을 내렸다. 을축 46년, 한개(韓介)가 수유(須臾)의 군대를 이끌고 궁궐을 침범해 스스로 왕이 되고자 하니 대장군 고열가(高列加)가 의병을 일으켜 이를 물리쳤다.

임금이 환도하여 대사령을 내렸는데 이때부터 국력이 매우 약해져 국고가 바닥이 날 정도였다. 임금이 돌아가셨는데 후사가 없어 고열가가 물리(勿理)의 현손이고 공도 있어 중의에 따라 추대를 받아 왕위를 이어 받았다.

47세 단군 고열가 재위 58년

병인 원년 기묘 14년, 단군왕검의 묘를 백악산에 세우고 유사(有司)에게 철따라 제사를 올리고 임금께서 친히 1년에 한 번씩 제사를 지냈다. 기유 44년, 연나라에서 사신을 보내 신년 하례를 올렸다. 계축 48년 시월 초하루, 일식이 일어났다. 이 해 겨울, 북막(北莫) 추장 아리당부(阿里當夫)가 군사를 이끌고 연나라를 정벌할 것을 청했으나 허락하지 않으니 이때부터 원망하며 공물을 바치지 않았다.

임술 57년 4월 8일, 해모수가 웅심산에서 내려와 기병하였는데, 그의 선조는 고리국(藁離國)인이다. 계해 58년, 임금은 어질고 순하기만 하고 결단력이 부족해 명령이 시행되지 않고, 뭇 장수들은 용맹함만 믿고 난리를 피우니, 나라 살림은 어려워지고 백성들의 사기는 날로 침체해졌다.

이 해 3월, 하늘에 제사를 올리던 날 저녁에 오가들과 의논하여 임금께서 말씀하시기를 "옛 우리 열성조들께서 개국한 이래 대통을 계승하면 그

덕이 사해에 미쳤고 오랜 세월 잘 다스려 왔다. 그런데 이제 왕도는 쇠잔하고 여러 제후들이 힘을 겨루고 있으니 짐은 덕이 없고 나약해 잘 다스려 나가지 못하고 어진 이를 찾아 대행시키기도 어려운데, 백성들은 흩어지니 내 생각은 오가들 여러분이 어질고 훌륭한 사람을 찾아 추대하도록 하라" 하고 옥문을 열어 사형수만을 제외하고 수감자 모두를 석방하였다. 다음 날 왕좌를 버리고 입산수도하다가 신선이 되니 오가가 국정을 펴 나가기를 6년이나 지속하였다.

이 보다 앞서 종실의 대해모수가 은밀히 수유와 약조하고 옛 서울인 백악산을 기습해 점령하고 천왕랑(天王郞)이라 칭하였다. 수유후(須臾候) 기비(箕조)를 번조선왕으로 삼고 운장(雲障) 상하를 지키게 하였다. 대체로 북부여의 일어남이 이에서 시작되며 고구려는 해모수의 고향이기 때문에 고구려라 한 것이다.

단군기원 원년 무진년부터 금상폐하 천조(踐祚) 후 12년 계묘에 이르기까지 약 3696년인데, 이 해 10월 3일에 홍행촌 노인이 강화도 해운당에서 쓰다.

檀君世紀

古記云 王儉父檀雄母熊氏王女 辛卯五月二日寅時 生于檀樹下 有神人之德 遠近畏服 年十四甲辰 熊氏王聞其神聖 擧爲裨王 攝行大邑國事 戊辰唐堯時 來自檀國 至阿斯達檀木之墟 國人推爲天帝子 混一九桓 神化遠曁 是謂檀君王儉 在裨王位二十四年 在帝位九十三年 壽一百三十歲

戊辰元年 大始神市之世 四來之民 遍居山谷 草衣跣足 至開天一千五百六十五年上月三日[1]* 有神人王儉者 五加[2]*之魁 率徒八百 來御于檀木之墟 與衆奉祭于三神 其至神之德 兼聖之仁 乃能奉詔繼天 巍蕩惟烈 九桓之民 咸悅誠服 推爲天帝化身而帝之 是爲檀君王儉 復神市舊規 立都阿斯達[3]* 建邦號朝鮮.

詔曰天範 惟一弗二厥門 爾惟純誠 一爾心乃朝天 天範恒一 人心惟同 推己秉心 以及人心 人心惟化 亦合天範 乃用御于萬邦 爾生惟親 親降自天 惟敬爾親 乃克敬天 以及于邦國 是乃忠孝 爾克体是道 天有崩 必先脫免 禽獸有雙 弊履有對 爾男女以和 無怨無妬無淫.

爾噍十指 痛無大小 爾相愛無胥讒 互佑無相殘 家國以興 爾觀牛馬 猶分厥蒭 爾互讓無胥奪 工作無相盜 國家以殷 爾觀于虎 彊暴不靈 乃作孼 爾無桀驁 以戕性 無傷人 恒遵存天範 克愛物 爾扶傾 無陵弱濟恤 無侮卑 爾有越厥則 永不得神佑 身家以殞 爾如有衝 火于禾田 禾稼將殄滅 神人以怒 爾雖厚包 厥香必漏 爾敬特彛性 無懷慝 無隱惡 無藏禍心 克敬于天 親于民 爾乃福祿無窮 爾五加衆 其欽哉

於是命 彭虞關土地 成造起宮室 臣智造書契 奇省設醫藥 那乙管版籍 羲典卦筮 尤掌兵馬 納斐西岬河伯女爲后 治蠶 淳厖治之 熙洽四表 丁巳五十年 洪水汎濫 民不得息 帝命風伯彭虞治水 定高山大川 以便民居 牛首州有碑 戊午五十一年 帝命雲師倍達臣 設三郎城于穴口 築祭天壇於摩璃山 今塹城壇是也 甲戌 六十七年 帝遣太子扶婁 與虞司空[5]* 會于塗山[4]* 太子傳五行治水之法 戡定國界 幽營二州[6]* 屬我 定淮岱諸侯 治分朝以理之 使虞舜*[7] 監其事.

　　庚子九十三年 帝在柳關 土階自成 草茆不除 檀木茂蔭 與熊虎遊 觀牛羊茁 凌溝洫 開田陌 勸田蠶 治漁獵 民有餘物 俾補國用 國中大會 上月祭天 民皆皥自樂 自此皇化 洽被九域 遠暨耽浪 德敎漸得偉廣 先是區劃 天下之地 分統三韓 三韓皆有五家六十四族 是歲三月十五日 帝崩于蓬亭 葬于郊外十里之地 萬姓如喪考妣 奉檀旂 晨夕合坐敬拜 常念不忘于懷 太子扶婁立.

　　二世 檀君扶婁 在位 五十八年
　　辛丑元年 帝賢而多福 居財大富 與民共治産業 無一民飢寒 每當春秋 巡省國中 祭天如禮 諸汗 善惡 克愼賞罰 浚渠洫勸農桑 設庠學文化大進 聲聞日彰 初虞舜治幽營二州 於藍國[8]* 之隣 帝遣兵征之進逐 其君封東武道羅等 以表其功

　　神市以來 每當祭天 國中大會 齊唱讚德 諧和於阿 爲樂感謝 爲本神人 以和四方 爲式是爲 叅佺戒 其詞曰 於阿於阿 我等大祖神 大恩德倍達國 我等皆百百千千勿忘 於阿於阿 善心大弓

成惡心矢的成我等 百百千千人 皆大弓絃 同善心中 直矢一心同於阿於阿 我等皆百百千千人 皆大弓 一衆多矢的 貫破沸湯 同善心中 一塊雪惡心 於阿於阿 我等皆百百千千人 皆大弓堅勁同心 倍達國9)* 光榮百百千千年 大恩德 我等大祖神 我等大祖神

壬寅二年 帝小連大連10)* 問治道先是 小連大連善居喪 三日不息 三月不懈 朞年悲哀 三年憂 自是居俗 停喪五月 以久爲榮 此非天下之大聖 其能德化之流行如是 傳郵之速者乎 二連以孝聞 亦見稱於孔夫子 孝者愛人 益世之本 放諸四海而準焉

癸卯三年九月 下詔 使民編髮蓋首 服靑衣 斗衡諸器 悉準於官 布芓市價 無處有二 民不子欺 遠近 便之 庚戌十年四月 劃邱井 爲田結 使民 自無私利 壬子十二年 神誌貴己 製獻七回歷 邱井圖 戊戌五十八年帝崩 是日日蝕 山獸作隊 亂叫山上 萬姓慟之甚 後國人設祭家內 擇地設壇 而土器 盛禾穀 置壇上 稱爲扶婁壇地 是爲業神 又稱佺戒 以全人受戒 爲業主嘉利 人與業 俱全之義也 太子嘉勒立

三世 檀君嘉勒 在位四十五年
己亥元年五月 帝召三郞乙普勒 問神王倧佺之道11)* 普勒交拇加右手行三六大禮12)* 而進言 曰神者能引出萬物 各全其性 神之所玅 民皆依恃也 王子能德義理 世各安其命 王之所宣民皆承服也 倧者國之所選也 佺者民之所擧也 皆七日爲回就三 三神執盟 三忽爲佺 九桓爲倧盖其道也 欲爲父者 斯父矣 欲爲君者 斯君矣 欲爲師者斯師矣 爲子爲臣爲徒者 亦斯者斯臣斯徒矣 故神

市開天之道 亦以神市施敎 知我求獨 空我存物 能爲福於人世而已 代天神以王天下 弘道益衆 無一人失性 代萬王而主人間 去病解寃 無一物害命 使國中之人 知改妄卽眞 而三七計日 會全人執戒 自是朝有倧訓 野有佺戒 宇宙精氣 粹鍾日域 三光五精[13]* 凝結腦海 玄玅自得 光明共濟 是爲居發桓也 施之九桓 九桓之民 咸率歸一于化

庚子二年 時俗不一 方言相殊 殊雖有象形表意之眞書 十家之邑 言多不通 百里之國 字難相解 於是命三郞乙普勒 譔正音三十八字 是爲加臨土[14]* 其文 曰

```
ㆍ ㅣ ㅏ ㅑ ㅓ ㅕ ㅗ ㅛ ㅜ ㅠ ㅡ ㅢ ᅌ
ㄱ ㄴ ㄷ ㄹ ㅁ ㅂ ㅅ ㅿ ㆁ ㅈ ㅊ ㅋ ㅌ ㅍ ㅎ
```

辛丑三年 命神誌高契 編修倍達留記[15]* 甲辰六年 命列陽褥薩 索靖遷于弱水 終身棘置 後赦之仍封 其地是爲匈奴之祖 丙午八年 康居叛 帝討之於支伯特 夏四月帝登 不咸之山 望民家炊煙小起 命減租稅有差 戊申十年 豆只州濊邑叛 命余守己斬其酋素尸毛犁 自是稱其地曰 素尸毛犁[16]* 今轉音爲牛首國也 其後孫有陝野奴者 逃於海上居三島僭稱天王 癸未四十五年九月帝崩太

子烏斯丘立

　四世 檀君烏斯丘 在位三十八年
　甲申元年 封皇弟烏斯達 爲蒙古里汗 或曰今蒙古族 爲其後云 冬十月 北巡而回到太白山 祭三神得靈草 是爲人蔘 又稱仙藥 自後神仙不死之說 與採蔘保精 密有關聯 間有採得家所傳 神異顯靈頗多奇驗云 戊子五年 鑄圓孔貝錢 秋八月 夏人來獻方物 求神書而去 十月朝野記別 書于石 以公于民 庚寅七年 設造船于薩水[17]*之上 壬寅十九年 下主相失德 帝命息達 率藍眞弁三部之兵 往征之 天下聞之乃服 辛酉三十八年六月 帝崩 羊加丘乙立

　五世 檀君丘乙 在位 十六年
　壬戌元年 命築壇于太白山 遣使致祭 癸亥二年五月 蝗虫大作 遍滿田野 帝親巡田野 吞蝗而告三神 使滅之數日盡滅 乙丑四年 始用甲子作歷 己巳八年 身毒人流[18]* 漂到東海濱 丁丑十六年 親行藏唐京 封築三神壇 多植桓花 七月帝南巡歷 風流江到松壤[19]* 得疾尋崩 葬于大博山 牛加達門 被選於衆 入承大統

　六世 檀君達門 在位三十六年
　戊寅元年 壬子三十五年 會諸汗于常春 祭三神于九月山 使神誌發理 作誓效詞[20]* 其詞曰 朝光先受地 三神赫世臨 桓因出象先 樹德宏且深 諸神議遣雄 承詔始開天 蚩尤起靑邱[21]* 萬古振武聲 淮岱皆歸王 天下莫能侵 王儉受大命 懽聲動九桓 魚水民

其蘇 草風德化新 怨者先解寃 病者先去病 一心存仁孝 四海盡
光明 眞韓鎭國中 治道咸維新 慕韓保其左 番韓控其南 巇岩圍
四壁 聖主行新京 如秤錘極器 極器白牙岡[22]* 秤幹韓蘇密浪[23]*
錘者安德鄕[24]* 首尾均平位 賴德護神精 興邦保太平 朝降七十
國 永保三韓義 王業有興隆 興廢莫爲說 誠在事天神 乃與諸汗
立約束 曰凡我同約之人 以桓國五訓[25]* 神市五事 爲永久遵守
之案 祭天之儀以人爲本 爲邦之道以食爲先 農者萬事之本 祭者
五敎之源 宜與國人 共治爲産 先講重族 次宥俘囚 竝除死刑 責
禍保境 和白爲公 專以一施共和之心 謙卑自養 以爲仁政之始也
時執盟貢幣者 大國二小國二十墟落三千六百二十四 癸丑三十六
年 帝崩 羊加翰栗 立

七世 檀君翰栗 在位五十四年
甲寅 元年 丁未五十四年帝崩 于西翰 立

八世 于西翰 或曰 烏斯含 在位 八年
戊申元年 定二十稅一之法廣通 有無以補不足 己酉二年 是歲
豐登有一莖八穗 辛亥四年 帝以微服潛出國境視察夏情而還大改
官制 甲寅七年三足烏飛入苑中其翼廣三尺 乙卯八年帝崩 太子
阿述立

九世 檀君阿述 在位三十五年
丙辰元年 帝有仁德民有犯禁者 必曰糞地雖污降雨露有時置而
不論 犯禁者乃化其德淳厖之化大行 是日兩日竝出觀者如堵 丁

巳二年 青海褥薩于捉擧兵犯闕 帝避于常春 創新宮于九月山南麓 命遣于支于栗等 討誅之後三年還都 庚寅三十五年 帝崩 牛加魯乙 立

十世 檀君魯乙 在位五十九年

辛卯元年 始作大囿養畜外之獸 壬辰二年 親臨墟落存問駕停 野外賢者多歸之 乙未五年 宮門外設伸寃木以聽民情中外大悅 丙午十六年 東門外十里陸地生蓮不咸臥石自起 天河神龜負圖而現圖如柶板 渤海沿岸金塊露出數量十有三石 乙丑三十五年 始置監星[26]* 乙丑五十九年 帝崩 太子道奚 立

十一世 檀君道奚 在位五十七年

庚寅元年 帝命五加 擇十二名山之最勝處 設國仙蘇塗 多環植檀樹 擇最大樹 封爲桓雄象[27]* 而祭之名 雄常國子師傅 有爲子獻策 曰惟我神市 實自桓雄開天 納衆以佺設戒 而化之天經神誥 詔述 於上衣冠帶釼 樂效於下 民無犯而同治 野無盜而自安 居世之人 無疾而自壽 無歉而自裕 登山而歌 迎月而舞 無遠不至 無處不興 德敎加於萬民 頌聲溢於四海 有是請 冬十月 命建大始殿 極壯麗 奉天帝桓雄遺像而安之 頭上光彩閃閃 如大日有圓光 照耀宇宙 坐於檀樹之下 桓花之上 如一眞神有圓心 持天符印 標揭大圓一之圓旗於樓殿 立號居發桓 三日而戒七日面講 風動四海 其念標之文 曰天以玄默爲大 其道也 普圓其事也眞一 地以畜藏爲大 其道也效圓 其事也勤一 人以智能爲大 其道也擇圓 其事也協一 故一神降衷 性通光明 在世理化 弘益人間 仍刻

之于石

丁巳 二十八年 設所而聚方物 以閱珍奇 天下之民 爭獻 陳設 如山 丁卯三十八年 徵民丁 皆爲兵送還士二十人于夏都 始傳國 訓 以示威聲 乙亥四十六年 設作廳于松花江岸 舟楫器物 大行 於世 三月祭三神于山南 供酒備膳 致詞而釂之 是夜特賜宣醞 與國人環飮 觀百戲而罷 仍登樓殿 論經演誥 顧謂五加曰 自今 以後 禁殺放生 釋獄飯乞 竝除死刑 內外聞之大悅 丙戌五十七 年帝崩萬姓慟之 如考妣喪 三年憂 四海停聲樂 牛加阿漢 立

十二世 檀君阿漢 在位五十二年

丁亥元年 戊子二年夏四月 一角獸見於松花江北邊 秋八月 帝 巡國中 至遼河[28]* 之左 立巡狩管境碑 刻歷代帝王名號而傳之 是金石之最也 後滄海力士黎洪星[29]* 過此 題一詩 曰村郊稱弁 韓 別有殊常石 臺荒躑躅紅 字沒苺苔碧 生於部判初 立了興亡 夕 文獻俱無徵 此非檀氏跡 乙卯二十九年 命菁莪褥薩丕信 西 沃沮褥薩高士琛 貊城褥薩突蓋 封爲列汗 戊寅五十二年 帝崩 牛加屹達 立

十三世 檀君屹達(一云 代音達) 在位六十一年

己卯 元年 甲午十六年 定州縣 立分職之制 官無兼權 政無越 則 民無離鄕 自安所事 絃歌溢域 是歲冬 殷人伐夏 其主桀請援 帝以邑借末良 率九桓之師 以助戰事 湯遣使謝罪 乃命引換 桀 違之 遣兵遮路 欲敗禁盟 遂與殷人 伐桀密遣臣智于亮 率畎軍

與樂浪 進據關中 邠岐30)*之地 而居之 設官制 戊戌二十年多設
蘇塗 植天指花31)* 使未婚子弟 讀書習射 號爲國子郎 國子郎出
行 頭插天指花 故時人稱爲天指花郞 戊辰五十年五星聚婁 黃鶴
來樓苑松 己卯六十一年帝崩 萬姓絶食 而哭不絶 仍命釋囚俘
禁殺放生 過歲而葬之 牛加古弗 立

十四世 檀君古弗 在位六十年
　庚辰元年 乙酉六年是歲大旱 帝親禱天祈雨 誓告于天曰天雖
大 無民何施 雨雖膏 無穀何貴 民所天者穀 天所心者人也 天人
一切 天何棄民 乃雨滋穀 濟化以時 言訖 大雨立降數千里 辛酉
四十二年九月 枯木生芽 五色大鷄 生於城東子村家 見者誤指爲
鳳 乙亥五十六年 遣官四方 查計戶口 總一億八千萬口 己卯六
十年 帝崩代音立

十五世 檀君代音(一云 後屹達) 在位五十一年
　庚辰元年 殷主小甲 遣使求和 是歲改八十稅一之制 辛巳二年
洪水大漲民家多被害 帝甚憐恤 移 其粟於蒼海 蛇水之地 均給
于民 冬十月養雲須密爾二國人來獻方物 己丑十年 帝西行溺水
命臣智禹粟 採金鐵及膏油 秋七月虞婁人二十家來投 命定着于
鹽水近地 丁未二十八年 帝登太白山立碑 刻列聖群汗之功 己未
四十年 封皇弟代心 爲南鮮卑大人 庚午五十一年 帝崩 牛加尉
那 立

十六世 檀君尉那 在位 五十八年

辛未元年 戊戌二十八年 會九桓諸汗 于寧古塔32)* 祭三神上帝 配桓因桓雄蚩尤及檀君王儉 而亨之五日 大宴與衆 明燈守夜 唱經踏庭 一邊列炬 一邊還舞 齊唱愛桓歌 愛桓卽 古神歌之類也 先人指桓花而不明 直曰花 愛桓之歌 有云 山有花 山有花 去年種萬樹 今年種萬樹 春來不咸花萬紅有事天神樂太平 戊辰五十八年 帝崩太子余乙立

十七世 檀君余乙 在位六十八年

己巳元年 庚申五十二年 帝與五加 歷巡中國 至蓋斯城33)* 之境 有靑袍老人 獻賀曰 長生仙人之國 樂爲仙人之氓 帝德無怨 王道無備 民兮隣兮 不見愁苦責禍 以信管境 以恩城兮國兮 不見戰伐 帝 曰嘉納嘉納 朕之修德 日淺 恐無以報民之興望 丙子六十八年 帝崩 太子冬奄 立

十八世 檀君冬奄 在位四十九年

丁丑元年 丙申二十年 支伯特人 來獻方物 乙丑四十九年 帝崩 太子 緱牟蘇 立

十九世 檀君緱牟蘇 在位 五十五年

丙寅元年 己丑 二十四年 南裳人34)*入朝 己未五十四年 支離叔作周天歷八卦相重論

庚申五十五年 帝崩牛加固忽立

二十世 檀君固忽 在位四十三年

辛酉元年 辛未十一年秋白日貫虹 丙申三十六年 修築寧古塔 作離宮 庚子四十年 共工工忽製獻九桓地圖 癸卯四十三年 四海 未寧而帝崩太子蘇台立

二十一世 檀君蘇台 在位五十二年

甲辰 元年 殷主小乙 遣使入貢 庚寅四十七年 殷主武丁 既勝 鬼方 又引大軍 侵攻色度令支等國 爲我大敗 請和入貢 壬辰四 十九年 蓋斯原褥薩高登 潛帥襲鬼方滅之 一輩養雲二國 遣使朝 貢 於是高登 手握重兵 經略西北地 勢甚強盛 遣人請爲右賢王 帝憚之不允 屢請乃許 號爲豆莫婁 乙未五十二年 右賢王高登薨 其孫索弗婁 襲爲右賢王 帝巡狩國中 南至海城[35]* 大會父老 祭 天歌舞 仍召五加 與之議傳位 自謂老倦于勤 欲委政於徐于餘 環薩水百里 而封之命爲攝王 號曰奇首 右賢王聞之 遣人勸帝止 之 帝終不聽 於是右賢王 率左右及獵戶數千 遂即位于夫餘新宮 帝不得已 傳玉冊國寶 廢徐于餘 爲庶人 帝隱於阿斯達以終 是 歲伯夷叔齊[36]亦以孤竹君之子遜 國而逃居東海濱力田自給

二十二世 檀君索弗婁 在位四十八年

丙申 元年 帝命修築鹿山[37]* 改官制 秋九月親幸藏唐京[38]* 立 廟祀高登王 十一月親率九桓之師 屢戰破殷都 尋和 又復大戰 破之 明年十二月 追至河上 而受捷賀 遷弁民于淮岱之地 使之 畜農 國威大振 辛丑六年 臣智陸右 奏曰阿斯達 千年帝業之地

大運已盡 寧古塔王氣濃厚 似勝於白岳山 請築移之 帝不許曰新都已宅 更何他往 乙卯 二十年至是 藍國頗强 與孤竹君 遂諸賊南遷至奄瀆忽居之 近於殷境 使黎巴達 領兵 進據邠岐 與其遺民相結 立國稱黎 與西戎 雜處於殷家諸侯之間 藍氏威勢甚盛 皇化遠及恒山以南之地 辛未三十六年 邊將申督 因兵作亂 帝暫避于寧古塔 民多從之 癸未四十八年 帝 崩 太子阿忽 立

二十三世 檀君阿忽 在位 七十六年
甲申元年 命皇叔固弗加 治樂浪忽 遣熊乬孫 與藍國君 觀南征之兵 治六邑於殷地 殷人相爭不決 乃進兵攻破之 秋七月 誅申督還都 命釋囚俘 乙酉二年 藍國君今達 與青邱君 句麗君 會于周愷 合蒙古里之兵 所到破殷城柵 深入奧地 定淮岱之地 分封浦 古氏於淹 盈古氏於徐 邦古氏於淮 殷人望風惶怵 莫敢近之 戊子五年 召二韓及五加 議停寧古塔移都事 己亥七十六年 帝崩 太子延那 立

二十四世 檀君延那 在位 十一年
庚子元年 命皇叔固弗加爲攝政 辛丑二年 諸汗奉詔 增設蘇塗祭天
國家有大事 異災則輒禱之 定民志于一 庚戌十一年 帝崩 太子率那 立

二十五世 檀君率那 在位八十八年
辛亥元年 丁亥三十七年 箕子徙居西華 謝絶人事 丁酉四十七

年 帝在上蘇塗 講古禮 因問佞臣直臣之分 三郎洪雲性 進對曰 執理不屈者 直臣也 畏威曲從者 佞臣也 君源臣流 源旣濁矣 流豈求淸 是爲不可 故君聖然後 臣直 帝口善哉 己酉五十九年 田穀豊登 有一莖五穗之粟 戊寅八十八年 帝崩 太子鄒魯 立

二十六世 檀君鄒魯 在位六十五年
己卯元年 秋七月 白岳山溪谷 白鹿二百 作隊而來遊 癸未六十五年 帝崩 太子豆密 立

二十七世 檀君豆密 在位二十六年
甲申元年 天海水溢 斯阿蘭山崩 是歲 須密爾國 養雲國 句茶川國 獻方物 辛卯八年 太旱之餘 大雨注下 民無收獲 命發倉周給 己酉二十六年 帝崩 奚牟 立

二十八世 檀君奚牟 在位二十八年
庚戌元年 帝 有疾 使白衣童子 禱天 尋瘳 庚申十一年 夏四月 旋風大起 暴雨注下 陸上魚類亂墜 丁卯十八年 氷海諸汗遣使入貢 丁丑二十八年 帝崩 摩休 立

二十九世 檀君摩休 在位二十八年
戊寅元年 周人入貢 乙酉八年夏地震 丙戌九年南海潮水退三尺 辛亥三十四年 帝崩 太子奈休 立

三十世 檀君奈休 在位三十五年
壬子元年 帝南巡 觀靑邱之政 刻石蚩尤天王功德 西至奄瀆忽

會分朝諸汗 閱兵祭天 與周人修好 丙辰 五年 匈奴入貢 丙戌三十五年 帝崩 太子登屼 立

三十一世 檀君登屼 在位 二十五年
丁亥 元年 壬寅十六年 鳳鳴白岳 麒麟來遊上苑 辛亥二十五年 帝崩 子鄒密 立

三十二世 檀君鄒密 在位 三十年
壬子 元年 甲寅三年 鮮卑山酋長們古入貢 癸亥十二年 楚大夫李文起入朝 甲子十三年三月 日蝕 丙寅 十五年 農作大饑 辛巳三十年 帝 崩 太子甘勿 立

三十三世 檀君甘勿 在位 二十四年
壬午 元年 癸未二年 周人來獻虎象之皮 戊子七年 寧古塔西門外 甘勿山之下 建三聖祠親祭 有誓告文曰 三聖之尊 與神齊功 三神之德 因聖益大 虛粗同體 個全一如 智生雙修 形魂俱衍 眞教乃立 信久自明 乘勢以勢尊 回光反躬 戴彼白岳 萬古一蒼 列聖繼作 文興禮樂 規模斯大 道術淵宏 執一含三 會三歸一 大演天戒 永世爲法 乙巳二十四年 帝崩太子奧婁門 立

三十四世 檀君奧婁門 在位 二十三年
丙午 元年 是歲五穀豊熟 萬姓歡康 作兜里之歌[39]* 其歌曰 天有朝暾 明光照耀 國有聖人 德敎廣被 大邑國我倍達聖朝 多多人 不見苛政 熙皥歌之長太平 乙卯十年兩日竝出 仍黃霧四塞

戊辰二十三年 帝崩 太子沙伐 立

三十五世 檀君沙伐 在位 八十八年
己巳元年 甲戌六年 是歲有蝗蟲大水 壬午十四年 虎入宮殿 壬辰二十四年 有大水山崩壞谷充塡 戊午五十年 帝遣將彦波弗哈平海上熊襲 甲戌六十年 帝遣祖乙直穿 燕都與齊兵戰于臨淄之南郊告捷 丙子六十八年 帝崩 太子買勒 立

三十六世 檀君買勒 在位 五十八年
丁丑 元年 甲辰二十八年 有地震海溢 戊申三十二年 西村民家牛生八足犢 辛亥三十五年 龍馬出於天河背有星文 甲寅三十八年 遣陝野候裵幋命往討海上 十二月三島悉平 戊辰五十二年 帝遣兵與須臾兵伐燕 燕人告急於齊 齊人大擧入孤竹 遇我伏兵 戰不利乞和而去 甲戌五十八年 帝崩 太子 麻勿 立

三十八世 檀君多勿 在位四十五年
辛未 元年 乙卯四十五年 帝崩 太子豆忽立

三十九世 檀君豆忽 在位三十六年
丙辰 元年 辛卯三十六年 帝崩 太子 達音 立

四十世 檀君達音 在位十八年
壬辰 元年 己酉十八年 帝崩 太子 音次 立

四十一世 檀君音次 在位 二十年
　庚戌 元年 己巳 二十年 帝崩 太子 乙于支 立

四十二世 檀君乙于支 在位 十年
　庚午 元年 己卯 十年 帝崩 太子 勿理 立

四十三世 檀君勿理 在位三十六年
　庚辰 元年 乙卯 三十六年 隆安獵戶于和冲 自稱將軍 聚衆數萬 陷西北三十六郡 帝遣兵不克 冬賊圍都城急攻 帝與左右宮人 奉廟社主 浮舟而下之海頭尋崩 是歲白民城褥薩丘勿 以命起兵 先據藏唐京 九地帥從之 東西鴨綠十八城遣兵來援

四十四世 檀君丘勿 在位二十九年
　丙辰 元年 三月大水浸都城 賊大亂 丘勿率兵一萬 往討之賊 不戰自潰 遂斬于和冲 於是丘勿爲諸將所推 乃於三月十六日 築壇祭天 遂卽位于藏唐京 改國號大夫餘 改三韓三朝鮮 自是三朝鮮雖奉檀君 爲一尊臨理之制 而惟和戰之權 不在一尊也 七月命改築海城爲平壤 作離宮 丁巳二年 禮官請行三神迎鼓祭 乃三月十六日也 帝親幸敬拜 初拜三叩 再拜六叩 三拜九叩 禮也 從衆特爲十叩 是爲三六大禮也 壬申十七年 遣監察官于州郡 糾察吏民 擧孝廉 戊寅二十三年 燕遣使賀正 甲申二十九年 帝崩 太子 余婁立

四十五世 檀君余婁 在位 五十五年

乙酉 元年 築城長嶺狼山40)* 辛丑十七年 燕人侵邊郡 守將苗長春擊敗之 丙辰三十二年 燕人倍道入寇逼遼西逼雲障 番朝鮮命上將于文言禦之 眞莫二朝鮮亦派兵來救 設伏挾攻破 燕齊之兵於五道河 遼西諸城悉復 丁巳三十三年 燕人敗屯連雲島 造船將來襲 于文言追擊大破 射殺其將

辛未四十七年 北莫酋長厄尼車吉 來朝獻馬二百匹 請攻伐燕 乃以番朝鮮小將申不私 率兵一萬合攻燕上谷 拔之置城邑 戊寅五十四年 自上谷役後 燕連年來侵 至是遣使請和許之 復以造陽以西爲界 己卯五十五年夏大旱 慮有冤獄大赦 親幸祈雨 九月帝崩 太子普乙 立

四十六世 檀君普乙 在位 四十六年

庚辰 元年 十二月 番朝鮮王解仁 爲燕所遣刺客所害 五加爭立 戊戌十九年 正月 邑借箕詡以兵入宮 自以番朝鮮王 遣人請允 帝許之 使堅備燕 丁巳三十八年 都城大火盡燒 帝避御于海城離宮 乙丑四十六年韓介率須臾兵犯闕 自立上將高列加起義擊破之 帝還都大赦 自此國勢甚微 國用不敷尋 帝崩 無嗣 高列加以檀君勿理之玄孫 爲衆愛戴且有功遂卽位

四十七世 檀君高列加 在位 五十八年

丙寅 元年 己卯十四年 立檀君王儉廟于白岳山 令有司四時祭之 帝歲一親祭 己酉四十四年 燕遣使賀正 癸丑四十八年十月朔

日蝕 是歲冬 北莫酋長阿里當夫 請出帥伐燕 帝不從 自是怨不貢 壬戌 五十七年四月八日 解慕漱降于熊心山 起兵其先豪離國人也 癸亥五十八年帝仁柔不斷令多不行諸將持勇禍亂頻起 國用不敷民氣益衰 三月祭天之夕 乃與五加議 曰昔我列聖肇 極垂統種德宏 遠永世爲法 今王道衰微 諸汗爭强 惟朕凉德 不能理無策 招撫百姓離散 惟爾五加擇賢以薦 大開獄門放還死囚以下諸俘虜 翌日遂棄位入山修道登仙 於是五加共治國事六年 先是 宗室大解慕漱 密與須臾約 襲據故都白岳山 稱爲天王郎 四境之內皆爲聽命 於是封諸將 陞須臾候箕丕 爲番朝鮮王 往守上下雲障 蓋北夫餘之興始此 而高句麗 乃解慕漱之生鄕也 故亦稱高句麗也

自 檀紀紀元 元年 戊辰至 今上踐祚後 十二年 癸卯凡三千六百九十六年也 是歲十月三日 紅杏村叟書 于江都之海雲堂

청동방울은 천부인 3개 가운데 하나로 추정되고 있다. 금속성 소리는 자연계에서는 들을 수 없는 신령한 소리였으며, 하늘의 소리이기도 했다. 지금도 무속에서는 방울을 신령시하고 있다. 암각화에서는 말을 탄 인물이 보인다.

그림 : 중앙아시아의 바위 그림, 동북아역사재단

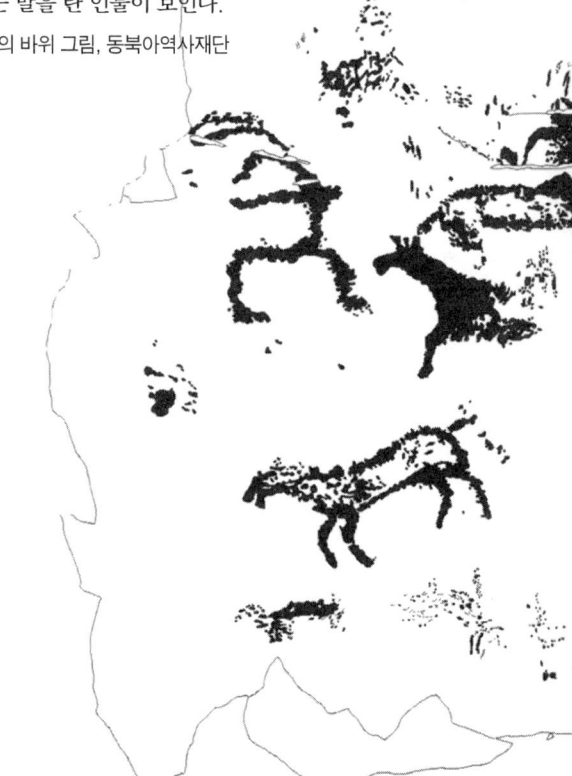

북부여기(北夫餘紀)
범장 편(范樟 編)

북부여기 상(北夫餘紀 上)
북부여기 하(北夫餘紀 下)
가섭원 부여기(迦葉原 夫餘紀)

단군 해모수는 5마리의 용이 끄는 수레를 타고 내려왔다고 한다. 그림은 한나라 때의 화상석에 전하고 있는 도상이다.

북부여기 상(北夫餘紀 上)

북부여기 상(北夫餘紀 上)에는 단군조선 이후부터 고구려가 건국되기 이전까지 오늘날의 만주 지역 일대를 영유·통치해 온 나라로, 당시 동이족이 세운 국가로는 가장 강성하였던 나라였다. 오늘날까지 우리 민족의 풍습·제도상 상당 부분에 영향을 끼치고 있다. 즉 제천의식, 순장(殉葬)의 풍습, 백의(白衣)를 숭상하고 평화를 애호하는 정신 등이다. 뒤에 동·북으로 나뉘었다가 뒤에 물길(勿吉)에 의해서 망하였다. 이러한 부여국을 일명 북부여라 하기도 한다. 본 북부여기에는 6대에 걸친 통치사가 수록되어 있다.

상권에는 시조 해모수가 45년, 2세 모수리는 경향분수법(京鄕分守法)을 세워 25년간을 통치하였으며, 이 시기에 월지(月支)를 중마한(中馬韓)이라 한 데 대해 유의할 필요가 있다. 3세 고해사가 49년을, 4세인 고우루 때에 도읍을 가섭원(迦葉原)으로 옮겨 가섭원부여(迦葉原夫餘), 일명 동부여국을 세웠다.

시조 단군 해모수 재위 45년

임술 원년, 임금의 타고난 자태는 영특 용맹하며 사람을 바라보는 눈빛은 신과 같아 가히 천왕랑(天王郎)이라 칭할 만하다. 나이 23세 때 하늘에서 지상으로 내려오니 이때가 단군 고열가 57년 임술 4월 8일이다. 웅심산[1]을 의지해 난빈(蘭濱)[2]에 궁실을 지었다. 새 깃털로 된 관을 쓰고 용광도라는 검을 차고 오룡거를 탔다.

종자 500명과 함께 아침에는 정사를 돌보고 저녁에는 하늘에 돌아갔는데 이즈음에 왕위에 올랐다. 계해 2년 3월 16일 천제를 올리고 연호법을 제정하고 오가의 군사를 나누어 배치하고 둔전을 일궈 자급자족하도록 함으로써 유사시에 대비하도록 하였다.

기사 8년, 임금께서 무리를 이끌고 옛 도읍지로 가서 오가들과 논의하니 이제까지의 공화정치를 폐하고 온 백성들의 추대를 받아 단군이 되니 이 분이 북부여의 시조이다. 겨울인 시월, 공양태모(公養胎母)[3]의 법을 세워 사람의 가르침은 반드시 태교부터 시작하게 하였다.

임신 11년, 북막 추장 산지객륭(山只客隆)이 영주(寧州)[4]를 습격해 순사(巡使) 목원등(穆遠登)을 사살하고 노략질을 해 갔다. 경진 19년, 비가 죽고 아들 준이 번조선왕이 되었다. 관료를 보내 군병을 감독케 하고 연

---

1) 웅심산(熊心山)은 웅위개(熊爲蓋)=검 심위마(心爲馬)=마. 이는 개마산(蓋馬山)이 되는데 검마뫼로 웅심산은 백두산 일록(一麓)이다.
2) 난빈(蘭濱)은 홀빈(忽濱)으로 서란(舒蘭)이라고도 하는데, 합이빈 고구려하(哈爾濱 高句麗河)는 서압록수(西鴨綠水)로, 요하(遼河)를 말한다.
3) 공양태모지법(公養胎母之法)이란 임금이 현자(賢者)를 부양(扶養)하는 예절로 현자를 아껴 태아의 교육까지 생각하는 법을 말한다.
4) 영주(寧州)라는 지명은 숱하게 나타나는데, 여기에서의 영주는 길림 부여현 동남(吉林 夫餘縣 東南)쪽으로, 요(遼) 때의 영강주(寧江州)를 말한다.

| 중앙아시아 전투도 | 우리 민족의 기원이 어디에서 유래했는지 가늠하게 해주는 암각화이다. (몽골고비의 암각화, 동북아역사재단)

나라의 침입에 대비토록 하였다. 그런데 연나라는 장수 진개(秦開)에게 우리의 서부 변경을 침략케 하여 만(滿)5) 번(番)6) 한(汗) 지경을 국경으로 삼았다.

신사 20년, 백악산 아사달에서 제천의식을 거행하도록 명하였다. 그해 7월, 새 궁궐 336간을 지어 천안궁(天安宮)이라 하였다. 계미 22년, 창해역사(蒼海力士) 여홍성(黎洪星)이 한인(漢人) 장량(張良)7)과 더불어 진나라

---

5) 만(滿)은 만성(滿城)으로, 만성현(滿城縣)은 보정부(保定府)에서 40리 떨어져 있다. 서(西)쪽으로 완현(完縣)이 40리, 북(北)으로 역주(易州)가 120리로, 한(漢)나라 때 북평현(北平縣) 땅이고 중산국(中山國)에 속하였다. 후위(後魏) 때는 영락현(永樂縣)이었다.
6) 번(番)은 집운(集韻)에 오늘날의 규주(嬀州)라 하고 있다.
7) 장량(張良)은 자(字)를 자방(子房)이라 하며 한세족(韓勢族) 출신 한(韓)이 진시황(秦始皇)에게 망함에 가재(家財)를 털어 복수하고자 창해역사 여홍성 같은 인물을 구하여 일을 도모, 박랑사(博浪沙)에서 진시황(秦始皇)이 탄 수레를 습격하였으나 실패함에 은신하고 있다가 한(漢)의 유방(劉邦)을 도와 창업 공신이 된 인물이다.

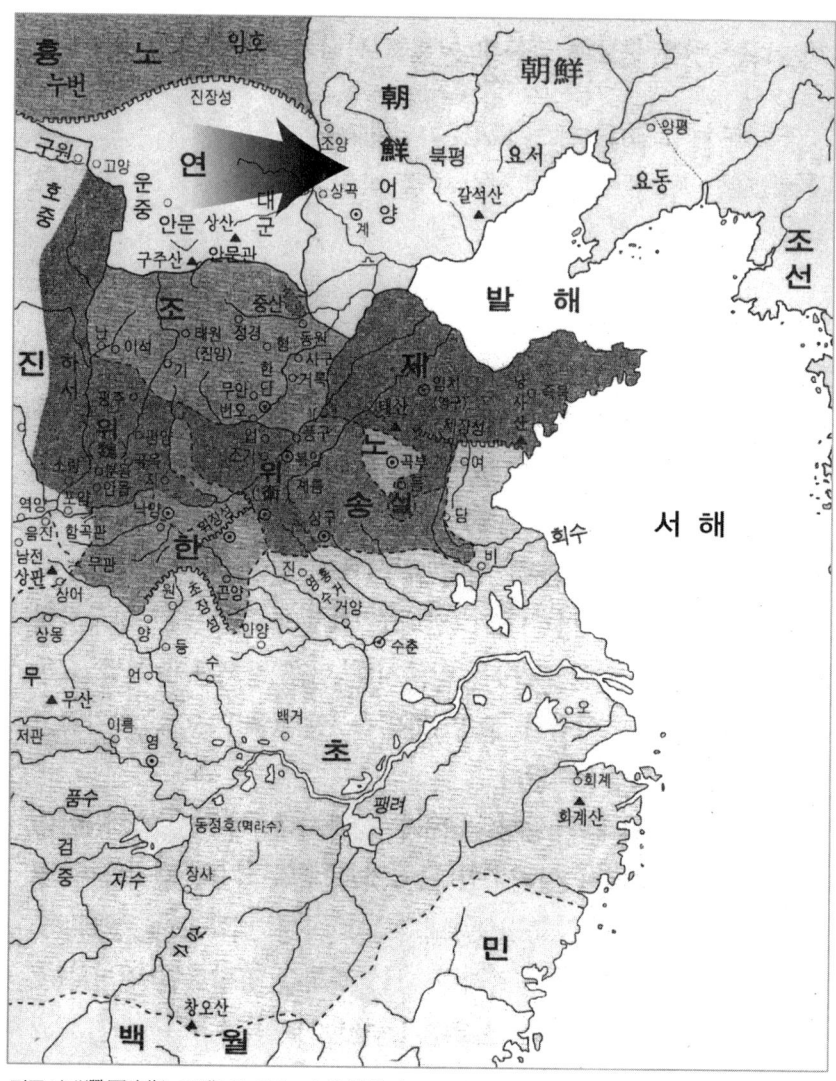

전국시대(戰國時代) 연(燕)의 장수 진개(秦開)의 조선 침입

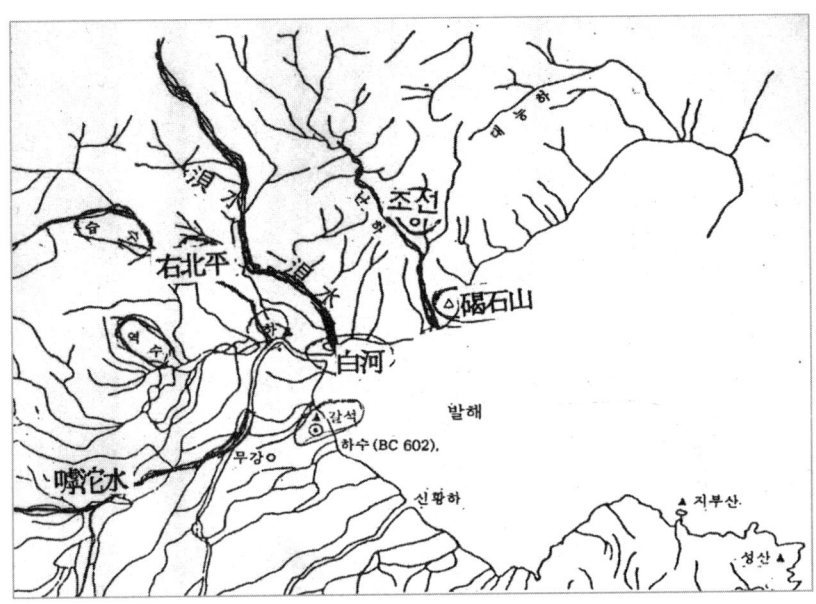

사기(史記) 조선열전(朝鮮列傳)에 기록된 패수의 위치

왕정(王政)을 박랑사(博浪沙)에서 저격했으나, 위장된 수레만 부수고 말았다.

임진 31년, 진승(陳勝)8)이 군대를 일으켜 진나라 백성들을 크게 어지럽히자 연(燕) 제(齊) 조(趙)나라의 백성들이 조선으로 망명해 와서 그 수가 수만 명에 달하였다. 이들을 운장(雲障)9) 상하에 나누어 살게 하고 장수를

---

8) 진승(陳勝)은 사기 진섭세가(史記 陳涉世家)에 양성인(陽城人)으로 자(字)를 섭(涉)이라 하고 진(秦)나라 말기에 "왕후장상(王侯將相)에 어찌 종자가 따로 있을 수 있느냐" 하면서 농민운동을 일으킨 인물이다.

9) 운장(雲障)은 한서지리지(漢書地理志)에 낙랑(樂浪)에 운장(雲障)이란 곳이 있는데 공손강(公孫康)이 이 곳을 대방군(帶方郡)에 속하게 하였다. 소금이 나는 곳으로, 요동에 속하니 오늘날 조백하 입구 소북처(潮白河 入口 小北處)이다.

보내 감시하게 하였다. 기해 38년, 연나라 노관(盧綰)[10]이 다시 요동의 옛 요새[11]를 수리하고 동쪽 한계를 패수[12]로 하였는데 패수는 오늘날의 난하(灤河)이다. 병오 45년, 연의 노관이 한나라를 배반하고 흉노로 망명하자 그 무리의 한 패거리인 위만이 우리 측에 망명을 청했으나 임금께서 허락하지 않았다.

때에 임금은 병중에 있어 단안을 내리지 못하는 가운데 번조선왕 기준이 여러 차례 실기하는 가운데 위만을 박사로 삼고 상하 운장을 나누어 봉토로 떼 주었다. 이 해 겨울 임금이 돌아가시니 웅심산 동편 기슭에 장사를 지내고 태자 모수리(慕漱離)가 왕위를 이었다.

2세 단군 모수리 재위 25년

정미 원년, 번조선왕 기준이 수유[13]에 오랫동안 있으면서 은혜를 많이 베풀어 백성들이 부유하게 지낼 수 있었다. 후에 유랑하는 도적떼들에게

---

10) 노관(盧綰)은 사기노관전(史記盧綰傳)에 의하면 풍인(豊人)으로 유방(劉邦)과 한 동네에서 같은 날에 태어나 한오년 칠월(漢五年 七月) 연왕 장차(燕王 藏茶)를 격퇴해 항복을 받고 8월에 노관이 왕이 되어 연왕(燕王)이라 하였다 한다.

11) 요동고새(遼東故塞)는 오늘날 하북성 옥전현 치서(河北省 玉田縣 治西)이다.

12) 패수(浿水)는 대동강(大洞江)이 아니다. 각설(却說)하고 조하(潮河)인데, 조하(潮河)를 란하(灤河)라고도 한다. 밀운현 동남(密雲縣 東南)을 흘러 고북구(古北口)로 유입(流入)해 현계(縣界)를 이루는데 순의현(順義縣)에 이르러 백하(白河)에 다다른다. 독사방여기요(讀史方輿紀要)에 고북구(古北口)는 밀운현 동북(密雲縣 東北) 120리로, 양안벽(兩岸壁)에 길이 나 있으나 우마차(牛馬車) 한 대가 겨우 지나갈 정도이다. 수심은 깊고 기암괴석(奇巖怪石)이 층을 이루어 45리가 험로절벽(險路絶壁)길이다.
일명 범의 아가리를 뜻하는 호북구(虎北口)이다. 요수(要水)는 현(縣) 동북으로 흐르는데 청수(淸水)라 한다. 수경 주(水經 注)에 요수 무열수 삼장수(要水 武列水 三藏水)가 나란히 유수(濡水)로 흘러 들어가니 유수 난수 조수(濡水 蘭水 潮水) 역시 난하(蘭河)라는 지명을 갖고 있다. 요컨대 대동강이 결코 아니다.

13) 수유(須臾)는 수구지전(須句之轉)으로, 오늘날 동평군(東平郡)이라 하는가 하면 부수(鳧須) 부여지전자(夫餘之轉者)라 한다.

패하여 바다로 들어가 돌아오지 않았다. 제가의 무리들이 상장 탁(卓)을 받들고 먼 길을 나서 월지(月支)에 이르러 나라를 세웠다.

월지는 탁이 태어난 고향으로, 이곳을 중마한(中馬韓)이라 한다. 이에 변진 두 한(韓)이 각기 그 무리와 함께 그들이 받아 살던 백 리 땅 안에 도읍을 정하고 스스로 국호를 정했는데 모두 마한의 정령을 따르고 세세토록 배반하지 않았다.

무신 2년, 상장 연타발(延佗勃)을 보내 평야에 성을 쌓고 적도(賊盜) 만(滿)의 침입에 대비케 하였다. 이후 만도 지쳐서 더이상 침범하지 않았다. 기유 3년, 해성을 평양도에 소속시키고 임금의 동생인 고진(高辰)에게 지키게 하니 중부여 성곽 산하 일대가 복속됨에 양곡을 풀어 구제하였다.

이 해 겨울인 시월, 경향분수법(京鄕分守法)을 세웠다. 도성인 서울은 천왕이 친위하고 지방은 네 갈래로 나누어 군대를 배치하니 마치 윷놀이의 용도가 변하는 것을 보는 듯하였다. 신미 25년, 임금이 돌아가시니 태자 고해사(高奚斯)가 왕위를 이었다.

3세 단군 고해사 재위 49년

임신 원년 정월, 낙랑[14]왕 최숭(崔崇)이 3백 석의 식량을 해성에 바쳤다. 이보다 앞서 최숭이 낙랑에서 진귀한 보물을 가득 싣고 바다를 건너 마한의 도성 왕검성에 이르렀다. 이때가 단군 해모수 병오년 겨울이었다. 계축 42년, 임금께서 보병과 기병 1만을 이끌고 위만의 적도들을 남려성(南閭城)에서 쫓아내고 관리를 두어 다스리게 하였다. 경신 49년, 일군국(一

---

14) 낙랑산(樂浪山)은 산동 조성현 남려성(朝城縣 南閭城)으로 창해군 수읍(蒼海郡 首邑)이다. 임치현(臨淄縣) 서북(西北) 화청(畵淸)과 무태(無棣)지간(之間)이다.

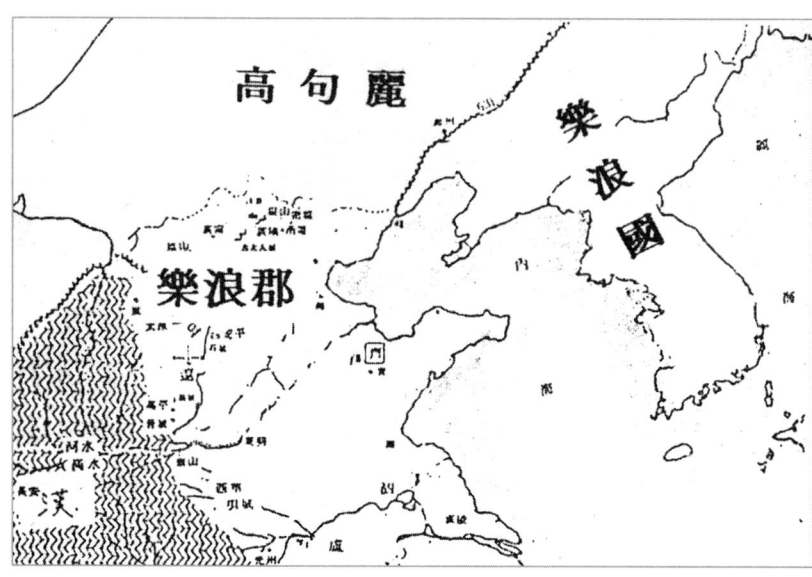

낙랑국과 낙랑군의 위치

群國)에서 사신을 보내 방물을 바쳤다. 이 해 9월, 임금이 돌아가시니 태자 고우루(高于婁)가 왕위를 이었다.

4세 단군 고우루 재위 34년

신유 원년, 장군을 보내 우거(右渠)를 치게 했으나 전세가 불리하여 대신 고진(高辰)에게 서압록[15]을 지키도록 병력을 증강하게 하고 성책을 많이 설치하였다. 우거의 침입을 막는 데 고진의 공이 있어 고구려후로 삼았

---

[15] 서압록(西鴨綠)은 고리국수읍지(高離國首邑地)로 대진시(大震時) 서경압록부(西京鴨綠府)이고, 요(遼) 때에 상경임황부(上京臨潢府) 한(漢)나라 때에 요동군서안평현(遼東郡西安平縣) 서압록(西鴨綠)은 현노합하(老哈河)이다. 여기서의 살수(薩水)는 요(遼) 때의 낭산현(狼山縣)으로 낭산분수령(狼山分水嶺)인데 서(西)쪽으로 흘러 살수(薩水)에 들어간다.

다. 계해 3년, 적도 우거의 대거 침입이 있었다. 아군이 대패하여 해성 이북 50리 땅을 우거가 차지하였다.

갑자 4년, 장수를 보내 해성을 공략했으나 석 달이 되어도 이기지 못하였다. 병인 6년, 임금이 친히 5천의 정예군을 이끌고 해성을 기습해 탈환하고 이어서 적을 추격해 살수에 다다르니 구려하(九黎河) 이동이 모두 항복해 왔다.

정묘 7년, 좌원(坐原)16)에 설책하고 군사를 남려에 주둔시켜 침입에 대비케 하였다. 계유 43년, 한나라 유철(劉徹)이 평나(平那)17)로 침입해 우거를 멸하고 이어 이 곳에 4군을 설치한 후, 그 기세로 사방을 공략해 왔다. 이에 고두막한(高豆莫汗)이 의병을 모아 싸우자, 싸움마다 한의 침략군을 격파하였다. 이에 당해 지방민들이 들고 일어나 호응, 싸우는 군사를 도와 그 기세를 크게 떨쳤다. 갑오 34년 10월, 동명왕 고두막한이 사람을 시켜 고하기를 나는 천제의 아들인데 장차 이곳에 도읍으로 정하고자 하니 왕은 이 땅에서 다른 곳으로 옮겨 가라 하니 임금은 난처해하였다.

결국 임금이 병을 얻어 돌아가시니 동생인 해부루(解夫婁)가 뒤를 이었는데, 동명왕이 군대를 내세워 위협하니 군신들이 몹시 어려워하였다. 국상(國相) 아란불(阿蘭弗)이 아뢰기를 "통하(通河)18) 강가에 가섭(迦葉)이라는 들판이 있는데 땅이 기름져 오곡이 잘 자랍니다. 가히 도읍이 될 만합니다."라고 왕에게 권유해 이곳으로 도성을 옮겼다. 이를 가리켜 가섭원부여(迦葉原夫餘) 또는 동부여(東夫餘)라 한다.

---

16) 좌원(坐原)은 남만주 관전현 성동현(南滿洲 寬甸縣 城東縣)과 홍석령지간(紅石嶺之間)의 장곡(長谷)을 말한다. 대능하 상류(大凌河 上流)에 벌판이 있는데 현재의 능원(凌原)이다.
17) 평나(平那)는 창려(昌黎)로, 험독(險瀆)이라 하는 곳이다.
18) 통하(通河)는 송화강 서북 만주 삼강성 통하현(松花江 西北 滿洲 三江省 通河縣)에 있으며, 가섭원(迦葉原)은 차능(岔陵)이라 하는데 이곳이 오늘날의 어디인지는 명확치 않다.

北夫餘紀 上

始祖 檀君 解慕漱 在位四十五年

壬戌 元年 帝天姿英勇 神光射人 望之若天王郞 年二十三年 從天而降 是檀君高列加五十七年壬戌四月八日也 依熊心山[1]* 而起 築室蘭濱[2]* 載鳥羽冠 佩龍光劍 乘五龍車 與從者五百人 朝則聽事 暮則登天 至是卽位 癸亥二年 是歲三月十六日 祭天 設烟戶法 分置五加之兵 屯田自給 以備不虞 己巳八年 帝率衆 往論故都 五加遂撤共和之政 於是國人推爲檀君 是爲北夫餘始祖也 冬十月 立公養胎母之法[3]* 敎人必自胎訓始 壬申十一年 北莫酋長山只喀薩 襲寧州[4]* 殺巡使穆遠登 大掠而去

庚辰十九年 丕薨 子準襲父封 爲番朝鮮王 遣官監兵 尤致力於備燕 先是燕遣將秦介 侵我西鄙 至滿[5]* 番[6]* 汗爲界 辛巳二十年 命祭天于白岳山阿斯達 七月起新闕三百三十六間 名爲大安宮 癸未二十二年 滄海力士黎洪星與韓人張良[7]* 狙擊秦王政于博浪沙中 誤中副車 壬辰三十一年 陳勝[8]* 起兵 秦大亂 燕齊趙民 亡歸番朝鮮者 數萬口 分置於上下雲障[9]* 遣將監之 己亥三十八年 燕盧綰[10]* 復修遼東故塞[11]* 東限浿水[12]* 浿水今潮河也 丙午四十五年 燕盧綰叛漢 入匈奴其黨衛滿 求亡於我 帝不許 然帝以病 不能自斷 番朝鮮王箕準 多失機 遂拜衛滿爲博士 劃上下雲障而封之 是歲冬 帝崩 葬于熊心山東麓 太子慕漱離 立

二世 檀君 慕漱離 在位 二十五年

丁未 元年 番朝鮮王箕準 久居須臾[13]* 嘗多樹恩 民皆富饒 後

爲流賊所敗 亡入于海而不還 諸加 之衆 奏上將卓大擧登程 到
月支立國 月支卓之生鄕也 是謂中馬韓 於是弁辰二韓 亦各以其
衆 受封百里 立都自號 皆聽馬韓政令 世世不叛 戊申二年 帝遣
上將延佗勃 設城於平壤 以備賊滿 滿亦戰苦 不復侵慢 己酉三
年 以海城屬平壤道 使皇弟高辰守之 中夫餘一城 悉從糧餉 冬
十月 立京鄕分守之法 京則天王 親總衛戌 鄕則四出分鎭 恰如
柶戱觀戰 龍圖知變也 辛未二十五년 帝崩 太子 高奚斯 立

三世 檀君 高奚斯 在位四十九年

壬申元年 正月 樂浪王 崔崇 納穀三百石于海城 先是崔崇自
樂浪山[14]* 載積珍寶而到海 至馬韓都王儉城 是檀君 解慕漱 丙
午冬也 癸丑四十二年 帝躬率步騎一萬 破衛賊於南閭城置吏 庚
申四十九年 一群國遣使獻方物 是歲九月 帝 崩 太子 高于婁 立

四世檀君 高于婁 在位三十四年

辛酉 元年 遣將討右渠不利 擢高辰 守西鴨綠[15]* 增强兵力 多
設城柵 能拒右渠 有功 陞爲高句麗侯 癸亥三年 右渠賊 大擧入
寇 我軍大破 海城以北五十里之地 盡爲虜有 甲子四年 帝遣將
攻海城三月而不克 丙寅六年 帝親率精銳五千 襲破海城 追至薩
水 九黎河以東悉降 丁卯七年 設木柵於坐原[16]* 置軍於南閭 以
備不虞 癸酉四十三年 漢劉徹寇平那[17] 朝鮮大臣 滅右渠 仍欲
易置四郡 盛以兵四侵 於是 高豆莫汗 倡義起兵 所至 連破漢寇
遺民四應 以助戰 軍報大振 甲午三十四年十月 東明王高豆莫汗

使人來告 曰我是天帝子 將欲都之 王其避之 帝難之 十月 帝憂
患成疾而崩 皇弟解夫婁 立 東明王 以兵脅之不已 君臣 頗亂之
國相阿蘭弗 奏曰通河[18]之濱迦葉之原有地 土壤膏腴 宜五穀 可
都 遂勸王移都 是謂迦葉原夫餘 或云東夫餘

북부여기 하(北夫餘紀 下)

북부여기 하(北夫餘紀 下)에는 5세 고두막이 22년간 재위하면서 주변의 외침을 잘 막아내 북부여국의 위상을 드높인 사실과 6세 고무서가 즉위한지 1년이 지나 고주몽에게 대통을 잇게 해 192년의 사직을 마감한 내용이 담겨 있다. 특기할 것은 편찬자는 한결같이 북부여 역대왕을 단군조선을 계승한 임금으로 나타내고 있다는 점이다.

5세 단군 고두막(혹은 豆莫婁) 재위 22년 재위 27년

계유 원년, 이때가 단군 고우루(高于婁) 13년이다. 임금의 자태는 호걸인데다 용맹하며 용병에 능하였다. 일찍이 북부여가 쇠잔해 감을 보았고 한나라 적도들이 강성해짐에 분개해 세상을 구하고자 뜻을 두고 있었다. 이즈음 졸본[1]에서 즉위하고 스스로 동명 또는 고열가의 후손이라 하였다.

을해 3년, 임금 스스로가 장군이라 하면서 격문을 전파하니 가는 곳마다 대적하는 자가 없었다. 열흘이 못되어 5천의 군사가 모이니 전투마다 한나라의 군사들은 바라만 보고서도 대적치 못하였다. 군사를 이끌고 구려하(九黎河)[2]를 건너 적을 추격해 요동 땅 서안평(西安平)[3]에 이르니 이곳은 고리국 영토였다.

갑오 22년 단군 고우루 34년, 장수를 보내 배천(裵川)에서 한나라 적도들을 물리치고 그곳을 지키던 장수를 포로로 잡고 적의 침입을 막아냈다. 을미 23년, 북부여가 성읍을 들어 항복하고 여러 번에 걸쳐 사직을 보존해 주기를 바라자 해부루를 후(候)로 낮추고 차능(岔陵)[4]으로 옮겨가게 하였다. 임금이 북을 치고 나팔을 부는 악대를 앞세우고 수만의 군중을 이끌고 입성하니 이 나라를 북부여라 하였다.

이 해 가을인 8월, 한나라 적도들과 여러 번 서압록하[5] 위 쪽에서 싸워

---

1) 졸본(卒本)은 비칭홀본(碑稱忽本)으로, 수분하 서안 수양현치(綏芬河 西岸 綏陽縣治)이다.
2) 구려하(九黎河)는 고구려하(高句麗河)로, 요(遼)나라 때에 대요하(大遼河)라 고쳐 불렀다.
3) 서안평(西安平)은 요사지리지(遼史地理志)에 상경임황부(上京臨潢府)는 한시 요동군 서안평현(漢時 遼東郡 西安平縣) 땅이라 하였다.
4) 차능(岔陵)은 만주 삼강성 서남(滿洲 三江省 西南). 송화강 북안 차림하 합류처(松花江 北岸 岔林河 合流處)인 통하(通河)로 이를 차능(岔陵)이라 한다.
5) 서압록하(西鴨綠河)는 백두산에서 서쪽으로 흐르며, 동(東)쪽으로 흐르는 강은 동압록강(東鴨綠江)이라 하는데, 요하(遼河)는 서압록하(西鴨綠河)이다.

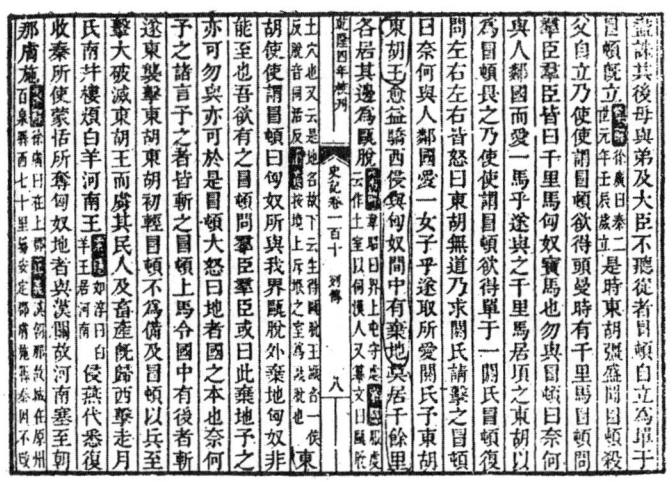

한(漢) 고조(高祖) 당시의 흉노(匈奴)와 부여(夫餘)의 국력(史記 卷110 匈奴傳)

대승하였다. 임인 30년 5월 5일, 고주몽이 차능에서 탄생하였다. 신유 49년, 임금이 돌아가시니 유언에 따라 졸본천에서 장사 지내고 태자 고무서(高無胥)가 왕위를 이었다.

6세 단군 고무서 재위 2년

임술 원년, 졸본천에서 즉위식을 갖고 백악산에서 부로들과 함께 전례에 따라 서약한 후, 하늘에 제사를 올리니 나라 안팎이 크게 기뻐하였다. 임금은 나면서부터 신덕이 있는데다 주술로 풍우를 부르고 백성들을 잘 구제하니 민심을 크게 얻어 소해모수라 칭하기도 하였다. 이때에 한나라 적도들이 요하 좌편[6]에서 소란을 일으킴에 여러 번 대적해 크게 무찔렀다.

---

6) 요좌(遼左)는 상건하 좌안(桑乾河 左岸)에서 송막(松漠)으로 이르는 지역이다.

계해 2년, 영고탑을 순수하다가 흰 노루를 얻었다. 이 해 겨울 시월에 임금이 돌아가시니 유언에 따라 고주몽이 대통을 이어 받았다. 이보다 앞서 임금에게는 아들이 없었는데 범상치 않은 고주몽을 보고 딸을 그의 아내로 삼게 하였다. 이때에 즉위하였는데 당시 그의 나이 23세였다.

이때, 하부여 사람이 그를 죽이려 하자 어머니의 명을 받들어 절친한 벗인 오이(烏伊) 마리(摩離) 협보(陜父) 등 3인과 함께 차능수[7]를 건너고자 하였으나 다리가 없었다. 뒤쫓아 오는 군졸이 다가 오자 강물에 대고 말하기를 "나는 천제의 아들 하백의 외손인데 도망 중이다. 추격병이 다가오니 어찌해야 하는가." 하니 물고기와 자라 등이 떠올라 다리를 놓아 건너가게 하고 고주몽 일행이 다 건너가자, 물고기와 자라는 흩어졌다.

北夫餘紀 下

五世 檀君 高豆莫(一云 豆莫婁 在位 二十二年 在帝位 二十七年)

癸酉元年 是爲檀君高于婁 十三年 帝 爲人豪俊 善用兵 嘗見 北夫餘 衰 漢寇熾盛 慨然有濟世之志 至是 卽位卒本[1]* 自號東明 或云高列加之後也 乙亥三年 帝 自將傳檄 所至無敵 不旬月 衆至五千 每與戰 漢寇望風而潰 遂引兵 渡九黎河[2]* 追至遼東 西安平[3]* 乃高豪離國之地 甲午二十二年 是爲檀君高于婁三十四年 帝 遣將 破裹川之漢寇 與遺民幷力 所向 連破漢寇 禽其守將 拒以有備 乙未二十三年 北夫餘 擧城邑降 屢哀欲保 帝 聽之

---

[7] 차능수(岔陵水)는 납림하(拉林河)이고, 엄리수(奄利水)는 송화강(松花江) 합류처인 통하(通河)이다.

降封解夫妻爲候 遷之岔陵^{4)*} 帝前導鼓吹 率衆數萬而入都城 仍
稱北夫餘 秋八月 與漢寇 屢戰于西鴨綠河^{5)*}之上 大捷 壬寅三
十年 五月五日 高朱蒙 誕降于岔陵 辛酉四十九年 帝崩 以遺命
葬于卒本川 太子 高無胥 立

六世 檀君 高無胥 在位二年
　壬戌 元年 帝卽位于卒本川 與父老會于白岳山立約 祭天頒行
事例內外大悅 帝生而有神德能以呪術呼風喚雨 善賑大得民心有
小解慕漱之稱時 漢寇騷亂遍于遼左^{6)*} 屢戰得捷 癸亥二年帝巡
到寧古塔得白獐 冬十月帝崩 高朱蒙以遺命入承大統 先是帝無
子見高朱蒙爲非常人 以女妻之至 是卽位年二十三時下 夫餘人
將欲殺之 奉母命與烏伊摩離陝父等三人 爲德友行至岔陵水^{7)*}
欲渡 無梁 恐爲追兵所迫 告水曰 我是天帝子河伯外孫 今日逃
走 追者垂及 奈何 於是魚鼈浮出 成橋始得渡 魚鼈乃解

하늘과 개구리를 묘사한 도상이다. 위 쪽의 사람처럼 생긴 것이 하늘이고, 그 아래가 개구리이다. 개구리는 엄청난 숫자의 알을 낳는 특성과 겨울에 땅 속으로 들어갔다가 이듬해 다시 살아나는 생명력으로 인해 고대인들에게 신령스러운 동물로 여겨져 신성시되었다.

가섭원 부여기(迦葉原 夫餘紀)

가섭원 부여기(迦葉原 夫餘紀) 는 천제의 아들인 동명왕 고두막한이 북부여의 수도를 다른 곳으로 옮기라 하자 왕이 병을 얻어 타계하고 동생인 해부루(解夫婁)가 뒤를 이었는데, 동명왕이 다시 군대를 내어 위협하니 국상(國相) 아란불(阿蘭弗)이 통하(通河) 강가에 가섭(迦葉)이라는 들판이 있는데 땅이 기름져 오곡이 잘 자라 가히 도읍이 될 만하다고 왕에 권유해 도성을 가섭원으로 옮겼다. 이 나라를 가리켜 가섭원부여(迦葉原夫餘) 또는 동부여(東夫餘)라 하며 3세를 이어 오다가 100여 년 만에 고구려에 병합되었다.

[북부여기]

시조 해부루 재위 39년

을미 원년, 임금은 북부여의 압력을 받아 가섭원으로 옮겨 갈 수밖에 없었다. 가섭원을 분능이라고도 한다. 오곡재배가 잘 되었고 범 표범 곰 이리 등이 많아 사냥하기 좋았다. 정유 3년, 국상 아란불에게 진대제도(賑貸制度)를 만들어 원근의 유민들을 위로하고 의식을 마련해 주도록 명하였다.

농사지을 경작지를 주니 몇 해 안 가서 나라 살림은 물론 백성들의 생활도 넉넉해졌다. 때맞춰 단비가 내리니 분능벌은 기름지고 백성들은 왕에게 정춘(正春)의 노래를 지어 불렀다.

임인 8년, 앞서 하백녀 유화부인이 밖으로 나가 노닐던 중, 부여 황손 고무수의 유혹에 빠져 압록하 강변 집에서 정을 통하고 고모수는 승천한 후 돌아오지 않았다. 유화의 부모는 고모수를 따라간 것을 책망하고 구석진 방에 연금시켰다.

고모수의 본래 이름은 불리지(弗離支)로, 고진의 손자라고도 한다. 왕은 유화를 수상하게 여겨 수레에 같이 태워 궁실 후미진 방에 가두어 놓았다. 그런데 그해 5월 5일, 유화가 큰 알 하나를 낳으니 한 사내 아이가 껍질을 깨고 나왔다. 이 아이를 고주몽이라 하였다. 생김새가 빼어났으며 나이 7세에 스스럼없이 활과 화살을 만들어 활을 쏘는데 백발백중이었다. 부여에서 활을 잘 쏘는 사람을 주몽이라 한 까닭에 고주몽이라 불렀다.

갑진 10년, 왕에게는 늙도록 아들이 없어 어느 날 산천에 제사를 올리면서 후사를 잇게 해 달라고 빌었더니, 타고 다니던 말이 곤연(鯤淵)에 이르자 큰 돌을 바라보고 눈물을 흘림에 이상히 여겨 사람을 시켜 그 큰 바윗돌을 굴렸더니 어린애가 나왔다. 어린애는 금빛 개구리 모양을 하고 있었다. 왕이 기뻐하며 이 아이는 하늘이 나에게 내리신 아이라고 하며 거

| 개구리 - 금와 | 금와는 생명의 근원이라 할 수 있는 물과 밀접한 연관을 가지고 있다. 개구리는 생명과 풍요로움의 상징이기도 하다. 금와가 개구리 모습을 한 이유도 이와 관련이 있다.

두어 기르고 그 이름을 금와(金蛙)라 하였다. 아이가 장성하자 태자로 책봉하였다.

임술 28년, 백성들이 고주몽은 나라에 이로움이 되지 못할 인물이라 하면서 그를 죽이려 하였다. 이에 고주몽은 어머니 유화부인의 명에 따라 동남쪽으로 도망해 엄리대수(淹利大水)[1]를 건너 졸본천에 이르러 이듬해 새 나라를 세워 고구려 시조가 되었다. 계유 39년, 임금이 돌아가시니 태자 금와(金蛙)가 왕위를 이었다.

---

1) 엄리(淹利)는 송화강(松花江)으로, 후에 일명 압록강(鴨綠江)이라 지칭하기도 하였다.

2세 금와 재위 41년

갑술 원년, 왕이 사신을 보내 고구려에 특산물을 바쳤다. 정유 24년, 유화부인이 사망하고 고구려 호위병 수만이 졸본으로 모시고 가 장사지냈다. 황태후의 예로써 애써 산과 같은 능을 만들고 옆에 묘사(廟社)를 지었다. 갑인 41년, 왕이 돌아가시니 태자 대소(帶素)가 뒤를 이었다.

3세 대소 재위 28년

을묘 원년 봄 정월, 왕이 사신을 고구려에 보내 국교를 청하고 왕자를 인질로 삼자고 하였다. 고구려 열제(烈帝)가 태자 도절(都切)을 인질로 보내고자 하였으나, 응하지 않으매 왕은 그를 꾸짖었다. 겨울 10월, 5만의 군사로 졸본성을 침략하였으나 폭설이 내려 동사자만 많이 내고 물러났다. 계유 19년, 왕이 고구려를 침략하였는데 학반령(鶴盤嶺)[2] 밑에 이르자 복병을 만나 대패하였다.

임오 28년 2월, 고구려가 국력을 키우려 침범해 오자 왕이 직접 출전하였는데, 왕이 탄 말이 진흙탕에 빠져 나오지 못할 때에 고구려 대장군 괴유(怪由)가 바로 앞에 있다가 왕을 살해하였다. 그러나 부여군은 굴하지 않고 겹겹이 포위를 하였으나 이레 동안이나 전투가 계속되자 고구려 열제는 몰래 병사들을 이끌고 밤을 이용해 사잇길로 탈출하였다.

여름 4월, 왕의 동생은 따르는 무리 수백 명을 데리고 길을 떠났는데 압록곡(鴨綠谷)[3]에 이르러 해두왕(海頭王)이 사냥 나온 것을 보고 그를 살

---

[2] 학반령(鶴盤嶺)은 학립강(鶴立岡)으로, 만주 삼강성 가목사시(三江省 佳木斯市) 북(北)쪽이다.

[3] 압록곡(鴨綠谷)은 동강현(同江縣)에 있는데, 흑룡강 합류지처 좌우계곡(黑龍江 合流地處 左右溪谷)이다.

해하고 그 백성을 취하였다. 곧바로 갈사수(曷思水)⁴⁾ 변두리를 차지하고 나라를 세워 왕이라 자칭, 갈사(曷思)라 하였다.

갈사는 태조 무열제 융무(隆武) 16년 8월 도두왕(都頭王)이 고구려가 강성해짐을 보고 나라를 들어 항복하니 3세 47년 만에 나라는 망했다. 고구려는 도두를 우대(于台)라 부르게 하고 저택을 내려주고 훈춘(揮春)을 식읍으로 삼게 하고 동부여후(東夫餘候)에 봉하였다.

가을 7월, 왕의 친척 동생이 여러 사람들에게 말하기를 "선왕께서 시해 당하시고 나라는 망해 백성들이 의지할 곳이 없다. 갈사는 두루 안락한 곳이기는 하지만 스스로 나라를 이루기 어렵고, 나 또한 재능과 지혜가 부족하여 나라를 새롭게 일으킬 수 없으니 차라리 항복함으로써 살기를 도모하리라." 하고 옛 도읍의 백성 1만여 명을 데리고 고구려에 투항하였다.

고구려는 그를 왕으로 삼고 연나부(椽那部)⁵⁾에 안치하였다. 그의 등에 띠와 같은 무늬가 있었던 까닭에 낙(絡)씨의 성을 하사하였는데 뒤에 차츰 자립하여 개원(開原) 서북에서 백랑곡(白狼谷)에 이르니 바로 연나라 땅에 가까웠다. 문자열제(文咨烈帝) 명치 갑술에 이르러 나라를 들어 고구려 연나부에 편입하니 낙씨는 마침내 제사조차 끊겼다.

---

4) 갈사수(曷思水)는 오소리강(烏蘇里江) 유역(流域)이다.
5) 연나부(椽那部)는 개원 서북지계(開原 西北之界)에 위치해 있었다.

迦葉原 夫餘紀

休崖居士 范樟撰

始祖 解夫婁 在位 三十九年

乙未元年 春正月 王爲北夫餘所制 徙居迦葉原 亦稱坌陵 宜五穀 尤多麥 又多虎豹熊狼 便於獵

丁酉 三年 命國相阿蘭弗 設賑 招撫遠近流民 使及時飽暖 于給田耕作 不數年 國富民殷 時有時雨滋坌陵 民歌王正春之謠 壬寅八年 先是 河伯女柳花出遊 爲夫餘皇孫高慕漱之所誘 强至鴨綠㝎室中而私之 仍昇天不歸 父母責其無媒而從之 遂謫居邊室 高慕漱本名弗離支 或曰高辰之孫 王異柳花 同乘還宮而幽之 是歲五月五日 柳花夫人生一卵 有一男 破殼而出 是爲高朱蒙 骨表英偉 年甫七歲 自作弓失 百發百中 夫餘語 善射爲朱蒙 故以名云 甲辰十年 王老無子 一日祭山川求嗣 所乘馬至鯤淵 見大石相對俠淚 王怪之 使人轉其石 有小兒 金色蛙形 王喜曰 此乃天 賚我合胤手 乃收而養之 名曰金蛙 及其長 立爲太子 壬戌二十八年 國人 以高朱蒙 爲不利於國 欲殺之 高朱蒙 奉母柳花夫人命 東南走 到淹利[1]* 大水 到卒本川 明年開新國 是爲高句麗始祖 癸酉三十九年 王薨 太子金蛙 立

二世 金蛙 在位四十一年

甲戌 元年 王遣使高句麗 獻方物 丁酉 二十四年 柳花夫人薨 高句麗 以衛兵數萬 返葬于卒本 命以皇太后禮 遷就山陵 建廟祠宇其側 甲寅四十一年 王薨 太子帶素 立

三世 帶素 在位二十八年

乙卯 元年 春正月 王遣使高句麗 請交質子 高句麗烈帝 以太子都切 爲質 都切不幸 王恚之

冬十月 以兵五萬王侵卒本城 大雪多凍死乃退 癸酉十九年 王侵高句麗之鶴盤嶺[2)*]下 遇伏兵大敗 壬午二十八年 二月 高句麗舉國來侵 王自率衆出戰于泥淖 王御馬陷 不得出 高句麗上將怪由直前殺之 我軍猶不屈圍數重 適大霧七日 高句麗烈帝潛帥夜脫 從間道而遁去 夏四月王弟與從者數百人 奔至鴨綠谷[3)*] 見海頭王出獵 遂殺之 而取其民 走保葛思水[4)*]濱 立國稱王 是爲葛思 至太祖武烈帝隆武十六年八月 都頭王 遣高句麗曰强 遂舉國自降 凡三世 歷四十七年而國絶 命都頭爲于台 以揮春爲食邑 仍封爲東夫餘候 秋七月 王從弟 謂國人曰先王 身弑國亡 人民無所依 葛思偏安 不能自國 吾亦才智魯下 無望興復 寧降以圖存 以故都人民萬餘口 投高句麗 高句麗封爲王 安置椽那部[5)*] 以其背有絡文 賜姓絡氏 後稍自國 自開原西北 徙到白狼谷 又徙近燕之地 至文咨烈帝明治 甲戌 以其國 折入于高句麗 椽那部絡氏 遂不祀.

최초로 금속 문명을 창출하고 대륙을 제패했던 치우천황의 얼굴은 신라의 기와에서도 찾아볼 수 있다. 선진 문명을 구현했던 동이민족은 바위 벽면에도 똬리문양의 태양, 혹은 물을 숭배한 흔적을 남겨 놓았다.

그림 : 중앙아시아의 바위 그림, 동북아역사재단

태백일사(太白逸史)
이맥 편찬(李陌 編纂)

삼신오제 본기(三神五帝 本紀)
환국 본기(桓國 本紀)
신시 본기(神市 本紀)
삼한관경 본기(三韓管境 本紀)
　- 마한세가 상(馬韓世家 上)
　- 마한세가 하(馬韓世家 下)
　- 번한세가 상(番韓世家 上)
　- 번한세가 하(番韓世家 下)
소도경전 본훈(蘇塗經典 本訓)
　- 천부경(天符經)
　- 삼황내문경(三皇內文經)
　- 삼일신고(三一神誥)
　- 신지비사(神誌秘詞)
　- 대변경(大辯經)
　- 참전계경(參佺戒經)
고구려국 본기(高句麗國 本紀)
대진국 본기(大震國 本紀)
고려국 본기(高麗國 本紀)

태백일사 발(太白逸史 跋)
환단고기 발(桓檀古記 跋)

태초의 세상은 혼돈, 즉 카오스 상태였다. 그림은 동이족의 문헌으로 알려진 산해경에 등장하는 혼돈의 신 제강이다.

삼신오제 본기(三神五帝 本紀)

삼신오제 본기(三神五帝 本紀)는 표훈천사(表訓天詞) 대변경(大辯經) 고려팔관기(高麗八觀記) 오제설(五帝說) 등을 통하여 삼신(三神)이 천하만물의 창조자이시며 주관자임을 설파하는 내용으로, 표훈천사에서는 하늘에 삼신이 있고 온 세계를 통치하는 한량없는 지능(智能)이 있어 세상만사를 이치로 다스려야 함을 갈파하고 있다.

대변경에서는 만물창조자이신 삼신은 이 땅의 무리들에게 부도(父道)는 하늘을 본받고 사도(師道)는 땅을 본받고 군도(君道)는 만민을 본받아 다스려 나가야 한다 하였다. 고려팔관기에서는 삼신설을 바탕으로 상계(上界)의 주신은 천일(天一)이며 하계(下界)의 주신은 지일(地一), 중계(中界)의 주신은 태일(太一)인데, 이의 주체는 상제(上帝)로 각각의 신이 있는 것이 아니라 작용하여 삼신이 된다고 하였다.

오제설에서는 오방설(五方說)을 내세우고 있는데, 동서남북 사방(四方)에다 중방(中方)이 있어 각기 그 사명(司命)을 감당케 하며 천지만물과 인류사의 근원 통치도 오제의 신들이 다스린다는 것이 삼신오제본기의 내용이다.

【태백일사】

　표훈천사(表訓天詞)[1]에 이르기를 태초에 온 천지가 암흑으로 뒤덮여 보이지 않더니 옛것은 지나가고 이제는 광명함 뿐이라 상계에 삼신이 계셨는데 오직 한 분이신 상제는 하나의 신이며 작용하는 것은 삼신이다. 삼신은 만물을 이끌어 내고 온 세상을 다스리는 무한한 지능을 지니고 있으나 그 형체를 드러냄이 없이 세상 가장 높은 하늘에 계시니라.
　계신 곳이란 천만 억 토에 언제나 광명한 빛을 발하고 신묘함을 나타내며 지극히 길하고 복됨을 내려 주신다. 발하는 기운은 만물을 포용하고 열을 내어 뭇 사물과 온갖 씨앗들이 번성케 하는 신묘함으로 세상을 다스렸다.
　기(氣)가 발동하기 이전에 물을 생성케 하여 태수(太水)로 북방에 있으면서 사명(司命)으로 검은빛을 주관케 하고 기(氣)가 생겨나기 전에 큰 불을 남방에 있게 하여 사명으로써 붉은 빛을, 질(質)이 생성되기 이전에 나무를 있게 하고 태목(太木)으로 동방에 있으면서 사명으로 청색을 관장케 하고 형(形)이 있기 전에 금을 생성해 태금(太金)으로 서방에 있으면서 백색을, 체(體)가 있기 전에 흙을 생성, 태토(太土)로 황색을 관장케 하였다.
　이에 두루 천하에 있는 자 오제(五帝)의 사명을 주관하였으니 이것이 천하대장군이 되고, 지하에 두루 있으면서 오령(五靈)의 성효(成效)를 주관하니 이것이 지하여장군이 되었다.
　무릇 저 삼신을 천일(天一) 지일(地一) 태일(太一)이라 하는데 천일은 조화를, 지일은 교화를, 태일은 치화를 주관하는 것이니라. 오제란 혹 적청 백 황 등의 제이니 혹은 생명이 다함을, 적은 빛과 열을, 청은 낳아 기름

---

1) 표훈천사(表訓天詞)는 유원(惟元)의 기(氣)와 지묘(至妙)의 신은 저절로 하나에 셋을 함유하고 있으며 충실히 빛을 발해 처존감응(處存感應)하여 오는 것은 시작이 없고 가는 것 또한 끝이 없나니 하나를 통해 만 가지를 이루지 못함이 없다는 사경(詞經)이다.

| 장승 | 장승은 마을을 수호함과 아울러 제액(諸厄)의 외입(外入)을 막아내고 마을 간의 리정(里程)을 표시하는 상징물로 고래(古來)부터 전해져 왔다.

을, 백은 성숙을, 황은 조화를 각각 주관하는 것이니라.

오령은 태수·태화·태목·태금·태토이니 태수는 크고 윤택하게, 태화는 녹이고 익히는 것, 태목은 짓고 쌓는 것, 태금은 재단을, 태토는 파종을 주관하는 것이다. 이에 삼신은 오제를 감독, 명령, 넓히고, 드러내게 하여 오령으로 하여금 생성화육케 하느니라. 해가 뜨면 낮이 되고 달이 뜨면 밤이 되며 별의 움직임을 측량, 춥고 더움을 헤아려 연대를 기록하니라. 고기 잡는 구역에서는 배를 띄워 바다를 지키고 농사짓는 구역에서는 수레를 내어 그 땅을 지키니라.

크도다! 삼신일체는 만물의 원리요, 덕이요, 지혜이며, 힘이 되어 높고 넓어 세상 그득하고 깊고 묘하여 불가사의하게 운행한다. 그런데 사물은 사물 나름대로 이치를 가지고 있으나 그 이치가 바로 사물은 아니다. 모든 사물에는 각각의 위력이 있으나 그 힘이 반드시 모든 사물이 되는 것은 아니다.

　모든 사물에는 무궁함이 있으나 무궁함이 모든 사물 자체는 아니다. 세상에 거처하고 있으면 사는 것이요 하늘로 돌아가면 죽는 것이다. 죽음은 영원한 생명의 근원이다. 그러한 까닭에 죽음이 있으면 필히 삶이 있고 삶은 이름을 지니게 마련이며 이름이 있으면 말이 있게 마련이고 말이 있으면 행동이 있게 마련이다.

　이를 살아있는 나무에 비유하면 뿌리가 있으면 싹이 나게 마련이며 싹이 나면 꽃이 피고 꽃이 피면 열매를 맺으며 열매는 반드시 쓰임이 있게 마련이다. 이를 해에 비유한다면 어둠이 있으면 밝음이 있게 마련이며 밝음은 보이게 되고 보임은 사물이 만들어지며 그 공 또한 있게 마련이다. 천하만물은 개벽으로부터 존재해 진화하며 존유함은 순환에 의해 이루어진다.

　유원(惟元)의 기(氣)와 지묘(至妙)의 신은 저절로 하나에 셋을 함유하고 있으며 충실히 빛을 발해 처존감응(處存感應)하느니라. 오는 것은 시작이 없고 가는 것 또한 끝이 없나니 하나를 통해 만 가지를 이루지 못함이 없느니라.

　대변경(大辯經)에서 언급하기를 오로지 하늘의 신은 한없이 높은 위에 계셔 삼대(三大)2) 삼원(三圓) 삼일(三一)3)의 영부(靈符)를 가지고 영세토록 만백성 가운데 내려오셨으니 일체(一切)는 삼신(三神)이 만드신 바이다. 심기신(心氣身)은 필히 상호 의지하고 믿어야 하나 영겁토록 지키지 못하였다.

---

2) 삼대 천지대왈현묵(三大 天之大曰玄黙)하고 지지대왈축장(地之大曰蓄藏)이니 인지대왈지능(人之大曰知能)을 말한다.
3) 삼원삼일(三圓三一)의 삼원(三圓)은 천도보원 지도효원 인도택원(天道普圓 地道效圓 人道擇圓)을, 삼일(三一)은 천지위사 진일무위 지지위사 근일무태(天之爲事 眞一無僞 地之爲事 勤一無怠)를 뜻한다.

영(靈) 지(智) 의(義)의 삼식(三識)은 영(靈) 각(覺) 생(生)의 삼혼(三魂)이 되며 그 바탕으로 연유해 형(形) 년(年) 혼(魂)은 감(感) 식(息) 촉(觸)과 더불어 구분지어지는 것이다. 참과 거짓은 서로 끌어당겨 세 길로 갈라진다. 그러기에 참이 있으면 살고 거짓이 있으면 멸한다고 한다.

이에 사람과 사물의 생겨남은 이것을 고르게 하여 그 진원(眞源)을 하나로 하며 성(性) 명(命) 정(精)이 삼관(三關)이 되고, 관(關)은 수신(守神)의 요회(要會)가 된다. 성(性)은 명(命)을 떠나지 않으며, 명은 성을 떠나지 않으며, 정(精)은 그 속에 있는 것이다.

심 기 신을 삼방(三房)이라 하고, 방은 성화(成化)의 근원이 된다. 기는 심을 떠나지 않으며, 심은 기를 떠나지 않으며, 신(神)은 그 가운데 있는 것이다. 감(感) 식(息) 촉(觸)이 삼문(三門)이 되는 것이니 문은 행도(行途)의 상법(常法)이다.

감은 식을 떠나지 않으며 촉은 그 가운데 있다. 성(性)은 진리의 원관(元關)이며, 심은 진신의 현방(玄房)이며, 감은 진응(眞應)의 묘문(妙門)이니, 리(理)를 탐구하는 것을 성(性)으로부터 하면 진기(眞機)가 크게 일어나고, 신(神)을 모시고 마음(心)을 구하면 진신(眞神)이 크게 나타나고, 화응하여 상감(相感)하면 진업(眞業)이 크게 이루어진다.

경험하는 데는 시간이 걸리고 구분을 짓는 데는 공간이 있어야 하는데, 사람은 그 사이에 있다. 만물이 허하고 거칠어도 같은 몸인 것은 오로지 일기(一氣)가 있고 삼신이 계시기 때문이다.

수(數)란 무궁한 것이며 리(理) 또한 피할 수 없는 불가항력의 힘을 가지고 있다. 또한, 선하고 선하지 못함이 있는 바 이는 영겁의 세월 속에서 자연에, 또는 그 후손에 갚게 되느니라.

경(經)에 이르기를 인간과 물체는 다같이 삼진(三眞)[4]을 받았으나 이 무리들이 미욱하여 삼망(三妄)의 뿌리에 깊이 박혀 참과 거짓이 섞여 삼도(三途)를 이루게 한 것이다.

어버이의 도는 하늘을 본받아 참되고 한결같이 거짓됨이 없으며 스승의 도는 땅을 본받아 근면해 게으름이 없으며 임금은 하늘이 내린 본래의 사람을 본받아 하나같이 어긋남이 없어야 하느니라.

고려팔관기(高麗八觀記)5)에서는 삼신설(三神說)에 대해 다음과 같이 언급하고 있다.

상계(上界)의 주신(主神)은 천일(天一)이라 하여 세상만사 조화(造化)를 주관하고, 절대지고(絶對至高)한 권능에 무형으로 형상을 다스리며, 만물은 각기 그 성품을 통하게 하니, 이를 청진대(淸眞大)의 체(體)라 한다.

하계의 주신은 지일(地一)이라 하여 교화를 주관하며 지선유일(至善唯一)의 법력(法力)이 있어 하는 바 없이도 만물이 그 명(命)을 알게 하니, 이를 성선대(善性大)의 체(體)라 한다.

중계의 주신은 태일(太一)이라 하여 치화(治化)를 주관하며 최고무상의 덕량(德量)을 가지고 있어, 말없이 교화(教化)하여 만물이 제각기 그 정기를 보존하게 하니, 이것이 미능대(美能大)의 체(體)이다.

그런데 주체는 상제 하나이고 각각의 신이 있는 것이 아니라 작용하면 삼신이 되는 것이니라. 고로 환인씨는 한 번 변하여 일곱이 되고 두 번 변하여 여섯이 되는 운(運)을 이어 받아 오로지 어버이의 도로써 천하에 쏟아 부으니 천하가 이에 교화되느니라. 신시씨는 천일(天一)의 생수와 지이

---

4) 삼진(三眞)이란 성(性) 명(命) 정(情)을 말한다.
5) 고려팔관기(高麗八觀記)는 고려국의 국태민안(國泰民安)을 기원하는 국가적 행사로, 일명 연등회라 하며 이러한 행사에 관해 기술한 것이다.

(地二)의 생화(生火) 자리를 이어 받아 스승의 도로써 천하를 거느리고 천하가 이를 본받는다.

왕검씨는 하나를 돌아 셋을 두르고 하나를 돌아 넷을 감는 기틀을 이어 받아 왕도로써 천하를 다스리니 온 천하가 이를 따랐다.

오제설(五帝說)에 이르기를, 북방의 사명(司命)은 태수(太水)라 하고 그 제(帝)를 흑(黑)이라 하고 호를 현묘진원(玄妙眞元)이라 하며 보좌하는 이를 환인(桓仁)이라 하며 소류천(蘇留天)에 있는데, 이를 대길상(大吉祥)이라 한다.

동방의 사명은 태목(太木)인데, 그 제를 청(靑)이라 하고 호를 동인호생(同仁好生)이라 하며 보좌를 대웅(大雄)이라 하는데 태평천(太平天)에 있으며 이를 대광명(大光明)이라 한다.

남방의 사명은 태화(太火)라 하는데, 그 제가 적(赤)으로 호가 성광보명(盛光普明)이라 하고 보좌를 포희(袍羲)라 하는데 원정천(元精天)에 있으니, 이것이 대안정(大安定)이다.

서방의 사명은 태금(太金)인 바 그 제는 백(白)으로, 호는 청정견허(淸淨堅虛)로 보좌는 치우(蚩尤)라 하며 구화천(鉤和天)에 있고 이는 대가리(大嘉利)가 된다.

중방의 사명은 태토(太土)로, 그 제는 황(黃)으로 호는 중상유구(中常悠久)라 하고 보좌는 왕검(王儉)인데 안덕천(安德天)에 있으니 이것이 대예악(大豫樂)이다.

오제주(五帝注)에 이르기를 다섯 방위(五方)에 각기 사명이 있으니, 하늘에 있는 것을 제(帝)라 하고 땅에 있는 것을 대장군이라 하는데, 다섯 방위를 독찰하는 것을 천하대장군이라 하고 지하를 독찰하는 것을 지하여장군이라 한다.

용왕현구(龍王玄龜)는 선악을, 주작적표(朱鵲赤熛)는 명(命)을 청룡영산(靑龍靈山)은 곡식을, 백호병신(白虎兵神)은 형벌을, 황웅여신(黃熊女神)은 병(病)을 각기 맡는다.

삼신산을 천하의 뿌리가 되는 산이라 한다. 삼신이라는 명칭은 대체로 상세(上世) 이래 삼신이 여기에 내려와 놀며 삼계를 감응하게 해 주심을 믿기 때문이다. 360만 큰 둘레의 하늘은 그 체(體)가 불생불멸하고 그 쓰임새가 무궁무진하며, 그 검리(檢理)는 때와 경지(境地)가 있어 신이 지미지현(至微至賢)하시고 여의자재(如意自在)하시니 그 이치를 끝끝내 알 수 없다.

그를 맞이할 때는 어렴풋이 보이는 듯, 헌상(獻上)할 때는 어디선가 문득 들려오는 소리같고, 찬탄할 때는 즐겨 하사해 주는 것 같고, 서약할 때는 엄숙한 가운데 얻는 것이 있는 것 같고, 보낼 때는 홀연히 섭섭해 함이 있는 것 같으니, 이는 만세의 만백성이 그렇게 인식하고 추앙하는 가운데 순화하고 흔쾌히 믿는 까닭이니라.

삼신에 관한 또 다른 설로 셋(三)은 새로움이 되고, 새로움은 흰 것이며 흰 것은 높고, 높음은 머리가 되는데 백두산의 칭호는 여기에서 연유된다. 또 말하기를 개마는 해마리의 전음으로, 고어에 흰 것을 해라 하고 두(頭)를 마리라 하였으니, 백두산이라는 명칭도 이에서 생겨났다고 한다.

인류의 조상을 나반(那般)이라 하고 처음 아만(阿曼)과 만난 곳을 아이사타(阿耳斯它)6) 혹은 사타려아(斯它麗阿)7)라 한다. 언젠가 꿈 속8)에 신

---

6) 아이사타(阿耳斯它)의 아이(阿耳)는 원초(原初, 아이김=아이 처음), 사타(斯它)는 삼림(森林, 숲)이다.
7) 사타려아(斯它麗阿)는 림원(林原)이니, 금 실비리아지 선비 석백리지전(悉比里亞地 鮮卑 錫伯利之轉)이다.
8) 몽유칠종(夢有七種)이란 정몽(正夢) 사몽(思夢) 오몽(悟夢) 예몽(豫夢) 악몽(惡夢) 희몽(喜夢) 구몽(懼夢)이다.

의 계시를 받아 몸소 혼례를 올리고 정안수 떠놓고 하늘에 고한 후 돌려가며 마시니 산남(山南)의 주작이 기뻐하며 울고 수북(水北)의 신구(神龜)가 상서로움을 알리고 곡서(谷西)에서는 백호가 산 모퉁이를 지키고 강동(江東)에는 창룡(蒼龍)이 하늘로 올라가고 중방(中方)에 황웅(黃熊)이 머물고 있었다.

천해(天海) 금악(金岳) 삼위태백(三危太白)9)은 본시 구환(九桓)에 속하였으며 구황(九皇)의 64민(民)10)은 모두 그 후예이다. 그런데 일산(一山) 일수(一水)가 제각기 한 나라가 되어 남녀의 무리들이 경계를 이루고 경계를 따라 나라를 이루니 나라가 구별된 지 매우 오래되어 창세 이래의 것을 알 수 없게 되었다.

매우 오랜 세월이 지난 후 제환인(帝桓因)이라는 분이 나타나시니 백성들이 기꺼이 추대하여 안파견(安巴堅) 또는 거발환(居發桓)이라 하였다. 무릇 안파견이라 함은 하늘의 뜻을 이어받아 아버지가 되었음을 뜻하며 거발환이라 함은 천지인(天地人)을 하나로 정한다는 뜻의 칭호이다.

이후로 환인의 아홉 형제가 나라를 나누어 다스렸는데 이를 구황(九皇) 64민(民)이라 한다. 곰곰이 생각해 보건대, 삼신이 하늘을 낳고 사물을 창조하고 환인이 백성들을 가르쳐 의를 세웠으니 이로부터 자손들은 계속해 이어져 내려왔고, 현묘지도(玄妙之道)를 얻어 광명한 세상을 다스렸다. 그보다 앞서 이미 천지인 삼극(三極)이 있었고 대원일(大圓一)이 만물의 근원이 되었으니 천하 구환의 예악이나 삼신고제의 풍속이 어찌 없을 수 있으랴!

---

9) 삼위태백(三危太白)은 중원(中原)의 감숙성 돈화현의 삼위산과 만주 북부의 흑룡강과 그 남쪽 백두산이 있는 지역을 말한다.
10) 구황(九皇)의 64민(民)은 오제(五帝) 이전의 9대(代)의 황제가 다스리던 64개 구역의 백성들을 지칭한다.

전(傳)에 이르기를 삼신 이후를 환국이라 하며 환국은 천제가 사는 나라라 하고, 이어서 삼신은 환국에 앞서 있었는데 나반이 죽어서 삼신이 되었다. 그러니 삼신은 영구한 생명의 근본이라고 하였다.

이어서 말하기를, 사람과 만물은 모두 삼신으로부터 나왔으니 삼신을 근원으로 하여 조상을 삼았느니라! 환인은 삼신을 대신하여 환국의 천제가 되었다가 뒤에 나반이라 하여 대선천(大先天)이 되었고 환인을 대중천(大中天)으로 삼았다.

환인 환웅 치우를 삼황이라 하며 환웅을 대웅천이라 하고 치우를 지위천(智偉天)이라 하였는데, 이는 황제중경(黃帝中經)에서 나온 것이다. 삼광오기(三光五氣)는 시청감각(視聽感覺)이 있어 해를 계승하고 날로 더해 불을 만들고 말과 글자를 만드니 서로 경쟁해 우승열패가 여기에서 비롯되었다.

웅족 가운데 단국(檀國)이 가장 강성하였다. 왕검이 하늘에서 내려와 불함산에 있었는데 나라 사람들이 다함께 단군으로 모셨다. 이 분이 단군왕검이시다. 나서부터 신성스럽고 성품이 원만하여 구환을 통합하고 삼한을 관경(管境)하여 신시의 옛 제도를 회복해 천하가 잘 다스려지니 단군을 천신으로 보고 이때로부터 숭보지례(崇報之禮)가 영세토록 바뀌지 않았다.

대체로 구환의 족속은 다섯 종족으로 나누어지는데, 피부의 모양과 생김새로 구분지었다. 이들 풍속의 실제 이치를 구하여 사리를 밝혀 보면, 부여의 풍속은 가뭄·홍수·전쟁·질병이 발생하면 국왕에게 책임이 있다 하고, 충성·사특함·존망은 필부에게도 다같이 닥치는 것이라 여겼으니 이것이 풍속으로 내려오는 한 가지 증거라 하겠다.

색족(色族)으로 본다면 황인종은 피부가 약간 누르스름하고 코가 높지 않으며 볼이 튀어 나왔고 머리카락은 검고 눈은 평퍼짐하며 눈동자가 검다. 백인들의 피부는 맑고 볼이 높고 코가 높으며 머리카락은 잿빛 같다.

적색인은 피부가 붉은 구리 빛이고 코가 낮고 뾰족하며 이마는 넓고 뒤로 기울어졌으며 머리카락은 곱슬머리에 황인종과 비슷하다. 남부인(藍部人)은 풍족(風族)이라고도 하고 야자수 빛깔(棕色種)의 종족이라 하는데 그 피부는 검은 갈색이며 생김새는 황인종과 같다.

삼한의 옛 풍속에 10월 상순 국중대회를 열어 둥근 단을 쌓고 하늘과 땅에 제사지내는데, 땅에 제사 지내는 것을 방구(方丘)라 하고 선조에 제사 지내는 것을 각목(角木)이라 하는데 산상(山像)과 웅상(雄常)이 모두 그 유법(遺法)이다.

제천은 필히 한(韓)임금이 몸소 지냈는데, 그 예법이 매우 성대하였다. 이 날 원근의 모든 백성들이 소출한 물품을 바치고 북 치고 나팔 불며 온갖 놀이를 다 펼쳤다. 여러 소국에서도 찾아와 방물을 바쳤는데 진귀한 물건들이 산더미처럼 쌓였다.

대체로 백성들을 위해 빌었는데 관경(管境)을 번식하게 해 달라는 소이(所以)이었다. 소도제천은 구려의 교화하는 근원이 되었다. 이로부터 화를 책하고 이웃과 잘 지내며, 있는 자와 없는 자가 서로 도우며 문명이 개화하고 평등하니 온 세상이 제사의 예법을 숭상하지 않는 이가 없었다.

아기의 태어남을 축하하는 것을 삼신이라 하고 곡식이 잘 익은 것을 축하하는 것을 업(業)이라 하였다. 산은 모든 물신(物身)의 통력이 모이는 곳이며 업은 생산 작업의 신이라 여겼다. 따라서, 이를 업주가리(業主嘉利)라고 하였다.

집터에 발원(發願)하기를 원할 때에 대상을 토(터)주대감이라 하고 가택(家宅)에 발원할 때 성조대군이라 부르고 이를 해마다 가복(嘉福)을 내

| 솟대 | 삼한(三韓) 시대에 신을 모시던 장소인 소도 (蘇塗)에서 유래한 것이 솟대다. '소도'라는 발음도 솟대의 음이 변한 것이다.

리는 신으로 받들었다. 묘원(墓園) 어렵(漁獵) 전진(戰陳) 출행(出行)시에도 한결같이 제사를 갖추었는데, 제사는 날을 가려 재계하여야 이롭게 된다고 믿었다.

소도가 서게 되면 모두 계율을 따랐는데, 이것이 바로 충효신용인(忠孝信勇仁) 오상(五常)의 도(道)이다. 소도 옆에는 반드시 경당을 세웠고 미혼 자제들에게 사물에 대해 익히도록 하였다.

대체로 글을 읽고 활 쏘기, 말타기, 예절 익히기, 가악과 격투기, 검술 등의 육례류(六藝類)들이다. 모든 읍락은 자발적으로 삼로(三老)를 모셨는데 삼로는 삼사(三師)라고도 하였다. 즉, 어질고 덕이 있는 자, 재물을 베푸는 자, 지혜를 갖춘 자를 모두 스승으로 섬기는 것을 삼사라 한다.

또 육정이 있었는데 이는 현좌(賢佐)·충신(忠臣)·양장(良將)·명사(名師)·덕우(德友) 등을 일컫는다. 또 살생유법(殺生有法)이라 하여, 위로는 국왕으로부터 아래로는 서민에 이르기까지 스스로 때와 장소를 가려 하도록 하였다. 즉, 살생은 함부로 하지 말아야 한다. 예부터 부여에서는 말이 있어도 타지 않고 죽이는 것을 금하고 방생한다 함은 이를 뜻하는 것이다.

그러므로 잠자는 짐승과 알을 품은 동물은 죽이지 않는다는 것은 때를 가리라는 뜻이다. 어린 새끼나 이로운 짐승은 죽이지 않고 살려두는 것은 짐승들의 종류를 가려 살생하라는 법도이다. 즉, 물물을 중하게 여기라는 뜻이 이처럼 지극했다.

원화(源花)는 여랑(女郞) 남자를 화랑(花郞)이라 하며 천왕랑(天王郞)이라고도 한다. 임금의 명에 의해 까마귀 깃털이 달린 관모(烏羽冠)를 받는데, 관을 쓰는 데도 의식이 있었다.

주(注)에 이르기를 이 시기에 큰 나무를 모셔 환웅신상이라 하고 이에 경배하였는데 이 신수(神樹)를 웅상(雄像)[11]이라 하였다. 상(常)은 항상 있다는 의미이다. 하백은 천하(天河)의 사람으로 나반의 후손이다.

7월 7일은 나반이 천하(天河)를 건너는 날인데 이 날 천신이 용왕에게

|고구려 사신| 고구려인들은 새의 깃털로 만든 모자를 썼다. 고구려인들에게 새는 하늘을 상징하는 존재였다.

---

[11] 웅상에 관해 산해경(山海經)에 숙신지국(肅愼之國)의 백민(白民)이 북(北)쪽에 나무를 웅상(雄常)이라 하여 입승대통(入承大統)하고 이대신제(以大新帝)는 필어차신수(必於此神樹)로 웅상(雄常) 아래 대량상가시지관(戴兩廂加翅之冠)하였으며, 이 법이 전해져 정식화(定式化)되었다 한다.

명해 하백을 불러 용궁에 들어오게 하여 그에게 사해(四海)의 여러 신들을 주장하게 하였다. 이를 천하(天河) 또는 천해(天海)라고도 하였는데, 오늘날의 북해(北海)가 바로 천하(天河)이다. 천하주(天河注)에 이르기를 천도(天道)는 북극에서 일어났고 천일(天一)은 물을 낸다고 하면서 이것을 북수(北水)라고 하였다. 북극수(北極水)는 생명의 정자(精子)가 거하는 곳이라 하였다.

| 견우직녀 | 7월 7월은 견우와 직녀가 만난다는 날로 알려져 있지만, 이 날은 본래 최초의 인류인 나반이 하늘의 강을 건너는 날이다. 그림은 고구려 벽화의 견우직녀도.

太白逸史

一十堂主人 李陌 編纂

三神五帝 本紀

　表訓天詞云[1]* 大始上下四方 曾未見暗黑 古往今來 只一光明矣 自上界 却有三神 卽一上帝 主體則爲一神 非各有神也 作用則三神也 三神有引出萬物 統治全世界之無量智能 不見其形體而坐於最上上之大 所居千萬億土 恒時大放光明 大發神妙 大降吉祥 呵氣以包萬有 射熱以滋物種 行神以理世務 未有氣而始生手 使太水 居北方司命尚黑 未有氣而始生火 使太火 居南方司命尚赤 未有質而始生木 使太木 居東方司命尚靑 未有形而始生金 使太金 居西方司命尚白 未有體而始生土 使太土 居中方司命尚黃 於是遍在天下者 主五帝司命 是爲天下大將軍也 遍在地下者 五靈成效 是爲地下女將軍也

　稽夫三神 曰天一 曰地一 曰太一 天一主造化 地一主敎化 太一主治化 稽夫五帝 曰黑帝 曰赤帝 曰靑帝 曰白帝 曰黃帝 黑帝主肅殺 赤帝主光熱 靑帝主生養 白帝主成熟 黃帝主和周 稽夫五靈 曰太水 曰太火 曰太木 曰太金 曰太土 太水主榮潤 太火主鎔煎 太木主營築 太金主裁斷 太土主稼種 於是三神乃督 五帝命各顯厥弘通 五靈啓成厥化育 日行爲晝 月行爲夜 候測星曆寒暑紀年〈漁區出船以守海　農區出乘以守陸〉大矣哉

　三神一體之爲庶物原理 而庶物原理之爲德 爲慧爲力也 魏蕩乎充塞于世 玄妙乎不可思議之爲運行也 然庶物各有數 而數未必厥庶物也 庶物各有理 而理未必盡厥庶物也 庶物各有力 而力

未必盡厥庶物也 庶物各有無窮 而無窮未必盡厥庶物也 住世爲
生 歸天爲死 死也者 永久生命之根本也 故有死必有生 有生必
有名 有名必有言 有言必有行也 譬諸生木有根必有苗 有苗必有
花 有花必有實 有實必有用也 譬諸日行暗必有明 有明必有觀
有觀必有作 有作必有功也 則凡天下一切物 有若開闢而存 有若
進化而在 有若循環而有 惟元之氣 至妙之神 自有執一含 三之
充實光輝者 處之則存 感之則應其來也 未有始焉者也 其往也
未有終焉者也 通於一而未形 成於萬而未有

大辯經 曰惟天一神 冥冥在上 乃以三大²⁾* 三圓三一³⁾*之爲靈
符者 大降降于萬萬世之萬萬民 一切惟三神所造 心氣身必須相
信 未必永劫相守 靈智意三識 卽爲靈覺生三魂 亦因其素以能衍
形年魂嘗與境 有所感息觸者 而眞妄相引 三途乃歧 故曰有眞而
生 有妄而滅 於是人物之生 均是一其眞源 性命精爲三關 關爲
守神之要會 性不離命 命不離性 精在其中

心氣身爲三房 房爲成化之根源 氣不離心 心不離氣 身在其中
感息觸爲三門 門爲行途之常法 感不離息 息不離感 觸在其中
性爲眞理之元關 心爲眞神之玄房 感爲眞應之妙門 究理自性 眞
機大發 存神求心 眞身大現 化應相感 眞業大成 所驗有時 所境
有空 人在其間 庶物之有虛粗同體者 惟一氣而已 惟三神而已
有不可窮之數 有不可避之理 有不可抗之力 有或善不善 報諸永
劫 有或善不善 報諸自然 有或善不善 報諸子孫

經云 人物同受三眞⁴⁾* 惟衆迷地 三妄着根 眞忘對作三途 父
道法天 眞一无僞 師道法地 勤一无息 君道法人 協一无違 高麗

八觀記[5]* 三神說云 上界主神 其號曰天一主造化 有絶對至高權能 無形而形 使萬物各通其性 是爲淸眞大之體也 下界主神 其號曰地一主敎化 有至善惟一之法力 無爲而作 使萬物各知其命 是爲善聖大之體也 中界主神 其號曰太一主治化 有最高無上之德量 無言而化 使萬物各保其精 是爲美能大之體也 然主體則爲一上帝 非各有神也 作用則三神也 故桓因氏承一變爲七二變爲六之運 專用父道 而注天下 天下化之 神市氏承天一生水 地二生火之位 專用師道 而率天下 天下効之 王儉氏承徑一周三 徑一匝四之機 專用王道而治天下 天下從之 五帝說云 北方司命曰太水 其帝曰黑 其號曰玄妙眞元 其佐曰桓因 在蘇留天 是爲大吉祥也 東方司命曰太木 其帝曰靑 其號曰同仁好生 其佐曰大雄 在太平天 是爲大光明也 南方司命曰太火 其帝曰赤 其號曰盛光普明 其佐曰庖犧 在元精天 是爲大安定也 西方司命曰太金 其帝曰白 其號曰淸淨堅虛 其佐曰蚩尤 在鈞和天 是爲大嘉利也 中方司命 曰太土 其帝曰黃 其號曰中常悠久 其佐曰王儉 在安德天 是爲大豫樂也 五帝注 曰五方 各有司命 在天曰帝 在地曰大將軍 督察五方者 爲天下大將軍 督察地下者 爲地下女將軍也 龍王玄龜 主善惡朱鵲赤熛 主命靑龍靈山主穀 白虎兵神主刑 黃熊女神主病

　三神山爲天下之根 山以三神名者 盖自上世以來 咸信三神 降遊於此 化宣三界三百六十萬之大周天 其体不生不滅 其用無窮無限 其檢理有時有境 神之至微至顯 神之如意自在 終不可得以知也 其迎也 優然而如有見 其獻也 愯然而如有聞 其讚也 欣然

而如有賜 其誓也 肅然而如有得 其送也 恍然而如有慊 是爲萬世人民之所以認識推仰於順和信悅之域者也 三神或說 有以三爲新 新爲白白 爲神神 爲高高 爲頭故亦稱白頭山 又云 盖馬奚摩離之轉音 古語謂謂白 爲奚謂頭爲摩離也 白頭山之名 亦起於是矣

人類之祖曰那盤 初與阿曼 相偶之處 曰阿耳斯它[6]* 亦稱斯它麗阿[7]* 也 曰夢[8]* 得神啓而自成婚[9]* 禮 明水告天而環飮 山南朱鵲來喜 水北神龜呈瑞 谷西白虎守嵎 奚東蒼龍升空中 有黃熊居之 天海金岳三危太白本屬九桓 而盖九皇六十四民[10]* 皆其後也 然一山一水 各爲一國 群女群男 亦相分境 從境而殊 國別積久 創世條序 後無得究也 久而後 有帝桓仁者出 爲國人所愛戴 曰安巴堅 亦稱居發桓也 盖所謂安巴堅 乃繼天立父之名也 所謂居發桓 天地人定一之號也 自是桓仁兄弟九人 分國而治 是爲九皇六十四民也 窃想三神生天造物 桓仁敎人立義 自是子孫相傳 玄妙得道 光明理世 旣有天地人三極 大圓一之爲庶物原義 則天下九桓之禮樂 豈不在於三神古祭之俗乎 傳曰三神之後 稱爲桓國 桓國天帝所居之邦 又曰三神 在桓國之先 那盤死爲三神 夫三神者 永久生命之根本也 故曰人物同出於三神 以三神爲一源之祖也 桓仁亦代三神 爲桓國天帝 後稱那盤 爲大先天 桓仁爲大中天 桓仁與桓雄 治尤爲三皇 桓雄稱大雄天 治尤爲智偉天 乃黃帝中經之所由作也 三光五氣 皆在視聽感覺而世級曰 進攢火焉 發語焉造字焉 優勝劣敗之相競始乎 起耳熊族之中有 檀國最盛 王儉 亦自天而降來 於于不咸之山 國人 共立 爲檀君是謂檀君王儉也 生而至神兼聖圓滿統合九桓三韓管境 復神市舊規天下大

治擧 世視同天神 自是崇報之禮 永世不替者也

　盖九桓之族 分爲五種 以皮膚色貌 爲別也 皆其俗 就實究理 策事而求其是則同也 夫餘爲俗 水旱兵疾 國王有責 忠邪存亡 匹夫同歸 是其一證也 色族如 黃部之人皮膚稍黃 鼻不隆 頰高 髮黎 眼平晴黑 白部之人 皮膚晢 頰高鼻隆 髮如灰 赤部之人 皮膚銹銅色 鼻低而端廣 顙後傾 髮捲縮貌類黃部之人 藍部之人 一云風族 又棕色種 其皮膚暗褐色 貌猶黃部之人也 三韓古俗 皆十月上旬 國中大會 築圓壇而祭天 祭地則方丘 祭先則角木 山像雄常 皆其遺法也 祭天韓必 自祭其禮 甚盛可知也 是日遠近男女 皆以所產 薦供鼓吹 百戲是 俱衆小諸國 皆來獻 方物珍寶 環積邱山 皆爲民祈穡 乃所以繁殖管境 而蘇塗祭天 乃九黎敎化之源也 自是責禍善隣 有無相資 文明成治 開化平等 四海之內 莫不崇飾祀典者也

　祝兒之生 曰三神 祝禾之熟 曰業 山爲群生通力之所 業爲生產作業之神 故亦稱業主嘉利 發願垈土曰土主大監 發願家宅曰成造大君 亦歲成嘉福之神也 墓園漁獵戰陣出行 皆有祭 祭必擇齋以利成也 蘇塗之立 皆有戒 忠孝信勇仁 五常之道也 蘇塗之側 必立扃堂 使未婚子弟 講習事物 盖讀書習射 馳馬禮節 歌樂拳博 六藝之類也

　諸邑落 皆自設三老 三老亦曰三師 有賢德者 有財施者 有識事者 皆師事之 是也 又有六正 乃賢佐忠臣 良將勇卒 明師德友 是也 又殺生有法 上自國王 下至庶民 須自擇時與物而行之 一不濫殺 自古夫餘 有馬不乘 禁殺放生者 亦其義也 故不殺宿 不

殺卵 是擇時也 不殺幼 不殺卵 是擇物也 重物之義 可謂至矣 源
花稱女郞男曰花郞 又云天王郞 自上命賜烏羽冠加冠 有儀注時
封大樹爲桓雄神像 而拜之神樹 俗謂謂之雄常[11]* 常謂常在也 河
伯是天下人那般之後也 七月七日卽那般渡河之日也 是日天神命
龍王召河伯入龍宮 使之主四海諸神天下 一云天海今曰北海是也
天河注曰天道起於北極 故天一生水 是謂北水盖北極水精子所居也

환국 본기(桓國 本紀)

환국 본기(桓國 本紀)는 고기(古記)인 발해의 비장서(秘藏書)인 조대기(朝代記)와 삼성밀기(三聖密記)의 내용을 바탕으로 쓴 것으로서, 환인국(桓因國), 또는 환국(桓國)이라고도 불렸던 나라의 7세 3301년(혹 63182년이라고도 함)간의 통치사이다. 영토의 넓이가 남북으로 5만 리, 동서로 2만 리로 그 경내에 12 소국을 두었다. 이들을 오훈(五訓)·오사(五事)로 다스렸다는 내용이다.

【태백일사】

　조대기(朝代記)[1]에 말하기를 옛날 환인(桓仁)이 천산(天山)에 내려와 거하면서 천신에 제사 지내는 것을 주관하고 백성들의 운명을 정하고 하늘을 대신하여 만사를 다스리니 들에 있어도 벌레나 짐승의 해가 없고 무리지어 다녀도 원망하거나 거부하는 데 대한 염려가 없었다.

　친소(親疎)의 차별이 없고 상하등급이 없으며 남녀의 권리는 평등하고 노소(老少)가 일을 나누어 하였다. 이렇게 되니 세상에 있어야 할 법규와 호령이 없어도 이치에 잘 맞도록 화락(和樂)이 절로 이루어지고 질병은 물러갔다. 원한은 풀며 기울어지는 자는 붙들어 주고 약한 자는 구제하니 섭섭해 하거나 불안해 하는 자가 없었다.

　이때 사람들이 모두 스스럼없이 환(桓)이라 하고 무리를 감독하는 것을 인(仁)이라 하니 인(仁)은 맡는다는 뜻이다. 널리 사람들을 유익하게 하고 구제하며 세상을 다스러 광명하게 하는 일을 맡으니 이는 틀림없는 인(仁)인 것이다. 오가의 무리가 대중 속에서 서로 교대로 뽑힘은 필히 업(業)을 구했기 때문이다.

　사랑하고 미워하는 구별이 됨은 각각 마음의 주장에 딸린 것이니 스스로 그 구하는 목표의 핵심을 가려냈기 때문이다. 오로지 구환(九桓)에 있어서 공(公)을 위해 단결하고 하나로 돌아가는 것도 곧 스스로 득실을 마땅히 가려 한 사람도 이의가 없어야 여기에 따르도록 하였다.

　여러 무리도 감히 독술(獨術)로 급하게 일을 처리하지 못하였다. 대개 무리를 다스리는 법은 준비가 없으면 걱정이 생기고 준비가 있으면 걱정이 없는 것이니 반드시 미리 미리 준비해 두거나 스스로 챙겨두어야 했다.

---

[1] 조대기(朝代記)는 진역유기(震域留記)의 저본(底本)으로, 천보산 태소암(天寶山 太素庵)에 소장되어 있었다고 한다.

| 하늘에서 본 바이칼 호 | 시베리아의 푸른 눈이라 불리는 바이칼은 신과 인간을 매개하는 '샤먼'을 가리키는 '바이(Bai)'와 괼, 골, 겔 등으로 불리는 넓은 계곡과 호수를 일컫는 '칼(Kal)'의 복합어이다. 바이칼은 우리 민족의 발원지로 알려지고 있다.

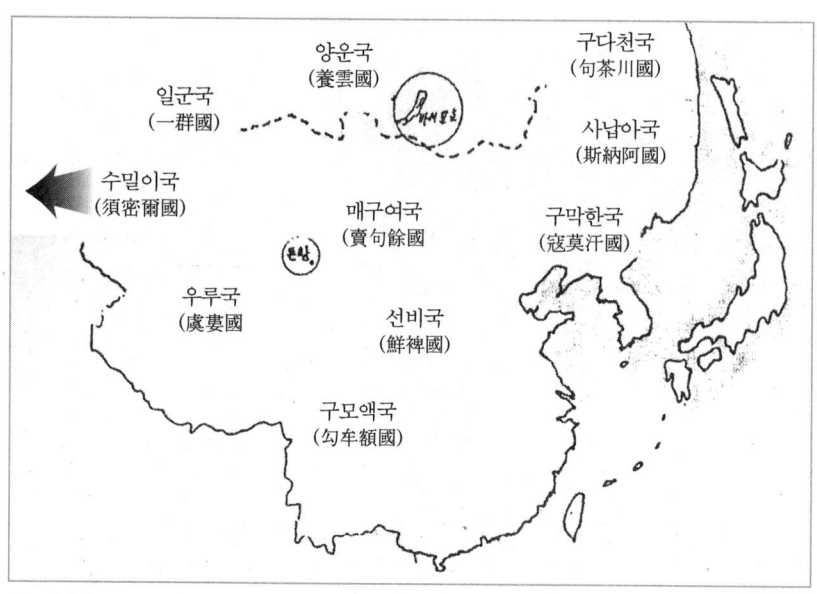

환국(桓國) 12지국(支國)의 위치. 비리국(神離國)과 객현한국(客賢汗國)의 위치는 알 수 없음.

　선한 무리들은 잘 다스려져 만리에까지 같은 소리가 울려 퍼져 말하지 않아도 교화되어 행해지는 것이다. 만방의 백성들이 기약도 없이 모여드는 자 수만 명으로 무리들은 서로 서로 돌면서 춤을 추고 환인을 추대하여 환화(桓花) 밑에 쌓아 놓은 돌 위에 앉게 하고 줄 지어 절하고 만세를 부르니 소리가 울려 넘쳐났고 돌아와 의지하는 자 많아 마치 저자와 같았다. 이것이 인간 최초의 머리 조상이다.

　삼성밀기(三聖密記)에 파나류산(波奈留山) 밑 환인씨 나라가 있었는데 천해(天海) 동쪽 땅도 역시 파나류국(波奈留國)이라 하였다. 그 땅의 너비가 남북이 5만 리에 동서가 2만 리였다. 이것을 환국 땅이라 하는데, 나누어 말하면 비리국(卑離國)2) 양운국(養雲國)3) 구막한국(寇莫汗國)4) 구다천국(句茶川國)5) 일군국(一群國)6) 우루국(虞婁國, 또는 畢那國)7) 객현한국(客賢汗國)8) 구모액국(勾牟額國)9) 매구여국(賣句餘國, 또는 稷臼多國)10) 사납아국(斯納阿國)11) 선비이국(鮮卑離國, 또는 豕韋國, 또는 通古斯國)12) 수밀이국(須密爾國)13) 등 모두 합해 12국이니 천해(天海)는 지금 말하는 북해(北海)이다.

밀기주(密記注)에 말하기를 개마국(蓋馬國)은 웅심국(熊心國)이라고도 하는데 북개마의 큰 고개 북쪽에 있어 구다국과의 거리가 2백 리이다.

---

2) 비리국(卑離國)은 진서(晋書)에 숙신(肅愼) 서북(西北)쪽(대진시(大震市) 용주(龍州) 숙신현(肅愼縣, 현 시베리아)으로 말을 타고 200일이 걸리는데, 영호(領戶)는 2만이라 하였다.
3) 양운국(養雲國)은 진서(晋書)에 비리국(神離國)을 지나 마행(馬行)으로 50일이 걸리는데, 역시 영호(領戶)는 2만이라 하였다.
4) 구막한국(寇莫汗國)은 진서(晋書)에 양운국(養雲國)을 거쳐 100일이 걸리는데, 영호(領戶)는 5만여 호(戶)이다.
5) 구다천국(句茶川國)은 시베리아 구이야후라(句爾耶侯羅)로, 옹고이야하(翁古爾耶河) 상류지(上流地)이다.
6) 일군국(一群國)은 구막한국(寇莫汗國)을 지나 150일이 걸리는 거리에 위치해 있다.
7) 우루국(虞婁國)은 일명(一名) 필나국(畢那國)이라 하는데, 북만주 흑룡강성 호윤현 남안(北滿洲 黑龍江省 呼倫縣 南岸)으로, 현재는 내몽고 자치구 해란아 지역(內蒙古 自治區 海蘭兒 地域)이다.
8) 객현한국(客賢汗國)은 환국십이국지일(桓國十二國之一)로, 실비리아지(悉比里亞地)이다.
9) 구모액국(勾牟額國)은 구모액두(勾牟額頭), 구모객두(勾牟客頭)로 표기되고 있기도 하다. 역시 환국십이국지일(桓國十二國之一)로 석늑액하 우안(石勒額河 右岸)이다.
10) 매구여국(賣句餘國)은 일명(一名) 직구다국(稷臼多國)이라 하는데, 직구다하연변(稷臼多河沿邊)이다.
11) 사납아국(斯納阿國)은 서비리아 사아란산지 하(西比利亞 斯阿蘭山之下)로 애니세이강(艾泥洗伊江)의 발원지이다.
12) 선비이국(鮮卑離國)의 '선비(鮮神)'는 선비(鮮卑)라 적기도 하며 일명(一名) 시위국(豕韋國)이라 하는데, '시위(豕韋)'는 실위(室韋)로 표기되며 선비(鮮卑)는 시위(豕韋) 즉 실위 통고사(室韋 通古斯) 등으로 혈통적(血統的)으로 볼 때 다같은 환환단 조선 북부여 고구려 일계민족(桓桓檀 朝鮮 北夫餘 高句麗 一系民族)이다.
13) 수밀이국(須密爾國)은 메소포타미아 남부 지방으로, 오늘날 이라크 지방이다.

구다국은 옛날 독로국(瀆盧國)이라 하였는데 북개마 큰 고개 서쪽에 있다.

월지국(月漬國)은 그 북쪽 5백 리에 있고 직구다국(稷臼多國)은 매구여국(賣句餘國)이라고도 하는데, 옛날에는 오난하(五難河)에 있다가 뒤에 독노국에게 패하여 드디어 금산(金山)으로 옮겨 살았다. 구다국은 본래 쑥과 마늘이 생산되었는데 쑥은 다려서 먹으면 냉을 고치고 마늘은 구워서 먹으면 악마(魔)를 다스린다고 하였다.

조대기(朝代記)에 말하기를 옛날에 환국이 있었는데 무리가 부자로 살고 살림이 풍족하였다. 처음 환인이 천산에 살며 도를 닦아 오래 살았고 몸을 다스려 병이 없었다. 하늘을 대신하여 교화를 일으켜 사람들로 하여금 병기(兵器)를 없이 하고 모두 함께 힘써 부지런히 일하며 스스로 굶주리거나 추위에 떠는 일이 없었다.

혁서(赫胥)환인 고시리(古是利)환인 주자양(朱于襄)환인 석제임(釋提壬)환인 구을리(邱乙利)환인으로 전해 내려와 지위리(智爲利)환인에 이르렀으니 혹은 단인(檀因)이라고도 하였다.

7세를 이어 역년(歷年)이 3301년에 이르렀다고도 하며, 혹은 63,182년이라고도 한다. 환국에 다섯 가지 일이 있었는데 다섯 가지 가르침이란 첫째는, 성신(誠信)하여 거짓이 없을 것이며 둘째는, 경근(敬勤)하여 게으르지 않으며 셋째는, 효순(孝順)하여 어기지 않는 것이며 넷째는, 청렴하고 의롭고 음란하지 않는 것이다. 다섯째는, 겸손하고 온유하고 다투지 않는 것이다.

여기에서 다섯 가지 일이란 우가(牛加)는 곡식을 주관하고 마가(馬加)는 목숨을 주관하고 구가(狗加)는 형벌을 주관하고 저가(猪加)는 병을 주관하며 양가(羊加, 또는 鷄加)는 선악을 주관하는 것이다.

환국주(桓國注)의 환(桓)이란 전일(全一)하며 공명이다. 전일(全一)은 삼신의 지능이며 광명은 삼신의 실덕(實德)이 되는 것이니 곧 우주 만물에 앞서는 것이다. 조대기에 이르기를 옛 풍속에 광명을 숭상하여 해로 신을 삼고 하늘로 조상으로 삼아 만방의 백성들이 이를 믿어 의심하지 않았고 조석으로 경배하는 의식으로 삼았다고 한다.

    태양이란 광명이 모이는 곳이며 삼신이 사는 곳이다. 사람들이 빛을 얻으므로 만들어지며 하지 않아도 저절로 이루어진다. 아침이면 일제히 동산(東山)에 올라가 해가 처음 돋는 곳에 절하고 저녁이면 다함께 서쪽 냇가로 가서 달이 처음 돋는 데 절을 하는 것이다.

    이보다 앞서 환인이 출생하여 스스로 알아서 다섯 가지 물건을 화육하며 다섯 가지 가르침을 알기 쉽게 가르쳐 다섯 가지 일을 주관해 다스리니, 오가의 무리가 모두 열심히 일하였다. 지극히 착한 수행을 하여 마음을 열고 광명하게 하고 일을 만들어 좋은 일이 있게 하며 세상 살아가기에 좋게 하였다.

    환인은 높고 높은 상상천에 있어 오직 뜻이 간절하고 백가지 길이 모두 스스로 화평하였다. 그 때에 그를 천제의 화신이라 하여 감히 거역하는 자가 없었으며 구환의 백성들을 모두 거느리고 한 곳으로 돌아오게 하였다.

桓國 本紀

朝代記[1]* 曰 昔有桓仁 降居天山 主祭天神 定命人民 攝治羣務 野處而無蟲獸之害 群行而無怨逆之患 親疎無別 上下無等 男女平權 老小分役 當此之世 雖無法規號令 自成和樂盾理 去其病而解其怨 扶其傾而濟其弱 一無憾且怫異者 時人皆自號爲桓 以監群爲仁 仁之爲言任也 弘益濟人 光明理世 使之任其必仁也 故五加衆交相選於大衆 以必求業故 愛憎有別 各以其所心主辨之而自擇 其所求鵠 惟在九桓爲公 大同歸一焉者 則亦當自較得失 無一人異然後從之 諸衆亦不敢據下獨術 以處之 蓋處衆之法 無備有患 有備無患 必備豫自給 善群能治 萬里同聲 不言化行 於是萬方之民 不期而來會者 數萬 衆自相環舞 仍以推桓仁 坐於桓花之下 積石之上 羅拜之 山呼聲溢 歸者如市 是爲人間最初之頭祖也

三聖密記云 波奈留山之下 有桓因氏之國 天海以東之地 亦稱波奈留國也 其地廣南北五萬里 東西二萬餘里 摠言桓國 分言則卑離國[2]* 養雲國[3]* 寇莫汗國[4]* 句茶川國[5]* 一群國[6]* 虞婁國(一云 畢那國)[7]* 客賢汗國[8]* 勾牟額國[9]* 賣句餘國(一云 稷臼多國)[10]* 斯納阿國[11]* 鮮卑離國(一云 豕韋國 又云 通古斯國)*[12] 須密爾國[13]* 合十二國是也 天海于今日北海

密記注曰蓋馬(蓋謂神. 馬謂山)國 一云熊心(熊爲神. 心爲山) 在北蓋馬大嶺之北 距勾茶國 二百里 勾茶國 舊稱瀆盧國 在北蓋馬大嶺之西 月瀆國 在其北(卽 勾茶國北) 五百里 稷臼茶國 或稱賣句餘國 舊在五難河(在貝加爾湖東南角) 後爲瀆盧國所破

遂移于金山(卽阿爾泰山)居之 勾茶國 本艾蒜所產也 艾煎服以治冷 蒜燒食以治魔也

　朝代記曰 昔有桓國 衆富且庶焉 初桓仁居于天山 得道長生治身無病 代天興化 使人無兵 人皆力作以勤 自無飢塞也 傳赫胥桓仁 古是利桓仁 朱于襄桓仁 釋提壬桓仁 邱乙利桓仁 至智爲利桓仁 或曰檀因傳七世歷三千三百一年或曰六萬三千一百八十二年 桓國有五訓 神市有五事 所謂五訓者 一曰誠信不僞 二曰敬勤不怠 三曰孝順不違 四曰廉義不淫 五曰謙和不鬪 所謂五事者 牛加主穀 馬加主命 狗加主刑 猪加主病 羊加主善惡 桓國注曰 桓者全一也 光明也 全一爲三神之智能 光明爲三神之德 乃宇宙萬物之所先也

　朝代記曰 古俗崇尙 光明以日爲神 以天爲祖 萬方之民 信之不相疑 朝夕敬拜 以爲恒式 太陽者光明之所會 三神之攸居 人得光以作 而無爲自化 朝則齊登東山 拜日始生 夕則齊趨西川 拜月始生 先是桓仁生而自知 化育五物 敷演五訓 主治五事 五加衆 皆勤苦 使至善修行 開心光明 作事吉祥 住世快樂 桓仁高御上天 惟意懇切 百途咸自和平 時稱天帝化身 而無敢叛者 九桓之民 咸率歸于一．

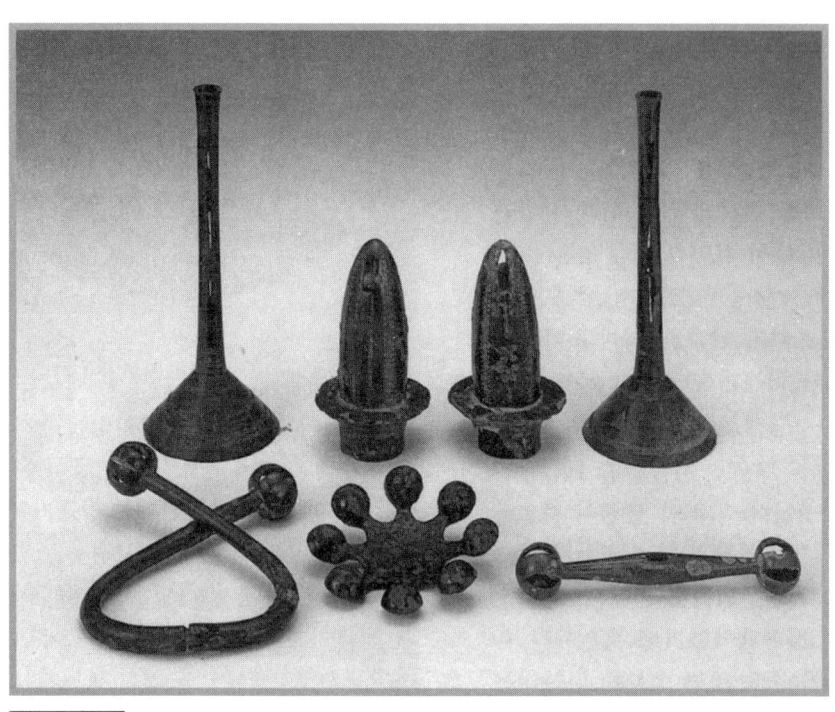

청동기 문명을 창출했던 동이족은 신과 교섭하기 위해 각종 기물을 만들었다. 청동방울, 칼, 거울 등이 그것들이다.

신시 본기(神市 本紀)

신시 본기(神市 本紀)는 환웅천황이 신시 시대를 열고 다스림에 따른 제반사를 언급한 것으로, 발해 시대에 쓰여진 것으로, 알려진 진역유기를 바탕으로 하고 여기에 덧붙여 삼성밀기 조대기 대변경 운급헌원기(雲笈軒轅記) 삼한비기(三韓秘記) 위서 물길전(魏書 勿吉傳) 한서지리지(漢書地理志) 사기 봉선서(史記 封禪書) 선가서(仙家書) 통씨족략(通志氏族略) 고려팔관잡기 등의 기록을 인용하고 있다.

【태백일사】

　진역유기(震域留紀)에 있는 신시본기(神市本紀)에 대해 언급하기를 환웅천황께서 백성들의 생활 거처가 이미 마련되고 만물도 제자리를 차지하고 있는 것을 보고 고시례(高矢禮)에게 만백성을 먹여 살리는 일을 맡겼는데 그 직책은 곡식을 주관하는 것이었다. 그러나 당시는 농사짓는 법이 제대로 갖추어지지 않았고 불씨도 없어 걱정이 많았다.

　그러던 어느 날, 우연히 깊은 산골짜기에 들어가니 고목들이 난잡하게 쓰러져 있고 줄기와 마른가지가 서로 엉키어 난잡하게 섞여 있는 것이 보였다. 이러한 상황에서 말없이 깊은 생각에 잠겨 있을 때 느닷없이 세찬 바람이 불어와 나무들이 부딪히며 거친 소리가 나더니 고목의 줄기가 서로 맞부딪혀 불꽃이 번쩍 번쩍 일어나 타오르다 꺼지는 것을 보았다. 이에 깨달은 바 있어 집으로 돌아와 굵은 마른 나뭇가지를 주워다가 문질러서 불이 나게 하였으나 뜻과 같이 되지 않았다.

　또다시 이전의 장소로 가 거닐면서 생각에 잠겨 있는데, 갑자기 호랑이 한 마리가 큰 소리를 지르면서 뛰어 나옴에 놀라 고시례는 꾸짖음과 동시에 돌덩이를 던졌으나 호랑이는 맞지 않고 바위 모서리에 부딪히며 번쩍 하고 불빛이 났다. 이를 보고 크게 기뻐하면서 돌아와 돌을 부딪쳐 불을 얻었다. 이때부터 백성들이 음식을 익혀 먹게 되었고 불로 쇠를 녹여 쓰는 법이 생겨나고 물건을 만드는 데 큰 작용을 하게 되어 날로 발전하게 되었다.

　환웅천황이 신지(神誌) 혁덕(赫德)에게 명하기를 문자를 만들라고 하였다. 대체로 신지씨는 명을 주관하는 직책을 맡아 출납하고 바치고 물리치는 일을 맡아 보았으나, 그 일은 다만 입으로만 하고 일찍이 글로 기록해 두는 법이 없었다.

　그러던 어느 날, 무리와 함께 사냥을 하던 중 갑자기 사슴 한 마리가 놀라 달아나는 것을 보고 겨냥해 활을 당겼으나 사슴은 이미 종적을 감춰버렸다.[1] 그래서 사방으로 사슴을 찾아 헤매는데 사슴 발자국이 어지러이 남아 있어서 사슴이 달아난 방향을 알 수 있었다.

| 영변지 |

---

1) 평사처(平沙處)란 홀빈 평사촌(忽濱 平沙村)이다.

이에 머리 숙여 곰곰이 생각하다가 '기록해 둠을 이 같이 해 두면 되겠구나!' 하는 깨달음을 얻고는 사냥을 중지하고 돌아와 깊은 생각을 반복한 끝에 널리 여러 물건의 모양을 살펴 연구하여 문자를 만들었다. 이것이 바로 태고문자의 시원이다.

세월이 오래 지나면서 후세에까지 이 문자가 전해지지는 않았는데, 이는 이 문자의 조성에 불편한 점이 있었던 까닭이 아닐까? 일찍이 들리는 바에 의하면 남해도(南海島) 낭하리(郞河里) 계곡, 경박호(鏡珀湖)[2], 선춘령(先春嶺)[3], 오소리(烏蘇里) 등지의 암석 사이에 그 당시에 새겨놓은 조각(彫刻)이 발견된 바 있는데, 범문(梵文)이나 전서(篆書)도 아니어서 알 수 없었다. 이것이 신지씨가 만든 옛 글자가 아닌가 한다. 이 점 우리나라의 국위가 크게 떨치지 못하였음과 우리 민족이 이전처럼 강하지 못하였음이 한스럽게 느껴진다. 환웅천황은 풍백 석제라(釋提羅)에게 새 짐승 벌레 물고기 등의 해를 입지 않도록 하게 하였으나 백성들은 아직 동굴이나 토굴에 살고 있어 습한 바람 기운이 안으로 들어와 병을 일으켰다. 짐승이나 벌레 물고기 등의 무리를 한결같이 궁색하게 쫓아내자 이것들이 점차 멀리 물러 가 숨어버리니 잡아먹기가 어려웠다.

이에 우사 왕금영(王錦營)에게 사람들이 살 곳을 마련하게 하고 소 말 개 돼지 수리 범 등의 짐승을 목축하는 데 유익하게 쓰도록 하는 일을 주관

---

2) 경박호(鏡珀湖)는 북간도 목단강(北間島 牧丹江)이 출원처(出源處)로, 대진국 상경 용원부 용주 숙신현(大震國 上京 龍原府 龍州 肅愼縣)에 속해 있었고 현재는 길림성 영안현 동경성(吉林省 寧安縣 東京城)에 속해 있다.

3) 선춘령(先春嶺)은 두만강(豆滿江) 건너 동북(東北)쪽으로 700리인 수분하 근지 오소리(綏芬河 近地 烏蘇里)에 대해 황조통지(皇朝通志)에 흑룡강(黑龍江)의 여러 물줄기와 오소리강(烏蘇里江)은 갈탑산(噶塔山)에서 발원하여 북류(北流)해 주이근 성남(朱爾根 城南)을 경유(經由)한다 하였는데, 원래 갈사수(曷思水)라 하였으며 갈사왕(曷思王)의 도읍지(都邑地)였다. 현재 길림성과 러시아 연해주 사이의 경계이다.

하게 하였다. 운사 육약비(陸若飛)에게는 남녀가 장가가고 시집가는 법을 정하게 하고 치우는 대대로 병마와 도적을 막는 직책을 감당케 하였다. 이후 치우 고시 신지의 자손들이 번성해 가장 홍성하였다.

치우대왕이 왕위에 올라 구야(九冶)[4]를 만들어 구리와 쇠를 캐내, 이것을 녹여 칼과 창 큰 활을 만들어 사냥하고 전쟁하는 무기로 사용하였다. 멀리 있는 여러 족속들이 큰 활의 위엄을 가장 두려워하여 소문만 듣고도 간담이 서늘해진 지 오래이다.

따라서 저들은 우리 족속을 보고 이(夸=夷의 古字)라고 하였으며 설문에서 말하는 이(夸)란 대(大)와 궁(弓)으로 되어 있어 동방사람이라는 것이 이것이다. 공구씨가 춘추에 이(夸)라는 이름이 오랑캐(戎狄)와 더불어 오명(汚名)이 되고 말았으니 안타까운 일이다.

삼성밀기(三聖密記)에 환국 말년에 다스리기 어려운 강한 족속이 있어 근심하더니 환웅이 나라를 다스리자 곧 삼신으로써 가르침을 베풀어 무리를 모아 맹세케 하고 은밀히 이들을 베어 없애버릴 뜻을 품고 있었다.

이때는 족속의 이름이 한결같지 않아 풍속은 점점 갈라졌다. 본래부터 살던 원주민은 범족이고 새로 옮겨 온 자들은 곰족이었다. 그러나 범의 성품은 물건을 탐내기 좋아하고 잔인하여 오로지 약탈을 일삼고 곰의 성품은 어리석고 고집이 세어 스스로 잘난 체하여 남과 화합하고 협조하기를 좋아하지 않았다.

그러니 같은 굴에 오래 살면서도 더욱 멀어져 꾸어주거나 빌리는 일이 없었으며, 혼인도 서로 맺지 않을 뿐만 아니라 서로 양보하는 일이 전혀 없었다. 이때에 웅녀의 군(君)이 환웅에게 신령스러운 덕이 있다는 말을 듣

---

[4] 구야(九冶)는 채광기(採鑛機)의 일종인 동시에 야주기(冶鑄器)이기도 하다. 이(夷)에 대한 설명은 〈동이(東夷) 그들은 누구인가〉편을 참고한다.

고 무리를 거느리고 와서 말하기를 "원하옵기는 따로 굴 하나를 마련해 주시면 신계의 맹세를 따르는 백성이 되겠나이다." 하였다.

환웅이 이를 허락하고 서로 접촉하게 하니 자식을 낳고 산업이 일어났다. 그러나 범은 끝내 마음을 고치지 못하므로 사해로 내쫓기니 환족(桓族)의 일어남이 이로부터 비롯되었다.

|곰상| 곰을 숭배하는 전통은 인류 공통의 현상이었다. 형상은 인간을 닮았으며, 겨울에 땅 속으로 들어가 겨울잠을 자고 봄에 나오는 생태적 특징은 곰을 더욱 신령스럽게 했다. 바이칼 근처의 에벤키족은 자신들의 선조가 곰이라 믿고 있다. 흥미로운 점은 이들이 '아리랑, 쓰리랑'이라는 말을 쓰고 있다는 사실이다. 사진은 공주 곰나루에서 발견된 곰석상이다.

조대기에 이르기를, 때에 사람은 많고 생산은 적어 살아가기 어려워 걱정하더니 서자부(庶子部)에 환웅이라는 큰 인물이 있었다. 환웅은 여러 사람들의 마음을 깊이 헤아려 하늘에서 내려와 하나의 광명세계를 땅 위에 열고자 하였다.

이때에 안파견이 금악(金岳) 삼위(三危) 태백(太白)을 두루 살펴보고 태백은 가히 인간을 널리 유익하게 할 수 있다 하여 이에 환웅에게 명하기를 "사람과 물건은 이미 온전하게 만들어졌으니 그대는 수고로움을 아끼지 말고 많은 무리를 거느리고 하계로 내려가 하늘의 뜻하는 바의 가르침을 베풀라! 천신에게 제사지내는 일을 주장하여 이로써 아비의 권리를 세워 늙은이를 부축하고 어린이를 이끌어 평화롭게 한 곳으로 돌아가게 하라. 스승의 도를 세워 세상을 이치로 교화하여 자손만대의 큰 법이 되게 하라" 하고 천부인5) 세 개를 내려주어 다스리게 하였다.

환웅이 무리 3천을 거느리고 태백산 신단수6) 아래에 내려 왔는데 이 곳을 신시7)라 한다. 풍백 우사 운사를 시켜 곡식과 목숨과 형벌과 병과 선악을 주관하게 하고, 인간의 360여 가지의 일을 모두 주관하게 하여 세상을 이치로 다스려 인간을 널리 유익하게 하였다. 이 분을 환웅천왕이라 한다.

이때에 곰 하나와 범 하나가 이웃에서 같이 살면서 항상 신단수 아래에서 빌며 환웅에게 청하기를 원하옵기는 변하여 천계의 백성이 되게 하여

---

5) 천부인(天符印)은 일부삼인(一符三印)으로, 그 하나는 천부각경(天符刻鏡)이요, 다음은 영고환무(迎鼓環舞)요, 셋째는 백검폐위(佰劍陛衛)이다.

6) 신단수(神壇樹)는 단군세기 단군도해(檀君世紀 檀君道奚) 경인 원년 국선소도(庚寅 元年 國仙蘇塗)를 설치하고 다환식단수(多桓植檀樹)하고, 그 가운데 가장 큰 나무를 신상(神像) 삼아 제사를 받들었다. 신단(神壇)은 즉 소도(蘇塗)이며 단수(檀樹)는 단목(檀木)을 가리킨다.

7) 신시(神市)는 배달국 소도(倍達國 所都)이다. 웅호(熊虎)(검불) 양족(兩族)이 공동(共同)으로 건설(建設)한 도시이다.

| 고구려벽화 – 곰호 | 고구려벽화에도 곰과 호랑이가 등장하고 있다. 나무 아래 서로 등을 돌리고 있는 두 동물이 곰과 호랑이다.

주옵소서 하였다. 환웅이 신비한 주문으로 뼈를 바꾸어 신으로 옮기게 하고 또 신이 주는 영(靈)의 체험을 얻어 살게 하니 곧 쑥 한 줌과 마늘 스무 쪽이었다.

이에 경계하기를 너희들은 이것을 먹고 햇빛을 백 일 동안 보지 않아야 자유로이 참을 이루고 평등하게 제물(濟物)하여 변화해 사람의 형상을 갖춘 대인이 될 수 있을 것이다 하였다.

곰과 범은 모두 이것을 먹고 스무하루 동안 수련하기를 힘썼다. 결국 곰은 주림과 추위의 고통을 잘 참아 천계를 지키고 환웅과의 약속을 지켰기 때문에 건장한 여인의 자태로 변하였다.

그러나 범은 속이고 자만해 조심하지 않고 천계를 지키지 않았기 때문에 하늘의 업을 받을 수 없게 되니 범과 곰 두 성(姓)은 서로 달리 할 수밖에 없었다. 이후 웅씨의 여러 여자들은 스스로 어리석고 강하여 몸을 맡겨 기댈 데가 없어 항상 신단수 아래에 많은 무리가 모여 아이를 갖게 해 달라고 빌었다.

이에 환웅이 환으로 변하여 관경(管境)을 얻어 혼인해 잉태케 하여 자식을 낳았다. 이로부터 뭇 계집과 사내들이 점차 인륜을 따르게 되었다. 이후 단군왕검이라는 이름을 갖게 되었고 아사달에 도읍을 정하였는데 지금의 송화강이다.

나라 이름을 조선(朝鮮)이라 하였으며, 삼한고리(三韓高離)[8]·시라고례(尸羅高禮)·남북옥저(南北沃沮)·동북부여(東北夫餘)·예(濊)·맥(貊) 등의 지경(地境)이 되었다.

신시에는 일곱 번의 제사가 있었다. 첫 날에는 천신에, 둘째 날에는 월신(月神)에, 셋째 날에는 수신(水神)에, 넷째 날에는 화신(火神)에, 다섯째 날에는 목신(木神)에, 여섯째 날에는 금신(金神)에, 일곱째 날에는 토신(土神)에게 각각 제사를 지냈다. 역(曆)을 만든 것은 여기에서 비롯되었다.

그런데 그 옛날에는 계해(癸亥)를 썼고 단군 구을이 처음으로 갑자를 써서 10월로 상달을 삼아 이것을 세수(歲首)로 하였다. 육계(六癸)는 신씨로부터 신지에 명해 만든 것으로, 계(癸)로 세수(歲首)를 삼았다. 계(癸)는 곧 계(啓)이고, 해(亥)는 곧 해(核)이니 해가 뜨는 근원이다.

그러므로 계는 소라(蘇羅)가 되고 갑은 청차이(淸且伊)라 하고 을(乙)은 적강(赤剛), 병(丙)은 중림(仲林), 정(丁)은 해익(海弋), 무(戊)는 중황(中黃), 기(己)는 열호수(烈好遂), 경(庚)은 임수(林樹), 신(辛)은 강진(强振), 임(壬)은 유불지(流不地), 해(亥)는 지우리(支于離), 자(子)는 효양(曉

---

[8] 고리(高離)는 임황(臨潢) 등지(等地)이고, 시라(尸羅)는 길림(吉林) 등지(等地)이고, 고례(高禮)는 교여(交黎)라고도 하는데, 창려(昌黎) 지방을 지칭한다.

陽), 축(丑)은 가다(加多), 인(寅)은 만량(萬良), 묘(卯)는 신특백(新特白), 진(辰)은 밀다(密多), 사(巳)는 비돈(飛頓), 미(未)는 순방(順方), 신(申)은 명조(鳴條), 유(酉)는 운두(雲頭), 술(戌)은 개복(皆福)이 되었다.

신시가 처음 열렸을 때에는 지상에 골짜기나 길이 없었고 못에는 배나 다리가 없었다. 새와 짐승이 떼를 이루고 풀과 나무는 멋대로 자라나 곳곳에 새나 짐승이 함께 살고 족속은 만물과 함께 있었다.

새와 짐승의 떼는 굴레를 씌워서 놓고 까마귀나 까치의 집은 사다리를 세워 볼 수 있었다. 주리면 먹이고 목마르면 마시게 하여 때에 따라 그 피와 살을 먹고 옷감까지 짜서 입고 농사지어 살며 편리한대로 되니 이것이 지덕(至德)의 세상이 아니고 무엇인가.

백성들은 일 때문에 구애받지 않고 어디를 가야 할 특별한 목적지를 찾아 나설 필요도 없었다. 길을 나서도 불편함이 없었고 사물을 보되 담담하였다. 먹을 것을 모아 놓고 즐거워하며 배는 부르고 해 뜨면 일어나고 해가 지면 편히 자니, 하늘의 혜택이 이러하니 궁핍함이 없었다.

후세에 이르러 백성과 사물이 날로 늘어나 소박한 것을 멀리하고 절름발이도 있게 되고 마음 쓰일 일도 적지 않게 생겨나고 기운이 없어 허덕이는 일도 생기고 게으른 이도 생겨나 생계를 걱정하게 되었다.

여기에서 밭가는 자는 이랑을 두고 다투게 되고 고기 잡는 자는 그 구역을 가지고 다투었다. 다툼이 없이 지내면 결국 궁핍하게 되고 만다. 이렇게 된 이후 활이 만들어지고 새와 짐승들은 도망치고 그물을 치니 물고기는 숨게 되었다. 칼과 창 병사가 생기게 되어 너와 내가 공격하게 되고 이를 갈며 피를 흘리고 간과 뇌를 땅바닥에 뿌리게 된다.

이것 역시 하늘의 참 뜻이런가?

그러니 전쟁을 피할 수 없었음을 알겠노라. 이제 저들의 근원을 살펴보면 아마도 한 뿌리에서 나온 조상일진대, 땅은 이미 동서로 갈라져 각각 한 구석을 차지하고, 사는 땅은 멀리 떨어져 사람들끼리의 인연은 통하지 않고 백성들은 나 하나 있음은 알아도 남이 있음에는 둔감하였다.

사냥하고 나무 베는 일 이외에는 일찍이 험상궂게 이지러질 일이 없더니, 천 년의 세월을 셀 수 있게 되자, 시국은 이미 변하여 중국은 서양인들이 노리는 보물창고가 되어 천리 기름진 땅에 바람만 세차게 분다.

우리 한족 가운데 그 지역으로 나뉘어 간 족속들은 침 흘리며 이리 저리 굴러 전전하고 토착민들도 마구 휩쓸려 모여드니 어찌 여기에서 같은 집안 식구들끼리 원수가 되어 이해를 달리 하고 창칼을 휘두르니 전쟁이 잦았다. 이야말로 만고의 전쟁이 되는 시초이니라!

환웅천황(桓雄天皇)으로부터 5대를 지나 태우의환웅(太虞儀桓雄)이

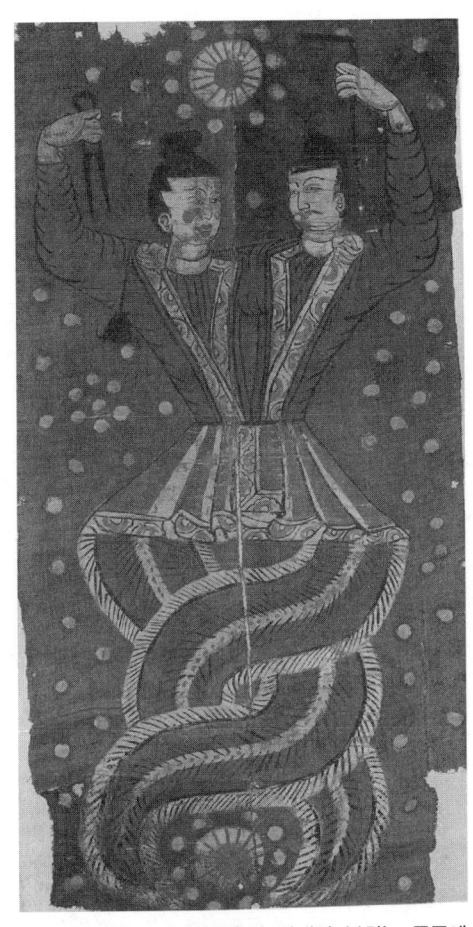

| 여와복희 | 다의발환웅의 막내인 복희는 중국에서 인류의 선조로 자리잡았다. 그림은 신강위구르에서 발견된 여와복희도이다.

있었는데, 가르치기를 "묵념(默念) 청심(淸心) 조식(調息) 보정(保精)하라." 하였다. 이것이 오래 살며 늙지 않는 방술(方術)이다. 아들 열둘을 두었는데, 맏이는 다의발환웅(多儀發桓雄)이고 막내가 태호(太皞)이니 복희(伏羲)라고도 한다.

어느 날, 복희(伏羲)삼신(三神)이 자신의 몸에 영(靈)으로 내리는 꿈을 꾸고 1만 가지 이치를 두루 알게 되자 삼신산에 가서 하늘에 제사지내고 천하(天河)에서 괘도(掛圖)를 얻었다.

그 획(劃)이 세 번 끊어지고 세 번 이어져 위치를 바꾸어 미리 이치(理致)를 알게 하므로 그 오묘함은 삼극(三極)을 포함하여 변화가 끝이 없었다. 밀기(密記)에 말하기를 복희(伏羲)는 신시(神市)에서 나와 우사(雨師)의 직책을 세습하고 그 뒤 청구(靑邱)와 낙랑(樂浪)을 거쳐 진(陳)으로 옮겨 수인(燧人) 유소(有巢)와 함께 서토(西土)에 호(號)를 세웠다고 한다.

그 후손이 풍산에 나누어 살면서 성을 풍이라 하였다. 뒤에 파가 갈려 패(佩) 관(觀) 임(任) 기(己) 포(庖) 리(理) 사(姒) 팽(彭)의 여덟 성씨가 되었다. 지금 산서(山西)의 제수(濟水)9)에 희족(羲族)의 옛날 살던 곳이 아직도 있다. 임(任)10) 숙(宿)11) 수구(須句)12) 수유(須臾)13)의 나라가 모두 여기에 들어 있다.

대변경(大辯經)에 말하기를 복희(伏羲)는 신시(神市)에서 나와 우사

---

9) 제수(濟水)는 설문(說文)에 상산방자 찬황산(常山房子 贊皇山)에서 나와 동류(東流)하는데 이것이 제수(濟水)로, 연수(沇水) 즉 연수하류(衍水下流)이다.
10) 임(任)은 제녕주(濟寧州)로, 그 옛날 고임국(古任國)을 말한다.
11) 숙(宿)은 연주부(兗州府) 동편 20리에 있는 무염성(無鹽城)이 고숙국(古宿國)이다.
12) 수구(須句)는 오늘날 동평주(東平州)이다.
13) 수유(須臾)는 전유(顓臾)라 하기도 하는데, 이 전유(顓臾)는 오늘날 기주(沂州) 비현 서북(費縣 西北) 90리에 전유성(顓臾城)의 흔적이 남아 있다.

(雨師)를 일으키고 신룡(神龍)14)의 변하는 것을 보고 괘도(掛圖)를 만들었고 신시의 계해(癸亥)를 고쳐 갑자(甲子)를 세수(歲首)로 하였다. 여와는 복희의 제도를 이어 받았고 주양(朱襄)은 옛 문자를 가지고 처음으로 육서(六書)15)를 전하였다.

복희의 능(陵)은 지금 산동 어대현(魚臺縣) 부산(鳧山) 남쪽에 있다. 신농은 열산(列山)16)에서 일어났으며 열산은 열수(列水)가 발원하는 곳이다. 신농17)은 소전(小典)의 아들인데, 소전은 소호(小皞)와 함께 모두 고시(高矢)씨의 방계(傍系) 지류(支流)이다.

대개 그 때의 백성들은 정착하여 생업을 일삼아 점차 성해졌고 곡식과 삼 약 돌 다듬는 기술이 갖추어졌다. 한낮에는 저자를 이루고 교역을 하다가 저물면 집으로 돌아갔다. 그런데 유망(楡罔)에 이르러 정치를 하는 것

---

14) 용(龍)은 설문(說文)에 인충지장 능유능명 능세능거 능단능장(鱗蟲之長 能幽能明 能細能巨 能短能長)하여 춘분이등천(春分而登天)하고 추분이잠연(秋分而潛淵)한다고 한다.
15) 육서(六書)는 첫째가 상형(象形)으로, 화출물체지형용(畵出物體之形容)이다. 예컨대 일(日)은 ○, 월석(月夕)은 산(山), 수(水)는 천(川)이다. 둘째는 지사(指事)로, 선(線)과 점(點)으로 표현하고자 하는 사물의 내용을 나태내는 것으로 천지인(天地人)을 삼자(三者)로 하여 왕(王)과 첨인(僉人)이 검(儉)이 된다. 셋째는 회의(會意)로 둘 또는 세 자가 합쳐져 합인여언 인지언왈신 합지여과 지과왈무(合人與言 人之言曰信 合之與戈 止戈曰武)이다. 넷째는 형성(形聲)으로 합형여음 여수지형 공지음 합위강 겸음여의자 여목지수 합위수 여취지녀 취(合形與音 如水之形 工之音 合爲江 兼音與意者 如目之垂 合爲睡 女取之女 娶)가 된다. 다섯째는 전주(轉注)니, 일의지수 삼자(一義之數 三字)로 새로운 훈석(訓釋)을 하는 고로 합위 고령 부 포 부 합위포(合爲 高齡 賦 鋪 敷 合爲布)한다. 여섯째는 가차(假借)로, 무해사물지명자자(無該事物之名字者)는 내취기의성탁사이가차자 구무사회자고 이저 포 자(乃取其依聲託事而假借者 舊無栖戱者故 以撝 蒲字)로 가차이용지류(假借以用之類) 등 이다.
16) 열산(列山)은 사기 정의 괄지지(史記 正義 括地志)에 열수(列水)의 발원지(發源地)로 려산(厲山)이 호북성 수주 수현(湖北省 隨州 隨縣) 북쪽 100리로 산동(山東)에 석혈(石穴)이 있다. 여기가 신농씨(神農氏)가 태어난 려향(厲鄉)인데, 이른바 열산씨(列山氏)라 한다.
17) 신농씨(神農氏)는 강성(姜姓)으로, 인신우수(人身牛首)이다.

이 몹시 급해져 모든 고을이 두 갈래로 나누어져 백성들이 많이 떠나고 흩어지니 세상 살이에 어려움이 많았다. 이에 우리 치우천왕(蚩尤天王)이 신시(神市)의 남은 공덕(功德)을 계승하여 백성들과 더불어 다시 일어나 능히 하늘을 열어 생을 알고 땅을 열어 생을 다스리며 사람들에게 생을 숭상하게 하니 만물의 근본 이치가 자연 헤아려지고 덕이 미치지 않는 곳이 없으며 지혜로움과 활력이 넘쳐났다.

백성들과 함께 범을 나누어 다스려 하삭(河朔)에 살게 하고 안으로는 군사를 길러 용맹스럽게 하였다. 밖으로는 시절의 변화를 보고 있다가 유망(楡罔)의 정치가 쇠잔해지므로 군사를 일으켜 형제와 종당(宗黨) 중에 장수가 될 만한 자 81명을 선발해 대오를 거느리고 공격에 나섰다. 갈로산(葛盧山)[18]의 금을 캐, 도개라는 칼 투구 모극(矛戟)이라는 창 대궁(大弓)인 활과 고시(楛矢)라는 활촉을 만들어 일체의 장비를 갖추었다.

이리하여 탁록(涿鹿)을 함락시키고 구혼(九渾)으로 진군하여 승전하니 그 승세가 마치 태풍이 몰아치는 듯 하였다. 이에 주변 수만의 군대가 겁을 먹고 항복하니 그 위엄이 천하에 떨쳤다. 1년 사이에 9개 제후(諸侯)를 함락시켜 그 땅을 차지하였고, 다시 옹호산(雍狐山)에 주둔하면서 구야(九冶)로 수금(水金)과 석금(石金)을 캐내 예과(芮戈)와 옹호(雍狐)의 갈라진 창을 만들어 군비를 정비해 무리를 이끌고 양수(羊水)로 출전한 후 공상(空桑)으로 집결하였다.

공상은 지금의 진류(陳留)로, 유망(楡罔)이 도읍하였던 곳이다. 그 해에 12 제후의 나라를 합병하니 죽은 시체가 들에 널렸다. 이에 서토(西土)의 백성들이 두려워한 나머지 도망하여 숨지 않는 자가 없었다. 이때에 유

---

18) 갈로산(葛盧山)이 출수(出水)하는 곳에 쇠가 나는데, 치우(蚩尤)가 이 쇠를 활용해 검개모극(劍鎧矛戟)하였다.

망이 소호로 하여금 대항하여 싸우게 하였다.

　천왕이 예과와 옹호창을 휘두르면서 소호와 겨루었는데 큰 안개를 일으켜 적의 장병들을 혼미하고 어지럽게 하니 소호가 크게 패하여 공상으로 들어가 유망과 함께 도망하였다. 이에 치우천왕이 곧 하늘에 제사지내고 천하의 태평을 맹세하고 나서 다시 군사를 진격시켜 탁록[19]을 포위해 단판 싸움으로 승전하였다. 관자(管子)가 "천하의 임금이 갑자기 싸우는데 한 번 노하니 죽은 시체가 들에 가득하였다."라고 한 것은 이를 두고 한 말이다.

　이 무렵 공손헌원(公孫軒轅)이라는 자가 있었는데 토착민의 수괴였다. 처음으로 치우천왕의 공상에 입성하여 새로운 정치를 크게 펼친다는 말을 듣고 스스로 천자가 될 뜻을 가지고 병마를 이끌고 감히 대적하려 하였다. 이에 천왕이 먼저 항복한 장수 소호를 보내 탁록을 포위하고 멸망시키니 헌원은 굴하지 않고 끝까지 싸우려 하였다.

　천왕이 구군(九軍)에 동원령을 내려 네 길로 나누어 나가게 하고 스스로 보병과 기병 3천을 거느리고 헌원 탁록 유웅 등지에서 계속해 싸우는데 군사를 놓아 사방으로 조여 들어가게 해 적을 쳐 죽이게 하였다. 또, 안개를 일으켜 지척을 분별하지 못하게 하고 싸움을 독려하니 적이 두려움에 떨며 도망치니 백 리 사이에 적의 병마가 보이지 않았다.

　이렇게 되어 기(冀)·연(兗) 회대(淮岱)[20]의 땅이 복속되니 탁록에 성

---

19) 탁록(涿鹿)에 대해 위 토지기(魏 土地記)에 하낙성 동남(下洛城 東南) 60리에 탁록성(涿鹿城)이 있는데, 성 동쪽 1리에 판천(阪泉)이 있어 동북으로 흘러 치우천(蚩尤泉)과 합쳐 탁수(涿水)로 들어간다고 하였다.

20) 연(兗)은 곡부(曲阜) 회(淮)는 서주(徐州), 대(岱)는 태산(泰山), 회대(淮岱)는 청구지경(青邱之境) 운급(雲笈)은 운급칠첨(雲笈七籤)이라고 하는데, 송(宋)나라 장군방(張君房)이 찬(撰)한 도가류(道家類)의 서명(書名)으로 총 120권이다.

을 쌓고 회대에 집을 짓자 헌원21)의 족속이 모두 신하라 하며 공물을 바쳤다. 그 때의 서토 사람들은 기껏해야 활과 돌팔매의 힘만 믿고 투구와 갑옷을 쓸 줄 몰랐다. 그리고 치우천왕의 높고 강한 법력에 내심 매우 놀라고 간담이 서늘해져 싸울 엄두를 못내고 싸운다 해도 번번히 패하였다.

운급헌원기(雲笈軒轅記)에 치우가 처음으로 갑옷과 투구를 만들었는데 그 때 사람들은 이것을 알지 못하고 구리의 머리에 쇠 이마를 가졌다고 하였으니 낭패한 심정을 가히 상상하고도 남음이 있다.

치우천왕이 한층 더 군대의 진용을 가다듬어 사방으로 진격하여 10년 동안 헌원과 싸운 것이 73회나 되었다. 그럼에도 장수들은 피로한 기색이 없었고 병사들은 뒤로 물러설 줄 몰랐다.

헌원이 이미 수차례 싸웠으나 거듭 패하였음에도 불구하고 계속해 군사와 말들을 모아 신시의 군비를 본받아 널리 병기와 갑옷을 만들고 지남차(指南車)를 만들어 수차 싸우려 하였다. 이에 치우천왕이 노하여 그 형제들과 종친들을 내세워 크게 싸워 위력을 보이도록 하였다.

헌원의 군사가 감히 쫓아와 습격할 뜻을 갖지 못하도록 대판 전투를 벌여 한쪽 진영을 여지없이 전멸시킨 후 싸움은 그쳤다. 이 전투에서 우리의 장수 치우비(蚩尤飛)가 공을 급히 세우려다 불행히도 진중에서 전사하였다. 사기(史記)에 치우를 사로 잡아 죽였다는 기록은 이를 두고 한 말이다.

천왕이 크게 노해 다시 군사를 움직여 새로이 돌을 날려 적을 치는 기계를 만들어 출정하니 적들은 결국 저항하지 못하였다. 이에 정예 군사를 나누어 서쪽으로 보내 예탁의 땅을 지키도록 하고 동쪽으로는 회대의 땅을 수복해 성읍을 삼고 헌원이 동쪽에서 쳐들어 올 길을 막았다. 이리하여 천

---

21) 헌원(軒轅)은 동이 소전(東夷 小典)의 차자(次子)이다.

왕이 사망한 지 수천 년이 되어도 그 높은 공덕에 의해 후세에 커다란 감명을 주고 있다.

한서지리지에 의하면 치우천왕의 능이 산동(山東) 동평군(東平郡) 수장현(壽張縣) 관향성(關鄕城) 가운데 있다고 하는데, 높이가 일곱 길(七丈)이라고 한다. 진한(秦漢) 때에 그 곳에 사는 백성들이 해마다 10월에 이 능에 제사를 올렸는데 반드시 붉은 기운이 비단처럼 나타나 펄럭여서 이를 치우기(蚩尤旗)22)라 하였다. 그의 영특하고 굳센 혼백이 보통 사람과는 현저히 달라 천 년이 지나도록 없어지지 않아서 그런 것인가 라고 여겼다.

헌원은 치우의 영향으로 보잘것없이 되었고 유망 또한 영원히 멸망하고 말았다. 치우천왕이 남긴 업적이 대대로 이어져 변함없이 떨치고 청청해 그 명성과 위엄이 시들지 않으니 헌원은 이로부터 편안치 못해 그 대가 끊길 때까지 베개를 높이 베고 누워 보지 못하였다.

사기에 말하기를 산을 뚫어 통로를 내고 일찍이 편안히 살지 못하였으며 탁록의 하천을 의지해 고을을 옮겼으나 정착하지 못하고 이리 저리로 옮겨 다니며 군사들의 호위를 받았다고 하니 두려워함이 역력했음을 알 수 있다.

상서(尙書) 여형(呂刑)에도 말하기를 고훈(古訓)에 치우가 난을 일으켰다는 것은 저들이 그 위엄을 두려워하고 기가 꺾였기 때문이라고 하였으니 대대로 그 교훈을 전하여 이것으로 후세의 경계를 삼기를 바랐기 때문

---

22) 치우기(蚩尤旗)는 진서 천문지 주 황람총묘기(晉書 天文志 注 皇覽冢墓記)에 '치우능(蚩尤陵)이 산동 동평군 수장현 관향성(山東 東平郡 壽張縣 關鄕城) 안에 있는데, 높이가 일곱 길(七丈)이다. 해마다 10월이면 백성들이 모여 제사를 지냈다. 붉은 깃발 모양의 기운이 비춰 있어 마치 필강(疋絳)처럼 보였다.'라고 하였다.

이다. 이후 3백 년 동안 아무 일이 없었고 단지 전욱(顓頊)과 한 번 싸워 쳐 부셨을 뿐이다.

　신시 개천 이후로부터 18세를 이어 1565년이 지나 비로소 단군왕검이 일어났다. 웅씨의 비왕(裨王)으로서 신시를 대신하여 구역(九域)을 통일하고 삼한(三韓)을 나누어 그 경계를 관리하였다. 이것을 단군조선이라 한다.

　삼한비기(三韓秘記)에 복희가 이미 서비(西鄙)에 봉함을 받고 정성을 다해 직무를 수행하고 칼과 창 등의 병기를 쓰지 않고 한 지역을 교화하여 복종시켰다. 이렇게 하여 수인(燧人)을 대신하여 지경 밖까지 호령하게 되었다.

　뒤에 갈고환웅(葛古桓雄)이 신농의 나라와 국경을 확정하여 공상(空桑) 동쪽은 우리에게 속하게 되었고, 또 몇 대를 이어오다가 자오지환웅(慈烏支桓雄)에 이르렀다. 자오지환웅은 신령스러운데다 용맹하고 머리와 이마는 구리와 쇠였고, 능히 큰 안개를 일으켰고 구야(九冶)를 만들어 광석을 캐내었으며 쇠를 녹여 병기를 만들고 돌을 날려 적을 치는 기계를 만들었다.

　이렇게 되니 온 천하가 자오지환웅(慈烏支桓雄)을 두려워하고 그를 높여 천제의 아들 치우라 하였다. 치우란 속어로, 크게 우레와 비를 일으켜 산과 물을 바꾸어 놓는다는 뜻이다. 치우천왕은 신농이 쇠하여 가는 것을 보고 큰 뜻을 품고 서쪽에서 천병(天兵)을 일으켜 회대(淮岱)지역을 점령하였다. 그러다가 헌원이 일어나자 바로 탁록의 들로 나아가 헌원을 사로잡아 신하로 삼았고 뒤에 오(吳)장군을 보내 서쪽의 고신(高辛)을 공격하여 공을 세우게 하였다.

　대변경(大辨經)에 신시씨는 전(佺)으로 계(戒)를 닦아 사람들을 가르쳐 하늘에 제사를 지내게 하였다. 이른바 전이란 사람이 스스로 온전함을 좇아 성(性)을 통하여 참(眞)을 이룬다는 뜻이다.

또, 청구씨는 선(仙)으로 법을 세워 사람을 가르쳐 지경을 관리하게 하였다. 이른바 선이란 사람이 스스로 산을 따라 목숨을 알고 선을 넓히는 것이다. 또, 조선씨(朝鮮氏)는 종(倧)으로 임금을 세워 사람을 가르쳐 화(禍)를 꾸짖었다. 종이란 사람이 스스로 종(宗)을 따라 능히 정(精)을 보존하여 아름다움을 이룬다는 뜻이다. 때문에, 전(佺)이란 허(虛)하여 하늘에 근본을 두고 선(仙)이란 밝아 땅에 근본을 두고 종(倧)이란 굳세어 사람에 근본을 두는 것이다.

주(注)에 환인은 천신이라고도 한다. 천(天)은 곧 큰 것이며 하나이다. 환웅은 또한 천왕이라 한다. 왕(王)이란 곧 황(皇)이며 제(帝)이다. 단군(檀君)은 천군(天君)이라 하여 제사(祭祀)를 주관하는 어른이다. 왕검(王儉)은 곧 무리를 감독(監督)하고 지경(地境)을 관할하는 어른이다.

그러므로 하늘로부터 비치는 광명(光明)을 환(桓)이라 하고 땅으로부터 비치는 광명(光明)을 단(檀)이라 하는 것이니, 이른바 환(桓)은 구황(九皇)을 말하는 것이다. 한(韓)은 대(大)이니 삼한을 풍백(風伯) 우사(雨師) 운사(雲師)라 하고 가(加)는 곧 가(家)이다.

오가(五加)란 우가(牛加)가 곡식, 마가(馬加)가 목숨, 구가(狗加)가 형벌, 저가(豬加)가 병(病), 양가(羊加)가 선악(善惡)을 주관하는 것을 말한다. 백성은 64가(加)가 있고 무리는 3천이 있었다.

세상을 잘 다스리도록 내려 보내심을 개천(開天)이라 한다. 개천은 모든 사물을 창조하는 것이기 때문에 이것이 허(虛)와 동체(同體)가 되는 것이다. 인간 세상을 탐구(貪求)하는 것을 개인(開人)이라고 한다.

개인(開人)은 능히 인사를 순환시키기 때문에 이는 혼(魂)이 함께 불어

[태백일사]

| 백두산 | 민족의 영산 백두산

나는 것이다. 산을 다스리고 길을 내는 것을 개지(開地)라고 한다. 개지는 능히 세상사를 개화시키기 때문에 이는 지혜와 함께 닦아지는 것이다.

　삼한비기(三韓秘記)에 말하기를 대개 백두의 큰 산이 아득히 황막한 속에 버티고 앉아 있어 가로가 천 리에 뻗혀 있고 높이는 2백 리가 되게 솟아 있다. 그 위용이 웅장하고 험하며 거칠어 꿈틀거리는 듯하여 배달천국의 진산이 되었다. 신인이 오르내린 것이 실은 여기에서 시작되었는데 '변변치 못한 묘향산은 다만 낭림의 서쪽에 달린 산맥일 뿐 어찌 능히 이 같은 성스러운 일에 참여할 수 있겠는가.'라고 하였다.

　세상에서는 이미 묘향산을 태백이라 하였다. 말하자면 다만 압록강 동쪽 이남의 한 모퉁이 땅에 국한하여 신의 조종(祖宗)은 곤륜산(崑崙山)23)이라 하며 기꺼이 소중화(小中華)라는 말을 스스로 흐뭇하게 여기며 사신을 북쪽으로 보내어 공물(貢物)을 바치는 것을 마땅한 것으로 알아 여러 백 년을 내려오면서도 수치로 여기지 않았다. 이는 책을 덮고 길이 탄식할 일이다.

---

23) 곤륜산(崑崙山)은 전설상의 산으로, 하늘에 이르는 높은 산이며 아름다운 옥(玉)이 나는 산으로 알려져 오다가 전국 말(戰國 末)부터 서왕모(西王母)가 살며 불사(不死)의 물이 흐르는 신선경(神仙境)으로 전해졌다.

그러나 지금도 동방의 여러 산을 태백이라 하는 자가 많고 세속에서는 모두 영변의 묘향산을 이것이라 하니 이는 실상 일연 씨의 삼국유사에서 연유된 것이다. 그러니 저들의 눈동자는 마치 팥이나 콩과 같아서 어찌 감히 함께 의논할 수 있겠는가? 지금 백두산은 위에 큰 못이 있어 둘레가 80리가 되고 압록강 송화강[24] 두만강의 근원이 모두 이곳이다.

이것을 천지라 하는데 곧 환웅 씨가 구름을 타고 하늘에서 내려온 곳이다. 묘향산에는 일찍이 하나의 웅덩이도 없고 또한 환웅천왕이 처음 내려온 태백산도 아니므로 논할 가치조차 없다. 위서(魏書) 물길전(勿吉傳)에 나라 남쪽에 도태산(徒太山)이 있는데 위(魏)에서는 태황(太皇)이라고 한다. 범, 표범, 곰, 이리가 있어도 사람을 해치지 않았다. 사람들은 산에 올라가서 오줌을 눌 수 없고 길을 가는 자는 모두 그것을 잔뜩 담아가지고 돌아갔다.

대개 환웅천황이 처음 내려와 이 산에 이미 있었고 또 이 산이 신주(神州)의 왕을 일으킨 신령스러운 땅이니 소도 제천의 옛 풍속이 틀림없이 이 산에서 시작된 것이다. 또, 옛날부터 환족(桓族)이 조상을 숭배한 것도 이 산에서 시작되었으니 결코 예사스러운 일이 아니다.

새나 짐승까지도 모두 신의 감화를 입어 편안히 이 산에 살았기 때문에 사람들을 상하게 하지 않았으며 사람 또한 산에 올라가서 감히 오줌을 누어 신을 모독하지 않았으니 만세에 걸쳐 공경하고 보호하는 표적으로 삼았다.

우리 환족은 모두 신시가 거느린 3천의 무리에서 나왔으며 후세에 비록 여러 성씨로 갈라졌으나 실은 한 근원인 환단의 자손인 것이다. 그러니 신

---

[24] 압록강(鴨綠江)은 동압록(東鴨綠)과 북압록(北鴨綠)으로 불려지며, 북압록은 송화강(松花江)이고 서압록(西鴨綠)은 대요하(大遼河)라 칭한다.

시가 처음 내려온 공덕은 반드시 전하고 외워서 잊어서는 안 될 것이니, 곧 선왕과 선민이 옛날 삼신에게 제사지내던 성지를 가리켜 삼신산이라 한 것은 틀림없는 것이다.

신시 이후로 신으로 다스리고 성스럽게 교화시킨 효과가 해를 거듭할수록 가일층 일어나고 깊어졌다. 그리하여 나라를 다스리고 세상을 경영하는 대본(大本)이 남의 나라와 비교할 때 전혀 달랐다. 그 신성한 풍속이 천하에 널리 퍼져 천하 만방이 신으로 다스리는 성스러운 교화를 사모하여 삼신을 추앙하고 숭배하였으며 동북쪽 신명(神明)의 집이라고 하는 곳에 찾아오기에 이르렀다.

그런데 말년에 이르러 폐단이 거칠고 허탄하여 옳지 못한 데에 빠지게 되었다. 이후 해가 거듭될수록 더욱 이상하게 되어 괴상하고 허탄하고 근거 없는 낭설이 소위 연(燕) 제(齊)의 바다 위에 괴이한 방사(方士)까지 나오게 되었다.

이것은 그 땅이 구환 신시와 서로 접해 있고 백성과 물건의 왕래가 특히 많았기 때문이리라. 그러다 보니 자연히 풍문으로 듣고 놀라며 기이하게 여기고 또 다시 거기에 말을 보태기를 삼신산(三神山)은 봉래(蓬萊) 방장(方丈) 영주산(瀛州山)으로 발해 바다 가운데 있다는 등 세상 사람들을 미혹하였다.

당시 사람들은 동쪽에 있는 바다에 이르러 바다를 바라보면 끝이 없었고 발해 가운데 다른 바다가 있는 것을 알지 못하였기 때문에 문득 말하기를 삼신산이 발해 가운데 있다는 등의 말을 하였다.

그러나 실은 각각 세 섬에 있는 것이 산이 아니라, 봉래(蓬萊)는 쑥대가 무성하게 자라 빽빽한 곳이어서 곧 천왕(天王)이 내려온 곳이며 방장(方丈)은 사방 한 길(丈)이 되는 전각(殿閣) 곧 소도(蘇塗)가 있던 곳이며 영주

(瀛州)는 큰 바다가 섬을 둘러싼 모양인데 여기를 천지가 생긴 곳이라 믿었다. 이것을 싸잡아 삼신산이라 한 것이다.

 삼신은 곧 하나뿐인 상제(上帝)이다. 그런데 더욱 황당한 것은 삼신의 근원도 알지 못하고 금강(金剛)을 봉래(蓬萊)라 하고 지리산(智異山)을 방장(方丈)이라 하고 한라산(漢拏山)을 영주(瀛州)라 하는 것이다.

 사기에 그것이 발해 가운데 있다고 전하고 있어 일찍이 가 본 자가 있었는데, 여러 선인(仙人)과 불사약(不死藥)이 모두 있었고 물건과 새와 짐승은 모두 희고 황금과 백은으로 궁궐을 지었다는 여러 이야기가 전해진다.

 선가서(仙家書)에 삼신산에는 죽은 사람이 살아나는 불로초가 있어 일명 진단(眞丹)이라 한다. 지금 백두산에 옛날부터 흰 사슴과 흰 꿩 흰 매 등속들이 있다 하였는데 괄지지(括地志)에서 말하는 새와 짐승 초목이 모두 희다는 것이 이것이다.

 백두산(白頭山) 일대에 산삼이 많이 났는데 세상 사람들이 이것을 불로초라고 믿고 있었으며 산에 사는 사람들이 이것을 캐고자 하면 반드시 깨끗이 목욕재계하고 산에 제사 지낸 후에야 감히 시작하였다. 죽어 가는 사람이 살아나고 늙지 않는다는 이름이 붙은 것도 여기에서 시작된 것이라고 할 수 있다.

 세기(世紀)에 단군 오사구(檀君 烏斯丘) 원년에 북쪽을 순시하다가 신령스러운 풀을 얻었다 하였는데, 이것이 곧 이를 증명하는 것이다. 10월에 하늘에 제사지내는 것은 천하에 영구히 남긴 풍속이다. 이 의식은 신주 특유의 성전(盛典)으로 타국의 것에 비교할 바가 아니다.

 태백산은 곤륜산이라는 이름을 누르고도 남음이 있다. 옛 삼신산은 곧 태백산이며 또한 지금의 백두산이다. 대저 상세(上世) 신시의 인문과 교화가 근세에 이르러 건전하게 행해지고 있지 않으나 천경(天經)과 신고(神

誥)는 오히려 후세에까지 전해져 온 나라 사람들이 말없이 조용히 숭상하고 믿었다.

이는 인간의 생사를 삼신이 주관한다고 믿고 있었기 때문이다. 10세 미만의 어린아이의 몸과 생명의 안위, 지혜롭고 어리석음, 준수하고 용렬함을 모두 삼신에게 의탁하였다. 삼신이란 곧 우주를 창조하고 만물을 만든 유일신인 것이다.

옛날 사마상여(司馬相如)가 한(漢)나라 왕 유철(劉徹)에게 말하기를 "폐하께서 겸양하여 어지러운 일을 하지 않으시면 삼신의 기쁨을 얻을 수 있을 것입니다."라고 하였다. 그리고 위소(韋昭)의 주(注)에 삼신은 상제(上帝)라고 하였으니 삼신이라는 말이 일찍부터 이미 저들의 지경에까지 전파되었던 것이 분명하다.

진역유기(震域留記)에 제(齊)나라 풍속에 여덟 신의 제사가 있었는데 이 여덟 신이란 천왕(天主) 지주(地主) 병주(兵主) 양주(陽主) 음주(陰主) 월주(月主) 일주(日主) 사시주(四時主)이다.

하늘은 음을 좋아하기 때문에 반드시 높은 산 밑의 작은 산 위에서 제사 지냈다. 이것이 태백산 기슭에서 제사지냈던 유법(遺法)인 것이다. 또 땅은 양을 취하기 때문에 반드시 못 가운데 모난 언덕에서 제사 지냈다. 이것이 참성단(塹城壇)에서 하늘에 제사지낸 여속(餘俗)인 것이다. 천주는 삼신을 제사지내고 병주(兵主)는 치우(蚩尤)를 제사 지냈다. 삼신은 천지만물의 조상이 되고 치우는 만고의 무신용강(武神勇强)의 조상으로서 큰 안개를 일으키고 물과 불을 부리며 만세 도술의 근본이 되어 바람과 비를 불러 일으키고 만신(萬神)을 부른다.

그런 까닭에 세상이 처음 시작될 때부터 항상 천하 병사의 주인이 되었다. 해대(海垈)의 땅에 이미 엄(奄) 남(藍) 양(陽) 개(介) 우(嵎) 래(萊) 서

| 창힐 | 새끼의 매듭을 이용한 데서 문자를 사용했다고 알려지고 있는 창힐.

(徐) 회(淮) 8족이 사는 곳이 되었다.

그러므로 여덟 신이라는 말은 이 여덟 족속에서 비롯되어 당시에 성행되었던 것이다. 유방(劉邦)은 비록 동이계통은 아니나 풍패(豊沛)에서 군사를 일으켰는데 풍패의 풍속에도 치우를 제사지냈다. 때문에 유방 역시 풍속에 따라 치우를 제사지냈다.

그리고 북과 기에 짐승의 피를 발랐으며 10월에 패상(覇上)에 이르러 제후들과 함께 함양(咸陽)을 평정하고 한나라 왕위에 올랐으니 이로 인해 10월로 세수(歲首)를 삼았다.

이것은 진(秦)나라의 정월 초하루를 답습한 것이지만 이 또한 동황태일(東皇太一)을 숭배하고 공경하며 치우를 공경하여 제사지냈기 때문이다. 4년 후 진(秦)나라 땅이 평정되자 축관(祝官)을 시켜 치우 사당을 장안(長安)에 세우도록 하였으니 치우를 독실하게 공경함이 이 같았다.

진(晉)나라 천문지(天文志)에 치우의 기는 혜(彗)자와 비슷하여 뒤가 구부러져 보통 기의 모양이었으며 기가 보이는 곳에서는 그 아래에 군사가 있었다. 이것은 치우천황이 곧 하늘에 올라가 많은 별이 되었기 때문이다.

통지씨족략(通志氏族略)에 치(蚩)씨는 치우의 후손이라 하였고, 혹 말하기를 창힐(蒼頡)은 고신(高辛)과 함께 모두 치우 씨의 후손이라 하였고,

혹 말하기를 창힐(蒼頡)은 고신(高辛)과 함께 모두 치우 씨의 후손이니 대극성(大棘城)에서 낳고 산동 회북(淮北)으로 옮긴 자라고 하였다.

치우천왕(蚩尤天王)의 영걸스러운 풍채와 위대한 업적이 먼 곳에까지 전파되었음을 미루어 알 수 있다. 연(燕) 제(齊)의 선비들이 신이(神異)하고 거짓스러운 말에 깊이 미혹되고 또 그것을 숭상하였다.

제(齊)의 위왕(威王) 연(燕)의 소왕(昭王) 때부터 사신을 보내어 삼신산(三神山)을 찾았다. 진(秦) 한(漢) 때의 송무기(宋無忌) 정백교(正伯僑) 극상(克尙) 이문자고(羨門子高)는 최후의 무리로 연(燕)나라 사람들이며, 문성(文成) 오리(伍利) 공손경(公孫卿) 신공(申公) 등은 모두 제(齊)나라 사람들이다.

옛날에 여상(呂尙)도 또한 치우(蚩尤)의 자손(子孫)이다. 그런 까닭에 역시 성(姓)이 강(姜)이니 대개 치우(蚩尤)가 강수(姜水)에 살면서 두었던 아들은 모두 강씨(姜氏)가 되었다.

강태공이 제(齊)나라를 다스리는데 먼저 도술(道術)을 닦고 천제지(天齊池)에서 하늘에 제사지냈기 때문에 제(齊)나라에 봉(封)함을 받았다. 그래서 여덟 신의 풍속이 더욱 그 땅에 성하였다.

후세에 그 땅에서 도술(道術)을 좋아하는 자가 많이 나와 신선(神仙)과 황로(黃老)와 함께 섞어 이를 알기 쉽게 설명하여 더욱 좋게 꾸몄으니 이것 또한 강태공(姜太公)의 도움으로 된 풍속인 것이다.

일찍이 음부경(陰符經) 주(注)를 만들었는데 자부(紫府)의 삼황내문(三皇內文)의 뜻을 풀어 썼으니 연(燕) 제(齊)의 선비가 얻어 보고 어찌 괴이하고 허탄한 학설을 좋아하지 않았겠는가.

또, 오행으로 물을 다스리는 법(五行治水法)인 황제중경(黃帝中經)이라는 글이 태자 부루(夫婁)에게서 나왔고, 우사공(虞司公)에게 전해졌다.

| 강태공 묘 | 치우의 후손으로 추정되는 강태공의 묘

그 후 다시 기자(箕子)가 부왕(紂王)에게 크게 모범이 되는 법을 말한 것도 황제중경(黃帝中經)의 오행치수설(五行治水說)이다.

그러니 학문의 근본은 신시(神市)의 구정(邱井) 균전(均田)의 유법(遺法)인 것이다. 밀기(密記)에 옛날에는 죽은 자들을 마을에서 나가게 하는 일이 없고 한 곳에 합장하여 지석(支石)으로 표시하였다. 후에 그것이 변하여 단(壇)이 되었고 지석단 또는 제석단이라 하였다.

그것은 산꼭대기에 있었는데 산을 파서 성단(城壇)을 만든 것을 천단(天壇)이라 하고 산골짜기에 나무를 심어 토단(土壇)을 만든 것을 신단(神壇)이라 하였다. 지금 승려의 무리들이 혼돈하여 제석(帝釋)을 단이라고 하는 것은 옛 풍습이 아니다.

| 삼랑성 | 강화도의 전설에 의하면 단군의 세 아들이 쌓았다고 한다.(단군이 삼랑을 시켜 강화도에 쌓은 삼랑성)

　삼신을 보호하여 지키고 사람의 목숨을 다스리는 자가 삼시랑(三侍郎)인데, 본래는 삼신을 시종하는 낭(郎)이며 삼랑(三郎)은 원래 배달(倍達)의 신하이며 또 삼신을 보호하고 지키는 일을 세습하는 관원이다.

　고려팔관잡기(高麗八觀雜記)에 삼랑은 배달의 신하이다. 농사짓는 것과 재물의 이익을 주관하는 자를 업이라 하고 가르치고 복종함을 주관하는 자를 낭(郎)이라 하며 무리를 모아 공을 비는 자를 백(伯)이라 하였으니 곧 옛날에 일어난 신도(神道)이다. 모두가 신령(神靈)을 받아 예언을 하는 일이 많은데 신의 이치와 맞는 일이 많았다.

지금 혈구에 삼랑성이 있는데 이 성은 곧 삼랑이 머물면서 지키던 곳이다. 삼랑이란 삼신을 보호하고 지키는 관원이다. 불상이 처음 들어와서 절을 세우고 대웅(大雄)이라 하였는데 이것은 승려의 무리들이 옛것을 답습하여 그대로 부르는 것이지 본래 승가의 말은 아니다.

또 말하기를, 승려의 무리와 유생이 다 낭가(郎家)에 예속되어 있었다라는 말로도 미루어 알 수 있다. 혹 말하기를, 옛날에 백성들이 시내나 골짜기에 흩어져 장사지냈는데 정해진 곳이 없었다.

그러다가 위로 국왕으로부터 모두 큰 무덤을 파서 옮겨오고 천신의 신주를 모셔놓고 제사지냈다. 그러다가 뒤에 가서 혹 평지에 장사지내기도 하고 그 둘레에 박달나무 버드나무 소나무 잣나무를 심어 표식을 삼기도 하였다.

신시의 세상에서는 능묘(陵墓)의 제도가 없었으나 후에 중고대(中古代)에 이르러서는 나라가 부유해지고 겨레가 강해지자 사람이 사는 것도 넉넉해지고 죽은 사람을 보내는 일도 사치스러워졌다.

이리하여 제사지내는 데에도 예법이 있었고 묘를 치장하는 것도 자못 융성하였다. 혹 둥글게도 하고 혹 모나게도 하여 몹시 그것을 사치스럽게 장식하니 높고 크고 넓고 좁고 방정하게 하였으며 규칙이 있어 내벽과 밖의 봉분을 고르게 잘 정돈하고 정교하게 하였다. 그러다가 고구려에 이르러서는 능묘의 제도가 천하에서 으뜸이 되었다.

神市 本紀

 震域留記 神市紀云 桓雄天皇 見人居已完 萬物各得其所 乃使高失禮 專掌餽養之務 示爲主穀 而時稼穡之道不備 又無火種 爲憂 一日偶入深山 只看喬木荒落 但遺骨骸 老幹枯枝 交織亂叉 立住多時 沈吟無語 忽然大風 吹林 萬竅怒號 老幹相逼 擦起火光 閃閃烙爍 乍起旋消 乃猛然惺悟 曰是哉是哉 是乃取火之法也 歸取老槐枝 察而爲火 功猶不完 徘徊尋思 忽然一個條紋虎 咆哮曜來 高矢氏大叱一聲 飛石猛打誤中 岩角炳然生火 乃大喜而歸 復擊石取火 從此民得火食 鑄冶之術 始興而制作之功 亦漸進矣

 桓雄天皇 又復命神誌 赫德作書契 蓋神誌氏 世掌主命之職 專掌出納獻替之務 而只憑喉舌 曾無文字記存之法 一日出衆狩獵 忽見驚起一隻牝鹿 彎弓欲射 旋失其蹤 乃四處搜探 遍過山野 至平沙處[1]* 始見足印亂鎖 向方自明 乃俯首沈吟 旋復猛惺 曰記存之法 惟如斯而己夫 惟如斯而己夫 是日罷獵而歸 反復審思 廣察萬象 不多日 悟得創成文字 是爲太古文字之始矣 但後世年代邈遠 而太古文字 沒泯不存 抑亦其組成也 猶有不便而然歟 亦嘗聞南海島郎河里之溪谷 及鏡珀湖[2]* 先春嶺[3]* 與夫烏蘇里以外岩石之間 時或有發見彫刻 非梵非篆 人莫能曉 此非神誌氏之所作古字歟 於是 而更恨吾國之未振 吾族之不强也

 桓雄天皇 使風伯 釋提羅 雖除鳥獸蟲魚之害 而人民 猶在洞窟 土穴之中 下濕外風之氣 逼人成疾 且禽獸蟲魚之屬 一經窘逐 漸自退避藏匿 不便於屠殺供饌 於是 使雨師 王錦營造人居

主致牛馬狗豚ヲ虎之獸 而牧畜利用 使雲師陸若飛 定男女婚娶之法焉而 治尤則世掌兵馬盜賊之職焉 自此治尤高矢神誌之 苗裔繁衍最盛及至 治尤天王登極 造九冶[4]* 以採銅鐵鍊鐵 而作刀戟大弓 而狩獵征戰 賴以爲神 遠外諸族 甚畏大弓之威 聞風膽寒者久矣 故彼謂我族爲夷 說文所謂夷人人大人人弓 爲東方人者 是也 乃至孔丘氏春秋之作 而夷之名 遂與戎狄 竝爲腥臊之稱 惜哉

三聖密記 曰桓國之末 有亂治之强族患之 桓雄爲邦 乃以三神設敎 而聚衆作誓 密有剪除之志 時族號不一 俗尙漸歧 原住者爲虎 新移者爲熊 然虎性貪嗜殘忍 專事掠奪 熊性愚朶自恃 不肯和調 雖居同穴 久益疎遠 未嘗假貸 不通婚嫁 事每多不服 咸未有一其途也 至是熊女君 聞桓雄神德 乃率衆往見 曰願賜一穴廛 一爲神戒之氓 雄乃許之 使之奠接 生子有産 虎終不能悛 放之四海 桓族之興始此

朝代記 曰時 人多産乏 憂其生道之無方也 庶子之号 有大人桓雄者也 探聽輿情 期欲天降 開一光明世界於地上 時安巴堅遍時金岳 三危太白 而太白 可以弘益人間 乃命雄 曰如今 人物業已造完矣 君勿惜勞苦 率衆人 躬自降往下界 開天施敎 主祭天神 以立父權 扶平和歸一 以立師道 在世理化 爲子孫萬世之洪範也 乃授天符印[5]* 三個 遣往理之 雄率徒三千 初降于太白山神檀樹[6]* 下 謂之神市[7]* 將風伯雨師 雲師而主穀 主命 主刑 主病 主善惡 凡主人間三百六十餘事 在世理化 弘益人間 是爲桓雄天王也

時一熊一虎 同隣而居 常祈于神檀樹 而又請桓雄 願化爲天戒之氓 雄乃以神呪 換骨移神 又以神遺 得驗靈活 乃其艾一炷 蒜二十枚也 仍戒之曰爾輩 食之 不見日光百日 自由成眞 平等濟物 便得化人踐形之大人者也 熊與虎兩家 皆得而食之忌三七日 務自修鍊 而熊耐飢寒痛苦 遵天戒守 熊約而得健者之女容 虎則誣慢不能忌違天戒 而終不得與之 贊天業是二姓之不相若也 熊氏諸女自執愚强 而無與之爲歸故 每於壇樹下 群聚以呪願 有仍有帳 熊乃假化爲桓 得管境而使與之婚 孕生子女 自是群女群男漸得就倫 其後有號曰檀君王儉 立都阿斯達 今松花江也 始稱國爲朝鮮 三韓 高離[8]* 尸羅 高禮 南北沃沮 東北夫餘 濊與貊 皆其管境也

神市之世 有七回祭神之曆 一回日祭天神 二回日祭月神 三回日祭水神 四回日祭火神 五回日祭木神 六回日祭金神 七回日祭土神 盖造曆始於此 然舊用癸亥 而檀君邱乙 始用甲子 以十月爲上月 是爲歲首 六癸自神市氏 命神誌所製 而以癸爲首 癸啓也 亥核也 日出之根 故癸爲蘇羅 甲爲淸且伊 乙爲赤剛 丙爲仲林 丁爲海戈 戊爲中黃 己爲烈好遂 庚爲林樹 辛爲强振 壬爲流不地 亥爲支于離 子爲曉陽 丑爲加多 寅爲萬良 卯爲新特白 辰爲密多 巳爲飛頓 午爲隆飛 未爲順方 申爲鳴條 酉爲雲頭 戌爲皆福

神市肇降之世 山無蹊逕 澤無舟梁 禽獸成群 草木遂長 處與禽獸群 族與萬物幷 禽獸之隊 可依覇而遊 烏鵲之巢 可攀援而闚 飢食渴飮 時用其血肉 織依耕食 隨便自在 是謂至德之世 民

居不知所爲 行不知所之 其行鎭鎭 其視顚顚 含哺而熙 鼓腹而遊 日出而起 日入而息 盖天澤洽化而不知窘乏者也 降及後世 民物益繁 素僕漸離 鱉鱉蹠跂 勞勞孜孜 始以生計爲慮 於是耕者爭畝 漁者爭區 非爭而得之則將不免窘乏矣 如是以後 弓弩作而鳥獸遁 網罟設而魚鰕藏 乃至刀戟甲兵 爾我相攻 磨牙流血 肝腦塗地 此亦天意固然 於是乎知戰爭之不可免也 今夫究其源 則盖一源之祖也 然地旣分東西 各據一方 土境逈向 殊人煙不通 民知有我而不識有他 故狩獵採伐之外 曾無險陂 降至數千載之後 而世局已變 仲國者 西土之寶庫也 沃野千里 風氣恢暢 我桓族之分遷該域者 垂涎而轉進 土着之民 亦湊集而萃會於是焉 黨同讐異 而干戈胥動 此實萬古爭戰之始也

自桓雄天皇五傳 而有太虞儀桓雄 敎人必使默念淸心 調息保精 是乃長生久視之術也 有子十二人 長曰多儀發桓雄 季曰太嗥 復號伏羲 日夢三神降靈于身 萬理洞徹 仍往三神山祭天 得掛圖於天河 其劃三絶三連 換位推理 妙合三極 變化無窮 密記曰伏羲 出自神市 世襲雨師之職 後經靑邱樂浪 遂徙于陳 幷與燧人有巢 立號於西土 後裔分居于風山 亦姓風 後遂分爲 佩觀任己庖理以彭 八氏也 今山西濟水[9]* 義族舊居尙在 任[10]*宿[11]*須句[12]*須臾[13]* 等國 皆環焉

大辯經曰 伏羲出於神市而作雨師 觀神龍[14]*之變而造掛圖 改神市癸亥 而爲首甲子 女承伏羲制度 朱襄仍舊文字而始傳六書[15] 伏羲陵 今在山東魚臺縣鳧山之南 神農起於列山[16]* 列山列水所出也 神農[17]* 小典之子 小典與小嗥 皆高矢氏之傍支也 瑤當世

之民 定着爲業 漸至成皐 穀麻藥石之術 亦已稍備 日中爲市 交易以退也 及至楡罔 爲政束急 諸邑攜二 民多離散 世道多艱 我蚩尤天王 承神市之餘烈 與民更張 能得開天知生 開土理生 開人崇生 衆物原理 盡自檢察 德無不至 慧無不宜 力無不備 乃與民分治 虎据河朔 內養兵勇 外觀時變 及楡罔衰政 乃與兵出征 選兄弟宗黨中 可將者八十一人 部領諸軍 發葛盧山[18]*之金 大制釖鎧矛戟大弓楛矢 一幷齊整 拔涿鹿而登九軍 連戰而捷 勢若疾風 慴伏萬軍 威振天下 一歲之中 凡拔九諸侯之地 更就雍狐之山 以九冶 發水金石金 而制芮戈 雍狐之戟 更整師躬率 而出陣洋水 殺至空桑 空桑者今之陳留 楡罔所都也 是歲之中 兼倂十二諸侯之國 殺得伏尸滿野 西土之民 莫不喪膽奔鼠 時楡 罔使小昊拒戰 天王揮芮戈 雍狐之戟 與小昊大戰 又作大霧 使敵將兵 昏迷自亂 小昊大敗落荒而走 入空桑 偕楡罔出奔 蚩尤天王 乃卽祭天而誓告天下泰平 更復進兵 圍迫涿鹿[19]* 一擧而滅之 管子所謂天下之君 頓戰一怒 伏尸滿野者是也

　時有公孫軒轅者 土着之魁 始聞蚩尤天王 入城空桑 大布新政 而敢有自代爲天子之志 乃大興兵馬 來與欲戰 天王先遣降將小昊 圍迫涿鹿而滅之 軒轅猶不自屈 敢出百戰 天王動令九軍 分出四道 自將步騎三千 直與軒轅 連戰于涿鹿 有熊之野 縱兵四蹙 斬殺無算 又作大霧 咫尺難辨而督戰 賊軍乃心慌手亂 奔鼠逃命百里 兵馬不相 見 於是冀兗[20]*淮岱之地 盡爲所居 乃城於涿鹿 宅於淮岱 軒轅[21]*之屬 皆稱臣入貢 蓋當時西土之人 徒憑矢石之力 不解鎧甲之用 又値蚩尤天王之法力高强 心驚膽寒 每

戰輒敗 雲笈軒轅記之所謂蚩尤 始作鎧甲 兜鍪 時人不知以爲銅頭鐵額者 亦可想見其狼狽之甚矣

蚩尤天王 益整軍容 四面進擊 十年之間 與軒轅戰七十三回 將無疲色 軍不退後 軒轅旣屢戰敗 尤益大興士馬 效我神市而廣造兵甲 又制指南之軍 敢出百戰 天王赫然震怒 使兄弟宗黨 務要大戰而立威 使軒轅之軍 不敢生意於追襲 與之大戰 混殺一陣然後 方熄是役也 我將蚩尤飛者 不幸有急攻陣沒 史記所謂擒殺蚩尤者 蓋謂此也 天王赫怒動師 新造飛石迫擊之機 成陣聯進 賊陣終不能抗也 於是分遣精銳 西 守芮涿之地 東取淮岱 爲城邑 而當軒轅東侵之路 及至崩逝數千載 而猶有萬丈光烈 能起感於後人者也 今據漢書地理志 其陵在山東 東平郡 壽張縣 闞鄕城中 高七丈 秦漢之際 住民猶常以十月祭之 必有赤氣 出如疋絳 謂之蚩尤旗[22]* 其英魂雄魄 自與凡人 逈異 歷數千歲而猶不泯者歟 軒轅以是索然 楡罔亦從以永墜矣

蚩尤天王之餘烈 世襲能振 盡有幽靑 聲威不墜 軒轅以來 世不自安 終其世而未嘗安枕而臥 史記所謂披山通路 未嘗寧居 邑于涿鹿之河 遷徙往來 無常定處 以師兵爲營衛者 蓋其戰兢之意 歷歷可觀 而尙書呂刑 亦云若有古訓 惟蚩尤作亂 彼之畏威奪氣 而世傳其訓 以爲後人戒者 亦甚矣 其後三百年無事 只與顓頊一戰破之 蓋自神市開天 傳十八世 歷一千五百六十五年 而始有檀君王儉 以熊氏裨王 遂代神市 統十九城 分三韓以管境 是謂檀君朝鮮也

三韓秘記 曰伏羲 旣受封於西鄙 位職盡誠 不用干戈 一城化

服 遂代燧人 號令城外 後有葛古桓雄 與神農之國 劃定境界 空桑以東屬我 又數傳 而至慈烏支桓雄 神勇冠絕 其頭額銅鐵 能作大霧 造九冶 以採鑛 鑄鐵作兵 造飛石搏擊之機 天下大畏之 共尊爲天帝子蚩尤 夫蚩尤者 俗言雷雨大作 山河改換之義 蚩尤天王 見神農之衰 遂抱雄圖 屢起天兵於西 進據淮岱之間 及軒轅之立也 直赴涿鹿之野 擒軒轅而臣之 後遣吳將軍 西擊高辛有功

大辯經 曰神市氏 以佺修戒 教人祭天 所謂佺 從人之所自全 能通性 以成眞也 靑邱氏以仙設法 敎人管境 所謂仙 從人之所自山 能知名以廣善也 朝鮮氏以倧建王 敎人責禍 所謂倧 從人之所自宗 能保精以濟美也 故佺者 虛焉而本乎天 仙者明焉而本乎地 倧者健焉而本乎人也

注曰桓仁 亦曰天神 天卽大也一也 桓雄亦曰天王 王卽皇也帝也 檀君亦曰天君 主祭之長也 王儉亦卽監群 管境之長也 故自天光明 謂之桓也 自地光明 謂之檀也 所謂桓卽九皇之謂也 韓亦卽大也 三韓曰風伯雨師雲師 加卽家也 五加曰牛加主穀 馬加主命 狗加主刑 猪加主病 羊加主善惡也 民有六十四戶 徒有三千 遣往理世之謂開天 開天故 能創造庶物 是虛同體也 貪求人世之謂開人 開人故能循環人事 是魂之俱衍也 治山通路之謂開地 開地故 能開化時務 是智之雙修也

三韓秘記 曰蓋白頭巨岳 盤居大荒之中 橫亘千里 高出二百里 雄偉嶝峻 蜿蜒磅礴 爲倍達天國之鎭山 神人陟降 實始於此 豈以區區妙香山 只界狼林西走支脈 而能參於如許聖事耶 世俗旣以妙香山 爲太白則其見 只局於東鴨水以南一隅之地 便唱山之

祖宗崑崙^{23)*} 欣欣然以小中華自甘 宜其貢使北行 歷累百年 而不爲之恥 是乃廢書而長歎者也 然今東方諸山 以太白爲名者 頗多世俗 率以寧邊妙香山 當之 實由於一然氏 三國遺事之說 而彼等眼孔 如豆如太 安足以與之論哉 今白頭山 上有大澤 周可八十里 鴨綠松花^{*24)}豆滿諸江 皆發源於此 曰天池卽桓雄氏 乘雲天降處也 妙香山曾無一小洿 且不爲桓雄天皇肇降之太白山 不足論也

魏書勿吉傳 曰國南有徒太山 魏言太皇 有虎豹熊狼 不害人 人不得上山溲溺 行逕者 皆以物盛去 蓋桓雄天皇之肇降 旣在此山 而又此山 爲神州興王之靈地 則蘇塗祭天之古俗 必始於此山 而自古桓族之崇敬 亦此山始 不啻尋常也 且其禽獸 悉沾神化 安捷於此山 而未曾傷人 人亦不敢上山嫂溺而瀆神 恒爲萬世敬護之表矣 蓋我桓族 皆出於神市所 率三千徒團之帳 後世以降 雖有諸氏之別 實不外於桓檀一源之裔孫也 神市肇降之功悳 當必傳誦而不忘 則先王先民 指其三神 古祭之聖地也 曰三神山者 亦必矣 蓋神市以降 神理聖化之漸 涿歲而尤復益深 立國經世之大本 自與人國 向異 其神風聖俗 遠播於天下 天下萬邦之人 有慕於神理聖化者 必惟崇三神 至有東北 神明舍之稱焉 及其末流之弊則漸陷於荒誕不經 愈出愈奇 怪誕無稽之說 迭出於所謂燕齊海上怪異之方士 蓋其地與九桓神市相接 民物之交特盛 自能風聞驚起 又復推演附會 曰三神山 是蓬萊方丈瀛州 在渤海中云云 以惑世主也 然當時之人 東至海上 一望無所際涯 而渤海之中 更不知有他海 故輒曰三神山 亦在渤海中云云 實則非三神山

各在三島山也 蓬萊蓬勃萊經之處 卽天王所降 方丈四方一丈之閣 卽蘇塗所在 瀛州瀛環州島之邀 卽天池所出 摠言爲三神山 以三神 卽一上帝也 然尤其荒怪者 不知三神之源委 而乃金剛曰蓬萊 智異曰方丈 漢拏曰瀛州是也 史記封禪書 曰其傳 在渤海中 蓋嘗有至者 諸仙人及不死之藥皆在焉 其物禽獸盡白 而黃金白銀爲宮闕云云 又仙家書 曰三神山 有還魂不老等草 一名眞丹 今白頭山 自古有白鹿白雉或白鷹之屬 括地志所云 有鳥獸草木皆白是也 又白頭山一帶 多產山蔘 世人擬之不老草 山氓欲採取 則必先沐浴潔齊而祭山然後 敢發 其還魂不老之名 亦想源於此也 世紀云 檀君烏斯丘元年 北巡而得靈草云 則此又驗也

十月祭天 遂爲天下萬世之遺俗 此乃神州特有之盛典 而非外邦之可比也 太白山獨壓崑崙之名 亦有餘矣 古之三神山者 卽太白山也 亦今白頭山也 蓋上世神市之人文敎化 至于近世 雖不得健行 而天經神誥 猶有傳於後世 擧國男女 亦皆崇信於潛嘿之中 卽人間生死 必曰三神所主 小兒十歲以內身命安危 智愚俊庸 悉托於三神 夫三神者 卽創宇宙 造萬物之天一神也 昔司馬相如謂漢主劉徹曰陛下 謙讓而弗發也 挈三神之驩 韋昭注三神上帝 三神之說 早已傳播於彼境也明矣

震域留記 曰齊俗有八神之祭 八神者天主地主兵主陽主陰主月主日主四時主也 天好陰 故祭之必於高山之下 小山之上 乃祭天太白山之麓之遺法也 地貴陽 故祭之必於澤中方丘 亦卽祭天塹城之壇之餘俗也 天主祠三神 兵主祠蚩尤 三神爲天之萬物之祖也 蚩尤爲萬古武神勇强之祖 作大霧驅水火 又爲萬世道術之宗

喚風雨招萬神 是以大始之世 恒爲天下戎事之主 海岱之地 旣爲
奄八族之所宅 則八神之說 萌於八族而盛行於當時也 劉邦雖非
夷系 而起兵於豊沛 則豊沛之俗 祠蚩尤也 故邦亦因俗以祠蚩尤
而釁鼓旗 遂十月至霸上 與諸侯平咸陽而立 爲漢王則因以十月
爲歲首 此雖襲秦正朔 而亦因崇敬東皇太一 敬祠蚩尤也 後四歲
秦域已定則令祝官 立蚩尤之祠於長安 其敬蚩尤之篤如此

晋天文志 蚩尤旗類彗而後曲 象旗 所見之方 下有兵云 則乃
蚩尤天王 上爲列宿也 通志氏族略 蚩氏蚩尤之後 或曰蒼頡與高
辛 亦皆蚩尤氏之苗裔 生大棘城 而轉徙於山東淮北者也 盖蚩尤
天王英風雄烈 播傳遠域之深 推此可知也

燕齊之士 沉惑於神異誣謾之說 亦尚矣 自齊威燕昭之時 遣使
求三神山 秦漢之際 宋無忌正伯僑克 尚羨門子高 最後之徒 則
燕人也 文成伍利公孫卿申公之屬 皆齊人也 昔呂尚亦蚩尤氏之
後 故亦姓姜 盖蚩尤居姜水 而有子者 皆爲姜氏也 姜太公治齊
先修道術 祭天於天齊池 而亦受封於齊 八神之俗 尤盛於此地
後世其地 多好道術者出 與神仙黃老 混會敷演 尤爲之潤飾 則
此又姜太公 爲之助俗也 嘗作陰符經注 祖述紫府三皇之義 則燕
齊之士 安得以不好愧異浮誕之說哉 且其五行治水之法 黃帝中
經之書 又出於太子扶婁 而又傳之於虞司空 後復爲箕子之陳洪
範於紂王者 亦卽黃帝中經 五行治水之說 則盖其學 本神市邱井
均田之遺法也

密記云 古者徒死無出鄉 合葬一處 表爲支石 後變爲壇 稱支
石壇 亦祭夕壇 在山頂而塹山爲城壇者 曰天壇 在山谷而植木爲

土壇者 曰神壇 今僧徒混以帝釋稱壇 則非古也 護守三神 以理人命者 爲三侍郞 本神市從之郞 三郞本倍達臣 亦世襲三神護守之官也

高麗八觀雜記 亦曰三郞 倍達臣也 主稼種財利者 爲業 主敎化威福者爲郞 主聚衆願功者爲伯 卽古發神道也 皆能降靈豫言多神理屢中也 今穴口有三郞城 城者卽三郞宿衛之所也 郞者卽三神護守之官也 佛像是入也 建寺稱大雄 此僧徒之襲古仍稱 而本非僧家言也 又云僧徒儒生 皆隸於郞家 以此可知也 或云古者人民散處溪谷 葬無定地 上自國王 皆遷置於隧穴 並配天神以祭 後或有平地而葬之 環植壇柳松栢以識之 是以神市之世 無陵墓之制 然後至中古 國富族强 養生得贍 送死亦侈 祭之有禮 治墓頗隆 或圓或方 克厥사飾 高大廣狹 方正有槻 內壁外墳 均整兼巧 至于高句麗 陵墓規制 冠於天下

동이문명이 낳은 청동솥은 몸체 하나에 세 개의 발이 달린 형태를 하고 있다. 이는 삼위일체를 의미하며, 완성을 의미하기도 한다. 청동솥은 왕권의 상징이기도 하다.

삼한관경 본기(三韓管境 本紀)

삼한관경 본기(三韓管境 本紀)는 진(辰) 번(番) 말(馬)을 한자(漢字)로 옮기면서 병기되었는데 이들 삼한(三韓) 가운데 진한(辰韓)이 수국(首國)이다. 진한(辰韓)은 천왕이 친히 다스렸고 나머지는 땅을 나누어 다스리니 이 구획된 경계의 다스림을 관경(管境)이라 하는데, 삼한관경(三韓管境)은 진(辰) 번(番) 말(馬) 삼한의 관경치사(管境治事)를 담고 있다.

태백산은 북쪽을 향해 뻗어나간 산으로, 비서갑¹⁾의 땅에 높게 높게 솟아 있다. 물을 뒤로 업고²⁾ 산을 끌어안고 돌아드는 곳³⁾이 있으니 곧 대일왕(大日王)이 하늘에 제사지낸 곳이다. 세상에 전해지기를 환웅천왕이 여기까지 행차하여 사냥을 한 후 제사를 지냈던 곳이라 한다.

　이때 풍백은 천부를 거울에 새겨 앞서가고 우사(雨師)는 북을 치면서 춤을 추고 운사는 백검(佰劍)으로 호위하였으니, 대개 천제가 산에 임하실 때의 의식은 이처럼 장중하였다. 산 이름은 불함(不咸)이라 하더니 지금은 완달(完達)이라 하니 그 음이 비슷한 바 있다. 뒤에 웅녀의 군이 천제의 신임을 받아서 세습하여 비서갑의 왕검이 되었다.

　왕검은 속어로 말하면 대감이니, 땅을 관리하고 지키며 포악한 것을 제거하여 백성을 돕는다. 천왕은 나라 사람들의 뜻을 살펴서 저들에게 경계하여 말하기를 부모를 공경해야 하며 처자를 보호 양육해야 하며 형제를 사랑하고 장로(長老)를 존경하고 어리고 약한 자에게 은혜를 베풀어야 한다고 하였다.

　모든 백성들은 믿어야 한다. 또, 의약 공장 축산 농사 측후 예절 문자의 법을 제정하고 땅을 하나같이 평등하게 하여 이로써 잘 교화시키니 멀리 떨어진 백성들까지 모두 서로 의심치 않게 되었다.

　웅씨가 갈라져 나간 자에 소전(小典)⁴⁾이라고 있었는데, 안부련(安夫連)환웅 말기에 소전은 명을 받고 강수(姜水)⁵⁾에서 병사들을 감독하게 되

---

1) 비서갑(斐西岬)은 홀빈(忽濱)이다.
2) 부수(負水)는 송화강(松花江)이다.
3) 포산(抱山)은 완달산(完達山)인데, 불함(不咸)이라 한다.
4) 소전(小典)은 인명(人名)인데, 후에 국명(國名)이 되었다.
5) 강수(姜水)는 대능하(大凌河)로, 섬서성 기산현(陝西省 岐山縣) 서편(西便)에 있다.

었다. 그의 아들 신농(神農)은 수많은 약초들을 혀로 맛보아 약을 만들었다. 뒤에 열산(烈山)으로 이사하여 살면서 사람들이 서로 교역하면서 지내게 하니 모두 편하게 여겼다. 소전(小典)의 별파(別派)에 공손(公孫)이라 하는 이가 있었는데, 짐승을 잘 기르지 못한다 하여 헌구(軒丘)로 내쳐졌다.

헌원의 무리는 모두 그의 후손이다. 사와라(斯瓦羅)환웅 초기의 일로, 웅녀군의 후손으로 여(黎)라고 하는 이가 있었는데 처음으로 단허(檀墟)에 봉해져 왕검이 됨에, 덕을 심어 백성을 사랑하고 영토를 차츰 크게 넓혀 여러 지방의 왕검들이 나아와 특산물을 바치는가 하면 귀화하는 자 천 명을 헤아리게 되었다.

이후 460년이 지나 신인 왕검이라 하는 이가 있었는데, 크게 백성들의 신망을 얻어 비왕(神王)에 올랐다. 섭정한 지 24년에 웅씨의 왕이 전쟁하다가 사망하니 왕검은 마침내 그 왕위를 대신하여 구환(九桓)을 통일하고 단군왕검이라 하였다.

이에 나라 사람들을 불러 약속하기를 앞으로는 "백성의 뜻을 물어 공법(公法)을 만들고 이를 천부(天符)라 하겠다. 그 천부란 만세의 경전(經典)이며 지극히 존중하여 아무도 이를 어길 수 없는 것이다."라고 하였다.

마침내 삼한으로 나라를 나누어 통치하니 신한은 스스로 천왕께서 다스리고 도읍을 아사달[6]에 세우고 나라를 개창하여 조선이라 하였는데, 이분을 일세 단군이라 한다. 아사달은 삼신을 제사지내는 곳인데, 후인들은 왕검의 옛집이 아직 남아있기 때문에 이를 왕검성이라 한다.

---

6) 아사달(阿斯達)은 일출(日出)의 성산(聖山), 해가 일찍 뜨는 높은 산인 양곡(暘谷)으로 아사(阿斯)는 아침 첫번째 일찍이를, 달(達)은 고어에서 산(山)을 의미한다.

三韓管境 本紀

太白山北走 屹屹然立於斐西岬[1]*之境 負水[2]*抱山[3]* 而又回焉之處 乃大日王祭天之所也 世傳桓雄天王 巡駐於此 佃獵以祭 風伯天符刻境以進 雨師迎鼓環舞 雲師佰劒陛衛 蓋天帝就山之儀仗 若是之盛嚴也 山名曰不咸 今亦曰完達 音近也 後熊女君 爲天王所信 世襲爲斐西岬之王儉 王儉俗言大監也 管守土境 除暴扶民 以天王論國人之意 戒之曰父母可敬也 妻子可保也 兄弟可愛也 老長可隆也 小弱可惠也 庶衆可信也 又制醫藥工匠養獸作農測候禮節文字之法 一境化之 遠近之民 皆不相疑也 熊氏之所分曰小典[4]* 安夫連桓雄之末 小典以命 監兵于姜水[5]* 其子神農 嘗百草制藥 後徙列山 日中交易 人多便之 小典之別派曰公孫 以不善養獸 流于軒丘 軒轅之屬 皆其後也 斯瓦羅桓雄之初 熊女君之後 曰黎 始得封於檀墟 爲王儉 樹德愛民 土境漸大 諸土境王儉 來獻方物 以歸化者 千餘數 後四百六十年 有神人王儉者 大得民望 陛爲椑王 居攝二十四年 熊氏王崩於戰 王儉遂代其位 統九桓爲一 是爲檀君王儉也 乃召國人 立約曰自今以後 聽民爲公法 是爲天符也 夫天符者 萬世之綱典 至尊所在 不可犯也 遂與三韓 分土而治 辰韓天王自爲也 立都阿斯達[6]* 開國號朝鮮 是爲一世檀君 阿斯達三神所祭之地 後人稱王儉城 以王儉舊宅 尚存故也

마한세가 상(馬韓世家 上)

마한세가 상(馬韓世家 上)은 우리 환족이 유목과 농경을 하고 있던 때에 신시가 개천되고, 세상의 체계를 세워나가던 때의 상황을 기록하고 있다.

곰 무리와 범 무리가 서로 다투던 옛날, 환웅천왕께서 아직 군림하시기 전, 묘환(苗桓)은 구환(九桓)의 하나였다. 옛적 이미 우리 환족이 유목 농경하던 때에 신시가 개천(開天)하여 흙을 가지고 다스리는데, 하나를 쌓으면 음(陰)이 서고 열이 커져서는 양(陽)을 만들어 다함이 없으니 본심이 생겨나는 것이다.

봉황(鳳凰)[1]이 날아들어 백아강(白牙崗)에서 살고 선인(仙人)은 법수교(法首橋)로 오고 갔으니, 법수(法首)는 선인(仙人)[2]의 이름이다. 사람과 문물이 어느덧 풍족하여졌는데, 때마침 자부(紫府) 선생[3]께서 칠회제신(七回祭神)의 책력(册曆)을 만들고 삼황내문(三皇內文)을 천왕께 진상하니 이를 보시고 칭찬하셨다.

삼청궁(三淸宮)을 세우시고 그 곳에 거하시니 공공(共工) 헌원(軒轅) 창힐(倉頡) 대요(大撓)의 무리가 모두 여기서 배웠다. 이에 윷놀이를 만들어 환(桓)의 역법(易法)을 펴게 하였는데, 이에 대해 신지(神誌) 혁덕(赫

---

1) 봉황(鳳凰)은 상상(想像)의 새로, 상서로움을 상징한다. 몸은 '닭의 머리 뱀의 목 제비의 턱 거북의 등 물고기의 꼬리' 모양에, 키는 6척인데다 몸과 날개는 오색(五色)의 빛이 찬란하고 오음(五音)의 소리를 낸다. 오동나무에 깃들이고 대의 열매를 먹으며 예천(醴泉)을 마신다. 성천자(聖天子)가 나타나면 이 새가 나타나는데, 뭇 짐승들이 따라 모인다. 수컷을 봉, 암컷을 황이라 한다. 용 거북 기린과 함께 사령(四靈)을 이루는데, 일명 봉황새 봉새라 한다.
2) 선인(仙人)은 신선(神仙)이라고도 하는데, 선도(仙道)를 닦아 도를 통한 사람으로 선경(仙境)에 살고 신변자재(神變自在)하여 장생불사(長生不死)한다고 한다. 인선 천선 지선 수선(人仙 天仙 地仙 水仙)이 있다. 삼국사기 고구려 본기에 평양자 본선인왕검지택야(平壤者 本仙人王儉之宅也) 고구려 관제에 조의선인(皁衣仙人) 응제시(應製詩)에 신지선인(神誌仙人) 고려사열전(高麗史列傳) 서경팔성당(西京八聖堂)에 호국백두악태백선인(護國白頭嶽太白仙人) 고구려평양선인(高句麗平壤仙人) 고구려목멱선인(高句麗木覓仙人)이라 하여 고래(古來)로 선인(仙人)명칭이 전해 오고 있음을 알 수 있다.
3) 자부 선생 포박자(紫府 先生 抱朴子)에 황제(黃帝)가 동도청구(東到靑邱)하여 풍산(風山)을 지나다가 자부 선생(紫府 先生)을 뵙고 삼황내문(三皇內文)을 받았다고 한다.

德)이 적은 천부의 유지(遺志)를 받들어 적은 것이다.

옛날 환웅천왕께서 천하가 넓고 큰 것을 아시고 "한 사람이 능히 교화할 수 없다."고 하시며 풍백 운사 우사를 거느리시고, 곡식을 주관하게 하고, 생명과 형벌을 주관하게 하며, 병마와 선악을 주관하게 하고, 여타 인간의 360여 사4)를 주관케 하셨다. 또한, 책력을 만들어 일년을 365일 5시간 48분 46초로 하니, 이것이 바로 삼신일체의 웃어른이 남긴 법이다.

이에 삼신으로서 가르침을 세워 뜻을 펴는 기치로 삼았다. 그 글에 이르기를 일신은 충(衷)에 내리고 성(性)은 광명으로 통하니 세상에 있으면서 이치에 따라 교화하여 인간을 널리 이롭게 한다고 하였다.

이때부터 소도가 세워지는 곳마다 신의 형상인 산상(山像)과 웅상(雄常)이 산마루마다 서게 되어 사방에서 모여든 백성들이 마을 주위에 둥그렇게 모여 네 집이 한 우물을 썼으며 20분의 1세(稅)를 냈다. 해마다 풍년이 드니 언덕과 산에는 곡식이 쌓이고 이를 즐겨 춤추며 태백환무(太白環舞)의 노래를 지어 전했다.

이어서 치우 씨가 일어나 구야(九冶)를 만들어 채광해, 쇠를 녹여 병기를 만들고 돌을 날려 공격하는 기계도 만드니 천하에 감히 대적할 자가 없었다. 이러한 때에 헌구가 굴복치 않으니 치우는 몸소 출정해 탁록(涿鹿)5)에서 일대 접전을 벌여 대승하였다. 탁록(涿鹿)은 지금의 산서성(山西省) 대동부(大同府)이다.

출전하기에 앞서 탁록에 보낼 격문(檄文)을 만들어 81 종당(宗黨)의 대

---

4) 360여(餘) 사(事)란 1년의 지전지수(地轉之數)가 366회이므로 묘향산(苗桓山)에 366궁(宮)을, 삼일신고(三一神誥)에 366자(字)를, 참전계경(參佺戒經) 366장절(章節)을, 1년이 366일 됨을 말하는 것이다.

5) 탁록(涿鹿)은 산서성 대동부(山西省 大同府)로, 규주(嬀州) 동남(東南) 50리에 탁록고성(涿鹿古城)이 있다.

| 대장장이신 | 고대에는 불을 자유자재로 사용하며 물질을 변하게 하는 대장장이를 정신적 스승과 동일시하였다. 그림은 고구려 벽화에 나오는 대장장이신의 모습이다.

인들을 불러 모아놓고 먼저 치우의 화상(畵像)을 널리 보이고 목숨을 바칠 것을 맹세하게 하고 이르기를, "그대 헌구(軒丘)는 분명히 나의 경고를 들을지어다. 해의 아들은 오직 짐 한 사람뿐이다. 만세의 공의(公義)가 되어 인간의 마음을 깨끗이 닦도록 하는 맹세를 하게 하니 그대 헌구는 우리 삼신일체의 원리를 업수이 여기고 삼륜(三倫)6)구서7)(九誓)를 시행함에 나태하게 하였으니 삼신은 오랫동안 그 같은 행위를 혐오하셔서 짐인 나에게 토벌을 명하셨다. 네가 일찍이 마음을 깨끗이 닦고 타고난 성품대로 행동

---

6) 삼륜(三倫)은 애(愛) 예(禮) 도(道)의 세 가지를 말한다.
7) 구서(九誓)는 인양효충지의신염용(仁讓孝忠知義信廉勇)이다.

을 바르게 하는 길은 네 머릿속에서 찾을 수 있다. 만일 명령을 따르지 않으면 천인이 노해 범연치 않을 것이니 네 어찌 두렵지 않겠는가." 하니 헌구 비로소 복종하니 천하가 우리 일가가 되었다. 이때에 유위자(有爲子)가 묘향산에 은둔해 있었는데 그의 학문은 자부 선생에게서 나왔다. 지나는 길에 웅씨 임금을 만났는데 웅씨 임금께서 "나를 위해 도를 말해 달라." 하니 답하기를, "도의 근원은 삼신에게서 나왔으니 도는 이미 상대되는 것도 없고 무엇이라 꼬집어 말할 수도 없는 것입니다. 상대되는 도는 이미 도가 아니고 일컬을 이름 또한 도가 아닙니다. 도에는 변하지 않고 항상 있는 상도(常道)는 없고 때를 따라야 비로소 도는 귀중해지는 것입니다. 도는 무상(無常)해 나타나지 않으면서 백성들을 편안하게 하면 도의 칭호는 실상이 되는 것입니다. 겉으로는 크게 보이지 않으며 그렇다고 속이 작지도 않아 감싸지 못할 것이 없는 것이 도입니다. 하늘에는 기틀이 있어 내 마음의 기틀을 보고, 땅에는 형상이 있으므로 내 몸의 형상을 보고, 사물에는 주재함이 있어 내 몸의 기를 주재함을 볼 수 있습니다. 이에 하나를 잡아서 셋을 포함하고 셋을 모아서8) 하나로 돌아가는9) 것입니다. 일신(一神)이 내려옴은 사물을 다스림이니 바로 천일(天一)이 물을 낳은 이치요, 성품이 광명에 통함은 삶의 다스림이니 바로 지이(地二)가 불을 낳은 이치요 세상에서 교화를 폄은 마음을 다스림이니 바로 인삼(人三)이 나무를 낳은 이치인 것입니다. 대개 대시(大始)에 산신님이 삼계를 만드셨으니 물은 하늘을 본뜨고, 불은 땅을 본떴으며, 나무는 사람을 본뜬 것입니다. 대체로 나무란 땅에 뿌리를 두고 하늘을 향하였으니 역시 사람도 땅을 밟고 서서

---

8) 회삼(會三)은 일체지삼 일상지삼(一體之三 一象之三)을 뜻한다.
9) 귀일(歸一)은 일시무 시일 일종무 종일(一始無 始一 一終無 終一)인즉, 일(一)로 귀일(歸一)된다.

능히 하늘을 대신함과 같은 것입니다."라고 하니 임금께서 그 말이 옳다고 하셨다.

단군왕검이 천하를 평정하신 후, 삼한으로 나누어 지경(地境)을 다스릴 때에 웅백다(熊伯多)를 봉하여 마한을 세우고 달지국(達支國)에 도읍을 정하고 또한 백아강(白牙岡)이라고도 하였다.

마한산10)에 올라 하늘에 제사지낼 때에 천왕이 고하기를, "사람이 거울을 보면 곱고 미운 것이 저절로 나타나고 백성이라고 보면 치란(治亂)이 나타나는 것이니, 거울을 보려면 먼저 거울에 비친 모습을 먼저 보듯 임금을 보자면 먼저 그 정치를 보게 된다."라고 하였다.

마한이 글을 올려 말하기를, "그 말씀이 참으로 거룩하고 성스럽나이다. 성주(聖主)는 백성의 뜻에 따르기 때문에 대도(大道)로 가고, 암군(暗君)은 독선에 빠져 반성이 없으니 어찌 나태하지 않을 수 있겠습니까." 하였다.

단군왕검 51년, 천왕이 운사 배달신(倍達臣)에게 명하여 삼랑성(三郞城)을 혈구(血口)에 쌓고 제천의 단을 마리산(摩璃山)11)에 만들었는데, 강남의 장정 8천 명으로 이 역사를 조력하도록 하였다. 신유년 3월, 천왕이 친히 마리산으로 행차하서 하늘에 제사를 올렸다.

웅백다(熊伯多)가 죽으니 왕위에 있은 지 55년이었다. 아들 노덕리(盧德利)가 왕위를 이었다가 세상을 떴다. 아들 불여래(弗如來)가 즉위하였다. 이때가 단군부루(檀君夫婁) 12년 임자 가을 10월이다.

---

10) 마한산(馬韓山)은 삼국유사 마한주(三國遺事 馬韓註)에 '고구려 땅에 읍산(邑山)이 있는데 이것이 마한산(馬韓山), 즉 백아강(白牙岡)이며 현재의 평양(平壤)이다.'라고 하였다.
11) 마리산(摩璃山)은 고려사(高麗史)에서 마리산(摩利山)으로 적고 있는데, 이는 바로 강화(江華)의 마니산이다.

명을 내려 칠회력(七回曆)을 백성들에게 반포하였다. 이듬해 봄 3월에 백성들에게 백아강(白牙崗)에 버드나무12)를 심도록 하고 도정(都亭)을 지었다. 병진년에 삼일신고(三一神誥)비를 새겨 남산에 세웠다. 경신년에 벼밭을 만들고, 기해년에 소도를 세우고, 삼륜구서(三倫九誓)

| 딩기르 | 수메르어의 딩기르(신)를 의미하는 문양이다.

의 가르침을 폈다. 단군가륵(檀君嘉勒) 3년에 불여래(弗如來)가 세상을 뜨니 아들 두라문(杜羅門)이 뒤를 이었다.

을사 9월, 천왕이 명을 내려 천하에 으뜸가는 근본은 중일(中一)에 있다고 하면서 "사람이 중일을 잃으면 성취되는 바가 없고 사물이 중일을 잃으면 기울어져 넘어진다. 임금의 마음은 오직 불안하고 무리의 마음은 어두우니 모든 사람을 고르게 다리고 중(中)을 세워 잃지 않게 한 후에야 하나(一)로 귀일된다. 오직 중(中) 오직 일(一)로 정해지는 것이다. 중일의 도는 아버지는 의당 자비로워야 하고 자식은 효도해야 하며 임금은 의로워야 하고 신하는 충성되어야 한다. 부부는 서로 공경해야 하며 형제는 서로 사랑해야 한다. 노소는 차례를 지켜야 하며 친구는 신의가 있어야 한다. 몸을 수양하여 삼가며 공손하고 겸손하고 검소하며 학문을 닦아 연마하여

---

12) 류(柳)란 버드나무를 말하는데, 버드나무는 고구려의 국수(國樹)로 신모(神母)인 유화부인(柳花夫人)이라는 칭호가 이를 말하는 것이다.

지혜롭고 능력을 발휘하여 세상을 널리 유익되게 하도록 힘써 성기(成己) 자유(自由) 개물(開物) 평등(平等)하면 천하는 저절로 다스려진다. 마땅히 나라의 전통을 존중하여 국법을 엄히 지켜 각자 그 직책을 다하고 부지런함을 장려하여 산업을 보전하여야만 나라에 일이 있을 때 몸을 던져 의를 갖추어 위험을 무릅쓰고 용감히 나아가 만세에 길이 이어갈 끝없는 행운을 붙들 수 있을 것이다. 이는 짐이 너희 나라 사람과 더불어 마음에 간직하여 변치 않고자 하는 것이니 심신이 일체되어 지극한 마음으로 받들어야 할 것이다."라고 하였다.

두라문(杜羅門)이 세상을 뜨니 아들 을불리(乙弗利)가 뒤를 이었다. 을불리(乙弗利)가 세상을 뜨자 아들 근우지(近于支)가 왕위에 오르니 이분이 바로 단군(檀君) 사오구(斯烏丘)로, 때는 을유년이다. 경인년에 장정 30명을 보내 살수(薩水)에서 배를 만들게 하니 곧 진한(辰韓)의 남쪽 해안이었다.

임자년에 한(韓)이 명을 받아 상춘(常春)에 들어가 구월산에서 삼신에게 제사지내는 일을 도왔다. 10월에 모란봉(牧丹峯) 중턱에 이궁(離宮)을 세워 천왕이 행차할 때 머무는 곳으로 삼고, 3월마다 마한에 명하여 군사를 사열하고 사냥을 하게 하였다.

16일에는 기린굴13)에서 하늘에 제사지내고 조의(皁衣)에 관을 쓰는 예를 행하게 하고 계속하여 노래하고 춤을 추는 등 여러 가지 놀이를 하고 파하였다. 갑인년에 근우지(近于支)가 세상을 뜨고 아들 을우지(乙于支)가 대를 이었고, 을우지(乙于支)가 세상을 뜨자 아우 궁호(弓戶)가 들어섰다.

궁호가 세상을 뜨자 아들이 없어 두라문(杜羅門)의 아우이며 두라시(杜

---

13) 기린굴(麒麟窟)은 평양 구제궁 부벽루(九梯宮 浮碧樓) 아래에 있다.

羅時)의 중손인 막연(莫延)이 명에 의해 마한의 계통을 이었다. 무신년, 단군 우서한(于西翰)이 순수(巡狩)하다가 백아강(白牙岡)에 머물며 명을 내려 밭을 획정하여 토지를 주어 네 집으로 한 구(區)를 만들고 구(區)마다 말 네 필이 끄는 수레 한 대씩을 내어 향토 방위를 나누어 맡게 하였다. 단군(檀君) 노을(魯乙)인 막연(莫延)이 임인년에 세상을 뜨자 아우 아화(阿火)가 뒤를 이었다.

　이때 단군(檀君) 도해(道奚)가 뜻을 높이 세워 개화(開化)와 평등(平等)을 위한 정치를 하였다. 명을 내려 대시전(大始殿)을 대성산(大聖山)[14]에 세우고 대동강(大洞江)에 큰 다리를 놓았다.

　삼홀(三忽)로 전(佺)을 삼아 경당(扃堂)을 만들며 일곱 번 신에게 제사지내는 의식을 정하여 삼륜구서(三倫九誓)를 가르치니 환도문명(桓道文明)의 성행함이 나라 밖까지 떨쳐 하(夏)나라 임금 근(廑)이 사신을 보내 방물을 바쳤다.

　정사년에 아화(阿火)가 세상을 뜨니 아들 사리(沙里)가 섰고, 단군 아한 을묘년에 사리(沙里)가 세상을 뜨니 아우 아리(阿里)가 대를 이었다. 단군(檀君) 고불제(古弗帝) 을유년에 아리(阿里)가 세상을 뜨니 아들 갈지(曷智)가 섰고 단군(檀君) 대음(代音)인 갈지(曷智)가 세상을 뜨자 무진년에 아들 을아(乙阿)가 대를 이었다.

　기유년 탐모라(耽牟羅) 사람이 말 30필을 바쳤다. 을아(乙阿)가 세상을 뜨자 단군(檀君) 여을(余乙) 신미년, 아들 두막해(豆莫奚)가 들어섰다. 임신 3월 16일에 마리산(摩璃山)에 임금이 친히 행차하여 참성단(塹城壇)에서 삼신(三神)에게 제사지냈는데 하(夏)나라 임금 외임(外壬)이 사신을 보

---

14) 대성산(大聖山) 평양 동북(東北)쪽에 장안성(長安城)이 있어 평원왕(平原王) 28년에 도읍을 이곳으로 옮겼다. 대성산성(大成山城)이라고도 한다.

내어 도왔다.

　두막해(豆莫奚)가 세상을 뜨니 기축년에 아들 독로(瀆盧)가 섰고, 독로가 세상을 뜨자 단군(檀君) 고홀(固忽) 경오년에 아들 아루(阿婁)가 섰다. 아루가 세상을 뜨자 무오(戊午)에 아우 아라사(阿羅斯)가 대를 이었다. 이 해에 고등(高登)이 반란을 일으켜 개성(開城)15)을 점거하고 천왕의 명령을 거역하였다.

　이에 마한이 바야흐로 군사를 일으켜 토벌하여 홍석령(紅石嶺) 경계에 이르렀는데 천왕이 고등(高登)을 우현왕(右賢王)으로 삼았다는 소식을 듣고 비로소 중지하였다. 을미년에 천왕이 해성(海城)의 욕살(褥薩) 서우여(徐于餘)에게 왕위를 물려 주려고 하니 마한이 이를 옳지 않다고 말렸으나 허락하지 않았다. 색불루(索弗婁)가 왕위에 오르자 마한이 군사를 정비하여 친히 이끌고 해성(海城)에 나아가 싸웠다. 그러나 패하여 돌아오지 못하였다.

---

15) 개성(開城)은 만주(滿洲)에 있는 개원(開原)을 말한다.

馬韓世家 上

　熊虎交爭之世 桓雄天王 尙未君臨 苗桓乃九桓之一也 在昔已 爲我桓族 遊牧農耕之所 而及神市開天 以土爲治 積而陰立 十 鋸而陽作 无匱而衷生焉 鳳鳥[1]* 聚樓於白牙岡 仙人來往於法首 橋 法首仙人[2]* 名也 人文早已發達 五穀豐熟 適以是時 紫府先 生[3]* 造七回祭神之曆 進三皇內文於天陛 天王嘉之 使建三淸宮 而居之 共工軒轅倉頡大撓之徒 皆來學焉 於是於作柶戲 以演桓 易 蓋神誌赫德所記天符之遺意也 昔者桓雄天王 思天下之大 非 一人所能理化 將風伯雨師雲師 而主穀主命主刑主病主善惡 凡 主人間三百六十餘事[4]* 作曆以三百六十五日五時四十八分十六 秒 爲一年也 此乃三神一體上尊之遺法也 故以三神立敎 乃作布 念之標 其文曰一神降衷 性通光明 在世理化 弘益人間 自是蘇 塗之立 到處可見 山像雄常 山頂皆有 四來之民 環聚墟落 四家 同井 二十稅一 時和年豐 露積邱山 萬姓歡康之 作太白環舞之 歌以傳

　繼有蚩尤氏 作造九冶以採礦 鑄鐵作兵 又制飛石搏擊之機 天 下莫敢讐之 時軒丘不服 蚩尤躬率往征之 大戰於涿鹿[5]* 今山西 大同府也 將戰作涿鹿 乃召八十一宗黨大人 先以頒示蚩尤形像 具命誓而告之 蚩尤天王 曰爾軒丘 明聽朕誥 日之有子 惟朕一 人 爲萬歲爲公之義 作人間洗心之誓 爾軒丘 侮我三神一體之原 理 急棄三倫[6]*九誓[7]* 之行 三神久厭其穢 命朕一人 行三神之討 爾早已洗心改行 自性求子 降在爾腦 若不順命 天人咸怒 其命 之不常 而無可懼乎哉 於是軒丘乃平服 天下宗我焉

時有爲子 隱於妙香山 其學出於紫府先生也 過見熊氏君 君請爲我陳道乎 對曰道之大原 出乎三神也 道旣無對無稱 有對非道 有稱亦非道也 道無常道 而隨時乃道之所貴也 稱無常稱 而安民乃稱之所實也 其無外之大 無內之小 道乃無所不咸也 天之有機 見於吾心之機 地之有象 見於吾身之象 物之有宰 見於吾氣之宰也 乃執一而含三 會三[8]* 而歸一[9]* 也 一神所降者 是物理也 乃天一生水之道也 性通光明者 是生理也 乃地二生火之道也 在世理化者 是心理也 乃人三生木之道也 蓋大始 三神造三界 水以象天 火以象地 木以象人 未木者柢地而出乎天 亦如人 立地而出能代天也 君曰善哉言乎

檀君王儉 旣定天下 分三韓 而管境 乃封熊伯多 爲馬韓都於達文國 亦名曰白牙岡也 登馬韓山[10]* 祭天 天王下詔曰人 視境則姸醜自形 民視君則治亂見政 視境須先視形 視君須先視政 馬韓上箚曰聖哉言乎 聖主能從衆議 故道大 暗君好用獨善 故道小 可無內省而不息乎 檀君王儉五十一年 天王命雲師倍達臣 築三郞城于穴口 設祭天壇于摩璃山[11]* 發江南民丁八千人 以助役 辛酉三月 天王親幸摩璃山祭天 熊伯多薨 在位五十五年 子盧德利立 盧德利薨 子弗如來立 是檀君扶婁十二年壬子 秋十月 以命頒七回曆于民 明年春三月 始敎民種柳[12]* 于白牙岡 作都亭 丙辰刻立三一神誥碑於南山 庚申作稻田 己亥立蘇塗 是三倫九誓之訓 治化大行

檀君嘉勒三年 弗如來薨 子豆羅門立 乙巳九月 天王敕曰天下大本 在於吾心之中一也 人失中一則事無成就 物失中一則體乃

傾覆 君心惟危 衆心惟微 全人統均 立中勿失 然後乃定于一也 惟中惟一之道 爲父當慈 爲子當孝 爲君當義 爲臣當忠 爲夫婦當相敬 爲兄弟當相愛 老少當有序 朋友當有信 飾身恭儉 修學鍊業 啓智發能 弘益相勉 成己自由 開物平等 以天下自任 當尊國統 嚴守憲法 各盡其職 獎勤保産 於其國家有事之時 捨身全義 冒險勇進 以扶萬世无疆之運祚也 是朕與爾國人 切切佩服以勿替者也 庶幾一體完實之至意焉 其欽哉

杜羅門薨 子乙弗利立 乙弗利薨 子近于支立 乃檀君烏斯丘乙酉也 庚寅遺民丁三十人 造船舶于薩水 乃辰韓南海岸也 壬子韓以命 入常春 助祭三神于九月山 十月起離宮於牡丹峰中麓 爲天王巡駐之所 每當三月 命馬韓閱武佃獵 十六日祭天麒麟窟[13]* 賜皁衣加冠之禮 仍歌舞百戲而罷

甲寅近于支薨 子乙于支立 乙于支薨 弟弓戶立 弓戶薨 無嗣 杜羅門之弟杜羅時曾孫莫延 以命 立承馬韓 戊申檀君于西翰 巡駐白牙岡 命劃田授土 四家作區 區出一乘 分守鄕衛 檀君魯乙壬寅 莫延薨 弟阿火立 時檀君道奚 方銳意開化平等爲治 以命建大始殿于大聖山[14]* 作大橋于大洞江 三忽爲佺 設局堂 定七回祭神之儀 講三倫九誓之訓 桓道文明之盛 聞于域外 夏主廑遣使獻方物 丁巳阿火薨 子沙里立 檀君阿漢乙卯沙里薨 弟阿里立 檀君古弗乙酉阿里薨 子葛智立 葛智薨 檀君代音戊申 子乙阿立 己酉耽牟羅人獻馬三十四

乙阿薨 檀君余乙辛未 子豆莫亥立 壬申三月十六日 親幸摩璃山 祭三神于塹城壇 殷主外壬 遣使助祭 豆莫奚薨 戊寅子慈烏

漱立薨　己丑子瀆盧立　瀆盧薨　檀君固忽庚午子阿奎立　阿奎薨 戊午弟阿羅斯立　是歲高登叛據開城15)* 抗命天王　馬韓方擧兵討 之　到紅石嶺界　聞天王許高登　爲右賢王乃止　乙未天王欲讓禪于 海城褥薩徐于餘　馬韓諫不可　而不允　及索弗婁之立　而馬韓整師 躬率　往戰于海城　戰敗不還

마한세가 하(馬韓世家 下)

마한세가 하(馬韓世家 下)는 우현왕(右賢王)이 된 단군(檀君) 색불루(索弗婁) 때에 삼한 시대가 끝나고, 신왕조가 백악산에 도읍을 정한 이래 47세인 단군(檀君) 고열가(高烈加)가 왕위를 버리고 아사달로 들어가자 진조선이 오가(五加)와 더불어 정치를 하다가 끝내 회복하지 못하고 끝을 맺었다는 기록이다.

단군(檀君) 색불루(索弗婁)가 아버지의 공을 이어받아 중요 병권을 장악하게 되니 진한(辰韓)은 자연히 무너지고 두 한(韓)도 단 한 차례도 승부를 겨루지 못하고 멸망하고 말았다. 이에 임금은 사람을 시켜 옥책과 국보를 넘겨주고 제(帝)의 자리를 물려 주었다. 새 임금이 백악산에 도읍하자 여러 욕살들이 승복하지 않았다. 여원홍(黎元興)과 개천령(蓋天齡) 등이 임금의 조서를 받들어 이들을 타이르니 여러 욕살들이 모두 따랐다.

병신 원년 정월, 녹산(鹿山)에서 즉위하니 이곳을 백악산 아사달이라고 한다. 3월에 조서를 내리기를, "지난 번 아사달에 사람을 보내 옥책과 국보를 전하고 선제(先帝)의 왕위를 물려받게 되었느니라. 이제 전 임금의 국호를 이어받아 존귀함을 칭한다 하더라도 나라 안의 산천은 이미 장부(帳簿)에 실렸고 제천의식은 국법으로 정한 것이니 함부로 할 수 없는 바, 반드시 옛 선례에 따라 지내도록 하라. 정성과 공경을 다 하고자 하는 자는 성결함을 가려서 앞으로 나아가 제사를 받들 것이며 신역(神域)을 살펴 깨끗이 하고 정결하게 제물을 갖춰 삼신에게 답해야 할 것이다." 하였다. 이에 임금이 날을 가려 이레 동안 재계(齋戒)하고 향과 축을 여원홍(黎元興)에게 주어 16일 이른 아침 삼한[1]의 태백산 천단에서 정성을 다해 제사를 지내고 임금은 친히 백악산 아사달에서 제사를 올렸다. 백두산 서고문(誓告文)은 다음과 같다.

"소자(小子) 단군 색불루는 절하고 머리를 조아리나이다. 천제의 아들로서 먼저 자신부터 덕을 닦아 그 영향을 널리 미쳐 백성들이 스스로 경건하게 하늘에 제사지내게 하겠나이다. 황상(皇上)은 삼신의 밝은 명령을 받아 넓은 은혜와 큰 덕이 삼한 5만 리 땅에 미치니 백성은 널리 유익하게 됨

---

1) 삼한(三韓)은 홀빈 진한(忽濱 辰韓), 백아강 마한(白牙岡 馬韓), 안덕향 번한(安德鄕 番韓)이다.

을 누리나이다. 그러기에 마한의 여원홍을 보내 삼신일체의 상제단(上帝壇)에 제사를 올리나이다. 정결 정성을 다해 드리오니 신께서 몸과 재물을 한결같이 살피시고 내려오셔 받으시옵고 묵묵히 도우시어 시제의 등극을 빛내 주옵소서. 세세토록 삼한이 보전되어 천만 년 무궁토록 왕업을 누리게 하옵시고 해마다 곡식이 잘 여물어 풍년이 들게 하여 나라는 부유해지고 백성들이 번성하게 하소서! 성제(聖帝)시여 나 자신을 비워 만물이 잘 살아가도록 간절히 염원하나이다."

5월에 제도를 고쳐 삼한을 삼조선으로 하니, 조선을 관할하는 지경을 말하는 것이다. 진조선(眞朝鮮)은 천왕 스스로 다스리고 땅은 옛 진한의 것으로 하고 정치는 천왕이 친히 다스리도록 하니 삼한이 모두 하나같이 명령에 복종하였다.

여원홍에게 명하여 마한 막조선(莫朝鮮)을 맡기고 서우여(徐于餘)에게는 번한(番韓)을 삼아 번조선을 다스리게 하였다. 이를 통틀어 단군의 관경이라 한다. 이것이 곧 진국(辰國)으로, 역사에서 단군조선이라 하는 것이다.

여원홍이 이미 대명을 받아 대동강을 장악하니 역시 왕검성이라 한다. 천왕도 역시 매년 봄에는 반드시 마한에 머무르며 백성에게 근면하기를 정치로써 장려하였으니 이에 적전(籍田)에 따라 공물을 많이 받아드리던 적공후렴(藉供厚斂)의 폐단은 없어지게 되었다.

이보다 앞서 조서를 내려 이르기를, "생각하건대 짐 한 사람을 공양하기 위해 백성들을 번거롭게 하여 물건을 거두는 것은 정치가 없다는 말과 같다. 정치가 없는데 임금이 왜 필요한가."라고 하면서 엄하게 명해 이를 없애게 하였다.

무자년, 마한이 명을 받들고 서울로 들어와서 영고탑[2)]으로 도읍을 옮기는 것이 옳지 않다고 간하자 이를 좇았다. 원홍이 죽자 기축년에 아들 아실(阿實)이 후계자가 되었고, 아실이 죽자 아우 아도(阿闍)가 뒤를 이었다. 기묘년에 은이 멸망하고 3년 후인 신사년에 아들 서여(胥餘)가 태행산(太行山)3) 서북쪽 땅에 피해 와서 살더니 막조선(莫朝鮮)이 이 말을 듣고 여러 주군을 순행하여 살피면서 군사를 검열하고 돌아갔다.

아도가 세상을 뜨자 경술년에 아들 아화지(阿火只)가 뒤를 이었고 아화지가 죽자 단군(檀君) 마휴(摩休)가, 정해년에 형의 아들 아리손(阿里遜)이 뒤를 이었다. 아리손(阿里遜)이 죽자 아들 소이(所伊)가, 소이가 죽자 정해년에 아들 사로(斯虞)가 뒤를 이었다. 무자년, 주나라 임금 의구(宜臼)가 사신을 보내 정월에 하례하였다.

사로(斯虞)가 세상을 뜨니 갑진년에 아들 궁홀(弓忽)이 뒤를 이었다. 갑인년, 협야후(陜野侯)에게 명해 전선(戰船) 백척을 거느리고 해도(海島)를 치게 하여 왜인(倭人)들의 반란을 평정하였다.

궁홀이 세상을 뜨자 아들 동기(東杞)가 뒤를 이었다. 동기가 세상을 뜨니 단군(檀君) 다물(多勿)이, 다물이 세상을 뜨니 계유년에 아들 다도(多都)가, 다도가 죽은 후 임지년에 그 아들 사라(斯羅)가, 사라(斯羅) 후에 가섭라(迦葉羅)가, 가섭라 후에 아들 가리(加利)가 뒤를 이었다.

을묘년, 융안(隆安)의 사냥하는 백성 수만 집이 반란을 일으켜 관군(官

---

2) 영고탑(寧古塔)은 대진(大震)때 용주 숙신현(龍州 肅愼縣)이다.
3) 태행산(太行山)은 독사방여기요(讀史方輿紀要)에 태행(太行)이 중분기주지계(中分冀州之界) 위환수천리(圍環數千里) 당송 하북(唐宋 河北)과 하동(河東)이 모두 태행(太行)으로 위한폐(爲限蔽)하고 북굴사막(北屈沙漠)하고 다른 한편 태행산(太行山)은 서산(西山)으로 순천부 서(順天府 西) 30리라 하고 지(志)에 태행(太行) 수기하내(首起河內) 북지유주(北至幽州) 금산서광평(今山西廣平) 순덕(順德) 진정(眞定) 보정(保定) 서 회환지경도지북(西 回環至京都之北) 인이직저해안(引而直低海岸) 연무(延袤)로 그 길이가 2천여 리 모두가 태행이다.

軍)이 싸울 때마다 이롭지 못하였다. 적이 드디어 도성에 쳐들어 와 몹시 위급하게 되자 가리(加利)도 나가 싸우다가 날아오는 화살에 맞아 전사하였다.

병진년, 상장(上將) 구물(丘勿)이 사냥꾼 마을 두목 우화충(于和沖)을 죽이고 도읍을 장당경(藏唐京)4)으로 옮겼다. 이에 먼저 가리(加利)의 손자 전내(典奈)에게 막조선(莫朝鮮)의 대통(大統)을 잇게 하니 이로부터 나라의 정치가 기울어졌다.

전내(典奈)가 세상을 뜨니 아들 진을례(進乙禮)가 뒤를 이었다. 을묘년에 아들 맹남(孟男)이 뒤를 이었다. 무술년, 수유(須臾) 사람 기후(箕詡)가 군사를 번한에 들여보내 점령케 하고 스스로 번한선왕(番朝鮮王)이라 하였다.

이때 연(燕)나라가 사신을 보내 우리와 함께 이를 치자고 하였으나 막조선(莫朝鮮)은 좇지 않았다. 계해년, 단군(檀君) 고열가(高烈加)가 왕위를 버리고 아사달(阿斯達)로 들어가 진조선(眞朝鮮)의 오가(五加)와 더불어 정치를 하다가 끝내 회복하지 못하고 끝을 맺었다.

---

4) 장당경(藏唐京)을 당장경(唐藏京)이라 적은 곳도 있다. 일명 개성(開城)이라고도 하는데, 개원(開原)이다. 장(藏)은 려(黎)요 려(黎)는 람(藍)이니 신지의(神之義), 당(唐)은 토(土)이며 토(土)는 전(田)이니 평원(平原)을 뜻한다.

馬韓世家 下

檀君索弗婁 承祖父功 手握重兵 辰韓自潰 二韓亦未一勝而敗滅 前帝使人傳玉冊國寶 以讓 新帝 相都於白岳山 諸褥薩執不可 黎元興蓋天齡等 奉詔諭之 於是諸褥薩畢服

丙申元年正月 遂卽位于鹿山 是爲白岳山阿斯達也 三月下詔曰爾者 阿斯達 使人傳玉冊國寶 以讓 前帝 今雖襲號以尊 而其海內山川 旣歸名帳 祭天之禮 當在國典 不可濫也 必須徵古實以達誠敬者 今當祭迎 前往擇齋 審掃神域 潔備牲幣 用答三神 於是帝擇齋七日 授香祝于黎元興 至十六日 早朝敬行祀事于三韓[1]* 大白頭山天壇 帝親祭于白岳山阿斯達

其白頭山誓告之文 曰朕小子 檀君索弗婁 拜手稽首 自天帝子之修我以及民 必自祭天以敬 皇上受三神明命 普恩大德 旣與三韓五萬里之土境 共享弘益人間 故遣馬韓黎元興 致祭于三神一體上帝之壇 神其昭昭 體物無遺 潔齊誠供 降歆默佑 必能貢飾新帝之建極 世保三韓千萬年无疆之祚業 年穀豊熟 國富民殷 庶昭我聖帝空我存物之至念

五月改制三韓 爲朝鮮 朝鮮謂管境也 眞朝鮮天王自爲 而地則仍舊辰韓也 政由天王 三韓皆一統就令也 命黎元興 爲馬韓治莫朝鮮 徐于餘爲番韓 治番朝鮮 總之名曰檀君管境 是則辰韓 史稱檀君朝鮮是也 元興旣受大命 鎭守大洞江 亦稱王儉城 天王亦以每年仲春 必巡駐馬韓 勤民以政 於是籍供厚斂之弊遂絶 先是有詔曰惟朕一人之養 煩民以斂 是乃無政也 無政而君何用哉 嚴命罷之 戊子馬韓承命入京 諫以寧古塔[2]* 遷都 爲不可從之 元興

薨 己丑子阿實立 阿實薨 弟阿闍立 己卯殷滅後三年辛巳 子胥
餘避居太行山[3]*西北地 莫朝鮮聞之 巡審諸州郡 閱兵而還 阿闍
薨 庚戌子阿火只立 阿火只薨 丙戌弟阿斯智立 阿斯智薨 檀君
麻休丁亥 兄之子阿里遜立 阿里遜薨 子所伊立 所伊薨 丁亥子
斯虞立 戊子周主宜臼 遣使賀正 斯虞薨 甲辰子弓忽立 甲寅命
陝野候 率戰船五百艘 往討海島 定倭人之叛 弓忽薨 子東杞立
東杞薨 檀君多勿癸酉子多都立 多都薨 壬辰子斯羅立 斯羅薨
子迦葉羅立 迦葉羅薨 甲寅子加利立 乙卯隆安獵數萬叛 官兵每
戰不利 賊遂迫都城甚急 加利亦出戰 中流矢而薨

丙辰上將丘勿 遂斬獵戶 頭目宇和冲 移都藏唐京[4]* 先以加利
之孫典奈 入承莫朝鮮 自是國政益衰 典奈薨 子進乙禮立 進乙
禮薨 乙卯子孟男立 戊戌須臾人箕詡 兵入番韓以據 自稱番朝鮮
王 燕遣使與我共伐之 莫朝鮮不從 癸亥檀君高烈加遂棄位 入阿
斯達 眞朝鮮與五加從政 終未復而終焉

'검(劍)'이라는 명칭은 단군왕검(檀君王儉)이라는 명칭에서 보는 것과 같이 신적(神的)인 군장(軍長)을 뜻한다. 이 보검은 경주에서 출토된 것으로 삼태극 문양이 선명하다.

번한세가 상(番韓世家 上)

번한세가 상(番韓世家 上)은 치우천왕이 1만여 리의 땅을 넓히고 우순(虞舜)에게 그 영역을 통치하게 하고 홍수가 나자 오행치수법을 활용하여 물난리를 다스리는 등 치세의 공적을 쌓았다는 내용을 담고 있다. 또, 치우천왕의 후손 치두남(蚩頭男)은 요중(遼中)에 12성을 쌓아 영토 방비를 공고히 하였다.

단군(檀君) 소태(蘇台)가 우사(雨師) 소정(小丁)에게 번한(番韓)을 맡으라고 하였다. 이 시기에 은(殷)이 발군(發軍)하고자 함에 고등(高登)과 서여(西余)가 이를 미리 쳐부수고, 서여가 자객을 보내 번한을 맡고 있던 소정(小丁)을 참살했다는 등의 내용이다.

치우천왕이 서쪽 탁(涿)1)예(芮)2)를 정복하고 남쪽으로 회대(淮・岱)3)를 평정하여 산을 뚫고 길을 내 지경을 넓히니 땅의 넓이 1만여 리나 되었다. 단군왕검에 이르러 당요(唐堯)와 더불어 같은 시대였는데 요의 덕이 쇠하여 서로 땅을 차지하려는 다툼이 끊이지 않았다.

천왕은 우순(虞舜)에게 명하여 땅을 나누어 다스리게 하고 군사를 파견하여 주둔하게 하였고, 함께 당 요를 치기로 약속하니 요가 마침내 국력이 다해 순(舜)에 의지하여 목숨을 보존하고자 나라를 순에게 바쳤다. 이렇게 되어 순의 부자형제가 다시 같은 집으로 돌아가니 대개 나라를 다스리는 도는 효제(孝悌)를 우선으로 하였다.

9년 동안 홍수가 나서 그 피해가 만백성에게 미치므로 단군왕검이 태자 부루(夫婁)를 보내 우순(虞舜)과 함께 도산(塗山)4)에서 모이기로 약속하였다. 순(舜)은 사공(司空) 우(禹)5)를 보내 우리의 오행치수법(五行治水法)을 받아가지고 가서 물을 다스릴 수 있었다.

이에 우(虞)를 낭야성(琅耶城)6)에 두고 구려분정(九黎分政)을 의결하였다. 이것을 두고 서경(書經)에서는 '동쪽으로 순행하다가 차례로 망제

---

1) 탁(涿)은 탁록산(涿鹿山)이 있는 보안주성 서남(保安州城 西南) 90리에 위치해 있다.
2) 예(芮)는 섬서성 섬주부(陝西省 陝西州) 동주(同州)로 옛 예국(芮國)이다.
3) 회대(淮岱)란 회(淮)가 회수(淮水)와 사수(泗水) 사이에 있고, 대(岱)는 태안군(泰安郡)에 위치해 있던 지명이다.
4) 도산(塗山)은 일명(一名) 복부산 覆釜山), 즉 부루산(扶婁山)이다. 회계산(會稽山)이 회계지(會稽志)에 도산(塗山)은 산음현(山陰縣) 서북 50리에 위치해 있다고 하였다.
5) 우(禹)는 사성(姒姓)으로, 서이인(西夷人)이다. 무주 문천현(茂州 汶川縣) 서방 73리에 위치한 석유산(石紐山)에서 태어났다. 치수 지덕상징 설화(治水 地德象徵 說話)의 주인공으로, 순(舜)으로부터 선양(禪讓)받아 하왕조(夏王朝)를 창시(創始)하였다.
6) 랑야성(琅耶城)은 산동성(山東省) 여러 현(縣)의 동남쪽에 있는데, 본래 번조선(番朝鮮) 땅이다. 랑야(琅耶)라는 군명(郡名)은 여러 현(縣)의 치소(治所)로, 산동성 옛 연(兗) 청(青) 기(沂) 래(萊) 4부(府)의 동남계(東南界) 및 교주지지(膠州之地)가 그 영지(領地)였다.

(望祭)를 지내고 이어 동쪽의 제후들을 살펴보았다.'라고 한 것이다.

진국(辰國)은 천제의 아들이 다스리던 곳이어서 5년에 한 번씩 순행하였는데 낭야에 이르렀다는 것은 한 번뿐이며 순(舜)이 제후인 까닭에 진한에 와서 알현한 것이 네 번이다. 단군왕검이 치우의 후손 중에서 지모와 용맹과 힘이 센 자를 가려서 번한(番韓)을 위하여 험독(險瀆)[7]에 부(府)를 두었는데 지금도 그 곳을 왕검성(王儉城)이라 한다.

치두남(蚩頭南)은 치우천왕의 후손이다. 용맹과 지혜가 뛰어나 세상에 널리 알려졌는데, 단군이 불러서 만나 보고 기특하게 여겨 번한(番韓)의 벼슬을 주고 겸하여 우(虞)의 정치까지 감독하게 하였다. 경자년, 요중(遼中)에 12성을 쌓았는데, 험독(險瀆) 영지(令支)[8] 탕지(湯池)[9] 통도(桶道) 거용(渠鄘) 한성(汗城)[10] 개평(蓋平)[11] 대방(帶方)[12] 백제(百濟) 장령(長嶺) 갈산(碣山)[13] 여성(黎城)[14]이 이것이다.

두남이 세상을 뜨자 아들 낭사(琅邪)가 뒤를 이었고 이 해 경인 3월에 가한성(可汗城)을 개축하여 뜻하지 않은 재난을 대비케 하였다. 가한성(可汗城)을 일명 낭사성(琅邪城)이라 하는 것은 번한의 낭사가 세운 것이

---

7) 험독(險瀆)은 옛 낙랑 반국 번한성(樂浪 潘國 番汗城)이다.
8) 영지(令支)는 하북성 천안현(河北省 遷安縣) 서(西)쪽이다.
9) 탕지(湯池)는 단군 시대에 쌓은 12성 가운데 하나이다. 탕지산(湯池山)에 있다.
10) 거용한성(渠庸汗城)은 하북성 한성(河北省 韓城)인데, 원래는 산명(山名)이다. 옛 군도산(軍都山)으로, 하북성 평창현 서북 태행산 팔형(河北省 平昌縣 西北 太行山 八陘)(형)의 하나이다.
11) 개평(蓋平)은 일명 양평(襄平)인데, 노룡현 서남(盧龍縣 西南)쪽에 위치해 있으며 오늘날의 개평시(開平市)이다.
12) 대방(帶方)은 낙랑군 남황지(樂浪郡 南荒地)로, 백하입구 소북처(白河入口 小北處)이다.
13) 갈산(碣山)은 상산군 구문현(常山郡 九門縣)이다.
14) 려성(黎城)은 산서성 장치현(山西省 長治縣) 서남(西南)에 위치해 있다.

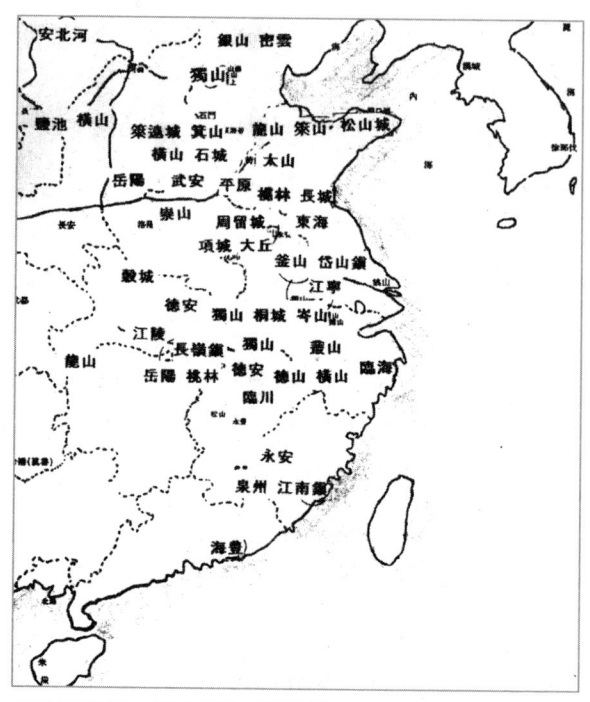
중국 땅에 있는 우리 땅의 지명(地名)

기 때문에 그렇게 부른 것이다.

갑술년, 태자 부루는 명을 받들어 도산으로 가는 길에 보름 가량 낭사에 머무르면서 민정에 관해 청문하였다. 우순 역시 사악(四岳)을 인솔하고 치수에 대한 제반사를 아뢰었다. 번한은 태자의 명을 받고 나라에 경당을 크게 일으킴과 동시에 삼신을 태산(泰山)15)에 제사지내도록 하였다. 이때부터 삼신을 받드는 옛 풍속이 회(淮)와 대(垈) 지역에 크게 성행하였다.

---

15) 태산(泰山)은 산동 태산군 제남부 태안주(太山郡 濟南府 泰安州) 북 5리 일명 대종 탕지(岱宗 湯池)로 일명 안시(安市)라 한다. 개평시 동북(開平市 東北) 70리에 위치해 있다.

태자가 도산(塗山)에 이르러 이 일들을 주관하였다. 번헌으로 인해 회합하고 우사공에게 고하기를, "나는 북극 수정(水精)의 아들이다. 그대 나라의 왕이 나에게 청하기를 물과 땅을 다스려 급히 백성들을 구제하도록 인도해 달라 하기에 삼신상제께 고하니 기꺼이 도와주라 하시므로 내가 오게 된 것이다."라고 하였다.

드디어 왕토(王土)의 전문(篆文)으로 된 천부왕인(天符王印)을 보이면서 말하기를, "이것을 몸에 차고 다니면 능히 험한 곳을 지나도 위태롭지 않으며, 흉한 일을 만나도 해를 입지 않을 것이다." 하였다.

또한 "신침(神針) 하나가 있으니 능히 물의 깊고 얕음을 헤아릴 수 있으며 그 쓰임새가 무궁무진하다. 황거(皇矩)와 종보(悰寶)가 있으니 심히 험한 물도 이것으로 진정시켜 길이 평탄케 되리라. 이 세 가지 보배를 너에게 주니 천제 아들의 큰 가르침을 어김없이 지켜낸다면 큰 공을 이룰 수 있을 것이다."하였다.

이에 우사공(虞司空)이 삼육구배(三六九拜)의 절을 올리고 나서 말하기를, "천제 아들의 명을 힘써 행할 것이며 우리 우순(虞舜)의 태평함을 여는 정치를 하여 삼신께 보답할 수 있다면 무한한 기쁨이 되겠나이다." 하였다. 태자 부루(夫婁)로부터 금간(金簡)과 옥첩(玉牒)을 받았는데, 대개 오행(五行)으로 물을 다스리는 오행치수(五行治水)에 요긴한 비결이었다.

태자가 도산(塗山)으로 구려(九黎)를 모이게 하고 우순(虞舜)에게 명하여 우공(虞公)의 사례(事例)를 보고하게 하였다. 이 내용이 바로 우공(禹貢)이 행한 바이다.

낭사(琅斯)가 세상을 뜨니 계묘년에 아들 물길이 대를 이었다. 물길이 죽으니 갑오년에 아들 애친(愛親)이 대(代)를 이었고, 애친이 죽으니 아들 도무(道茂)가, 도무(道茂)가 세상을 뜨니 계해년에 아들 호갑(虎甲)이 대통(大統)을 이었다.

　정축년, 천왕이 순행(巡幸)하다가 송양(松壤)에 이르러 병을 얻어 세상을 뜨니 번한(番韓)에서 사람을 보내 장례를 치르게 하고 군사를 나누어 엄하게 경계하였다. 호갑(虎甲)이 세상을 뜨니 단군 달문 기축년에 아들 오라가 들어섰다. 갑신년, 하(夏)나라 임금 소강(小康)이 사신을 보내 새해 하례를 하였다.

　오라(烏羅)가 세상을 뜨니 병술년에 아들 이조(伊朝)가 들어섰고, 이조가 세상을 뜨니 단군 아술(阿述)이, 병인년에 아우 거세(居世)가 들어섰다. 거세가 세상을 뜨니 신사년에 아들 자오사(慈烏斯)가 섰고, 자오사(慈烏斯)가 세상을 뜨니 을미년에 아들 산신(散新)이 들어섰고, 산신(散新)이 세상을 뜨니 무자년에 아들 계전(季佺)이 들어섰다.

　경인년에 명을 받아 탕지산(湯池山)에 삼신단(三神壇)을 설치하고 관가(官家)를 옮기니 탕지(湯池)는 옛 안덕향(安德鄉)이다. 계전(季佺)이 세상을 뜨니 정사년에 아들 백전(伯佺)이 섰고, 백전이 세상을 뜨니 을미년에 다음 아우 중전(仲佺)이 들어섰다. 중전(仲佺)이 세상을 뜨니 신묘년에 아들 소전(少佺)이 섰고, 갑오년에 장수 치운(蚩雲)을 보내어 탕(湯)을 도와 걸(桀)을 치게 하였다. 을미년에 묵태(墨胎)를 보내 탕(湯)의 즉위를 하례하였다.

　소전(小佺)이 세상을 뜨니 갑술년에 아들 사엄(沙奄)이 섰고, 사엄이 세상을 뜨니 아우 서한(棲韓)이 뒤를 이었다. 서한이 세상을 뜨니 정축년에 아들 물가(勿駕)가 섰고, 물가가 세상을 뜨니 신사년에 아들 막진(莫眞)이 섰고, 막진이 세상을 뜨니 정묘년에 아들 진단(震丹)이 섰다. 이 해에 은나라 임금 태무(太戊)가 와서 방물을 바쳤다. 진단이 세상을 뜨니 계유년에 아들 감정(甘丁)이 섰고, 감정이 세상을 뜨니 아들 소밀(蘇密)이 섰다.

계사년 3월, 은나라가 조공을 바치지 않았다고 하여 북박(北亳)16)을 치니 임금 하단갑(河亶甲)이 곧 사죄하였다. 하단갑이 세상을 뜨니 아들 사두막(沙豆莫)이 섰고, 사두막이 세상을 뜨니 계부(季父) 갑비(甲飛)가 섰고, 갑비가 세상을 뜨니 경신년에 아들 오립루(烏立婁)가 섰다.

오립루가 세상을 뜨니 아들 서시(徐市)가 섰고, 서시가 세상을 뜨니 무신년에 아들 안시(安市)가 섰고, 안시가 세상을 뜨니 기축년에 아들 해모라(奚牟羅)가 섰고, 해모라가 세상을 뜨니 단군 소태(蘇台) 5년에 우사(雨師) 소정(小丁)에게 번한(番韓)을 맡겼다.

대개 고등(高登)이 항상 그의 지혜와 꾀가 무리 가운데 뛰어난 것을 꺼려 임금께 권해 나아가서 맡게 한 것이다. 이때에 은(殷)나라 임금 무정(武丁)이 군사를 일으키려고 하자 고등(高登)이 이를 듣고 드디어 상장(上將) 서여(西余)와 함께 이를 쳐부수고 뒤쫓아 가 색도(索度)17)에 이르러 군사를 풀어 불을 지르고 약탈해 돌아왔다. 서여(西余)가 북박(北亳)을 습격하여 쳐부수고 계속하여 군사를 탕지산(湯池山)에 주둔시키고 있다가 자객을 보내 소정(小丁)을 죽이고 함께 무기를 빼앗아 싣고 돌아왔다.

---

16) 북박(北亳)은 은(殷)의 세 박(亳) 가운데 하나이다. 송주(宋州) 북 50리에 대몽성(大蒙城)이 있는데 사기 색은(史記 索隱)에 설(契)이 시봉적(始封商)하고 그 후 반경(盤庚)이 천은(遷殷)하니 은(殷)이 들어선 데가 업남(鄴南) 정몽은허(北蒙殷墟)이고 남거 조가성(南去朝歌城)이 146리이다. 죽서기년(竹書紀年)에 정의괄지지(正義括地志)에 상주 안양(相州 安陽)이 본반경 소도(本盤庚 所都)로 즉, 북경(盤庚)은 자엄(自奄)으로 천우북몽(遷于北蒙)하니 은허(殷墟)라 한다. 남거업(南去鄴)이 40리로 구도(舊都)라, 성 서남(城 西南) 40리에 원수(洹水)가 있고 남안(南岸) 3리에 안양성(安陽城)이, 서편에도 성(城)이 있는데 역시 은허(殷墟)라, 이른바 북몽자(北蒙者)라 안원수(安洹水)는 상주(相州) 북 40리이니 안양성(安陽城)인데 상주외성(相州外城)이다.

17) 색도(索度)는 수명(水名)으로, 직예 진정부 기주 조강현 서북(直隷 眞定府 冀州 棗強縣 西北) 30리이고, 황하(潢河)라고도 한다.

番韓世家 上

蚩尤天王[1]* 西征涿[1]* 芮[2]* 南平淮岱[3]* 披山通道 地廣萬里 至檀君王儉 與唐堯並世 堯德益衰 來與爭地不休 天王乃命虞舜分土而治 遣兵而屯 約以共伐唐堯 堯乃力屈 依舜而保命 以國讓 於是舜之父子兄弟 復歸同家 盖爲國之道 孝悌爲先 及九年洪水害及萬民 故檀君王儉 遣太子扶婁 約與虞舜 招會于塗山[4]* 舜遣司空 禹[5]* 受戒五行治水之法 而功乃成也 於是治監 虞於琅耶城[6]* 以決九黎 分政之議 卽書所云東巡望秩 肆覲東后者此也 辰國天帝子所治 故五歲巡到琅耶者一也 舜諸侯 故朝覲辰韓者四也 於是檀君王儉 擇蚩尤後孫中 有智謀勇力者 爲番韓 立府險瀆[7]* 今亦稱王儉城也

蚩頭男 蚩尤天王之後也 以勇智 著聞於世 檀君乃召見而奇之 卽拜爲番韓 兼帶監虞之政 庚子築遼中十二城 險瀆令支[8]* 湯池[9]* 桶道 渠庸汗城[10]* 蓋平[11]* 帶方[12]* 百濟 長嶺 碣山[13]* 黎城[14]* 是也 頭男甍子琅邪所築故得名也

甲戌太子扶婁 以命往使塗山 路次琅邪 留居半月 廳聞民情 虞舜亦率四岳 報治水諸事 番韓以太子命 令境內 大興局堂 并祭三神于泰山[15]* 自是三神古俗 大行于淮泗之間也

太子至塗山 主理乃會 因番韓告虞司空 曰予北極水精子也 汝后請予 以欲導治水土 拯救百姓 三神上帝 悅予往助故來也 遂以王土篆文 天符王印 示之曰佩之則能歷險不危 逢凶無害 又有神針一枚 能測水深淺 用變無窮 又有皇矩倧寶 凡險要之水 鎭之永寧 以此三寶授汝 無違天帝子之大訓 可成大功也 於是虞司

空 三六九拜而進曰勤行天帝子之命 佐我虞舜開泰之政 以報三神允悅之至焉 自太子扶婁 受金簡玉牒 蓋五行治水之要訣也 太子會九黎於塗山 命虞舜卽報虞貢事例 今所謂禹貢是也 頭男薨 子琅邪立 是歲庚寅三月 改築可汗城 以備不虞 可汗城一名琅邪城 以番韓琅邪所築故 得名也

琅邪薨 癸卯子勿吉立 勿吉薨 甲午子愛親立 愛親薨 子道茂立 道茂薨 癸亥子虎甲立 丁丑天王巡到松壤 得疾而崩 番韓遣人治喪 分兵戒嚴 虎甲薨 檀君達門 己丑子烏羅立 甲午夏主小康 遣使賀正 烏羅薨 丙戌子伊朝立 伊朝薨 檀君阿述 丙寅弟居世立 居世薨 辛巳子慈烏斯立 慈烏斯薨 乙未子散新立 散新薨 戊子 子季佺立 庚寅以命設三神壇于湯池山* 徒官家 湯池古安德鄕也 季佺薨 丁巳子伯佺立 伯佺薨 辛卯子小佺立 甲午遣將蚩雲出 助湯伐傑 乙未遣墨胎 賀湯卽位 小佺薨 弟樓韓立 樓韓薨 丁丑子勿駕立 薨 辛巳子莫眞立 薨 丁卯子震丹立 是歲殷主太戌來獻方物 薨 癸酉子甘丁立 薨 子蘇密立 癸巳三年以殷不貢 往討北亳16)* 其主河亶甲乃謝

蘇密薨 子沙豆莫 立 薨 季父甲飛立 薨 庚申子烏立婁立 薨 子徐市立薨 戊申子安市立薨 己丑子奚牟羅立 薨 檀君蘇台五年 以雨師小丁 出補番韓 蓋高登 每彈其智謨出衆 以勸帝 出補 時殷主武丁 方欲興兵 高登聞之 遂與上將西余 共破之 追至索度17)* 縱兵焚掠而還 西余襲破北亳 仍屯兵于湯池山 遣刺客 殺小丁 幷載兵甲而居

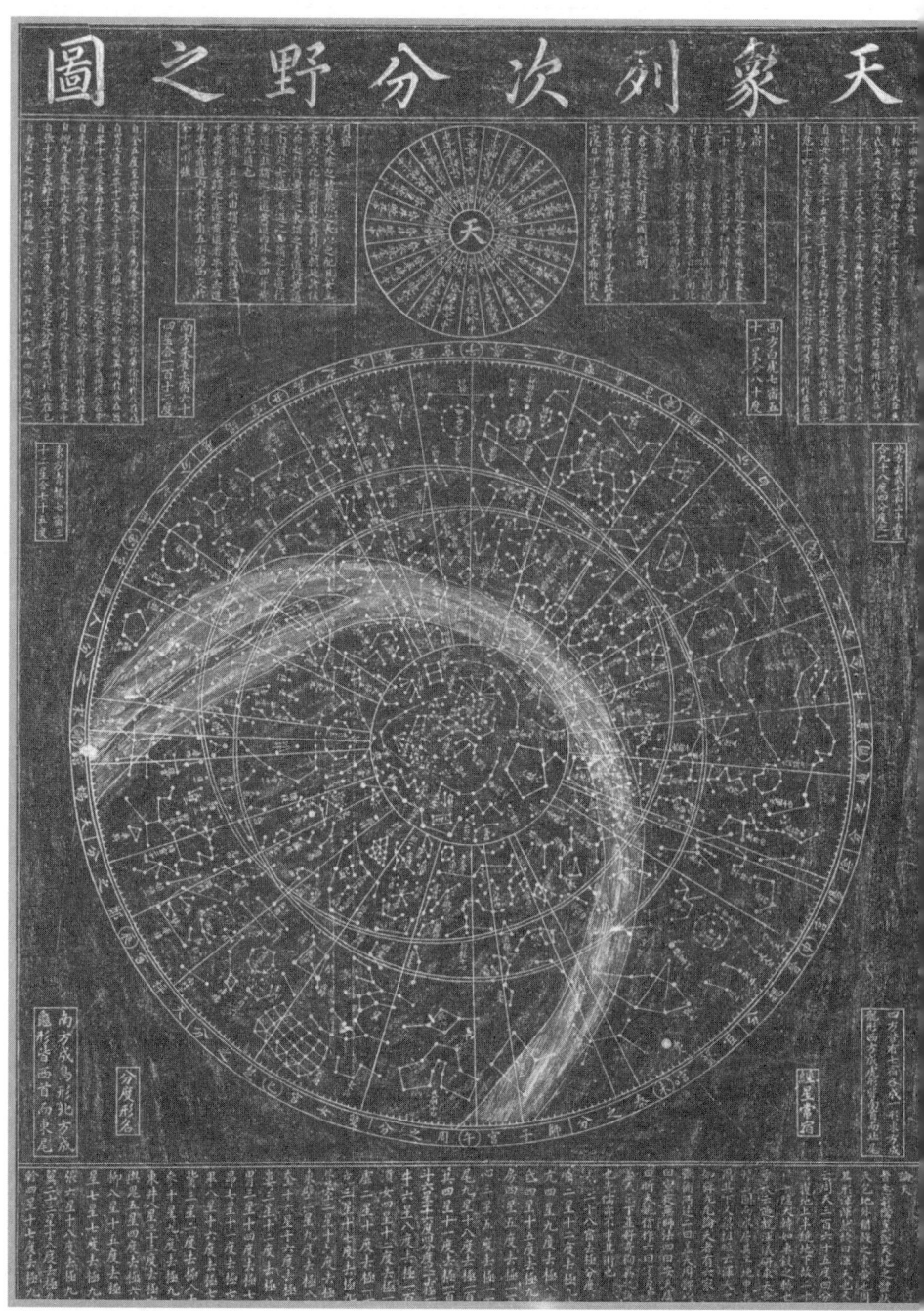

하늘을 숭상했던 동이 민족은 하늘을 관찰하는 것을 게을리하지 않았다. 조선시대에 만들어진 이 지도는 고구려의 것을 참고로 하여 제작된 천상열차분야지도이다. 고구려가 자신들이 세계의 중심임을 드러내는 독자적인 천하관을 갖고 있음을 증명하고 있다.

번한세가 하(番韓世家 下)

번한세가 하(番韓世家 下)에는 단군 색불루가 삼한을 병합하여 문물과 제도를 크게 고치고 팔조의 금법을 시행케 한 내용과, 이벌(伊伐) 치하 시, 이두법이 제정되어 삼한에서 널리 시행된 내용, 이후 여러 대(代)를 거쳐 오는 동안 연(燕)나라가 쳐들어 왔으나 기후(箕詡)가 번조선왕이 되어 이를 막아내고 그 아들들이 대를 잇다가 기준(箕準) 때에 위만에게 유인당해 패하고 바다로 들어가 돌아오지 않았다는 내용이 담겨 있다.

단군(檀君) 색불루(索弗婁)가 삼한을 병합하고 나라의 제도를 크게 고치니 은나라 임금 무정(武丁)이 사신을 보내와 조공할 것을 약속하였다. 이보다 앞서 서우여(徐于餘)를 폐하여 서인(庶人)으로 삼았다.

서우여가 몰래 좌원(坐原)[1]으로 돌아가 사냥꾼 집 수천 호와 더불어 반군을 일으킬 것을 계획하였다. 개천령(蓋天齡)이 이 소식을 듣고 이들을 곧 쳐부수려다가 패하여 진중(陣中)에서 죽었다.

이렇게 되어 임금이 친히 삼군(三軍)을 거느리고 나아가서 반군을 격파하였다. 공격에 앞서 사람을 보내 항복하기를 권함과 동시에 비왕(裨王)에 봉할 것을 약속하니 이 뜻을 따르라고 하였다.

이에 서우여(徐于餘)에게 명해 번한을 다스리게 하였다. 색불루 4년 기해에 진조선(眞朝鮮)이 천왕의 자문(咨文)을 전하기를 "너희 삼한(三韓)은 위로 천신(天神)을 받들어 모든 무리들을 교화하라." 하였다. 이로부터 백성을 가르치는 데 있어 예의를 가르치고, 농사짓고, 누에 치고, 베 짜는 일, 활 쏘는 것과, 글을 쓰기에 힘쓰게 하고 백성을 위해 8조의 금법(禁法)[2]을 만들었다.

즉, 살인을 저지른 자는 바로 사형에 처하고 치상하게 한 자는 곡식으로 형량을 치르게 하며 도적질 한 자의 경우 남자는 그 집의 노예로, 여자는 노비로 삼으며 소도(蘇塗)를 훼손한 자는 금고(禁錮)에 처하고 예의를 지키지 않는 자는 군에 복무케 하고, 게으른 자는 부역을 보내고 요사스럽고 음탕한 짓을 하는 자는 태형(笞刑)을 가하고, 사기를 친 자는 훈방하도록

---

1) 좌원(坐原)은 대능하(大凌河) 상류(上流)의 능원(凌源)이다.
2) 금팔조(禁八條)는 살인자는 사형에 처하고, 상해(傷害)를 가한 자는 곡식으로 배상케 하고, 도둑질한 자는 노비로 삼고, 소도를 훼손한 자는 금고(禁錮)에 처하고, 예의를 지키지 않는 자는 군역에 복무케 하고, 게으르게 지내는 자는 부역을 하게 하고, 음란한 자는 태형에 처하고, 사기(詐欺)한 자는 훈계 방면케 하였다. 이것이 역사상 고조선의 팔조의 금법이다.

하였다. 그러나 스스로 죗값을 치르고 비록 용서받아 떳떳한 공민이 될 수 있기는 하나, 풍속이 오히려 이를 부끄러이 여겨 결혼할 수 없었다.

이렇게 되니 백성들은 도둑질을 하지 않게 되어, 문을 잠그는 일이 없어졌고, 부인들은 음란하지 않아 정절을 지키게 되었다. 전답과 도읍을 개척하고 음식을 만들어 제사지내고 어질고 양보하는 교화가 있었다. 신축년, 은나라 임금 무정이 번한을 거쳐 천왕에게 금을 올리고 방물을 바쳤다. 병신년, 서우여가 세상을 뜨자 정유년에 아락(阿洛)이 뒤를 이었다.

아락(阿洛)이 세상을 뜨자 정축년에 솔귀(率歸)가 뒤를 이었다. 솔귀(率歸)가 세상을 뜨자 갑자년에 임나(任那)가 뒤를 이었다. 신미년 천왕의 조서가 있어 동쪽 교외에 천단(天壇)을 쌓고 삼신(三神)에 제사를 올렸는데, 빙빙 돌면서 춤을 추고 북을 치며 다음과 같이 노래를 불렀다.

정성으로 천단을 쌓고 삼신의 수를 비세!
황운(皇運)을 축수(祝壽)하나니 만만세(萬萬歲)로다.
만민(萬民)을 돌보아 주서 풍년(豊年)을 기뻐하나이다.

임나(任那)가 세상을 뜨자 병신년에 아우 노단(魯丹)이 뒤를 이었다. 북막(北漠)이 침입해 오자 노일소(路日邵)를 보내 토벌하고 평정시켰다. 노단(魯丹)이 세상을 뜨자 기유년에 아들 마밀(馬密)이 뒤를 이었다. 마밀이 세상을 뜨자 정묘년에 아들 모불(牟弗)이 뒤를 이었고, 을해년에 감성(監星)을 두었다. 모불이 세상을 뜨자 정해년(丁亥年)에 아들 을나(乙那)가 뒤를 이었다. 갑오년, 주(周)나라 임금 하(瑕)가 사신을 보내 조공을 바쳤다.

을나(乙那)가 세상을 뜨니 정묘년에 아들 마휴(麻烋)가 뒤를 이었고, 마휴가 세상을 뜨자 기사년(己巳年)에 아우 등나(登那)가 뒤를 이었다. 이

극회(李克會)가 소련(小連)과 대련(大連)의 사당을 세우고 삼년 상을 정하여 행할 것을 청하자 이를 좇았다. 등나(登那)가 세상을 뜨니 무술년에 아들 해수(奚壽)가 뒤를 이었고, 임인년에 아들 물한(勿韓)을 보내어 구월산에 가서 삼성묘(三聖廟)3)에 제사지내는 것을 돕게 하였다.

이 사당은 상춘(常春) 주가성자(朱家城子)4)에 있다. 해수가 세상을 뜨니 기묘년에 아들 오문루(奧門婁)가 뒤를 이었고, 오문루가 세상을 뜨자 정묘년에 아들 누사(婁沙)가 뒤를 이었다. 무인년, 천조(天祖)에 들어가 돌아보았다. 태자 등올(登屼)과 소자(少子) 등리(登里)와 함께 별궁에서 한가로이 살면서 태자 형제를 위한 노래를 지었다. 그 노래 가사는 다음과 같다.

> 형은 반드시 아우를 사랑하고
> 아우는 마땅히 형을 공경하며
> 항상 작은 일로 인해
> 골육의 정을 상하게 하지 말라.
> 말도 한 구이에서 먹고
> 기러기도 한 줄로 서서 나는데
> 내실에서 비록 환락하더라도
> 속삭이며 이간하는 말일랑
> 삼가 듣지 마소서.

---

3) 삼성묘(三聖廟)는 환국 시조 천제환인 씨(桓國 始祖 天帝桓因 氏) 배달 시조 환웅천왕(倍達 始祖 桓雄天王) 조선 시조(朝鮮 始祖) 단군왕검을 모시는 묘당(廟堂)이다.
4) 주가성자(朱家城子)는 평락(平樂) 12년 을미(乙未)에 추모성제(鄒牟聖帝)가 졸본천(卒本川)에서 이도(移都)한 곳이다.

누사(婁沙)가 세상을 뜨니 을미년에 아들 이벌(伊伐)이 뒤를 이었다. 병신년, 한수(漢水)[5] 사람 왕문(王文)이 이두법[6]을 만들어 바치니 천왕이 이를 가상히 여겨 삼한(三韓)에 명하여 조칙(詔勅)과 같이 시행하게 하였다. 기미년, 상장(上將) 고력(高力)을 보내 회군(淮軍)과 함께 주(周)나라를 패하게 하였다.

이벌(伊伐)이 세상을 뜨자 신유년에 아들 아륵(阿勒)이 뒤를 이었다. 병인년에 주(周)의 이공(二公)이 사신을 보내 방물을 바쳤다. 아륵(阿勒)이 세상을 뜨자 을축년에 아들 마휴(麻休)가 뒤를 이었고, 마휴가 세상을 뜨자 병진년에 아들 다두(多斗)가 뒤를 이었고, 다두가 세상을 뜨자 기축년에 아들 나이(奈伊)가, 나이(奈伊)가 세상을 뜨자 기미년 아들 차음(次音)이, 차음이 세상을 뜨자 을사년에 아들 불리(不理)가, 불리(不理)가 세상을 뜨자 을사년에 아들 여을(餘乙)이, 여을이 세상을 뜨자 갑술년에 엄루(奄婁)가 뒤를 이었다.

무인년에 흉노(匈奴)가 번한(番韓)에 사신을 보내 천왕을 뵙기를 바란다면서 신하(臣下)라 칭하고 방물을 바치고 돌아갔다. 엄루(奄婁)가 세상을 뜨니 아들 감위(甘尉)가 뒤를 이었다. 감위(甘尉)가 세상을 뜨자 무신년에 아들 술리(述理)가 뒤를 이었다.

술리(述理)가 세상을 뜨니 무오년에 아들 아갑(阿甲)이 뒤를 이었고 경오년, 천왕이 사신 고유선(高維先)을 보내 환웅(桓雄) 치우(蚩尤) 단군왕검(檀君王儉) 세 조상(祖上)의 상(像)을 널리 펴 관청이나 집에서 받들어

---

5) 한수(漢水)는 오늘날의 한강이 아닌 대능하(大凌河)이다.
6) 이두(吏讀)는 신라의 설총이 한자(漢字)의 음과 뜻을 빌려 우리나라 말을 표기하는 데 쓴 문자로 알려지고 있으나, 이보다 훨씬 앞선 단군(檀君) 등올(登屼) 10년인 기원전 865년에 왕문(王文)이 작성하여 삼한(三韓)에 사용한 문자이다. 즉, 기원 8세기경의 설총이 만들었다는 이두문보다 무려 1천여 년이 앞서 이두문이 시행되어 왔음을 뜻한다.

모시도록 하였다.

아갑(阿甲)이 세상을 뜨자 계유년에 고태(固台)가 뒤를 이었고, 고태가 세상을 뜨니 정해년에 아들 소태이(蘇台爾)가 뒤를 이었다. 소태이가 세상을 뜨자 을사년에 아들 마건(馬乾)이 섰고, 마건이 세상을 뜨니 병진년에 천한(天韓)이 섰고, 천한이 세상을 뜨니 병인년에 아들 노물(老勿)이 뒤를 이었고, 노물이 세상을 뜨니 신사년에 아들 도을(道乙)이 뒤를 이었다.

계미년에 노(魯)나라 사람 공구(孔丘)가 주(周)나라에 가서 노자(老子) 이이(李耳)에게 예(禮)를 물었다. 이이(李耳)의 아버지 성(姓)은 한(韓)이며 이름은 건(乾)이니 그 조상(祖上)은 풍(風) 땅 사람이다. 뒤에 서쪽 관(關)을 나가 내몽고(內蒙古)를 거쳐서 아유타(阿踰陀)에 이르러 그 백성들을 교화하였다.

도을(道乙)이 세상을 뜨자 병신년에 아들 술휴(述休)가 뒤를 이었고, 술휴가 세상을 뜨니 경오년에 아들 사량(沙良)이 뒤를 이었고, 사량이 세상을 뜨니 무자년에 아들 지한(地韓)이 뒤를 이었다. 지한(地韓)이 세상을 뜨자 계묘년에 아들 인한(人韓)이 뒤를 이었고, 인한이 세상을 뜨자 신사년에 아들 서울(西蔚)이 뒤를 이었다.

서울이 세상을 뜨니 병자년에 아들 가색(哥索)이 뒤를 이었다. 가색이 세상을 뜨니 경진년에 아들 해인(解仁)이 들어섰는데, 산한(山韓)이라고도 한다. 이 해에 자객의 해를 입자 신유년에 아들 수한(水韓)이 뒤를 이었는데 임오년, 연(燕)의 배도(倍道)가 샛길로 침입해 들어와서 안촌홀(安寸忽)[7]을 치고 험독(險瀆)을 공격하였다.

---

7) 안촌홀(安寸忽)은 탕지보(湯地堡)이다.

위만국의 강역

이때 수유(須臾) 사람 기후(箕詡)가 자제 5천 명을 거느리고 와서 싸움을 도왔다. 여기에서 군세가 차츰 떨어져 진번(眞番) 이한(二韓)의 군사와 함께 협공하여 크게 쳐부셨다. 또, 군사를 나누어 계성(薊城)8) 남쪽에 싸우러 보

---

8) 계성(薊城)은 연(燕)의 수도로, 현재 북평 동쪽에 계(薊)라는 지명이 있다.

내자 연(燕)이 두려워하여 사신을 보내 사죄하고 공자를 볼모로 삼았다.

무술년, 수한(水韓)이 세상을 떴다. 그런데 뒤를 이을 아들이 없었기 때문에 기후(箕詡)가 명을 받아 군령을 대신하니 연이 사신을 보내어 하례하였다. 이 해에 연이 왕을 자칭하고 장차 쳐들어 오려다가 뜻을 이루지 못하였다.

기후는 또한 명을 받아 번조선왕(番朝鮮王)이라 칭하고 번한성(番汗城)에 살면서 불시에 닥쳐 올 변을 대비하였다. 기후(箕詡)가 세상을 뜨니 병오년에 아들 기욱(箕煜)이 들어섰고, 기욱(箕煜)이 세상을 뜨니 신미년에 아들 기석(箕釋)이 들어섰다.

이 해에 주군(州郡)에 명을 내려 어질고 착한 자를 천거하게 하였는데, 한때 뽑힌 자가 270명이나 되었다. 기묘년, 번한(番韓)이 친히 도성 밖에서 밭을 갈았다. 을유년, 연(燕)이 사신을 보내 공물을 바쳤다.

기석(箕釋)이 세상을 뜨자 경술년에 아들 기윤(箕潤)이 들어섰고, 기윤(箕潤)이 세상을 뜨니 기사(己巳)년에 아들 기비(箕조)가 뒤를 이었다. 기비가 처음부터 종실 해모수(解慕漱)와 더불어 은밀히 옥새를 바꿀 것을 약속하고 부지런히 명령을 도왔는데 해모수가 능히 대권을 잡도록 한 자가 기비이다. 기비가 세상을 뜨자 경진년에 아들 기준(箕準)이 들어섰다. 정미년에 떠도는 도적 위만(衛滿)에게 유인당해 패하여 바다로 들어가서 돌아오지 않았다.

番韓世家 下

　檀君索弗婁 初幷三韓 大改國制 殷主武丁 遣使來約貢 先是廢徐于餘爲庶人 徐于餘潛歸坐原[1]* 與獵戶數千 謀起兵 蓋天齡聞卽往伐 敗沒于陣 帝親率三軍 往討之 乃先遣勸降 約封爲椑王 再諭以聽 至是命徐于餘爲番韓 四年己亥 眞朝鮮以天王敕文 傳曰 爾三韓 上奉天神 接化群生 自是敎民 以禮義田蠶織作弓矢字書 爲民設禁八條[2]* 相殺以當時償殺 相傷以穀償 相盜者男沒爲其家奴 女爲婢 毁蘇塗者禁錮 失禮義者服軍 不勤勞者徵公 作邪淫者笞刑 行詐欺者訓放 欲自贖者雖免爲公民 俗猶羞之 嫁娶無所售 是以其民 終不相盜 無門戶之閉 婦人貞信不淫 闢其田野都邑 飮食以籩豆 有仁讓之化 辛丑殷主武丁 因番韓上書天王獻方物

　丙申徐于餘 薨 丁酉阿洛立薨 丁丑率歸立薨 甲子任那立 辛未以天王詔築天壇于東郊 祭三神衆 環舞擊鼓以唱 曰精誠天壇築 三神主其祝壽 皇運祝壽萬萬歲 萬民睹羅保美 豊年叱居越 任那薨 丙申弟魯丹立 北漢入寇 遣路日邵 討平之 薨 己酉子馬密立 薨 丁卯子牟弗立 乙亥置監星 牟弗薨 丁亥子乙那立 甲午周主瑕 遣使朝貢

　乙那薨 丁卯子麻維麻立 薨 己巳弟登那立 李克會啓請建小連大連之廟 定行三年喪 從之 薨 戊戌子奚壽立 壬寅遣子勿韓 往九月山 助祭三聖廟[3]* 廟在常春 朱家城子[4]*也 奚壽薨 己未子勿韓立 薨 己卯子奧門婁立 薨 丁卯子婁沙立 戊寅入覲天朝 與太子登屼 小子登里 閑居別宮 乃獻歌太子兄弟 曰兄弟愛 弟兄恭敬 恒常毫毛之事 骨肉之情 傷勿馬同槽食 雁亦一行 作內室

歡樂細言愼聽勿　妻沙薨　乙未子伊伐立　丙申漢水[5]*人文王作吏
讀法[6]*以獻　天王嘉之　命三韓如勅施行　己未遣上將高力合　與淮
軍敗周　伊伐薨　辛酉子阿勒立　丙寅周二公遣使獻方物　阿勒薨
己丑麻休立　薨　丙辰子多豆立　薨　己丑子奈伊立　薨　己未子次音
立薨　己巳子不理立　薨　己巳子餘乙立　薨　甲戌奄妻立　戊寅匈奴
遣使番韓　求見天王　稱臣貢物而去　奄妻薨　子甘尉立　薨　戊申子
述理立　薨　戊午子阿甲立　庚午天王　遣使高維先　頒桓雄蚩尤檀
君王儉三祖之像　以奉官家　阿甲薨　癸酉固台立　薨　丁亥子蘇台
爾立　薨　乙巳子馬乾立　薨　丙辰天韓立　薨　丙寅子老勿立　薨　辛
巳子道乙立　癸未魯人孔丘適周　問禮於老子李耳　耳父姓韓名乾
其先風人　後西出關　由內蒙古而轉至阿踰陀　以化其民　道乙薨
丙申子述休立　薨　庚午子沙良立　薨　戊子子地韓立　薨　癸卯子人
韓立　薨　辛巳子西蔚立　丙午子哥索立　薨　庚辰子解仁立　一名
山韓　是歲爲刺客所害　辛巳子水韓立　壬午燕倍道入寇　攻安寸忽[7]*
又入險瀆　須臾人箕詡　以子弟五千人　來助戰事　於是軍勢稍振
乃與眞番　二韓之兵　夾擊大破之　又分遣偏師　將戰於薊城[8]*之南
燕懼遣使乃謝　以公子爲質　戊戌水韓薨無嗣　於是箕詡以命　代行
軍令　燕遣使賀之　是歲燕稱王　將來侵未果　箕詡亦承命正號　爲
番朝鮮王　始居番汗城　以備不虞　箕詡薨　丙午子箕煜立　薨　辛未
子箕釋立　是歲命州郡擧賢良　一時被選者二百七十人　己卯番韓
親耕于郊　乙酉燕遣使納貢　箕釋薨　庚戌子箕潤立　薨　己巳子箕
丕立　初箕丕與宗室解慕漱　能握大權者　惟箕丕其人也　箕丕薨
庚辰子箕準立　丁未爲流賊衛滿所誘敗　遂入海而不還.

소도경전 본훈(蘇塗經典 本訓)

소도경전 본훈(蘇塗經典 本訓)에는 선인(仙人)이신 자부(紫府) 선생의 선대(先代)인 발귀리(發貴理)가 아사달에서 제천고사(祭天告祀)를 올린 글과, 칠성력(七星曆)의 시원인 칠정운천도(七政運天圖)를 자부(紫府) 선생이 만들고 뒤에 창기소(蒼其蘇)가 그 법을 응용하여 오행치수법을 밝혔다는 내용이 담겨 있다. 환역(桓易)의 원리를 밝혔으나 후대에 내려오면서 돌아보지 않으려 함에 이를 한스럽게 여겨 이후라도 이어져 전하기를 바라는 뜻에서 기술하였다고 한다. 이어서 81자의 천부경과 366자로 된 삼일신고, 167자로 된 인물(人物)항목에서는 동수삼진(同受三眞)한다 하고 대변경(大辯經)의 구서지회(九誓之會), 을파소(乙巴素) 선생의 팔훈(八訓)으로 경(經)을 삼고 오사(五事)를 위(緯)로 삼아 교화가 크게 행해져 참전이 이루어지지 않은 곳이 없다는 참전계경을 수록하고 있어 본서의 핵심 사상을 제시하고 있다.

[태백일사]

소도경전 본훈(蘇塗經典 本訓)

신시기(神市期)에 선인(仙人) 발귀리(發貴理)[1]가 있어 대호(大皥)와 동문수학(同門修學)하였는데, 도(道)가 통하자 저(渚)[2]와 풍산(風山)[3] 인근에서 노닐 적에 그 이름이 널리 알려졌다. 아사달에서 하늘에 제사지내고 예를 마치자 칭송하는 글을 다음과 같이 지었다.

대일의 극을 양기(良氣)라 하여
무유(無有)와 허조(虛粗)함이 뒤섞여 원묘하다.
삼일(三一)은 몸체이며 일삼(一三)은 용체(用体)이니
혼묘(混妙)함이 한 고리가 되어 체(體)와 용(用)은 별개일 수 없다.
태허(太虛)에 빛이 있음은 신의 형상으로
대기(大氣)의 존재는 무궁하니
이는 신화진명(神化眞命)의 근원이니
만법(萬法)이 이에서 생겨난다.
일월(日月)의 자식은 천신(天神)의 정성으로 비치며
그 선은 둥글기도 하고 때로 곧기도 하면서 그 수는 무수하다.
둥글음(圓)[4]은 하나(一)로 무극이며

---

1) 발귀리(發貴理)는 황제(黃帝)에게 삼황내문(三皇內文)을 건네 준 자부(紫府) 선생의 선대(先代)이며, 신시(神市) 때에 대호(大皥 ; 太皥와 같으며 복희씨(伏羲氏))와 동문수학(同門修學)한 인물이다.
2) 저(渚)를 경박호(鏡珀湖)로 보는가 하면, 하북성 정정부 봉산(正定府 逢山)에서 나와 우수(渦水)에 합류하는 강이라는 견해도 있다.
3) 풍산(風山)은 대능하 상류(大凌河 上流)로, 수경(水經)의 하수(河水) 주(註)에 황하가 남쪽으로 북굴현 고성(北屈縣 古城) 40리를 경유하는 데 풍산(風山)이 있다고 하였다.
4) 원각(圓覺)은 원통전명지대각(圓通全明之大覺)을 말한다.

방(方)은 이(二)로 반극(反極)하는 각(角)이 삼(三)이니 태극(太極)이니라.
홍익인간하게 함은 천제가 환웅에게 주어진 바로
일신(一神)이 정성으로 내려와 성(性)이 광명을 통해
재세이화 홍익인간 하게 함은 신시(神市)가 단군조선에 전한 것이다.
환역(桓易)은 우사(雨師)의 관원으로부터 나왔는데
복희씨는 우사가 되어 여섯 종의 가축을 기르게 하였으며
신룡(神龍)은 해가 날마다 열 두 번씩 변하는 것을 보고 환역을 만들었다.
환(桓)은 희(羲)와 같은 뜻이며 역(易)은 용(龍)의 옛 글자의 근원이다.

자부 선생은 발귀의 후손이다. 태생부터 신명득도(神明得道)하여 높이 날아 오를 수 있었고 일월(日月) 상태를 측정하고 오행의 수리를 추고하여 칠정운천도(七政運天圖)를 만들었다.

이것이 칠성력(七星曆)의 시원이다. 뒤에 창기소(蒼其蘇)가 다시 그 법을 알기 쉽게 만들어 오행치수법(五行治水法)을 밝혀 놓으니 이것이 신시(神市) 황부중경(黃部中經)에서 나온 것이다.

우(虞)나라 사람 사우(似禹)가 회계산(會稽山)에서 조선(朝鮮)으로부터 가르침을 받고 자허선인(紫虛仙人)을 통해 창수(蒼水) 사자(使者) 부루(夫婁)를 뵙기를 청해 황제중경(黃帝中經)을 받으니, 이것이 바로 신시(神市) 황부(黃部)의 중경(中經)이다. 우(虞)임금이 이것을 받아가지고 치수(治水)에 이용해 공을 세웠다.

환역(桓易)의 체(體)는 원(圓)이며 용(用)은 방(方)인데, 형상이 없어도 실상을 알게 되니 이는 하늘의 이치인 것이다. 희역(羲易)의 체는 방(方)이며 용(用)은 원(圓)이나, 형상이 있는데도 변하는 것을 알 수 있으니 이 또한 하늘의 체인 것이다.

지금의 역(易)은 서로의 체(體)를 가지고 서로 용(用)하고, 원(圓)으로부터 둥글고 방(方)으로부터 네모지며 각(角)으로부터 각이 지나니 이것이 하늘의 명(命)인 것이다. 그러나 하늘의 근원이 스스로 하나가 크게 비어있으나 비어있는 것이 아니니 어찌 체(體)가 있겠는가. 하늘은 처음부터 체(體)가 없고 28숙(宿)5)이 체가 되는 것이다. 대개 천하만물이 이름이 있으면 모두 수(數)를 갖게 되고 수가 생겨나면 힘이 있는 것이다. 이미 수가 있는 것이라고 말했으면 유한과 무한의 다름이 있고, 또 힘(力)이 있는 것이라고 말했으면 유형과 무형의 구별이 있게 마련이다. 그러므로 천하만물이 있다고 하면 모두 있고, 없다고 하면 모두 없는 것이다.

천부경(天符經)6)은 천제(天帝) 환국(桓國)에서 입으로 전해 내려온 글이다. 환웅대성존(桓雄大聖尊)이 하늘에서 내려온 뒤에 신지혁덕(神誌赫德)에게 명하여 녹도문(鹿圖文)7)으로 기록하였는데, 고운(孤雲) 최치원(崔致遠)8)이 일찍이 신지(神誌)의 전서(篆書)로 쓴 옛 비석을 보고 다시

---

5) 이십팔숙(二十八宿)은 이십유팔숙지위(二十有八宿之位)로, 숙(宿)은 주(住)의 의미이다. 설원변물(說苑辨物)에 숙(宿)은 일월오성지소숙야(日月五星之所宿也) 주례춘관(周禮春官)에 이십유팔숙지위(二十有八宿之位)라 하였다. 주례춘관 소(周禮春官 疏)에 일월(日月)에 회어기성(會於其星)하니 즉명숙(卽名宿)이오 역명진 명차 명방(亦名辰 名次 命房)이라 하였다.

6) 천부경(天符經)은 환국(桓國) 시대부터 있어 온 진경(眞經)으로 우주의 원리인 하늘과 땅, 사람의 생성 원리를 밝힌 경(經)이다.

7) 녹도문(鹿圖文)은 녹서(鹿書)라고도 하는데, 이러한 문자(文字)의 전래(傳來)는 매우 유구(悠久)하다. 신시(神市) 때의 고각(古刻)이나 녹서(鹿書), 부여인 왕문(夫餘人 王文)의 법류부 의전(法類符 擬篆) 자부 선생(紫府 先生)의 내문(內文)인 우서(雨書), 치우시 화서(蚩尤時 花書) 부루(夫婁)의 오행 가림토 문자(五行 加臨土 文字), 발해국 문자(渤海國 文字) 등류(等類)가 있었는데 지금의 한문(漢文)도 진(秦) 때에 이르러 이사(李斯)가 진전(秦篆)을 진옥리 정막 작좌서(秦獄吏 程邈 作佐書)하니 예서(隸書)이고, 동한(東漢) 때에 사유(史游)가 초서(草書)를, 왕차중(王次仲)이 팔분(八分), 허신(許愼)이 설문해자(說文解字), 청대(淸代)에 강희자전(康熙字典)으로 이어져 오나 근원은 신시(神市)에서 전파해 온 그 지류(支流)이다.

8) 고운 최치원(孤雲 崔致遠)은 신라 말의 인물로, 일찍이 신지전고비(神誌篆古碑)를 보고 이

문서를 만들어 세상에 전한 것이다. 그러나 본조에 이르러서는 유서(儒書)에만 전념하고 조의(皁衣)와 더불어 묻고 들으려 하지 않으니 이것이 또한 한스러운 일이다. 그러니 이것을 특별히 여기에 내놓아 뒤에 오는 이들에게 보이려 하는 것이다.

천부경(天符經)

하나의 시작은 무(無)에서 비롯되나
일은 세 극(極)으로 쪼개고 쪼개어도
그 바탕은 다함이 없느니라.
천일(天一)은 1이며 지일(地一)은 2이고 인일(人一)은 3이니라.
하나가 쌓여 열로 묶이더라도 셋은 되느니라.
하늘에도 2, 3이 있고 땅에도 2, 3이 있고 사람에게도 2, 3이 있느니라.
큼의 3은 3극이 합쳐 6이 되며 1, 2, 3을 합하면 7, 8, 9가 생겨난다.
운(運)은 3, 4로 이루어져 돌아오고 5와 7은 1로 묘하게 퍼져 나가고
무한히 오고 가고 쓰임은 변해도 본원은 움직이지 않는다.
본 마음은 해를 본으로 하여 높게 비추며 뭇 사람에게 천지는 하나라.
하나는 끝이 없다 하나 결국 하나니라.

삼황내문경(三皇內文經)

삼황내문경(三皇內文經)은 자부(紫府) 선생이 헌원(軒轅)에게 주어 이 경을 통해 마음을 씻고 의로운 데로 돌아가게 하려 한 것이다. 자부 선생은

를 베껴 작첩(作帖)하여 세간(世間)에 전하게 하였다고 한다.

삼청궁(三淸宮)에 있었는데, 궁(宮)은 청구국(靑丘國) 대풍산(大風山) 양지바른 곳에 있었다.

헌후(軒候)가 친히 치우(蚩尤)에게 조회(朝會)하러 가는 길에 자자한 명성을 듣고 이것을 얻었다는 것이다. 경문(經文)은 신시(神市)의 녹서(鹿書)로 기록되었고 세 편(三編)으로 나누어 만들어졌는데 후인(後人)들이 추가(追加)하여 보태고 주(注)를 달아 구분해 신선음부(神仙陰符)의 설(說)이라 하였다.

주(周) 진(秦)이래 도교(道敎)를 믿는 사람들이 의탁하는 곳이 되었고 때로 단약(丹藥)9)을 만들어 불사약(不死藥)으로 먹기도 하였으며 허다한 방수설(方術說)이 유포되고 복잡 분분하여 미혹(迷惑)에 빠지는 자가 많아졌다.

심지어 서복(徐福)이라는 자는 한말(韓末)에 회사(淮泗)에서 배출된 인물로 일찍부터 진(秦)에 배반할 뜻이 있었는데, 이때에 선약(仙藥)을 구한다는 핑계로 바다에 들어간 후 그대로 도망가 돌아오지 않은 일도 있었다.

일본기이(日本紀伊)10)에 서불(徐市)이라는 이름이 새겨져 있고 이국(伊國)의 신궁(新宮)에 서불(徐市)의 묘와 사당이 있다고 한다. 서복은 서불이라고도 하는데, 불(市)과 복(福)의 음(音)을 혼동한 것이다.

삼일신고(三一神誥)는 원래 신시(神市) 개천(開天)하던 세상에서 나왔는데, 그 글은 대개 하나를 잡아 셋을 포함하고 셋을 모아서 하나로 돌아가는 뜻으로써 근본 강령을 삼고 다섯 장으로 나누어 천신(天神)의 조화(造

---

9) 연단복식(鍊丹服食)은 단약을 달여 복용하면 장생불로(長生不老)해 신선이 된다는 약으로, 존재할 수 없는 약이다.

10) 기이(紀伊)는 일본 본주 화가산현(本州 和家山縣)의 지명인데, 이 곳 이국신궁(伊國新宮)에 서시사(徐市祠)가 있다.

化)에 따른 근원과 세계의 인간 사물의 교화를 자세히 논술한 것이다.

첫머리에 허공은 하나로 시작하나 같이 시작함이 없고, 하나로 마치되 같이 마침은 없다. 밖은 허하고 안은 비어도 가운데는 항상 있다. 다음으로 일신(一神)은 빈 데로 가고 빛으로 와서 주재함이 있는 것 같으니 삼신(三神)은 위대하고 임금은 실로 공이 있는 것이다. 그 다음으로 천궁(天宮)은 진아(眞我)가 있는 곳이니, 만 가지 착한 것이 스스로 흡족하여 길이 쾌락함이 있다. 세계의 수없는 별들은 해에 속하였으니 만백성들의 큰 덕은 여기에서 생긴다. 끝에 말하기를 인간과 만물은 함께 삼신에게서 나와 하나의 참에 돌아간다. 이것이 곧 큰 나[大我]인 것이다.

세상에서 삼일신고(三一神誥)를 가지고 혹 도가(道家)에서 제사지낼 때 쓰는 글이라고 하는 것은 큰 잘못이다. 우리 환국(桓國)은 환웅(桓雄)이 개천(開天)하면서부터 천신(天神)에게 제사지내고 신고(神誥)를 조술(祖述)하여 산하(山河)를 넓게 개척하며 인민을 교화했다.

아! 신시(神市)는 천황(天皇)이 세운 이름으로써 이미 삼신상제의 한량없는 큰 복을 열고 곰족과 범족을 불러 어루만지므로 사해(四海)를 편안하게 하였다. 위로는 천신을 위하여 홍익의 의를 알리고, 아래로는 사람이 사는 세상을 위하여 호소할 길 없는 원통함을 풀어주었다. 이에 사람이 스스로 하늘에 순응하여 세상이 거짓과 망령됨이 없어지고 스스로 다스려지며, 말 없이도 스스로 교화되어 풍속은 산천을 소중히 여기고 서로 침략하지 않았다. 서로 굴복하는 것을 귀히 여기고 죽음을 무릅쓰고 위급을 구하며 이미 입는 것과 먹는 것이 고루 마련되었다. 또, 권리가 평등하며 함께 삼신에게 돌아가서 사귀며 서원(誓願)을 기꺼이 하였다.

화백제도로써 모든 일을 공번되게 하여 허물을 책망하므로, 신의를 보전하고 힘을 합하여 일을 쉽게 하며 일을 나누어 서로 도우니 남녀가 모두

직분이 있고 늙은이와 젊은이가 함께 복리를 누렸다. 사람과 사람끼리 서로 다투고 송사하는 일이 없었으며 나라와 나라끼리 서로 침략하거나 약탈하는 일이 없었다. 이것을 '신시 태평 세태'라 한다.

삼일신고(三一神誥)

제1장 허공(虛空) 36자

천제께서 이르시기를 너희 오가의 무리들은 푸르름이 하늘이 아니고 까마득한 것도 하늘이 아니며 하늘은 형상과 바탕이 없고 시작과 끝이 없으며 위와 아래 사방은 비어있고 실체가 없으며 모양새도 없느니라.

제2장 일신(一神) 51자

신은 위 없는 으뜸자리에 계시사 큰 덕과 지혜, 큰 힘으로 하늘을 생기게 하시며 아무것도 없는 수없는 누리를 주관하시며 만물을 창조하시되 티끌만한 것도 빠짐이 없으며 밝고 밝아 신령하여 감히 이름지어 헤아릴 수 없느니라. 음성과 기운을 접하고자 빌어도 친히 보이지 않으시나니 본성에서 그 씨를 구해보라. 너희 머릿속에 내려와 계시느니라.

제3장 천궁(天宮) 40자

하늘은 신국으로, 천궁이 있어 만선(萬善) 만덕(萬德)의 문이 있나니 그곳은 일신(一神)이 계시는 곳으로 신장과 선관들이 모시며 크게 길하고 매우 광명한 곳이라. 성통(性通)하여 공덕을 쌓은 자만이 영원한 쾌락을 누리리라.

제4장 세계(世界) 72자

그대들은 무수히 떠 있는 저 별들을 보아라. 그 수효는 무한하고, 크고 작음과 명암고락이 동일하지 않다. 일신(一神)이 여러 세계를 만드시고 태양계의 사자(使者)에게 7백 세계를 거느리게 하시니, 너희 땅이 스스로 큰 것 같지만 한 알의 세계이다. 속에 있는 불이 진동하여 터져 바다로 변하고 옮겨져 육지가 되어 형상을 이루게 되었느니라. 신의 기운을 뿜어 바닥을 싸주고 햇빛과 열을 쪼이게 해주니 날고 생겨나고 헤엄치고 심는 식물들이 번식하게 되었느니라.

제5장 인물(人物) 167자

사람과 사물 모두가 삼진(三眞)[11]을 받는데, 다만 무리들은 땅에 미혹되어 세 가지 망령된 것이 뿌리를 박아 참과 망령됨이 맞서 삼도(三途)를 만들고 있다. 예컨대, 성(性) 명(命) 정(精)이 그것이다. 사람은 이것이 온전하나 사물은 그렇지 못하고 한쪽으로 치우치고 있다.

진성(眞性)은 착하고 악한 것 없이 상철(上哲)이 통하며, 진명(眞命)은 맑고 흐린 것 없이 중철(中哲)이 알고, 진정(眞精)은 후박(厚薄)함이 없이 하철(下哲)을 보전해 주니 진실로 돌이켜 보면 일신(一神)이 되는 것이다.

심기(心氣) 신(身) 심성(心性)에 의해 선과 악이 있는 것이나 선하면 복이 되고 악하면 화가 된다. 기는 명에 의하여 명암(明暗)이 생겨나는데, 맑으면 오래 가고 흐리면 조사(早死)하느니라. 몸은 정(精)에 의하여 후박하나니 후하면 귀하고 박하면 천하게 되느니라.

---

11) 삼진(三眞)이란 성(性) 명(命) 정(精)으로 성(性)은 정신력(精神力), 명(命)은 생존력(生存力), 정(精)은 활동력(活動力)을 뜻한다.

감식촉(感息觸)이 이를 말하는 것으로 이는 열 여덟 경지를 이룬다. 감(感)에는 희열(喜悅), 공포(恐怖), 비애(悲哀), 분탐(忿貪), 혐오(嫌惡)함이 있다. 식(息)에는 향내, 구린 내, 한서(寒暑), 건습(乾濕)함이 있으며 촉(觸)에는 음색(音色), 냄새, 맛, 음란, 부딪힘이 있다.

무리는 선악(善惡), 청암(淸暗), 후박(厚薄)함이 뒤섞여 여러 경지의 길을 따라 마음대로 움직이다가 생노병사(生老病死)하거나 고역에 처하게 된다. 철인(哲人)은 지감(止感), 조식(調息), 금촉(禁觸)하여 한 뜻으로 이루어져 행하므로 망녕됨은 고쳐 참과 신기(神機)를 발하나니 본성을 통달하고 공(功)이 완성됨이 이것이니라!

신지비사(神誌秘詞)

신지비사(神誌秘詞)는 단군(檀君) 달문(達門) 때의 사람인 신지(神誌) 발리(發理)가 지은 것인데, 본래 삼신의 옛 제사 때에 쓰던 서원문(誓願文)이다.

대체로 상고 시대에 하늘에 제사하는 뜻의 요지는 백성을 위하여 복을 비는 데 있고 신에게 나라를 흥하게 해 주기를 비는 데 있었다. 그러나 호사가(好事家)들은 신지비사(神誌秘詞)를 도참(圖讖)이나 점성술(占星術)로 알아 출입하고 장차의 운수(運數)를 헤아리거나 여기에 보태어 이것을 진단구변(震檀九變)의 도(圖)라 하고 있다. 이를 감결(鑑訣) 예언(豫言)의 기초로 삼고 있으니, 이 또한 잘못이다.

말하기를 저울의 대를 부소량(扶蘇樑)이라고 한 것은 진한(辰韓)의 옛 도읍을 말한 것이며 단군조선의 도읍 아사달이 이것이다. 즉 지금의 송화강의 하르빈(哈爾濱)이라 하였다.

저울의 추를 오덕지(五德地)라 한 것은 번한(番韓)의 옛 도읍을 말하는 것인데, 지금의 개평부(開平府)[12] 동북쪽 70리 되는 곳에 있는 탕지보(湯地堡)가 그것이다. 저울판을 백아강(白牙岡)이라고 한 것은 마한의 옛 도읍을 말한 것이니 지금의 대동강(大洞江)으로써 마한(馬韓)의 웅백다(熊伯多)가 마한산(馬韓山)에서 하늘에 제사지낸 곳이 바로 여기이다.

조용히 삼한(三韓)의 지세를 저울과 저울추에 비유해 보면 부소량(扶蘇樑)은 나라의 저울대와 같고, 오덕지(五德地)는 나라의 저울추와 같으며, 백아강(白牙岡)은 나라의 저울판과 같으니 이 세 가지 중에서 하나만 없어도 저울의 물건을 달 수 없고 나라가 백성을 보전할 수 없는 것이다.

삼신(三神)에게 제사하는 옛 제사의 서원(誓願)은 오직 삼한(三韓)의 관경(管境)과 백성을 기쁘게 해 주는 뜻에 있는 것이니, 신지비사(神誌秘詞)의 전하는 바도 또한 이를 벗어나지 못하였다.

나라를 위하는 일념(一念)과 더불어 충의(忠義)를 장려하는 제사를 지내 신(神)을 기쁘게 하고 이로써 복(福)을 받기를 원하는 것이니 신(神)이 반드시 정성으로 내려 그 복이 틀림없이 나라를 흥하게 하였다.

이것이 곧바로 사실대로 이행되었다. 그런데 일을 사실에 징험(徵驗)하지 않고 그 행동이 옳은 것을 구하지 않는다면 징험(徵驗)하고 구(求)하는 바가 어떻게 공(功)을 얻을 수 있겠는가. 우리나라 문자(文字)는 예로부터 있었으나 지금 남해현(南海縣) 낭하리(郞河里)[13] 바위벽에 신시(神市) 때의 옛 글자가 새겨져 있는데, 부여(夫餘) 사람 왕문(王文)이 쓴 법(法)이 부서(符書)의 전자(篆字)와 같다.

자부 선생(紫府 先生)의 내문(內文)과 태자(太子) 부루(夫婁)의 오행

---

[12] 개평부(開平府)는 양평현(襄平縣)인데, 로룡현(盧龍縣) 서남(西南)쪽에 위치해 있다.

(五行)이 모두 환단(桓檀) 시대에 나왔으며 은학(殷學)과 한문(漢文)은 대개 왕문(王文)이 남긴 유범(遺範)인 것이다.

유기(留記)에 말하기를 신(神)의 획(劃)이 일찍이 태백산(太白山) 푸른 바위벽에 있었는데, 그 모양이 ㄱ과 같으니 세상에서 말하기를 신지선인(神誌仙人)이 전하는 것이라 하였다. 혹 이것을 글자의 시초라고도 하는데, 그 글자의 획은 하나로 곧게 나가다가 둘로 구부러진 모양이며 그 뜻은 관제(管制)의 상(象)이며 그 모양과 소리는 무슨 계획과 뜻이 있는 데서 나온 것 같다.

그러므로 신인(神人)의 덕으로 인간 세상의 사랑을 구하여 이를 표준으로 삼는다면 곧 참된 가르침이 행하여지고 모든 인간사(人間事)가 반드시 바르게 될 것이다. 어질고 능한 자는 벼슬자리에 있으면서 늙은이와 어린이를 공양하며, 건강한 자는 의를 많은 무리들에게 전하여 교화하며, 간사한 자들이 송사하는 일이 없고 전쟁할 계획을 하지 않으니 이 역시 이치대로 되는 하나의 길(一道)인 것이다.

대변설(大辯說) 주(註)에 이르기를, 남해현(南海縣) 낭하리(郎河里)13) 계곡 바위 위에 신시(神市)의 옛 글자를 새긴 것이 있었는데 그 글에 말하기를 환웅(桓雄)이 사냥 나와 삼신(三神)에 제사지냈다고 하였으며 또 말하기를 대시(大始)에는 옛 일을 전할 때에 다만 입으로만 하다가 오래된 뒤에 비로소 그 모양을 그림으로 그리고, 또 다시 그림이 변하여 글자가 된 것이라고 하였다.

대개, 문자의 근원은 나라의 풍속을 존신(尊信)하는 데서 나오지 않는 것이 없다. 한 기(一氣)로부터 세 기(三氣)가 나누어졌으니, 곧 극(極)이며

---

13) 남해현 낭하리(南海縣 郎河里)는 남해군 이동면 낭하리(南海郡 二東面 郎河里)이다.

극은 무(無)이다. 이에 하늘의 근원은 곧 삼극(三極)을 꿰뚫어 허(虛)가 되니 이것이 공(空)이며 안과 밖이 아울러 그렇다.

천궁(天宮)은 곧 빛과 밝음의 모임이며, 만 가지 되어짐이 나오는 곳이며, 하늘의 한 신은 능히 그 허(虛)를 몸으로 삼으니 곧 주재(主宰)가 되는 것이다. 그러므로 말하기를 일기(一氣)는 곧 하늘이며 곧 공(空)이다.

그러나 스스로 중일(中一)의 신(神)이 있으므로 셋이 된다. 삼신(三神)은 곧 천일(天一) 지일(地一) 태일(太一)의 신이다. 스스로 능히 움직여 조(造) 교(敎) 치(治)의 삼화(三化)의 신이 되는 것이다.

신은 곧 기(氣)이며, 기(氣)는 곧 허(虛)이며, 허(虛)는 곧 일(一)인 것이다. 그러므로 땅에는 삼한(三韓)이 있어 진(辰) 번(番) 마(馬) 세 서울의 한(韓)이 되었으니 한(韓)은 곧 황(皇)이며, 황(皇)은 곧 대(大)이며, 대(大)는 곧 하나이다.

사람에게는 삼진(三眞)이 있어 성(性) 명(命) 정(精)이 삼수(三受)의 진(眞)이 된다. 진(眞)은 곧 충(衷)이며, 충(衷)은 곧 업(業)이며, 업(業)은 곧 속(續)이며, 속(續)은 곧 하나이다.

하나에서 시작하여 하나에서 그치는 것이 그 진(眞)을 회복시키는 것이다. 곧 하나에서 시작하여 셋으로 나아가는 것은 선(善)이 서로 합하는 것이며, 작은 낱알이 쌓이는 것은 하나로 돌아가는 아름다움인 것이다.

이는 곧 성(性)의 착함이며, 명(命)의 맑음이며, 정(精)의 후(厚)함이니 다시 무엇이 있음을 있다 하며 없다 하겠는가. 진(眞)이라는 것은 물들지 않는 것이니 물든다는 것은 망령된 것이다. 선(善)이라는 것은 쉬지 않는 것이니, 쉰다는 것은 악한 것이다. 맑다는 것은 흐트러지지 않는다는 것이니, 흐트러지는 것은 탁(濁)한 것이다. 후(厚)하다는 것은 오그라들지 않는 것이니, 오그라든다는 것은 박(薄)한 것이다.

하나가 셋을 포함한다는 것은 곧 그 기(氣)를 하나로 하고 그 신(神)을 셋으로 하는 것이다. 셋을 모아 하나로 돌아간다는 것은 이 역시 신(神)은 셋이 되고 기(氣)는 하나가 되는 것이다.

대개 삶을 이루는 것의 몸이 곧 한 기(氣)이나 한 기(氣)는 안으로 삼신(三神)이 있고 지혜의 근원 또한 삼신(三神)에 있으니 이 삼신(三神)이 밖으로 한 기(氣)를 싸고 있다. 그 밖에 있는 것도 하나이고 그 안에 담고 있는 것도 하나이며 그것을 통제하는 것도 하나이니 역시 모두 포함하고 모여서 갈라지지 않는 것이다.

이것이 그 문자를 만드는 근원이 되는 것이다. 포함하고 모이고 잡고 돌아가는 뜻이 여기에 있는 것이다 하였다. 신시(神市)에는 산목(算木)이 있고, 치우(蚩尤)에게는 투전목(鬪佃目)이 있고, 부여(夫餘)에는 서산(書算)이 있었다.

산목(算木)은 ㅡ二三三ㅣㅜㅠㅠㅠX 이다.

또, 투전목(鬪佃目)은 ㅎ ㅜ ㄹ ㄲ ㅉ ㅇ ㅜ ㄴ ㅇ ㅎ 이다.

단군세기(檀君世紀)에 말하기를 '단군(檀君) 가륵(嘉勒) 2년에 삼랑(三郎)을 보륵(乙普勒)이 정음(正音) 38자를 지었는데 이것을 가림다(加臨多)라고 한다.'고 하였다. 그 글자는 다음과 같다.

· ㅣ ㅡ ㅏ ㅓ ㅜ ㅗ ㅛ ㅑ ㅕ ㅠ X ㅋ ㅇ ㄱ ㄴ ㅁ ㄴ ㅿ ㅈ ㅊ
合 ㅆ ㆆ ㅅ M ㅂ ㄹ ㅐ ㅒ ㅉ ㅋ ㅊ ㅅ ㄱ ㅛ ㅍ ㅛ

이태백 전서(李太白 全書)14) 옥진총담(玉塵叢談)에 말하기를, 발해국의 글이 당나라에 있었으나 이것을 푸는 자가 없었는데 이태백이 풀어 답하였다고 하였다. 삼국사기(三國史記)에 헌강왕(憲康王) 12년 봄, 북진(北鎭)15)에서 아뢰기를 적국(狄國) 사람이 진(鎭)에 들어와 조각나무를 나무에 걸어놓고 갔다고 하며 그 조각나무를 갖다 바쳤다. 그 나무에 글자 열 다섯 자가 쓰여 있었는데, 보로국(寶露國)과 흑수국(黑水國) 사람과 함께 신라와 화통(和通)하고자 한다는 내용이었다.

또, 고려 광종(光宗) 때에는 접반사(接伴使)로 명성이 높았던 장유(張儒)16)라는 사람이 있었다.

그가 처음에 난리를 피하여 오월(吳越)에 도착하였는데 월씨(越氏)에 일 만드는 것을 좋아하는 자가 있어 동국한송정곡(東國寒松亭曲)을 거문고 밑바닥에 새겨 물결을 거슬러 흘러가게 하였다. 월(越)에서는 그 글을 풀지 못하고 있다가 마침 장유(張儒)를 만나자 절하고 그 글의 내용을 풀어달라고 청하였다. 장유는 즉석에서 한시로 해석해 다음과 같이 답했다.

달빛이 차디 찬 소나무에 흰 빛을 더하고	月白寒松夜
가을 경포의 물결은 잔잔한데	波晏鏡浦秋
애처롭게 울며 오가는 갈매기	哀鳴來又去

---

14) 이태백(李太白)의 본명은 이백(李白)이다. 태백은 그의 자이며 호는 청련(靑蓮)이다. 사천(四川) 출신으로 천성이 호방하며 술을 좋아하고 흥이 나면 바로 시를 쓸 수 있는 천재로, 두보(杜甫)와 함께 시종(詩宗)이라 일컬어진다. 시문집 30권이 있다.
15) 북진(北鎭)은 신라(新羅)의 북진(北鎭)으로, 오늘날 강릉 연곡포(江陵 連谷浦)이다.
16) 장유(張儒)는 고려 광종(光宗) 때의 사람으로, 외국 사신을 맞이하는 접반사(接伴使)로 명성이 높았다.

모래벌에 깃들며 소식 전하네　　　　　　有信一沙鳩

　　짐작하건대 거문고 바닥에 새긴 글이 옛날의 가림다(加臨多)류의 글인 듯하다. 원동중(元董仲)의 삼성기(三聖紀) 주(註)에 말하기를 왜(倭)와 진(辰)국 여(餘)국의 문자들은 혹 가로쓰기도 하고 혹 노끈을 매거나 나무에 새기기도 하였는데, 오직 고려(高麗)만은 글씨 쓰는 법을 모방하여 썼다고 하였다.

　　생각하기로는 이는 반드시 환단(桓檀)의 상세 문자를 모방하여 새긴 것이리라.

　　최치원(崔致遠)이 일찍이 신지(神誌)의 옛 비석에 새긴 천부경(天符經)을 얻어 이것을 다시 문서(帖)로 만들어 세상에 전하였는데, 곧 낭하리(浪河里) 바위에 새긴 것이 확실한 실적(實跡)이라 하였다.

　　세상에 전해 내려오기를 신시(神市)에 녹서(鹿書)가 있었고, 자부(紫府)에게 우서(雨書)가 있었고, 치우(蚩尤)에게는 화서(花書)가 있었는데 투전문속(鬪佃文束)은 이러한 유(類)의 남은 흔적 중 하나이다.

　　복희(伏羲)에게 용서(龍書)가 있었고, 단군(檀君)에게 신전(神篆)이 있었는데 이런 종류의 글자와 글이 백산(白山) 흑수(黑水) 청구(青丘) 구려(九黎) 등지에서 널리 쓰여졌다 하였다. 부여(夫餘) 사람 왕문(王文)이 처음으로 전서(篆書)를 번거롭다 하여 그 글자 획(劃)을 줄이고 새로 부예(符隸)를 만들어 썼다.

　　진(秦)나라 때에 정막(程邈)이 숙신(肅愼)에 사신으로 갔다가 한수(漢水)[17]에서 왕문(王文)의 예법(隸法)을 얻어 갔고, 또 글자의 획(劃)을 조금

---

17) 한수(漢水)는 청구국 풍산(青邱國 風山)으로, 현 대능하(大凌河)이다.

변화시킨 모양이 지금의 팔분(八分)이다.

진(晉)나라 때에 왕차중(王次仲)이 해서(楷書)를 만들었는데, 차중(次仲)은 왕문(王文)의 먼 후손(後孫)이다. 지금 글자의 근원을 연구해 보면 모두 신시의 남긴 법으로, 지금의 한자(漢字) 또한 그 지류(支流)를 계승하였음이 분명하다.

삼일신고(三一神誥)[18]의 구본(舊本)은 장(章)이 나누어지지 않았다. 행촌(杏村) 선생이 처음으로 장(章)을 나누었는데, 첫째는 허공(虛空) 둘째는 일신(一神) 셋째는 천궁(天宮) 넷째는 세계(世界) 다섯째는 인물(人物)이다.

대체로 허공(虛空)이라는 것은 하늘의 질(質)과 양(量)이며, 일신(一神)은 하늘의 주재(主宰)이며, 천궁(天宮)은 하늘의 조화(造化)를 위하여 갖추어진 것이며, 세계(世界)는 만세(萬世)를 위한 인간과 사물의 저자[市]이며, 인물(人物)은 우주삼계(宇宙三界)의 원훈(元勳)이다.

대체로 태백진교(太白眞敎)는 천부(天符)를 근원으로 하여 지구의 자전에 합치하고 인간사를 바르게 하는 것이다. 그러므로 정치를 하는 데에는 화백(和白)보다 앞서는 것이 없고, 덕(德)을 다스리는 데에는 화(禍)를 멀리하는 것보다 더 착한 것이 없는 것이다. 그러므로 재세이화의 도리(道理)는 모두 천부(天符)에 기준을 두어 거짓이 없게 하고 지전(地轉)에 따라 게으르지 않고 인정(人情)에 어긋나지 않게 하는 것이다.

이렇게 되면 천하(天下)의 공론(公論)이 어느 한 사람인들 다르겠는가? 신고(神誥)의 다섯 가지 큰 뜻 역시 천부(天符)에 근원을 두고 신고(神誥)

---

[18] 삼일신고(三一神誥)는 신시 개천 시대의 것으로, 5장으로 나뉘어져 있는데 그 내용은 천신조화(天神造化)의 근원과 세상 사람들과 사물들의 교화를 상세히 쓴 것이다. 자수(字數)는 총 366자이다.

또한 천부의 이상(理想)을 벗어나지 않는 것이다. 이에 비로소 글자의 근원이 오래됨과 그 뜻이 얼마나 크다는 것을 알 수 있다. 세상에 전하기를 목은(牧隱) 이색(李穡)과 휴애(休崖) 범세동(范世東)의 천부경(天符經) 주해(註解)가 있다고 하나 지금은 볼 수가 없다.

시속(時俗)에 한 자의 글이라도 정이(程頤)나 주희(朱熹)의 글에 맞지 않으면 이를 공격하는 화살이 고슴도치처럼 모여들고 유학자들의 칼날이 바야흐로 사나우니 천경(天經)과 신고(神誥)의 가르침을 전하려 한들 어찌 용이하게 논할 수 있겠는가.

신시(神市)의 음악을 공수(貢壽)라 하고 혹은 공수(供授)라고도 적고 두열(頭列)이라고도 하는데, 이는 무리가 열을 지어 돌면서 소리내어 노래 부르며 삼신을 크게 기쁘게 하고 나라의 번창과 민심의 기쁨을 나타내는 것이었다.

백호통(白虎通) 소의(疏義)에서는 조리(朝離)라 하고 통전악지(通典樂志)에서는 주리(侏離)라 하며 삼국사기에서는 두솔(兜率)이라고 하는데, 이는 대체로 신(神)에게 기쁨과 평안이 있기를 빌어 이치의 뜻을 따름으로 족한 줄 아는 것이다.

단군(檀君) 부루(夫婁) 때에는 어아(於阿)의 음악이 있었는데, 대개 신시의 옛풍속으로 삼신(三神)을 제사하여 맞던 노래이다. 거기에 대조신(大祖神)이라 한 것은 삼신(三神)이 하늘의 주재자(主宰者)임을 말하는 것이다. 그러므로 태양으로 의상(儀象)을 삼고, 빛과 열로 공능(功能)을 삼고, 되어져 가고 발전함을 정지(情志)로 삼으며, 화복(禍福)과 보응(報應)을 정의(正義)로 삼았다.

이로부터 세속에는 참전(參佺)에 계(戒)가 있고 조의(皂衣)에 율법이 있어, 의관(衣冠)을 한 자는 반드시 활과 화살을 차고 다녔으며 활을 잘 쏘는 자는 높은 지위를 얻었다.

착한 마음은 몸을 닦아 행하는 근본이 되고 활 쏘는 과녁은 가상(假想)의 악한 괴수로 여겨졌다. 제사는 반드시 삼가 모두가 근본에 보답함을 알게 하고 한 마음으로 단결하여 마땅히 군생(群生)들을 접화(接化)하여 안으로 닦고 밖으로 막는 것이 모두 때에 알맞으면 배달 나라의 광영(光榮)은 백백천천년(百百千千年)이 될 것이다.

이 높이 쌓일 큰 은덕을 어찌 일각(一刻)인들 잊을 수 있겠는가. 옛날에는 하늘에 제사지낼 때 무천(舞天)의 음악이 있었는데, 요사(遼史) 예지(禮志)에 말한 요천(繞天)이라는 것이 이것이다.

제사라는 것은 먼저 살아 있는 것으로 생각하고 평상시 살아 있는 자에게 하듯이 하는 정성인 것이다. 신주(神主)를 세워 상을 차리고 음식을 올리는 것은 친히 보는 것을 나타내고자 하는 의식이며, 먼 일을 추모하고 근본에 보답한다는 것은 지금 살아 있는 것을 소중히 여기고 뒤가 이어질 수 있게 하는 교훈인 것이다.

대변경(大辯經)

대변경(大辯經)에 말하기를, 단군(檀君) 구물(丘勿)이 국호(國號)를 고쳐 대부여(大夫餘)라 하고 도읍을 장당경(藏唐京)으로 고쳤는데, 오늘날의 개원(開原)으로 평양(平壤)이라고도 하였다. 삼조선(三朝鮮)이라는 칭호는 단군(檀君) 색불루(索弗婁)때부터 시작되었다.

이전까지는 제대로 국체가 갖추어지지 못하였으나, 이때에 이르러 갖추어졌다. 삼한(三韓)은 조정(朝廷)의 정사를 나누어 지경(地境)을 관리한다는 뜻이 있었고 삼조선(三朝鮮)은 분권하여 지경을 관리하는 제도이다.

이보다 앞서 대교(大敎)라는 제도가 있었으나 가닥이 많아 제대로 행하는 자가 없었는데, 연(燕)나라가 침입한 이래로 전쟁의 화(禍)가 빈번하게 닥치고 해를 거듭해 곡식이 익지 못하였고 또한 다스리는 데 교화(敎化)를 잃어 국력이 매우 쇠약해져 갔다.

어느 날, 임금이 꿈속에서 천제(天帝)의 가르침을 얻고 난 이후 정사를 새롭게 고쳐 큰 정치를 시행하고자 하였다. 천제의 사당 뜰에 큰 나무를 세우게 하고 북을 달아 놓고 스무하루(三七日) 동안 기일을 정하고 나이 차례대로 서로 마시게 하며 권하여 교화시키는 방법을 만들었는데, 이것이 아홉 가지를 맹세하는 구서지회(九誓之會)19)이다.

매번 글로써 아홉 가지 맹세를 하는데, 처음 절하고 무리에게 말하기를, "너희들은 힘써 집에서 효도하라. 집에는 부모와 처자가 있으니 힘써 공경하라. 이 마음을 옮겨 형제끼리 우애하며, 정성껏 제사를 받들어 하나의 근본(一本)에 보답하고, 손님을 공손히 접대하고, 동네 이웃에 선을 베풀며 자제들을 권면 교육하여 영재(英才)를 기르라. 이것이 인륜교화(人倫敎化)에 있어서 가장 큰 것이니, 효도하고 사랑하고 순종하고 예의를 지키는 일을 어찌 감히 닦아 행하지 않겠는가." 하니 일제히 소리내서 응답하기를 "그대로 하겠나이다." 하고, 아니라고 하는 자는 쫓아버렸다.

두 번 절하고 맹세하기를, "너희들은 힘써 형제끼리 우애하라. 형제는 부모에게서 나누어졌으니 형이 좋아하는 것을 아우도 좋아하고, 아우가 좋아하지 않는 것을 형도 좋아하지 않는다. 물건이 오는 것을 좋아하고 좋아하지 않음은 남이나 내가 서로 같은 것이다. 이 마음이 내 몸에서부터 물

---

19) 구서지회(九誓之會)는 단군(檀君) 구물(丘勿) 때에 시행한 아홉 가지의 맹서(盟誓)이다. 맹서를 할 때마다 배(拜)를 하였는데, 초배(初拜)에서 구배(九拜)까지 하였다. 또 이때의 맹서문을 구서지문(九誓之文)이라고 한다.

건에 미치고, 친한 데로부터의 친분이 먼 데로 파급되어 이 같은 도리가 퍼져서 마을과 나라에 미치게 되면 마을과 나라를 일으킬 수 있는 것이다. 또 이것이 천하에 퍼져서 천하를 감화시킬 수 있을 것이니 우애하고 화목하고 어질고 용서하는 일을 어찌 감히 닦아 행하지 않겠는가." 하니 모두 소리 내어 응답하기를 "그대로 하겠나이다." 하고, 아니라고 하는 자는 쫓아버렸다.

세 번 절하고 맹세하기를, "너희는 힘써 스승과 벗을 믿으라. 스승과 벗은 도(道)와 법(法)을 세우는 바이니, 덕(德)과 의(義)를 서로 연마하여 허물이 있으면 서로 경계할 것이며 학문을 이루어 세우고 사업을 성취시켜주는 것이 모두 스승과 벗의 힘이거늘 믿고 알차고 성실하고 부지런함을 어찌 감히 닦지 않겠는가." 하니 모두 소리내어 응답하기를 "그대로 하겠나이다." 하고, 아니라고 하는 자는 쫓아버렸다.

네 번 절하고 맹세하기를, "너희들은 힘써 나라에 충성하라. 나라는 선왕이 세운 것이며, 지금 백성들이 먹고 사는 곳이다. 나라의 정치를 새롭게 고치고 나라의 부(富)를 증진시키며, 국토를 보호하고 지키며 국권(國權)을 키우고 떨치며, 국세(國勢)를 굳건히 하라. 이같이 역사를 빛나게 하는 것은 모두 나라가 있어 왔기 때문이다. 충성과 의로움과 기절(氣節)이 있는 자가 어찌 감히 닦아 행하지 않겠는가." 하니 모두 소리내어 응답하기를 "그대로 하겠나이다." 하고, 아니라고 하는 자는 쫓아버렸다.

다섯 번 절하고 맹세하기를, "너희는 힘써 무리에게 겸손하라. 무리는 모두 천제의 백성이니 나와 더불어 삼진(三眞)을 받은 자이다. 성(性)을 주관하는 근본이며 국력이 걸려 있으니 윗사람이 겸손하지 않으면 아랫사람은 떠나고 만다. 오른쪽에서 겸손하지 않으면 왼쪽에서 뛰쳐나가고, 앞에서 겸손하지 않으면 뒤에서는 물러난다. 아랫사람이 겸손하지 않으면 윗

사람이 싫어하고, 왼쪽에서 겸손하지 않으면 오른쪽에서 떨어지고, 뒤에서 겸손하지 않으면 앞에서 소원(疎遠)해진다. 이제 겸손하고 사양하여 서로 높이며 무리가 화합하고 힘을 합친다면 밖에서 업신여기는 것을 막을 수 있고, 안으로 다스리는 것을 닦을 수 있는 것이니, 겸손하고 사양하고 공손하고 삼감을 어찌 감히 닦아 행하지 않겠는가." 하니 모두 소리내어 응답하기를 "그대로 하겠나이다." 하고, 아니라고 하는 자는 쫓아버렸다.

여섯 번 절하고 맹세하기를, "너희들은 힘써 정사(政事)를 분명히 알도록 하라. 정사는 다스려지고 어지러움에 관계되는 것이니, 풍백(風伯)이 약속을 세우고, 우사(雨師)가 정치를 베풀고, 운사(雲師)가 형벌을 행하는 것은 각각 직권(職權)이 있어 서로 침범하여 넘어서지 않는 것이다. 이제 알고 보는 것이 높으며 언로(言路)를 넓게 채택하여 기예(技藝)를 연마하고 경험을 쌓아 나가면 나라의 일은 고르게 되고 백성들의 일이 한가로울 수가 있을 것이니, 밝게 알고 보는 것을 통달한 자가 어찌 감히 닦아 행하지 않겠는가." 하니 모두 소리내어 응답하기를 "그대로 하겠나이다." 하고, 아니라고 하는 자는 쫓아버렸다.

일곱 번 절하고 맹세하기를, "너희들은 힘써 전진(戰陣)에 나아가 용감하라. 전진은 나라의 존망이 결정되는 것이니, 나라가 존재하지 않으면 임금은 내쫓겨 허수아비가 될 것이며, 임금이 서지 않으면 처자는 빼앗겨 남의 종이 될 것이다. 일에 응하고 물건에 접하는 것이 모두 내 도리 아님이 없고 세상에 가르침을 전하는 것도 또한 모두 내 일이 아닌 것이 없는 것이다. 나라 없이 살고 임금 없이 있는 것보다는 차라리 나라가 있어서 죽고 임금이 있어서 끝나는 것이 낫다. 그러니 이제 확실히 나를 비우고 희생하는 풍토를 만들고, 규제(規制)는 조용히 하며, 무리들에게 잘 하여 스스로 다스려 상과 벌이 반드시 바르고 공평하며, 남과 내가 신의로 서로 구제한다면 무리를 바르게 키우고 길러 천만 사람을 복되게 할 것이니, 용맹스럽고 담력 있고 무협(武俠)함을 어찌 감히 닦아 행하지 않겠는가." 하니 모두 소리내어 응답하기를 "그대로 하겠나이다." 하고, 아니라고 하는 자는 쫓아버렸다.

여덟 번 절하고 맹세하기를, "너희들은 힘써 몸을 청렴히 하라. 행동이 청렴하지 못하면 양심이 스스로 어두워지고, 능히 청렴하면 신명(神明)이 스스로 통하는 것이다. 사사로운 이익에만 치우치면 반드시 병에 시들고, 자기만이 옳다고 하며 스스로 자랑하면 반드시 썩는 것이니, 어리석게도 스스로 만족하여 제 몸도 해치고 남도 해치는 인습이 시간이 갈수록 쌓이고 잠기고 빠져서는 구원할 수 없게 된다. 청렴하고 곧고 깨끗하고 맑음을 어찌 감히 닦아 행하지 않겠는가." 하니 모두 소리내어 응답하기를 "그대로 하겠나이다." 하고, 아니라고 하는 자는 쫓아버렸다.

아홉 번 절하고 맹세하기를, "너희들은 직업에 의(義)를 갖도록 힘쓰라. 사람이 직무를 만들어 취업하는 데는 반드시 책임이 있어야 하는 것이다. 만일 하나라도 의롭지 못함이 있어 직업을 잃고 그만둔다면 반드시 업신여김과 비난이 있어 자신이 무너지고 말 것이다. 만일 바른 의(義)가 있어 널리 믿어줌으로써 내 힘으로 먹고 산다면 업신여기며 침범하고 빼앗아 가겠는가? 의(義)라는 것은 모든 사람의 힘이 일어나는 것이며 정기(正氣)가 나오는 것이니, 이것을 거두어 내 몸에 간직해 둔다면 처신은 바르게 되고 이를 넓혀 나간다면 천지를 가득 채우게 될 것이다. 그러니 어찌 정의(正義)와 공리(公理)를 감히 닦아 행하지 않겠는가." 하니 모두 소리내어 응답하기를 "그대로 하겠나이다." 하고, 아니라고 하는 자는 쫓아버렸다.

이로부터 순박하고 후덕함을 숭상하고 나라를 위하는 전쟁에 용감하며 모든 사람의 이익에 부지런하고 공공의 일에 민첩하며 공중을 위한 덕에 밝아 착한 업을 전하고 과실(過失)을 바로 잡고 스스로 예의와 자애의 풍속을 이루어 다함께 삼신에게 돌아가 의지함으로 교화되었다.

단군세기(檀君世紀)에 말하기를, '엄지손가락을 교차시켜 오른 손을 얹어 삼육(三六)의 대례(大禮)를 한다.' 하였는데, 엄지손가락을 교차시킨다는 것은 오른쪽 엄지손가락은 자(子)를 가리키고 왼쪽 손가락은 해(亥)를 가리키는 것이며 오른 손을 얹어 태극(太極)의 모양을 만드는 것이다.

옛날에 꿇어앉을 때에는 반드시 먼저 읍(揖)하고 나서 꿇어앉는 것이 곧 올바른 예법이었다. 읍(揖)이라고 하는 것은 모은다는 말이다. 마음을 모으고 손을 마주 잡고 하늘을 생각하는 것이다.

꿇어앉는다는 것은 순하게 하는 것이다. 즉, 기(氣)를 순하게 하고 무릎을 합하여 땅에 사례하는 것이다. 절한다는 것은 드린다는 것이니 몸을 바치고 머리를 조아려 조상에 보답하는 것이다. 헌(獻)은 혹 현(現)으로도 쓴다. 머리가 손까지 이르는 것을 배(拜)라 하고, 손과 머리가 땅에 이르는 것을 고두(叩頭)라고 한다. 고두는 곧 이마를 조아리는 것이다.

참전계경(參佺戒經)

참전계경(參佺戒經)[20])은 을파소(乙巴素) 선생이 세상에 전한 것이라 한다. 선생은 일찍이 백운산(白雲山)에 들어가 하늘에 기도드리다가 천서(天書)를 얻었는데, 이것이 곧 참전계경(參佺戒經)이다.

대시(大始)에 철인(哲人)이 하늘에 있어 인간의 360여 가지 일을 주관하였는데, 그 강령(綱領)에 여덟 가지 조목이 있었다. 성(誠) 신(信) 애(愛)

[20) 참전계경(參佺戒經)은 을파소(乙巴素) 선생의 소전(所傳)으로, 팔조(八條)의 강령(綱領)으로 되어 있는데 요컨대 성신애제화복보응(誠信愛濟禍福報應)이다.

제(濟) 화(禍) 복(福) 보(報) 응(應)이 그것이다. 성(誠)이란 정성스러운 마음에서 나오는 것이며 혈성(血誠)의 지킴이니, 6체(六體)와 47용(四十七用)이 있다.

신(信)이란 하늘의 이치(天理)에 반드시 합하는 것이며 사람의 일이 반드시 이루어지는 것이니, 5단(五團)과 35부(三十五部)가 있다. 애(愛)란 자비스러운 마음의 자연스러움이며 어진 성품의 근본 바탕이니, 육범(六範)과 43위(四十三圍)가 있다.

제(濟)란 덕(德)으로 남을 착하게 하는 것이며 도(道)에 힘입어 멀리 미치는 것이니, 4규(四規)와 32모(三十二模)가 있다. 화(禍)란 악한 일을 부르는 것이니, 6조(六條)와 42목(四十二目)이 있다. 복(福)이란 선한 일을 함으로 받는 경사이니, 6문(六門)과 45호(四十五戶)가 있다.

보(報)란 천신(天神)이 악한 사람에게는 화로 갚고 선한 사람에게는 복으로 갚는 것이니, 6계(六階)와 30급(三十及)이 있다. 응(應)이란 악한 자는 악한 보답을 받고 선한 자는 선한 보답을 받는 것이니, 6과(六果)와 39형(三十九形)이 있다.

그러므로 하늘이 비록 말은 하지 않으나 내려와서 두루 보호하는 것이니 나를 알면 창성(昌盛)하고 이것을 구하면 열매가 있을 것이다. 한결같이 전(佺)에 참여하여 모든 사람이 계(戒)를 받을 것이다.

을파소(乙巴素)가 실제의 경험을 말하기를, "신시(神市)에서 이치로 교화되던 때에는 여덟 가지 교훈으로 경(經)을 삼고 다섯 가지 일로 위(緯)를 삼아 교화가 크게 행하여지고 널리 유익하게 하여 물건을 구제하였다. 이것이 모두 전(佺)에 참여하여 이루어진 것이 아닌 것이 없다. 그러니 지금 사람이 이 전계(佺戒)에 의하여 더욱 힘써 몸을 닦는다면 백성을 평안히 모이게 하는 일에 무슨 어려움이 있겠는가." 하였다.

蘇塗經典 本訓

神市之世 有仙人發貴理[1]* 與大皡 同門受學 而道旣通 遊觀乎方渚[2]* 風山[3]*之間 頗得聲華 及觀阿斯達祭天 禮畢而仍作頌 其文曰 大一其極是名良氣 無有而混虛粗而妙 三一其體 一三其用 混妙一環 體用無歧 大虛有光 是神之像 大氣長存 是神之化 眞命所源 萬法是生 日月之子 天神之衷 以照以線 圓覺[4]*而能 大降于世 有萬其衆 故圓者一也無極 方者二也反極 角者三也太極 弘益人間者 天帝之所以授桓雄也 一神降衷 性通光明 在世理化 弘益人間者 神市之所以傳檀君朝鮮也 桓易出於雨師之官也 時伏羲爲雨師 以養六畜也 於是見神龍之逐日 日十二變色 乃作桓易 桓卽與羲同義也 易卽古龍本字也

紫府先生 發貴理之後也 生而神明 得道飛昇 嘗測定日月之纏次 推考五行之數理 著爲七政運天圖 是爲七星曆之始也 後蒼其蘇 又復演其法 以明五行治水之法 是亦神市黃部之中經也 虞人姒禹 到會稽山 受敎于朝鮮 因紫虛仙人 求見蒼水使者扶婁 受黃帝中經 乃神市黃部之中經也 禹取而用之 有功於治水

桓易體圓而用方 由無象以知實 是天之理也 羲易體方而用圓 由有象以知變 是天之體也 今易互體而互用 自圓而圓 自方而方 自角而角 是天之命也 然天之源 自是一大虛 無空而己 盖有體乎 天自是本無體 而二十八宿[5]* 乃假爲體也 盖天下之物 有號名則皆有數焉 有數則皆有力焉 旣言有數者則有有限無限之殊 又言有力者則有有形無形之別 故天下之物以其有 言之則皆有之 以其無 言之則皆無之

天符經[6]* 天帝桓國口傳之書也 桓雄大聖尊 天降後命神誌赫

德 以鹿圖文7)* 記之 崔孤雲致遠8)* 亦嘗見神誌篆古碑 更復作帖 而傳於世者也 然至本朝 專意儒書 更不與皁衣相聞而欲存者 其亦恨哉 以故 特表而出之 以示後來

天符經 八十一字

一始無始一析三極無盡本
天一一地一二人一三
一積十鉅 無匱化三
天二三 地二三 人二三
大三合六 生七八九
運三四成環五十
一妙衍萬往萬來
用變不動本
本心本太陽
昂明人中天地一
一終無終一

三皇內文經

紫府先生受軒轅 使之洗心歸義者也 先生嘗居三淸之宮 宮在靑邱國 大風山之陽 軒候親朝蚩尤 路經名華 有是承聞也 經文以神市鹿書記之 分爲三篇 後人推演加註 別爲神仙陰符之說 周秦以來 爲道家者流之所託 間有鍊丹服食9)* 許多方術之說 紛紜雜出 而多惑溺 至於徐福韓終 亦以淮泗之産 索有叛秦之志 至是入海求仙爲言 仍逃不歸 日本紀伊10)* 有徐市題名之刻 伊國

新宮 有徐市墓祠云 徐福一稱徐市 市福音混也

　三一神誥 本出於神市開天之世 而其爲書也 盖以執一含三 會三歸一之義 爲本領 而分五章 詳論天神造化之源 世界人物之化 其一曰虛空 與一始無同始 一終無同終也 外虛內空 中有常也 其二曰一神 空往色來 似有主宰 三神爲大 帝實有功也 其三曰天宮 眞我所居 萬善自足 永有快樂也 其四曰世界衆星屬日 有萬群黎 大德是生也 其五曰人物 同出三神 歸一之眞 是爲大我也 世或以三一神誥 爲道家醮靑之詞 則甚誤矣 吾桓國 自桓雄開天 主祭天神 祖述神誥 恢拓山河 敎化人民

　嗚呼 神市天皇建號 今旣蒙三神上帝 啓無量洪祚 拓撫熊虎 以安四海 上爲天神 攄弘益之義 下爲人世 解無告之怨 於是人自順天一 世無僞妄 無爲自治 無言自化 俗重山川 不相侵涉 貴相屈服 投死救急 旣均衣食 又平權利 同歸三神 交歡誓願 和白爲公 責禍保信 通力易事 分業相資 男女皆有職分 老少同亨福利 人與人無相爭訟 國與國無相侵奪 爲神市太平之世也

　三一神誥 總三百六十六字

　第一章 虛空 三十六字
　帝曰爾五加人人人 蒼蒼非天 玄玄非天 天匕+几形質 匕+几端倪匕+几 上下四方 虛虛空空 匕+几不在 匕+几不容

　第二章 一神 五十一字
　不包且在匕+几上一位 有大德大慧大力 生天主匕+几數世界

造牨牨物 纖鹿纖漏 昭昭戶戶 不敢名量 聲氣願禱 絶親見 自性求子 降在爾止止

第三章 天宮 四十字
天不包且國 有天宮 階萬善門萬德 一不包且攸居 羣戶戶諸吉吉吉護侍 大吉祥大光明處
惟性通功完者 朝永得快樂

第四章 七十二章
爾觀森列星辰 數匕+几盡 大小明暗苦樂不同一不包且神 造羣世界 不包且勅日 世界使者0七百世界爾地 自大一几世界 中火震盪海幻陸遷 乃成見像神呵氣包底煦日色熱 行翥化游栽物繁殖

第五章 人物 百六十七字
人物同受三眞[11]* 惟人人人迷地 三妄着根 眞妄對作三途 曰性命精人全之 物偏之 眞性善匕+几惡 上吉吉吉通 眞命清匕+几濁 中吉吉吉知 眞精厚匕+几薄 下吉吉吉保返眞一神 曰心氣身 心依性有善惡 善福惡禍 氣依命有清濁 清壽濁夭 身依精有厚薄 厚貴薄賤 曰感息觸 轉成十八境 感喜懼哀怒貪厭 息芬歹闌寒熱震濕 觸聲色臭味淫低 善惡清濁厚薄相雜 從境途壬走墮生長肖病歿苦 吉吉吉止感 調息 禁觸 一意化行 改妄卽眞 發大神機 性通功完是

神誌秘詞

檀君達門 時人神誌發理所作也 本三神古祭誓願之文也 夫上古祭天之義 要在爲民祈福 祝神興邦也 今好事之人 將神誌秘祠與圖讖星占 相出入 推數敷演 言其震檀九變之圖 又作鑑決豫言之先河 亦謬矣哉

其曰秤幹 扶蘇樑者 是謂辰韓古都 亦卽檀君朝鮮所都阿斯達是也 亦卽今松花江哈爾濱也 其曰錘者 五德地者 是謂番韓古都 今開平府[12]*東北七十里所在湯池保是也 其曰極器白牙岡者 是謂馬韓古都 今大洞江也 乃馬韓熊伯多 祭天馬韓山卽此 窃以三韓地勢 譬諸衡石則扶蘇樑 如國之秤幹 五德地如國之錘者 白牙岡如國之極器 三者缺一 衡不稱物 國不保民也 三神古祭之誓願 惟在三韓管境 允悅民衆之義也 神誌秘祠所傳 亦不外乎是焉 則爲國一念 幷獎忠義 祭以悅神 願以受福 神必降衷 福必興邦 直實以行 事不徵實 行不求是則所徵所求者 從何得功乎

我國文字 自古有之 今南海縣郎河里[13]*岩壁 有神市古刻 夫餘人王文所書之法 類符擬篆 紫府先生之內文 太子扶婁之五行 皆出於桓檀之世 而殷學漢文盖王文遺範也 留記云神劃曾在太白山靑岩之壁 其形如ㄱ 世稱神誌仙人所傳也 或者以是爲造字之始 則其劃直一曲二之形 其義有管制之象 其形其聲 又似出於計意然者也 故以神人之德 愛求人世以準焉 則眞敎之行也 必人事皆正也 賢能在位 老幼公養 壯者服義 多者勸化 姦詐息頌 干戈閉謀 是亦理化之一道也

大辯說註 曰南海縣郎河里之溪谷岩上 有神市古刻 其文曰桓雄出獵 致祭三神 又曰大始傳古 只憑口舌 久而後乃形以爲畵

又復畫變而爲之字 盖文字之源 莫非出於國俗之所尊信也 自一氣而析三 氣卽極也 極卽無也 夫天文源 乃實三極 爲虛而空 幷內外而然也 天之宮卽爲光明之會 萬化所出天之一神 能體其虛而乃其主宰也 故曰一氣卽天也 卽空也 然自有中一之神 而能爲三也 三神乃天一 地一太一之神也 一氣之自能 動作而爲造 敎治三化之神 神卽氣也 氣卽虛也 虛卽一也 故地有三韓 爲辰弁馬三京之韓 韓卽皇也 皇卽大也 大卽一也 故人有三眞 爲性命精 三受之眞 眞卽衷也 衷卽業也 業則續也 續卽一也

然一始一終 回復其眞也 卽一卽三 對合於善也 微粒積粒 一歸之美也 乃性之所善也 乃命之所淸也 乃精之所厚也 更復何有 曰有曰無也哉 眞之爲不染也 其染者爲妄也 善之爲不息也 其息者爲惡也 淸之爲不散也 其散者爲濁也 厚之爲不縮也 其縮者爲薄也 所以執一含三者 乃一其氣而三其神也 所以會三歸一者 是亦神爲三 而氣爲一也 夫爲生也者之體 是一氣也 一氣者內有三神也 智之源 亦在三神也 三神者外包一氣也 其外在也 一其內容也 一其統制也 一亦皆含會而不岐焉 其爲字之源 含會執歸之義 存焉也 神市有算木 蚩尤有鬪佃 夫餘有書算 其曰算木 一二三彡丨丅丅亖亗乂 也其曰佃目 ᚼᚢᚱᛜᚨᛥᛁᛎᛏ 也檀君世紀檀君嘉勒二年 三郞乙普勒 譔正音三十八字 是謂加臨多 其文曰

·丨ㅣㅓㅏㅕㅑㅗㅛㅜㅠㅡㅢㅣㅆㅋㅇㄱㄷㅁㄴㅿㅈㅊㅍㅌㅅㅆㅿㅇㅸㅂㄹㄷㅎㅈㅠㄲㄷㅎㅅㄱㅛㅍㅍ

李太白[14]* 全書玉塵叢談云 渤海國有書於唐 擧朝無解之者 李

太白能解而答之 三國史記云 憲康王十二年春 北鎭[15]*秦震國人入鎭 以片木掛樹以去 遂取以獻 其木書十五字云 寶露國與黑水國人 共向新羅國和通 且高麗光宗時 張儒[16]*接伴使著聞 初避亂到吳越 月氏有好事者 刻東國寒松亭曲於琴底 漂逆波越 不得解其辭 適遇張儒 拜問其辭 張儒卽席 以漢詩解之 曰月白寒松夜 波晏鏡浦秋 哀鳴來又去 有信一沙丘鳩 盖琴底所刻文 疑古加臨多之類也

元董仲三聖紀注云 辰餘倭國 或橫書或結繩 成鍥木 有高麗模寫潁法 相必桓檀上世 必有文字模刻也 崔致遠嘗得 神誌古碑所刻天符經 更復作帖以傳於世 卽與郞河里岩刻 的是皆實跡也 世傳神市有鹿書 紫府有雨書 蚩尤有花書 鬪佃文束 卽其殘痕也 伏羲有龍書 檀君有神篆 此等字書 遍用於白山黑水青邱九黎之域 夫餘人王文 始以篆爲煩 而稍省其劃 新作符隸法而書之 秦時程邈 奉使於肅愼 得王文隸法於漢水[17]* 又因其劃而小變之形 是今之八分也 晉時王次仲 又作楷書 次仲王文之遠裔也 今究其字之所源則皆神市之遺法 而今漢字 亦承其支流也明矣

三一神誥[18]* 舊本 無分章 杏村先生始分章 一曰虛空 二曰一神 三曰天宮 四曰世界 五曰人物 夫虛空爲天之質量 一神爲天之主宰 天宮爲天造化之所備也 世界爲萬世人物之市也 人物宇宙三界之元勳也 盖太白眞敎 源於天符 而合於地轉 又切於人事者也 是以發政莫先於和白 治德莫善於責禍 在世理化之道 悉準於天符而不偏 取於地轉 而不息 合於人情而不違也 則天下之公論

有何一人異哉 神誥五大之旨訣 亦本於天符 神誥之究竟 亦不外乎天符中一之理想也 始知字之源久矣 字之義大矣

世傳牧隱李穡 休崖范世東 皆有天符經註解云 而今不見 今時俗雖一字之書 不合於程朱則衆矢蝟集 儒鋒方屬 其欲傳天經神誥之訓 豈容易得論哉

神市之樂曰貢壽 或云供授 又曰頭列 衆回列以唱聲 使三神大悅 代言國祚吉昌 民心允悅也 白虎通疏義 曰朝離 通典樂志曰侏離 三國史記 曰兜率 盖有祈神歡康 知足循理之義也 檀君扶婁時 有於阿之樂 盖神市古俗 祭迎三神之歌 則其曰大祖神 謂三神 爲天之主宰者也 故以太陽爲儀象 以光熱爲功能 以生化發展爲情志 以禍福報應 爲正意 自是俗尙 參佺有戒 皁衣有律 衣冠者必帶弓矢 能射者 必得高位 善心爲修行之本 一心團結 自當接化群生 內修外攘 皆得時宜 則倍達國光榮 百百千千年 所積高之大恩德 豈可一刻忘諸

古者祭天有舞天之樂 如遼史禮志 所云繞天是也 夫祭者必先象生 欲致如常生之誠也 立主設床 以薦供者 乃欲表親見之儀也 追遠報本者 其欲重今生 而續有後之訓也

大辯經云 檀君丘勿 改國號 爲大夫餘 改都藏唐京 今爲開原亦稱平壤 三朝鮮之稱 是於檀君索弗婁而未備 至是而備 三韓有分朝管境之意 三朝鮮 有分權管境之制也 先是大敎多端 人無能行者 自燕侵以來 戰禍存之 歲連不熟 又失治化 國力益衰 日帝得天帝之夢敎 因欲改新大政 命天帝廟庭 立大木懸鼓 三七爲期

序齒相飮 權化成冊 是爲九誓之會[19]* 每以九誓之文

　初拜而誓於衆 曰勉爾孝于家 家有父母妻子 則誠心誠敬 推以友愛 誠奉祭祀 以報一本 敬接賓客 以善鄕隣 勸敎子弟 以養英才 皆人倫敎化之大者也 是孝慈順禮之敢不修行乎 衆一齊應聲曰諾 否者逐之

　再拜而誓曰勉爾友于兄弟 兄弟者父母之所分也 兄之所好 則弟之所好也 弟之所不好 則兄之所不好也 物來之好不好 人我相同也 自身而及物 自親而及疎 以如是之道 推之鄕國則鄕國 可興也 推之天下則天下可化也 是友睦仁恕之敢不修行乎 衆應聲曰諾 否者逐之 三拜而誓曰勉爾信于師友 師友者道法之所立也 德義相磨 過失相警 學問樹立 事業成就者 皆師友之力也 是信實誠勤之敢不修行乎 衆應聲曰諾 否者逐之

　四拜而誓曰勉爾忠于國 國者先王之所設也 今民之所食也 改新國政 增進國富 護守國土 恢張國權 以固國勢 以光歷史者 皆國之來也 是忠義氣節之敢不修行乎 衆應聲曰諾 否者逐之 五拜而誓曰勉爾遜于群 群者皆天帝之民 與我同受三眞者也 主性之所本也 上不遜則下離 右不遜則左脫 前不遜則後退 下不遜則上壓 左不遜則右落 後不遜則前疎 今遜讓相尊 合群通力則外侮可止也 內治可修也 是遜讓恭謹之敢不修行乎 衆應聲曰諾 否者逐之

　六拜而誓曰勉爾明知于政事 政事者治亂之所關也 風伯之立約 雨師之施政 雲師之行刑 各有職權 不相侵越也 今知見高邁 言路廣採 技藝鍊磨 經驗致積則國務可均也 民事可舒也 是明知達

見之 敢不修行乎 衆應聲曰諾 否者遂之 七拜而誓曰勉爾勇于戰陣 戰陣者存亡之所決也 國不存則君父貶爲木偶 主不立則妻子沒爲人奴也 應事接物 皆莫非吾道也 售世傳敎 亦莫非吾事也 與其無國而生 無主而存 寧若有國而死 有主而終乎 今劃然有空我犧牲之風 規制整肅 善群自治 而賞與罰 必須正平 人與我 亦信義相濟 則亨毒群倫 能福千萬人也 是勇膽武俠之敢不修行乎 衆應聲曰諾 否者遂之

八拜而誓曰勉爾廉于身 行不廉則良心自昧 能廉則神明自通 偏嗜私利則必痿病 獨善自矜則必腐敗 蠹蠹自足 自害害人 因循相積 沈溺莫救者也 是廉直潔淸之敢不修行乎 衆應聲曰諾 否者遂之 九拜而誓曰勉爾義于職業 人之作職就業 必有責任 一有不義而却失自盡 則必有侮謔而毁壞 若有正意而公信食力則誰可凌侮而侵奪也哉 義者群力之所起也 正氣之所發也 捲之以藏于九數 擴之以盈于天地者也 是正義公理之 敢不修行乎 衆應聲曰諾 否者遂之

自是俗尚 淳厚 勇於公戰 勤於公利 敏於公事 明於公德 善業勸而過失規 自成禮義慈愛之俗 同歸于三神歸命之化也 檀君世紀 曰交拇加右手 行三六大禮 交拇者右拇點子 左拇點亥 而加右手 作太極形也 古者跪必先揖也 拜必先揖而跪也 乃禮之常也 揖之爲言 聚心拱手而念天也 者順也 順氣合膝而謝地也 拜者獻也 獻身叩頭而報先也 獻一作現也 頭至手曰拜手 頭至地曰叩頭 叩頭卽稽顙也

參佺戒經[20]* 世傳乙巴素先生所傳也 先生嘗入白雲山禱天 得天書 是爲參佺戒經 大始哲人在上 主人間三百六十餘事 其綱領有八條 曰誠曰信曰愛曰濟 曰禍曰福曰報曰應 誠者衷心之所發 血誠之所守 有六體四十七用 信者天理之必合 人事之必成 有五團三十五部 愛子慈心之自然 人性之本質 有六範四十三圍 濟者德之兼善 道之賴及 有四規三十二模 禍者惡之所召 有六條四十二目 福者善之餘慶 有六門四十五戶 報者天神報惡人以禍 報善人以福 有六階三十及 應者惡受惡報 善受善報 有六果三十九形 故天雖不言 陟降周護 知我者昌 求是則實 一以參佺 全人愛戒

乙巴素籤之曰神市理化之世 以八訓爲經 五事爲緯 敎化大行 弘益濟物 莫非參佺之所成也 今人因此佺戒 益加勉修己佺則其安集 百姓之功 何難之有哉

고구려국 본기(高句麗國 本紀)

고구려국 본기(高句麗國 本紀)는 고기(古記)인 조대기(朝代記) 대변경(大辯經) 삼한비기(三韓秘記) 이명유기(李茗留記)를 바탕으로 하여 강성 광활하였던 고구려의 영토 개척과 경략, 수당과의 항전 등 역사상 특기할 사항 등과 관련된 고구려사를 수록하고 있다. 무엇보다 고구려의 건국 시기에 대한 삼국사기의 기록에 의문을 갖게 하고 있다. 즉, 광개토대왕 비문에는 호태왕이 주몽 시조로부터 19세 손이라 하고 있는데 삼국사기에는 13세 손이 되어 적어도 6세대의 왕조가 비어 있게 되는 것이다. 그리고 이 책에는 고구려 말기에 연개소문이 당군을 제압하고, 요동 지역은 물론 오늘날의 북경 지역까지 진군하여 그 경역을 관할하였던 사실 등이 기록되어 있어 민족적 자부심을 고취하게 하는 내용으로 채워져 있는가 하면 멸망 요인에 대한 깊은 각성을 심어 주고 있다.

고구려[1]의 조상은 해모수(解慕漱)로부터 시작되었는데, 해모수의 어머니 고향이 또한 그 땅이다. 조대기(朝代記)에 말하기를, 해모수가 하늘로부터 내려와 웅심산(熊心山)[2]에서 살다가 부여의 옛 도읍에서 군사를 일으켜 무리들의 추대를 받아 나라를 세우고 스스로를 왕(王)이라 하였다. 이를 부여의 시조라고 한다.

새 깃으로 만든 관(冠)을 쓰고 용광검(龍光劍)을 차고 오룡거(五龍車)를 타고 다녔는데, 따르는 자가 백여 명이 되었다. 아침이면 정사(政事)를 듣고 저녁이면 하늘로 올라갔다. 명령하는 일이 없어도 관할하는 지경(地境)이 저절로 교화되었다. 산에는 도적이 없고 곡식이 들에 가득하니 나라는 탈이 없고 백성 또한 아무 일이 없었다.

단군(檀君) 해모수(解慕漱)가 처음 내려온 것은 임술(壬戌)년 4월 초 여드렛날이었으니, 곧 진왕정(秦王政) 8년이다. 고리군왕(槀離郡王) 고진(高辰)은 해모수의 둘째 아들이며 옥저후(沃沮候) 불리지(弗離支)는 고진의 손자로, 모두 도적을 토벌한 공이 많아 봉(封)함을 얻은 것이다.

불리지가 일찍이 서쪽 압록(鴨綠)을 지나다가 하백(河伯)의 딸 유화(柳花)를 만나보고 기뻐서 그에게 장가를 들어 고주몽(高朱蒙)을 낳았다. 때는 임인년(壬寅年) 5월 5일이니 한주(漢主) 불능(弗陵) 원봉(元鳳) 2년이다. 불리지가 세상을 뜨자 유화가 아들 주몽을 데리고 웅심산(熊心山)으로 들어갔는데 지금의 서란(舒蘭)[3]이다. 주몽은 자라서 사방을 두루 돌아다

---

1) 고구려(高句麗)의 의미는 '하늘이 열리고 태양이 높이 솟아 천하를 아름답게 밝힌다(개천일고(開天日高) 광려우천하지의(光麗于天下之義))'라는 의미이다.
2) 웅심산(熊心山)은 완달산(完達山) 홀빈(忽濱)을 말하는데, 웅위개(熊爲蓋) 심위마(心爲馬)로 백두산인즉 백두산록 천리를 둘러 싼 사방 천리가 울창한데 이 모두가 웅심(熊心)하니 웅심(熊心)이 또한 불함(不咸)이라 하였다.
3) 서란(舒蘭)은 길림성(吉林省) 영길현(永吉縣) 서북 납목하(拉木河) 지류 잡분하(卡岔河)

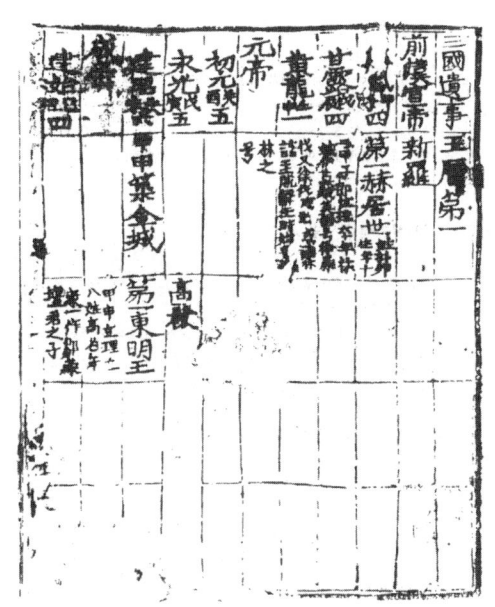

| 삼국유사 단군지자 | 삼국유사에는 주몽이 단군의 자식으로 기록되어 있다.

니다가 가섭원(迦葉原)4)을 택하여 그 곳에서 살았는데, 관가에 뽑혀서 말을 치는 일을 맡았다.

그러나 얼마 안 가서 관가에서 싫어하여 오이 마리 협보와 함께 도망하여 졸본에 이르렀다. 이때 마침 부여왕이 뒤를 이을 아들이 없으므로 주몽이 드디어 왕의 사위가 되어 대통을 이었다. 이 분이 고구려의 시조이다.

태조 32년 갑오 10월에 북옥저를 쳐서 멸하고 이듬해(乙未) 졸본5)에서

동쪽 기슭이다.
4) 가섭원(迦葉原)은 위수(謂水) 해빈(海濱) 동해안 가의 평원 지대이다.
5) 졸본(卒本)은 홀본(忽本)이라고도 하는데, 오늘날의 연해주(沿海州) 수분하(綏芬河)의 동쪽 기슭으로 추정된다.

| 주몽 무덤 | 평양의 동명성왕 무덤

눌현(訥見)으로 도읍을 옮겼는데, 눌현은 지금의 상춘(常春) 주가성자(朱家城子)이다. 유리명제(琉離明帝) 19년에 또 눌현(訥見)에서 국내성(國內城)6)으로 도읍(都邑)을 옮겼는데, 황성(皇城)이라 하였고 그 안에 환도산(丸都山)7)이 있었다. 산 위에 성을 쌓고 무슨 일이 있으면 이곳에서 거처하였다.

대무신열제(大武神烈帝)8) 20년에 임금이 낙랑국(樂浪國)을 습격하여

---

6) 국내성(國內城)은 만포진(滿浦鎭) 대안(對岸)의 집안현(輯安縣)과 그 배후(背後)의 산성(山城)을 포함하는 지역으로, 고구려 전기(前期)의 수도이다. 즉 요녕성 임강현(臨江縣) 모아산(帽兒山) 서남(西南)이다.
7) 환도성(丸都城)은 장수왕(長壽王) 15년(427)에 평양으로 천도할 때까지 200년간 고구려의 수도로, 집안현(輯安縣) 북(北)쪽이다.
8) 대무신열제(大武神烈帝)는 삼국사기에 칭제(稱帝) 건원(建元)한 기록이 없다. 반면, 수서(隋書)고구려전에서는 고국원왕을 '위궁현손지자왈소열제(位宮玄孫之子曰昭烈帝)'라 하여 칭제(稱帝)하였음을 알 수 있다.

이를 멸하니 동쪽 압록 이남이 모두 우리에게 속하게 되었으나 유독 해성(海城)9) 이남의 바다 가까이에 있는 여러 성(城)만이 함락되지 않았다. 산상제(山上帝) 원년(元年)에 아우 계수(罽須)를 보내어 공손탁(公孫卓)10)을 쳐부수고 현토(玄菟)와 낙랑을 쳐서 이를 멸하니 요동(遼東)이 모두 평정되었다. 대변경(大辯經)에 말하기를, 고주몽성제(高朱蒙聖帝)가 조서(詔書)를 내리기를 '천신(天神)이 만 사람을 만드는데 하나의 꼴(一像)로 하여 고루 삼진(三眞)을 타고 나게 하였다. 이에 사람이 하늘을 대신하여 세상에 서게 되었고 우리 조상이 북부여로부터 나와 천제의 아들이 되었느니라. 철인은 허(虛)하고 고요하며 계율(戒律)을 지켜 길이 간사한 기(氣)를 끊으니 그 마음은 평안하고 태평하여 스스로 여러 사람들과 더불어 일마다 마땅함을 얻게 되는 것이다. 군사를 쓰는 까닭은 침략을 완화하는 데 있고, 형벌을 행하는 까닭은 죄악을 없애는 데 있다. 그러므로 빈(虛) 것이 지극하면 고요함이 생기고, 고요함이 지극하면 아는 것이 가득하고, 아는 것이 지극하면 덕이 높아지는 것이다. 때문에 빈 것으로 가르침을 듣고 고요한 것으로 남을 헤아리고 아는 것으로 사물을 다스리며 덕으로써 사람을 건지는 것이다. 이것이 곧 신시의 개물교화(開物敎化)이니 천신(天神)을 위하여 성(性)을 통하며, 중생을 위하여 법을 세우고 선왕(先王)을 위한 공을 완성하며, 천하만세를 위하여 지(智)와 생(生) 두 가지를 함께

---

9) 해성(海城)이라는 지명은 여러 곳인데 여기서는 요녕성(遼寧省) 안산(鞍山) 서남(西南) 장춘대련 철로변 또는 감숙성(甘肅省) 해원현(海原縣)에 소재한 것으로 본다. 해성(海城)에 대해 '21세 단군 소태(蘇台) 을미 52년(1286), 남녘 해성에 이르러 부로(父老)들을 모아 제천오가를 소집 선양하고자 하였다. 단군 구물(丘勿)재위 시인 병진(丙辰) 7월, 해성(海城)을 개축 평양(平壤)이라 하고 이궁(離宮)을 짓게 하였다.'는 기록이 있다.

10) 공손탁(公孫度)은 후한 말기의 장군으로, 요동 양평인(襄平人)이다. 현토의 하급 관리였다가 요동 태수가 된 인물이다.

닦는 교화를 이루는 것이니라.' 하였다.

을파소(乙巴素)가 나라의 재상이 되어 영특하고 준걸스러운 소년들을 뽑아 선인(仙人)의 도랑(徒郎)을 삼았다. 그 교화를 맡은 자를 참전(參佺)이라 하는데 무리가 계(戒)를 가려서 지키고 신에게 돌보아 주기를 청하였다.

무예(武藝)를 맡은 자를 조의(皂衣)¹¹⁾라 하는데, 조행(操行)을 겸하고 법을 이루어 공공의 일을 위하여 몸을 바치게 하였다. 일찍이 무리에게 말하기를 신시에서 이치로 되어지던 세상에서는 백성들의 지혜가 열림으로 말미암아 날로 정치가 잘 되어져 갔다. 이것은 만세토록 바꿀 수 없는 표준이 있었기 때문이다.

그러므로 참전에 계가 있어 신에게 들어 무리를 교화시키며 한맹(寒盟)¹²⁾에 율법이 있어 하늘을 대신하여 공을 행하니 모두들 마음을 스스로 세우고 힘을 길러 뒷날의 공을 준비하라 하였다.

을지문덕이 말하기를 도로써 천신을 섬기고 덕으로써 백성과 나라를 덮으니 우리는 천하에 할 말이 있음을 안다. 삼신일체(三神一體)의 기(氣)를 받아 성(性)과 명(命)과 정(精)을 나누어 얻었으니 스스로 광명이 있고 앙연(昻然)히 움직이지 않다가 느끼고 발하는 때가 있어 도가 통하게 된다.

이는 곧 삼물(三物)인 덕(德)과 지혜와 힘을 몸으로 행하는 것으로써,

---

11) 조의(皂衣)는 고구려 관명의 하나인데 삼국지 동이전에 보면 10관등 중 제 9위에 해당된다. 왕과 여러 대가(大加)들도 조의와 함께 사자(使者) 선인(先人)의 관리를 둘 수 있다고 하였다. 원래는 가신집단(家臣集團)에 속한 관리로 보인다. 조의란 명칭은 흑색(黑色)의 옷을 입은 데서 비롯되었다. 후기에 14관등 중 제5위 관등이 되는 조의두대형(皂衣頭大兄)이라는 관직은 대대로(大對盧) 태(太) 대형(大兄) 울절(鬱折) 태대사자(太大使者)와 함께 고구려 최고의 신분과 계급으로, 국가의 중대사를 논의하고 병사를 징발하며 관작(官爵)을 주는 일을 맡았다.

12) 한맹(寒盟)을 동맹(東盟)이라고도 하는데, 한맹제(寒盟祭)의 준말이기도 하다.

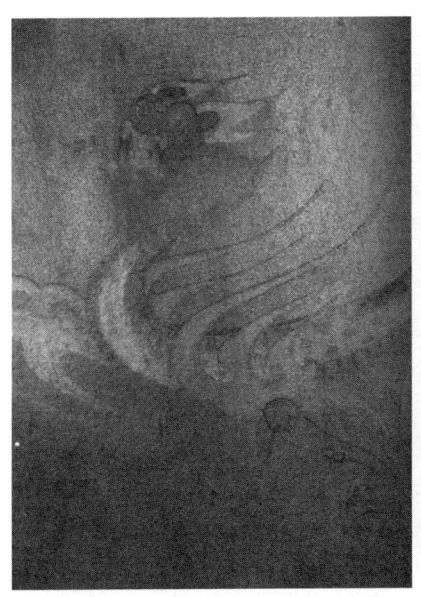

| 고구려벽화 | 고구려벽화의 백호와 주작

 이것이 화하여 삼가(三家)인 마음과 기와 몸을 이루는 것이며 삼도(三途)인 느낌과 숨쉼과 닿음을 기꺼이 채우게 되는 것이니, 요는 날마다 생각하는 표준을 구해야 세상을 이치로 교화시키며 고요히 경도를 닦아 인간을 널리 유익하게 하는 데 있다 하였다.
 환국(桓國)에서는 오훈(五訓)[13]이라 하고, 신시(神市)에서는 오사(五事)[14]라 하고, 조선(朝鮮)에서는 오행육정(五行六政)[15]이라 하고, 부여

---

13) 환국오훈(桓國五訓)은 성신불위(誠信不僞) 경근불태(敬謹不怠) 효순불위(孝順不違) 염의불음(廉義不淫) 겸화불투(謙和不鬪)를 말한다.
14) 오사(五事)에서 우가(牛加)는 주곡(主穀) 마가(馬加)는 주명(主命) 구가(狗加)는 주형(主刑) 저가(猪加)는 주병(主病) 계가(鷄加)는 주선악(主善惡)을 맡았다.
15) 오행육정(五行六政)에서 오행(五行)은 만물을 생성하는 다섯 가지 원소(元素)로, 수화목금

(夫餘)에서는 구서(九誓)16)라 하고, 삼한(三韓)의 일반적인 풍속에 또 오계(五戒)17)가 있었는데, 효(孝) 충(忠) 신(信) 용(勇) 인(仁)이니 모두 백성을 가르쳐 바르고 고르게 하고 무리를 조직화 하는 데 뜻이 있었다.

책성(栅城)에 태조(太祖) 무열제(武烈帝)의 공(功)을 기록한 비석이 있고, 동쪽 압록의 황성(皇城)에 광개토경대훈적비(廣開土境大勳蹟碑)18)가 있고, 안주(安州)19) 청천강(淸川江) 언덕 위에 을지문덕(乙支文德)20)의 석상(石像)이 있고, 오소리강(烏蘇里江)21) 밖에 연개소문(淵蓋蘇文)22)의 송덕비(頌德碑)가 있다.

평양 모란봉(牡丹峰) 중턱에 동천제(東川帝)의 조천석(朝天石)23)이 있

토(水火木金土)라 하며, 다른 한편 오상(五常)이라 하여 인의예지신(仁義禮智信)을 가리킨다. 육정(六政)은 도덕인성예의(道德人聖禮義)로, 부자군신남녀지륜(父子君臣男女之倫)과 의식주지제(衣食住之制)이다.

16) 구서(九誓)는 부여(夫餘)에서의 인양효충지의신염용(仁讓孝忠知義信廉勇)을 말한다.
17) 오계(五戒)는 효(孝) 충(忠) 신(信) 용(勇) 인(仁)에 대한 다섯 가지 계(戒)를 말한다.
18) 훈적비(勳蹟碑)는 집안현(輯安縣) 통구(通溝)에 있는 광개토왕비로, 원명은 국강상광개토경평안호태왕비(國岡上廣開土境平安好太王碑)이다. 왕의 일대 업적을 적어 놓았는데, 일명 성능비(聖陵碑)라 부르는 이도 있다.
19) 안주(安州)는 하북성 안신현(安新縣)이다.
20) 을지문덕은 영양왕 때의 대신이자 명장으로, 살수대첩을 통해 수나라 침입군을 대파하였다.
21) 오소리강(烏蘇里江)은 중국 송강성(松江省)과 러시아 연해주 지방과의 경계를 흐르는 강으로, 길이는 907km이다. 장백산맥 북에서 발원하여 북으로 흘러 하바롭스크에서 흑룡강에 합류한다. 강구에서 이만(Iman)까지 소형 기선이 항해하며 겨울이면 얼고 물고기가 많다. 오소리강은 취음이며 러시아에서는 Ussur강이라 하며, 오자강(烏子江) 무자강(戊子江)이라고도 표기한다.
22) 연개소문(淵蓋蘇文 : ?~666(보장왕 25), 일명 천개소문(泉蓋蘇文)이라 한다. 고구려의 대막리지로, 영류왕(榮留王)을 죽이고 보장왕(寶藏王)을 내세워 국권을 장악하고 요동으로 쳐들어 온 당군(唐軍)을 안시성(安市城)에서 격파하였다. 삼국사기(三國史記)에 연(淵)이 천(泉)으로 된 것은 당 고조(高祖)의 이름이 연(淵)인 것을 피하기 위해 뜻과 음이 비슷한 천(泉)으로 바꾼 것이라 한다.
23) 조천석(朝天石)은 동명왕이 기린마를 타고 승천한 곳으로, 평양 부벽루 아래에 있었다. 신증동국여지승람 평양 고적조에 조천석이 기린굴(麒麟窟) 남쪽에 있고, 기린굴은 구제궁

고, 삭주(朔州) 거문산(巨文山) 서쪽 기슭에 을파소(乙巴素)[24]의 묘(墓)가 있고, 운산(雲山) 구봉산(九峰山)에 연개소문의 묘(墓)가 있다.

조대기(朝代記)에 말하기를 동천제(東川帝)도 또한 단군(檀君)이라고 하였다. 매양 한맹(寒盟)을 당할 때마다 삼신(三神)을 평양에서 제사지내어 맞았는데, 지금의 길림굴(箕林窟)이 곧 제사지내던 곳이다. 대영(大迎) 제전(祭典)은 처음에는 수혈(隧穴)에서 행하여졌으며 구제궁(九悌宮) 조천석(朝天石)이 있어 길 가던 사람들이 모두 손으로 가리켰다. 또 삼륜구덕(三倫九德)의 노래가 있어 이를 부르도록 장려하였는데, 조의선인(皁衣仙人)이 모두 거기에 뽑혀 나라 사람들이 존경하여 본받았다.

그렇지 않으면 어떻게 영화를 더하여 왕의 사자(使者)와 동등하게 되었겠는가. 광개토경호태황(廣開土境好太皇)은 크고 높은 공과 성스러운 덕이 백왕(百王) 중에 뛰어나서 사해(四海) 안에서 모두 열제(烈帝)라 일컬었다. 나이 18세에 광명전(光明殿)에서 왕위에 올라 천락(天樂)으로 예를 베풀었다.

전진(戰陣)에 나아갈 때마다 사졸(士卒)들은 어아가(於阿歌)를 불러 사기(士氣)를 드높였다. 말을 타고 순행(巡幸)하다가 마리산(摩利山)에 이르러 참성단(塹城壇)에 올라 삼신(三神)에게 제사 지낼 때에도 천악을 사용하였다. 한 번 친히 바다를 건넌 뒤부터는 이르는 곳마다 왜인을 쳐부쉈는데, 왜인은 백제의 도움을 받고 있었다.

백제는 전부터 왜와 더불어 비밀히 내통하여 그들과 함께 신라의 경계를 침범하였다. 이에 임금이 친히 수군(水軍)을 거느리고 웅진(熊津) 임천

(九梯宮) 내부 벽루 아래에 있다고 하였다.
24) 을파소(乙巴素)는 산상왕(山上王) 때의 재상으로 압록곡(鴨綠谷) 시한이다. 유리왕(琉璃王) 때의 대신인 을소(乙素)의 손자이며 참전계경(參佺戒經)의 저자이기도 하다.

| 장군총 | 하늘에 제를 올리던 신성한 제단이면서 무덤이었던 고구려 장군총. 장수왕릉으로 추정되고 있다.

(林川)25) 와산(蛙山)26) 괴구(槐口)27) 복사매(伏斯買)28) 우술산(雨述山)29) 진을례(進乙禮)30) 노사지(奴斯只)31) 등의 성을 빼앗고 지나는 길에 속리산(俗離山)에서 아침을 기하여 하늘에 제사지내고 돌아왔다. 이때에 백제 신라 가락의 모든 나라가 모두 들어와 공물을 바치는 일이 끊어지지

---

25) 임천(林天)은 삼국사기 지리지에 의하면 부여군의 임천면이다.
26) 와산(蛙山)은 충청북도 보은(報恩) 지역이다.
27) 괴구(槐口)는 충청북도 괴산(槐山) 지역이다.
28) 복사매(伏斯賣)는 충청북도의 영동(永同) 땅이다.
29) 우술산(雨述山)은 충청남도 대덕군과 공주군 지역이다.
30) 진을례(進乙禮)는 이전(以前)의 회내(淮乃)로, 전라북도 금산(錦山) 무주(茂朱)군 등지이다.
31) 노사지(奴斯只)는 대전(大田)의 유성(儒城)이다.

않았으며 거란 평량(平凉)32)도 다 평정하여 항복을 받았다.

임나(任那)33) 이(伊) 왜(倭)34) 등속들이 모두 신하(臣下)라 하지 않는 자가 없었다. 해동(海東)의 융성함이 여기에서 가장 컸다. 이보다 앞서 협보(俠父)가 남한(南韓)으로 도망하여 마한(馬韓)의 산 중에서 살았는데, 따라 나와 사는 자가 수백여 집이나 되었다.

얼마 안 가서 여러 해 동안 계속하여 흉년이 들어 떠돌아 다녔다. 이에 협보(俠父)가 장차 개혁될 것을 알고 무리들을 꾀어 양식을 싣고 배를 타고 패수(浿水)를 따라 내려와 바다와 포구를 거쳐 조심스럽게 배를 저어 곧장 구야한국(狗邪韓國)35)에 이르렀는데, 이는 가라해(加羅海) 북쪽 해안이다.

여기에서 산 지 몇 달 만에 다시 아소산(阿蘇山)36)으로 옮겨 가서 살았는데 이것이 다파라국(多波羅國)의 시조이다. 뒤에 임나(任那)와 합병, 연정(聯政)하여 다스렸는데, 세 나라는 바다에 있고 일곱 나라는 육지에 있었다.

처음에 변진(弁辰) 구야국(狗邪國) 사람이 먼저 무리를 모았는데 이것이 구야한국(狗邪韓國)이며, 다파라(多波羅)는 다라한국(多羅韓國)이라고도 하니 홀본(忽本)으로부터 왔다. 고구려와 더불어 일찍부터 친선을 맺고 있었으므로 항상 열제(烈帝)의 통제를 받아왔다.

다라국(多羅國)은 안라국(安羅國)37)과 더불어 같은 이웃이며 성(姓)도

---

32) 평량(平凉)은 감숙성 평량현(平凉縣)의 서북쪽이다.
33) 임나(任那)는 대마도 서북쪽이다.
34) 이왜(伊倭)는 이국(伊國)이세(伊勢) 및 왜국(倭國)을 뜻한다.
35) 구야한국(狗挪韓國)은 변진구야국인(弁辰狗挪國人)이 먼저 들어와 살던 곳으로, 구야본국인이 다스렸다. 일본에 있던 100국 중 가장 큰 나라로, 구야국은 변진 중 일국으로 가야(伽倻) 가락(駕洛) 가라(伽羅) 가량(加良) 등으로 불렸다.
36) 아소산(阿蘇山)은 일본 구주비후(九州肥後) 아소군(阿蘇郡)에 있다.

같았다. 옛날에는 웅습성(熊襲城)이 있었는데 지금의 구주(九州) 웅본성(熊本城)이 그것이다. 왜(倭)는 회계산(會稽山)38) 동쪽 동야현(東冶縣) 동쪽에 있었다.

배를 타고 9천 리를 건너가야 나패(那覇)에 이르고, 또 1천 리를 건너가야 근도(根島)에 이르니 근도(根島)는 저도(邸島)라고도 한다. 이때 구노(狗奴) 사람이 여왕(女王)과 서로 다투고 있었으므로 길을 찾기가 매우 엄하였다. 구야한(狗邪韓)으로 가고자 하는 자는 대개 진도(津島) 가라산(加羅山) 지가도(志加島)를 거쳐야 비로소 말로호자(末盧戶資)39) 경계에 이르렀으니, 그 동쪽 경계가 곧 구야환국(狗邪桓國) 땅이다.

회계산(會稽山)40)은 본래 신시(神市)의 중경(中經)을 간직한 곳이다. 사공(司空) 우(禹)가 사흘 동안 목욕재계하고 그것을 얻어 치수(治水)하는데 공(功)이 있었기 때문에 우(禹)가 돌을 세워 부루(扶婁)의 공(功)을 산 높은 곳에 새겼다 한다. 곧 오월(吳越)41)은 본래 구려(九黎)의 옛 읍이며, 산월(山越)과 좌월(左越)42)은 모두 그 자손들이 나누어 옮겨 온 땅이다.

---

37) 안라국(安羅國)은 이도국(伊都國) 축자(筑紫)에 있었다. 휴우가국(日何國)이니, 이때부터 동쪽은 왜에 그 남동은 안라(安羅)에 속하였다.
38) 회계군(會稽郡)은 절강성 소재 춘추기(春秋期)에 월(越)의 본거지였다.
39) 지가도(志加島)는 후쿠오카의 명소인데, 한왜노국왕(漢倭奴國王)의 황금 옥새가 발견된 곳이라 하나 믿기 어렵다. 말로호자(末盧戶資)는 말로국(末盧國)으로, 읍루족이 모여 살던 곳이다.
40) 회계산(會稽山)은 공어산(功於山)라고도 한다. 본래 묘산(苗山)이라 하던 것을 도산(塗山), 공어산(功於山), 완위산(宛委山), 복금산(覆金山)이라 하였고, 복금(覆金)은 부루지전(扶婁之轉)이라 한다.
41) 오(吳)는 강소(江蘇)에 있고 월(越)은 복건성 지역(福建省 地域)이다.
42) 산월(山越)은 호남(湖南) 사천(四川) 귀주(貴州) 운남(雲南) 광동(廣東) 광서성(廣西省) 등의 여러 성(省)으로, 주로 산간(山間) 처처(處處)에 있었다. 삼국오서(三國吳書) 손권전(孫權傳) 산월주(山越注)에 호삼성(胡三省)이라 하는 단양(丹陽) 예장(豫章) 노능(盧陵) 모두에 산월(山越)이 있다. 개유산월자야(皆有山越者也) 어월왈절강(於越曰浙江) 민월왈복건

항상 왜(倭)와 더불어 왕래하면서 물건을 사고팔아 얻은 이익이 점점 많아졌다.

진(秦)나라 때 서불(徐市)이 동야(東冶)의 해상으로부터 곧바로 나패(那覇)[43]에 이르러 종도(種島)를 거쳐 뇌호내해(瀨戶內海)를 따라 비로소 기이(紀伊)에 이르게 되며 이세(伊勢) 땅에 옛날 서복(徐福)의 묘당이 있었다. 혹 말하기를 단주(亶州)는 서복(徐福)이 살던 곳이라 한다.

장수홍제호태열제(長壽弘濟好太烈帝)는 연호(年號)를 건흥(建興)이라 고치고 인의(仁義)로써 나라를 다스렸으며 나라의 사방 땅을 회복하고 넓혔으므로 웅진강(熊津江) 이북이 우리에게 소속되었다. 북연(北燕) 실위(室韋)[44]의 여러 나라가 모두 들어와서 같은 족속이 되었다. 또, 신라 매금(寐錦) 백제 어가라(於瑕羅)가 남평양(南平壤)에 모여 공물(貢物)을 바칠 것과 주둔시킬 군사의 수를 약정하였다.

문자호태열제(文咨好太烈帝)는 연호를 명치(明治)로 고치고, 11년에 제(濟) 노(魯) 오(吳) 월(越)의 땅을 복속하였다. 이때에 나라의 강역이 점점 커졌다. 평강상호태열제(平岡上好太烈帝)는 담력이 있고 말 타기와 활

(閩越日福建) 양왈강서(揚曰江西) 남월왈광동(南越曰廣東) 낙월왈안안지류(駱越曰安安之類) 시위백월야(是謂百越也)라 하였으며, 좌월(左越)은 동월(東越)이라 하는데 문헌통고여지고(文獻通考輿地考)에 교지(交趾)에서 회계(會稽)에 이르기까지의 칠팔천 리(七八千里)에 백월(百越)이 잡처(雜處)하다 하였다. 산월(山越)과 좌월(左越)은 백제의 영토였으나 후에 21대 문자제(文咨帝) 명치 11년 11월에 고구려의 영토가 되었다.

43) 나패(那覇)는 일본 구주(九州) 남쪽 난세이제도(諸島)에 딸린 섬으로, 오키나와 남단에 있는데 유구국의 수읍(首邑)이다.

44) 실위국(室韋國)은 6세기경 유구국(琉求國) 만주 북쪽에 있었고 당나라 때에는 동몽고(東蒙古) 방면에 있었던 계통이 불분명한 부족국이다. 몽골계 또는 터키계라고도 한다. 북사 실위전(北史失韋傳)에 물길(勿吉) 말갈(靺鞨) 북(北) 천리(千里)로 실(室)은 혹 위실(爲失) 거란지류(契丹之類)로 후위(後魏) 때에 남실위(南室韋), 북실위(北室韋), 발실위(鉢室韋), 심말항실위(深末恒室韋), 대실위(大室韋) 등 오부(五部)라 하였다.

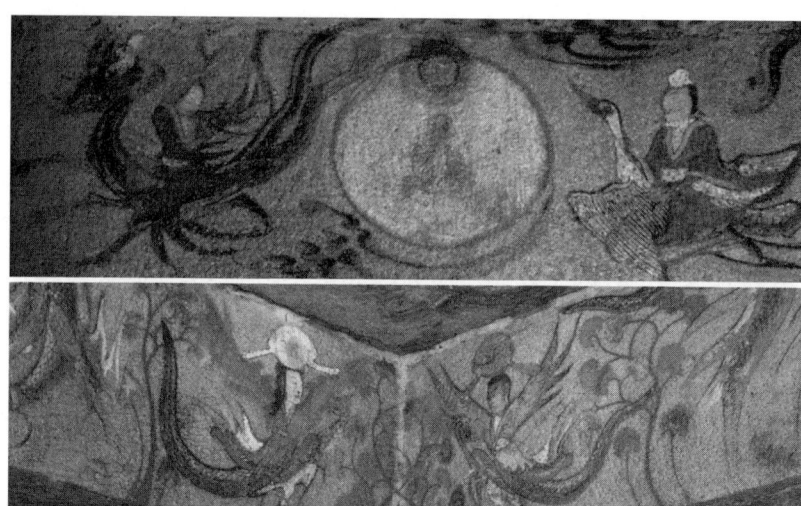

| 오회분 4호묘 1, 2 | 동이족은 해와 달을 통해 하늘과 땅의 질서를 읽었다.

쏘기를 잘 하여 주몽의 풍도(風度)가 있었다.

연호를 대덕(大德)으로 고치고, 다스리고 가르치는 것이 아름답고 밝았다. 대덕(大德) 18년, 임금이 대장 온달(溫達)을 보내 갈석산(碣石山)⁴⁵⁾ 배찰산(拜察山)을 치고 뒤쫓아 유림관(楡林關)에 이르러 북주(北周)를 크게 쳐부수니 유림관(楡林鎭) 동쪽이 모두 평정되었다. 유림(楡林)⁴⁶⁾은 지금

---

45) 갈석산(碣石山)은 사기(史記) 및 통전(通典)에 한(漢) 낙랑군 수성현에 있었는데 진시황이 쌓은 만리장성의 기점이 이 산으로, 산해관 쪽이 낙랑군 수성현이다. 장성에 의해 잘려 나간 물이 요수 즉 옛 요하 지역인 것이다. 또다른 기록에는 상산(常山) 구문현(九門縣) 소재(所在)로, 요수소출(遼水所出)하여 진축장성차지(秦築長城此止)라 한다. 우공(虞貢)이 말하기를 협우갈석(夾右碣石)은 비진장성지소기야(非秦長城之所起也) 내명장서달소축자고(故)로 현세인(現世人)이 칭명(稱名), 장성(長城)이라 한다.
46) 유림관(楡林關)은 수원성(綏遠省) 내몽고(內蒙古) 악이다사(鄂爾多斯) 황하북안(黃河北岸)으로 한서(漢書) 한안국전(韓安國傳) 몽념(蒙恬)에 수위진침호(樹爲秦侵胡) 벽지(辟

의 산서(山西) 경계이다.

영양무원호태열제(嬰陽武元好太烈帝) 때에 천하가 매우 잘 다스려져서 나라는 부(富)하여지고 백성들이 번성하였다. 수주(隋主) 양광(陽廣)은 본래 선비(鮮卑)의 유종(遺種)으로, 남북 지역을 통합하였다. 그 여세로 고구려를 얕보고 소우(小虜)라 하여 상국(上國)을 업신여기며 거만하여 빈번히 큰 군사를 보내왔다. 그러나 우리는 준비를 갖추고 있어 한 번도 패한 일이 없었다. 홍무(弘武) 25년 양광(陽廣)이 또다시 동쪽을 침범하였는데 먼저 장병을 보내어 비사성(卑奢城)47)을 겹겹이 포위하니 관병(官兵)이 싸움에 이롭지 못하였으므로 장차 평양을 습격하려 하였다.

임금이 이를 듣고 싸움을 늦출 계획을 세워 곡사정(斛斯政)을 보냈다. 마침 그 때 조의(皂衣)에 일인(一仁)이라는 사람이 있어 자원하여 따라갔다. 함께 양광(陽廣)에게 도착하여 표문(表文)을 올렸다. 양광이 배 안에서 표문을 손에 쥐고 아직 절반도 읽기 전에 갑자기 소매 속에서 작은 쇠뇌를 쏘아 그 가슴을 맞히니 양광이 놀라 쓰러져 정신을 잃었다. 우상(右相) 양명(羊皿)이 업고 급히 작은 배에 옮겨 싣고 물러가면서 회덕진(懷德鎭)48)에 명하여 군사를 철수하게 하였다.

양광이 말하기를 "내가 천하의 주인이 되어 작은 나라를 치다가 이롭지

地) 수천리(數千里)에 이하위새(以河爲塞) 첩석위성(疊石爲城) 수유위새(樹楡爲塞)라 한다. 한(漢)나라 때의 유림현(楡林縣)은 수나라 때 군(郡)으로 하였고 당나라 때는 승주(勝洲)라 하였다. 청사고 지리지(淸史稿 地理志)에 섬서(陝西)는 유림부(楡林府) 영주(領州)로 일(一) 현(縣) 4개처인 회원(懷遠), 가주(葭州), 신목(神木), 부곡(府谷)이라 하다.

47) 비사성(卑奢城)은 일명(一名) 사비성(沙卑城)이라 하며, 오늘날의 요동반도(遼東半島) 대련항(大連港)이다.

48) 회덕진(懷德鎭)은 수(隋)나라가 요동군을 개편하면서 요서(遼西) 회원(懷遠) 로하(瀘河)를 통합하였다. 당(唐)나라 초기에 연주(燕州)라 고치고 로하현(瀘河縣)을 없앴다. 이밖에도 회덕진(懷德鎭)이라는 명칭은 사천성(四川省) 숭경현(崇慶縣) 서편(西便)에도 있었다.

못하였으니 이것이 만세의 웃음거리가 아니겠는가." 하니 양명(羊皿) 등의 얼굴이 흙빛이 되면서 아무 대답도 하지 못하였다. 그 때 사람들이 다음과 같이 노래했다.

아! 슬프도다. 어리석고 어리석은 한(漢)나라 아이들아.
요동(遼東)을 향하여 공연히 죽음의 노래를 부르지 말라.
문무(文武)의 우리 조상 그 이름 환웅(桓雄)이니 면면히 피를 이어받은 영걸(英傑)이 많았다. 주몽(朱蒙) 태조(太祖)와 광개토왕(廣開土王)의 위세(威勢)는 사해(四海)에 떨쳤고, 유유(紐由)의 공(功)은 더할 나위 없다.
일인(一仁)과 양만춘(楊萬春)은 그들의 얼굴색을 변하게 하여 스스로 흩어지고 넘어지게 하였도다. 세계의 문명은 우리가 가장 오래되었으니, 밖의 적을 쳐 물리치고 평화를 보전 하였도다.
유철(劉徹) 양광(楊廣) 이세민(李世民)은 바람을 바라보고 패하여 달아나는 망아지처럼 지나갔네. 영락(永樂)의 공(功)을 기록한 비석(碑石)이 천척(千尺)이나 되니 천하는 만기(萬旗) 일색(一色)인데, 태백(太白)은 높기만 하구나.

을지문덕은 고구려 석다산[49] 사람이다. 일찍이 산에 들어가 도를 닦다가 천신의 꿈을 꾸고 크게 깨달아 매년 삼월 열 엿새날(3월 16일)이 되면 곧바로 마리산(摩利山)으로 달려가서 제물을 바치며 경배하고 돌아왔으며 상달 초 삼일(10월 3일)에는 백두산에 올라가서 하늘에 제사 지냈다. 하늘에 제사 지내는 것은 신시의 옛 풍속이다.

---

49) 석다산(石多山)은 평안북도 증산현(甑山縣 ; 원래 강서현(江西縣) 증산향(甑山鄕)) 서북(西北) 12리에 위치한다.

홍무(弘武) 23년, 수(隋)나라 군사 130여 만 명이 바다와 육지로 쳐들어 왔다. 이때 을지문덕은 기이한 계략으로 군사를 일으켜 공격하고 뒤쫓아 살수(薩水)에 이르러 크게 쳐부쉈다. 수나라 군사는 바다와 육지에서 모두 무너져 살아서 요동성(遼東城 ; 지금의 昌黎)50)으로 돌아간 자가 겨우 2700명이었다.

양광(楊廣)이 사신을 보내 화친하기를 애걸하였으나, 문덕은 이를 듣지 않고 임금 또한 엄하게 명하여 이를 쫓아 보내게 하였다. 문덕이 여러 장수들과 함께 이긴 기세를 타고 한 갈래는 현토(玄菟)51)길로부터 태원(太原)52)에 이르고, 다른 한 갈래는 낙랑(樂浪)53)길로부터 유주(幽州)54)에 이르러 그 주현(州縣)에 들어가 이를 다스리고 떠돌아다니는 백성들을 불러들여 편안히 살게 해 주었다.

이렇게 되어 건안(建安) 건창(建昌)55) 백암(白岩)56) 창려(昌黎)57) 등 여러 진(鎭)은 안시(安市)58)에 소속되고, 창평(昌平)59) 탁성(涿城)60) 신

---

50) 요동성(遼東城)은 오늘날의 창려성(昌黎城)이다.
51) 현토(玄菟)에 대해 진서(晉書)에는 포현토(苞玄菟) 관(欵) 황하(黃河)라 하여 요주(遼州) 요산현(遼山縣)이 현토군치(玄菟郡治)이다.
52) 태원(太原)은 태원군(太原郡) 대곡현(大谷縣) 동남(東南) 15리에, 양읍(陽邑)은 은(殷)이기(箕)를 자작(子爵)으로 봉했던 곳이며 산서성 성청(省廳) 소재지이다.
53) 낙랑(樂浪)은 습수(濕水)가 있는 조성현(朝城縣) 습하판(濕河阪)이다.
54) 유주(幽州)는 란하(灤河)와 황하 하류 사이, 하북성 북쪽 북경 동쪽 해안 일대이다.
55) 건안(建安) 건창(建昌)은 일명 건신(建信)으로, 발해군(渤海郡) 속현(屬縣) 고성(故城)이 고원현(高苑縣) 서북(西北) 또는 요녕성(遼寧省) 개평현(蓋坪縣)이라 한다.
56) 백암(白岩)은 밀운현(密雲縣) 석당령(密雲縣) 동(東)쪽에 백암산(白岩山)이 있는데, 여기가 백암성(白岩城)이다. 또는 요녕성(遼寧省) 요양현(遼陽縣) 동북(東北)쪽 갈석산(碣石山) 남쪽이라고도 한다. 상곡군(上谷郡) 수성현(邃城縣) 갈석산 아래 백암성이 자리하고 있다.
57) 창려(昌黎)는 험독현(險瀆縣)으로, 위만(魏滿)의 소도(所都)였다. 란하(灤河)로부터 120리이다.

창(新昌)61) 통도(桶道) 등 여러 진(鎭)은 여기(如祈)62)에 소속되고, 고노
(孤奴)63) 평곡(平谷)64) 조양(造陽)65) 누성(樓城)66) 사구을(沙溝乙)67) 등
은 상곡(上谷)68)에 소속되고, 화룡(和龍) 분주(汾州)69) 환주(桓州)70) 풍
성(豊城)71) 압록(鴨綠)72)은 임황(臨潢)73)에 소속되었는데, 모두 옛 그대

---

58) 안시(安市)는 본래 안촌홀(安寸忽)로, 개평시(開平市) 동북 70리이다.
59) 창평(昌平)은 탁군(涿郡) 속현(屬縣)으로, 수서지리지(隋書地理志) 주(注)에 구치(舊治) 동연주(東燕州) 및 평창군(平昌郡)인데, 일찍이 폐군(廢郡)하였다한다.
60) 탁성(涿城)은 탁록산(涿鹿山)과 연관되는데 보안주(保安州) 성서남(城西南) 90리로, 탁수(涿水)의 출원지(出源地)이다.
61) 신창(新昌)은 후제(後齊) 때 요서군(遼西郡)과 해양현(海陽縣)을 합쳐진 이후 생긴 지명으로 하북성(河北省) 신창현(河北省) 동쪽이다. 수서지리지(隋書地理志)의 북평군(北平郡)으로 노용현(盧龍縣)의 주(注)에 구치(舊治)라 하며 북평군(北平郡)에 신창(新昌) 조선(朝鮮) 2현(縣)을 두었다. 후제(後齊) 때에 조선(朝鮮)을 성(省)으로 하고 신창(新昌)을 속하게 하고 요서군(遼西郡)과 해양현(海陽縣)을 병합(倂合)하니 성(省)이 비대(肥大)한지라 개황(開皇) 18년에 노룡(盧龍)이라 개칭(改稱)하였다.
62) 여기(如祈)는 여기(女祈)라 표기하기도 하는데 상곡군(上谷郡) 속현(屬縣)으로, 동부도위치(東部都尉治)이다.
63) 고노(孤奴)는 호노(狐奴)라고도 하는데, 어양군(漁陽郡) 속현(屬縣)으로 밀운현(密雲縣) 동북(東北)에 있으며 호노산(呼奴山)이라 부르기도 한다.
64) 평곡(平谷)은 어양군(漁陽郡) 속현(屬縣)으로, 후에 계주(薊州)에 속하였다.
65) 조양(造陽)은 오원새북(五原塞北)으로, 찰하리성 회래현에 있다.
66) 누성(樓城)은 누번성(樓煩城)으로, 태원(太原) 정락현(靜樂縣) 남쪽 70리이다.
67) 사구을(沙溝乙)은 상곡에 속하는데, 하북성 회래현(懷來縣) 남쪽이다.
68) 상곡(上谷)은 현 북경 북쪽 대동부(大同府)이다.
69) 화룡 분주(和龍 汾州)는 춘추(春秋) 때 진(晉)의 포성(蒲城)으로, 전국(戰國) 때 위(魏)에 속하였고, 진(秦) 및 양한기(兩漢期)에 하동군지(河東郡地)로 후위(後魏) 때에 폐군(廢郡)하고 남분주지(南汾州地)였고, 서위(西魏) 때 분주(汾州) 및 용천군(龍泉郡)이라 하였다. 오늘날 길림성 연길현 남쪽이다.
70) 환주(桓州)는 요(遼)나라 때에 한주(韓州)로, 봉주(鳳州) 남쪽으로 200리이다. 동남으로 임황(臨潢)에 이르기까지 900리이다. 난하의 상류가 되며 조양의 북쪽이다.
71) 풍성(豊城)은 요나라 때의 풍주(豊州)로, 임황부(臨潢府)까지 350리이다.
72) 압록(鴨綠)은 고리국지(藁離國地)로 발해 때 압록부(鴨綠府) 정주(正州)로 임황부(臨潢府) 동남 50리이다.

로 관리를 두었다.

 이렇게 되니 백만의 강한 군사에 나라의 땅이 더욱 커졌다. 양광이 임신년(壬申年) 침입 때에는 유례를 찾아 볼 수 없을 정도의 많은 수의 군사로 쳐들어 왔으나 우리 조의(皁衣) 20만 군사를 가지고 그들을 거의 다 멸하였으니, 이는 을지문덕 장군 한 사람의 힘이 아니었던가.

 그러니 을지문덕 같은 이는 만고에 시세(時勢)를 만든 성걸(聖傑)이라 하겠다. 문충공(文忠公) 조준(趙浚)이 명(明)나라 사신 축맹(祝孟)과 함께 백상루(百祥樓)에 올라 시를 지었다.

 살수(薩水)는 출렁출렁 푸른 바위에 부딪쳐 흐르는데
 수나라 군사 백만은 물고기로 화하였네.
 지금에 이르도록 고기잡고 나무하는 사람들의 말이 전해지고 있으니
 길 가는 나그네의 한번 웃음거리도 되지 못하네.

 옛 역사에 말하기를 영양무원호태열제(嬰陽武元好太烈帝) 홍무(弘武) 9년에 임금이 서부대인(西部大人) 연태조(淵太祚)를 보내 등주(登州)[74]를 토벌하여 총관(摠管) 위충(韋冲)을 사로잡아 죽였다.

 이보다 먼저 백제가 군사를 일으켜 제(齊) 노(魯) 오(吳) 월(越)의 땅을 평정하고 관서(官署)를 설치하여 백성들이 사는 집을 찾아내어 호적을 만들고 왕의 벼슬을 나누어 봉하여 변방의 험준한 요새에 군사를 주둔

---

73) 임황(臨潢)은 대진(大震)시 서경압록부(西京鴨綠府) 요(遼)나라 때 녹주(淥州)이며 후한(後漢)때 요동(遼東) 서안평현(西安平縣) 땅이었다.
74) 등주(登州)는 등주부(登州府)로 동쪽으로 바다에서 70리, 서남쪽으로 래주부(萊州府)가 240리이다.

| 살수대첩 | 살수대첩(민족기록화)

시켰다.

　군사들이 세금을 부과하여 거두어 들이는 것이 나라 안의 법(法)에 준하니 명치(明治) 연간에 백제의 군정이 쇠약해지고 무너져 떨치지 못하고 권익(權益)의 집행이 모두 성조(聖朝)로 돌아오게 되었다.

　성읍을 획정하고 문무의 관리를 두었는데 수나라가 군사를 일으켜 남쪽과 북쪽에서 일이 생기고 어수선한 소동이 사방에서 일어나 그 해(害)가 백성들에게까지 미치게 되었다. 이에 임금이 몹시 노하여 엄숙히 하늘의 꾸지람을 하니 사해(四海) 안에 그 명령을 듣지 않은 자가 없었다.

　그러나 수나라 임금 양견(楊堅)이 은밀히 해칠 마음을 품고 감히 원수를 갚기 위해 군사를 출병시켜 몰래 위충(韋沖)을 보내 총관(摠管)이라는 이름으로 관가(官家)를 쳐부수고 고을과 부락을 약탈하였다.

　이에 장병을 보내어 적의 괴수를 사로잡아 죽이니, 산동(山東)[75]이 평정되고 복종하여 바다 지역이 평안하고 조용하였다. 이 해에 양견(楊堅)이 또 양량왕(楊諒王) 세적(世績) 등 30만을 보내니 이들이 와서 우리와 싸우려 하였다.

그러나 겨우 정주(定州)를 출발하여 요택(遼澤)[76]에 이르기 전에 물난리를 만나 식량의 운반이 끊기고 전염병이 크게 번졌다. 주라후(周羅猴)가 군사를 거느리고 등주(登州)를 점령하고 전함 수백 척을 모아 동래(東萊)[77]를 떠나 평양으로 향하다가 우리에게 적발되어 이를 진압하기 위해 대항하며 나아가다가 갑자기 큰 바람을 만나 전군이 물에 빠져 죽었다.

이때 백제가 수(隋)에 청하여 군사의 길을 인도하려 하다가 우리의 밀서(密書)를 받고 실행하지 못하였다. 좌장군(左將軍) 고성(高成)이 몰래 수와 친할 마음이 있어 암암리에 막리지(莫離支)의 북벌 계획을 깨뜨리려 하였다.

그러다가 여러 번 청하여 군사를 백제에 보내 쳐부수어 공을 세웠다. 그러나 유독 막리지가 힘을 다하여 중의(衆議)를 물리치고 남쪽은 지키고 북쪽은 칠 계책을 강하게 고집하며 여러 번 이해를 따져 말하니 따르게 되었다.

고성(高成)이 왕위에 오르자 먼저 임금의 유법(遺法)을 모두 버리고 사

---

75) 산동(山東)은 제남(濟南) 연주(兗州) 동창(東昌) 청주(靑州) 래주(萊州) 등주(登州)의 부지(府地)이다. 정주(定州)에 대해 독사방여기요(讀史方輿紀要)에 춘추시(春秋時) 선우국지(鮮虞國地)요 전국초(戰國初)에 중산국(中山國)으로 진(秦) 때에 상곡(上谷) 거록(鉅鹿) 2군지화(郡地化)하다 한초(漢初)에 중산군(中山郡), 후위(後魏) 때 중산군(中山郡) 겸치(兼治), 안주(安州)라 하다가 정주(定州)로 고쳤다 한다.

76) 요택(遼澤)은 요사지리지(遼史地理志)에 풍주(豊州)로 북으로 상경임황부(上京臨潢府)가 350리라 한다.

77) 동래(東萊)는 은주(殷周) 때의 내국(萊國)으로 제(齊)의 동쪽에 있는 고로 동래(東萊)라 하였다. 오늘날의 내주부(萊州府)로, 동북(東北)으로 등주부(登州府) ; 산동성 모평현(牟平縣)가 250리, 서남(西南)으로 청주부(靑州府)와 거주(莒州) 450리, 서쪽으로 청주부(靑州府) 360리, 북으로 바다에 90리이며, 북경(北京)까지 1400리이다.

람을 당나라에 보내어 노자(老子)의 상(像)을 구해오고, 나라 사람들에게 도덕경(道德經)의 강론(講論)을 듣게 하였다. 또, 무리 수십만을 동원하여 장성(長城)을 쌓았는데 부여현(夫餘縣)으로부터 남해부(南海府)78)에 이르기까지 천여 리가 되었다. 이때 서부대인(西部大人) 연개소문(淵蓋蘇文)이 도교(道敎) 강론의 중지를 요청하고 이해를 따져 장성(長城) 축성(築城) 공사를 중지할 것을 강력하게 아뢰었다.

그러자 임금은 이를 몹시 불쾌하게 여겨 연개소문이 거느린 군사를 빼앗고 장성(長城) 쌓는 일을 감독하게 하는 한편, 여러 대인(大人)들과 은밀히 의논하여 그를 베어 없애려 하였다. 연개소문이 먼저 이 소식을 들어 알고 이에 탄식하기를, "어찌 이 몸이 죽고 나라가 온전할 리 있겠는가? 일이 급하니 때를 놓칠 수 없다." 하고 부병(部兵)을 모두 모아 놓고 군사를 사열(査閱)할 것 같이 하고 술과 안주를 많이 장만하여 여러 대신들을 불러 이를 함께 참관(參觀)하도록 하여 모두 여기에 모였다.

연개소문이 소리를 높여 말하기를, "문 앞에 범과 이리가 가까이 왔는데, 나라는 구하지 않고 도리어 나를 죽이려 하느냐." 하고 드디어 이들을 없애버렸다. 임금이 변을 듣고 변장하고 몰래 도망하여 송양(松壤)79)에 이르러 조서(詔書)를 내려 나라 사람들을 모이도록 하였으나, 한 사람도 오는 자가 없었다. 이렇게 되니 스스로 이기지 못할 것을 부끄럽게 생각하여 자결하였다.

조대기(朝代記)에 말하기를, 연개소문(淵蓋蘇文)은 혹 개금(蓋金)이라고도 하는데 성은 연씨(淵氏)이며 그 조상은 봉성(鳳城) 사람이다. 아버지

---

78) 남해부(南海府)는 오늘날의 해성(海城)으로, 진(震) 때의 남경성(南京城)이다.
79) 송양(松壤)은 평안도 강동(江東)의 옛 명칭이다.

는 태조(太祚)이며 할아버지는 자유(子遊)이고 증조(曾祖)는 광(廣)이니, 모두 막리지(莫離支)이다. 홍무(弘武) 14년 5월 10일에 태어났는데, 나이 아홉 살에 뽑혀 조의선인(皁衣仙人)이 되었다.

겉모습이 웅휘하고 의기가 호탕하고 뛰어나 항상 군사들과 함께 땔나무 위에 누워서 자고 손수 물을 떠서 마시며 무리를 위하여 자신의 몸을 다하고 무리들과 섞이기 위하여 조그마한 일이라도 의논하였다. 상(賞)을 내릴 때에는 반드시 나누어 주며 정성과 신의로 두루 도와주며 마음을 옮겨 뱃속에 두는 아량이 있었다.

심지어 땅을 주름잡고 하늘을 경영할 재주가 있어 사람들이 모두 감복하여 한 사람도 딴 생각을 하는 자가 없었다. 그러나 법을 운용함에 있어서는 엄하고 밝아 귀하고 천한 사람을 똑같은 법으로 다스렸다.

만일 법을 어기는 자가 있으면 절대로 용서하지 않았으며 비록 큰 어려움을 당하여도 조금도 놀라지 않았다. 당나라 사신과 술자리에서 말할 때에도 자신의 뜻을 굽히지 않았다. 항상 자기 족속을 음해(陰害)하는 것을 소인배(小人輩)로 여기고 능히 당나라 사람을 대적하는 것을 영웅으로 여겼다. 기뻐하면 낮고 천한 자도 가까이 할 수 있고 노하면 권세 있고 귀한 사람도 모두 몸을 떨었으니 실로 한 세상의 쾌걸(快傑)이었다.

스스로 말하기를, "하루 종일 물 속으로 다녀도 더욱 건강하고 피로하지 않다." 하니 무리들이 모두 놀라 땅에 엎드려 절하며 "창해(滄海) 용신(龍神)이 다시 환생한 몸이로다." 하였다.

연개소문이 이미 고성제(高成帝)를 내쫓고 무리들과 함께 고장(高藏)을 맞이하니, 이 분이 고장제(高藏帝)이다. 연개소문이 이미 뜻을 얻자 만가지 법을 공정하게 처리하는 도리를 행하여 몸의 자유를 이루게 하고 물

| 백제의 산수문전(山水紋塼) |

건을 평등하게 열어 주어 삼홀(三忽)을 전(佺)으로 삼고 조의(皂衣)에게는 계율(戒律)이 있으며, 국방에 힘을 기울여 당나라를 대비하는 데 더욱 힘썼다.

먼저 백제의 상좌평(上佐平)과 함께 의리를 세우고 또 신라의 사신 김춘추(金春秋)에게 청하여 그의 사저(私邸)에 관사(館舍)를 정하고 말하기를 "당나라 사람이 사납고 거슬리는 것이 많아서 짐승에 가까우니 그대는 모름지기 사사로운 원수를 잊어버리고, 지금부터는 삼국(三國)의 겨레가 힘을 합하여 장안(長安)을 무찌르면 당나라 괴수를 사로잡을 수 있을 것이다. 싸움에 이긴 후에는 옛 땅에 연정(聯政)을 펴, 인의(仁義)로 함께 다스려 서로 침략하지 않기로 약속하고 그 약속을 영구히 준수하는 것이 어떻겠는가." 하고 두 번 세 번 권하였으나, 춘추는 끝내 듣지 않았으니 애석한 일이 아닐 수 없다.

개화(開花) 4년, 당나라 임금 이세민(李世民)이 여러 신하들에게 이르기를, "요동은 본래 중국 땅인데 수가 네 번이나 군사를 일으켜도 얻지 못하였다. 내가 이제 군사를 일으켜, 제하(諸夏)를 위하여 자제의 원수를 갚으리라." 하고 친히 활과 화살을 차고 이세적(李世勣) 정명진(程名振) 등 수십만 명을 거느리고 요택(遼澤)에 이르렀는데, 진흙수렁이 2백여 리나 되어 사람과 말이 갈 수 없었다.

도위(都尉) 마문거(馬文擧)가 말을 달려 나가자 이미 싸움은 붙었는데 행군총관(行軍摠管) 장군우(張君乂)가 크게 패하니 이도종(李道宗)은 흩어진 군사를 거두고 세민(世民)은 스스로 수백 기를 거느리고 세적(世勣)과 함께 군사를 합하여 백암성(白岩城) 서쪽을 쳤는데, 성주(城主) 손대음(孫代音)이 거짓 사람을 보내어 항복하기를 청하였으나 사실은 틈을 보아 반격하려는 것이었다.

세민이 안시성(安市城)에 이르러 먼저 당산(唐山)으로부터 군사를 진격시켜 공격하였다. 그러나 북부의 욕살(褥薩) 고연수(高延壽)와 남부의 욕살(褥薩) 고혜진(高惠眞)이 관병 및 말갈 군사 15만을 거느리고 바로 앞으로 나아가 안시(安市)와 연결하여 보루를 쌓고 높은 산의 험준함에 의지하여 성 안의 곡식을 먹으면서 군사를 풀어 놓아 그들의 군마를 약탈하니 당나라 군사가 감히 덤벼들지 못하였다. 이렇게 되어 물러가고자 하여도 진흙에 막혀 돌아갈 수가 없고 그대로 주저앉아 괴로움을 당하며 패할 수밖에 없게 되었다.

연수(延壽)가 군사를 이끌고 바로 앞으로 나갔으나 안시(安市)와의 거리가 40리가 될 것이라 생각하여 이에 사람을 보내어 대로(對盧) 고정의

(高正義)에게 대책을 물었는데, 그는 나이가 많아 일에 밝은 사람이다. 대답하기를, "세민이 안으로 많은 영웅을 베고 스스로 나라를 차지하였으니, 범상한 사람이 아니다. 이제 당나라 군사를 모두 거느리고 왔는데 그 날카로움을 가볍게 여길 수 없다. 내 계교로는 군사를 주둔시키고 싸우지 않은 채 여러 날 오래 버티다가 기발한 재주를 가진 군대를 나누어 보내서 식량을 운반하는 길을 끊는 것이 좋겠다. 식량이 없으면 싸우려 해도 되지 않을 것이며 돌아가고자 해도 길이 없을 것이니, 이렇게 되면 곧 이길 수가 있을 것이다."라고 하였다.

연수가 그 계교를 좇아 적이 오면 막고 있다가 적이 가면 그만 두고 또 기발한 군사를 보내어 식량을 불사르고 빼앗았다. 세민(世民)이 백 가지 계교로 달래 보았으나 앞에서는 좇는 체 하다가 속으로는 약속을 어기면서 몇 번 군사를 보내어 몰래 습격하여 함락시키니 적이 죽고 상한 자가 많았다. 이에 연수 등의 군과 말갈(靺鞨)군이 함께 진을 치고 오래 두고 싸울 작정을 하다가 하룻밤에 갑자기 변하여 번개같이 치니 세민이 거의 포위당할 뻔하여 비로소 두려워하는 빛이 있었다.

세민이 또다시 사자를 보내어 재물과 보배를 가지고 와서 연수에게 이르기를, "나는 그대 나라의 강한 신하가 임금을 죽였기 때문에 와서 그 죄를 묻는 것이며 함께 싸우게 되었다. 그대 나라에 들어와서는 말먹이 꼴이나 곡식을 주지 않기 때문에 이따금 몇 곳을 불태우고 약탈했을 뿐이다. 그대 나라에서 예(禮)를 닦아 서로 사귈 것을 받아드린다면 반드시 돌아갈 것이다." 하였다.

연수가 사자를 보고 말하기를, "좋다. 그대들의 군사를 30리 밖으로 물린다면 내 장차 임금을 뵙고 말씀드릴 것이다. 그러나 막리지(莫離支)는 나라의 기둥과 주춧돌이며 군법이 있으니 많은 말을 할 것이 없다. 너희 임금 세민은 아비를 폐하고 형을 죽였으며 음란하게도 아우의 아내를 맞았으니 이것이야 말로 죄를 물어야 할 일이다. 그대로 가서 전하라." 하였다.

이에 사방에 독찰(督察)을 보내어 수비를 더욱 튼튼히 하고 산을 의지하여 스스로 견고히 하며 적의 허술함을 틈타 기습하니 세민이 온갖 꾀를 다 써 보았으나 방법이 없어, 요동으로 출병한 것이 이롭지 못한 것임을 알고 한스럽게 여겼다. 그러나 뉘우쳐도 이미 소용이 없었다.

유공권(柳公權)의 소설에 말하기를, 육군(六軍)이 고구려에게 패하여 장차 군세가 떨치지 못하게 되었는데 척후병이 와서 영공(英公)의 군기가 흑기(黑旗)에 포위되었다 보고하였다. 세민이 크게 두려워하여 마침내 스스로 빠져 나가려 하였으나 두려워하였다.

신구당서(新舊唐書) 및 사마공(司馬公)의 통감(通鑑)에서 말하지 않는 것은 어찌 나라를 위하여 그 수치스러운 일을 감춘 것이 아니겠는가? 이세적(李世勣)이 세민(世民)에게 말하기를, "건안(建安)은 남쪽에 있고 안시(安市)는 북쪽에 있는데 우리 군량을 일찍부터 요동(遼東 = 昌黎)으로 보낸 것이 잘못이며, 이제 안시를 지나서 건안을 치다가 만일 고구려가 그 군량을 보내는 길을 끊는다면 형세가 반드시 궁하게 될 것입니다. 그러니 먼저 안시를 치는 것만 못하니 안시가 함락되면 북을 치고 나가서 건안을 칠 것입니다." 하였다.

안시성 사람이 세민의 깃발이 덮여 있음을 보고 문득 성에 올라가 북을 치고 떠들면서 세민을 욕하고 꾸짖고, 그 죄목을 들어서 무리들에게 알렸다. 세민의 노기가 극심하여 성이 함락되는 날에는 남녀 모두 땅 속에 묻으리라 하였다. 안시성 사람들이 이 말을 듣고 더욱 굳게 지키니 아무리 공격해도 함락되지 않았다.

이때 장량(張亮)의 군사가 사비성(沙卑城)에 있었으나 이를 부르고자 해도 되지 않고 시간을 끌게 되므로 기회를 잃고 말았다. 장량이 군사를 이동하여 장차 오골성(烏骨城)[80]을 치려하다가 도리어 관병에게 패하고 말았으며 이도종(李道宗)도 또한 험한 곳을 만나 군세를 떨치지 못하였다.

이에 당나라 여러 장수들의 의견이 서로 갈라져 세적은 홀로 생각하기를, '고구려가 나라의 힘을 기울여 안시를 구하고 있으니, 차라리 안시를 버리고 바로 평양을 무찌르는 것만 못하다.' 했다.

장손무기(長孫無忌)는 생각하기를, '천자가 친히 정벌하여 나서는 것은 여러 장수의 경우와 달라 위험을 무릅쓰고 요행만 기다릴 일이 아니다. 지금 건안성(建安城)의 적군이 수십만이나 되고 고연수(高延壽)가 거느리고 있는 말갈 군사도 또한 수십만이나 된다. 국내성 군사가 만일 오골성으로 돌아와서 낙랑(樂浪)의 여러 험한 통로를 차단하게 된다면 저들의 형세가 날로 더해져 포위하고 치는 것보다도 더 급할 것이다. 그런데 우리가 적을 보고만 있다가는 뉘우쳐도 소용이 없을 것이니 차라리 먼저 안시(安市)를 치고 다음으로 건안(建安)을 친 뒤에 길게 몰고 나가는 것이 만전을 기하는 계책'이라 하였으나 결정을 보지 못하고 말았다.

이때 안시성주 양만춘이 이 소식을 듣고 밤이 깊기를 기다려 수 백 명의 정예군사를 거느리고 성에서 줄에 매달려 내려가니 적진이 저희들끼리 밟아 죽고 상하는 자가 아주 많았다. 세민이 이도종(李道宗)을 시켜서 성 동남쪽 모퉁이에 흙으로 토산(土山)을 쌓게 하였는데, 관병이 성이 무너진 곳으로부터 나와 치니 드디어 토산을 빼앗았다. 이것을 오히려 참호로 삼아 지키니 군세는 더욱 강해졌다. 당나라 여러 진이 거의 싸울 뜻을 잃고 부복애(傅伏愛)를 패전의 죄로 목을 베었으며 도종 이하 모든 무리는 발을

---

80) 오골성(烏骨城)은 아골성(鴉骨城)으로 표기하기도 하는데, 오늘날의 연산관(連山關)이다.

벗고 죄를 청하였다.

　막리지는 기병 수백을 거느리고 순회하다가 난파(灤坡)에 이르러 자세히 정세를 물어 보고 사방으로 총공격을 명하였다. 연수 등은 말갈 군사와 함께 양쪽으로 공격하고 양만춘은 성에 올라가 싸움을 독려하니 사기가 크게 올라 모두가 일당백으로 적을 대하였다. 세민이 스스로 이기지 못함을 분히 여겨 감히 나아가 결전하려고 하였다. 이때 양만춘이 소리 높여 외치며 활을 당겨 화살이 반공에 떴는데 세민이 진 밖에 나섰다가 드디어 이 화살에 맞아 왼쪽 눈이 빠지고 말았다.

　이렇게 되니 세민이 궁지에 몰려 어찌할 수가 없어 샛길로 도망하면서 세적 도종에게 명하여 보병과 기병 수만을 후군으로 삼고 물러가다가 요택(遼澤)의 진흙을 만나 군사와 말이 걸어갈 수가 없었다. 이에 무기(無忌)에게 명하여 군사 만 명을 시켜 풀을 베어다가 길에 깔도록 하고 물이 깊은 곳은 수레로 다리를 삼았는데 세민이 스스로 나무를 말안장에 달아 일을 돕기까지 하였다.

　겨울 10월에 포오거(蒲吾渠)[81]에 이르러 말을 멈추고 길을 메우는 일을 독려하여 여러 군사가 발착수(渤錯水)[82]를 건너니 폭풍과 눈이 사병들의 옷을 적셔 죽는 자가 많았다. 그래서 길에 불을 피우게 하고 기다리게 하였다. 이때 막리지 연개소문이 승리의 기세를 타고 급히 추격했다.

　추정국(鄒定國)은 적봉(赤峰)으로부터 하간현(河間縣)[83]에 이르고 양만

---

81) 포오거(蒲吾渠)에 대해 독사방여기요(讀史方輿紀要)에 '진정부(眞定府) 평산현(平山縣) 동남 20리에 포오성(蒲吾城)이 있다. 전국시(戰國時)에 번오(番吾)라 하였는데, 조(趙)나라의 중지(重地)였다.'라고 하였다.
82) 발착수(渤錯水)는 번오현(番吾縣) 석구하(石臼河) 지류(支流)이다.
83) 하간현(河間縣)은 독사방여기요(讀史方輿紀要)에 '직예하간부(直隷河間府)는 동쪽 산동(山東) 해풍현(海豊縣) 350리, 남(南)쪽으로 산동(山東) 덕주(德州)가 250리요, 서남(西南)

춘(楊萬春)은 바로 신성(新城)으로 향하니 당나라 군사들이 갑옷과 병기를 버리고 달아나는 자가 많아 바야흐로 역수(易水)84)를 건너게 되었다.

이때 막리지가 연수(延壽)에게 명하여 통도성(桶道城)을 고쳐 쌓게 하였는데 지금의 고려진(高麗鎭)85)이다. 또 여러 군사를 나누어 보내어 한 군(一軍)은 요동성을 지키게 하였는데 여기가 지금의 창려(昌黎)이다. 또 한 군(軍)은 세민을 추격하게 하고, 다른 한 군은 상곡(上谷)을 지키게 하였으니 지금의 대동부(大同府)86)이다.

이렇게 궁지에 몰려 어떻게 할 수가 없게 되자 이세민은 사람을 보내 항복할 것을 애걸하였다. 막리지는 추정국 양만춘 등이 수만 기를 이끌고 성대히 의장을 갖추어 북을 치고 나팔을 불면서 앞장 서 장안(長安)에 입성(入城)하여 세민과 약속하기를 산서(山西)87) 하북(河北)88) 산동(山東)89)

쪽으로 진정부(眞定府)이다.'라고 하였다.

84) 역수(易水)는 하간현(河間縣) 서방(西方) 16리로, 상류는 고양 안주와 경계이며 강물은 에 둘러 동북으로 흘러 웅현(雄縣)과 경계를 짓고 있다.
85) 고려진(高麗鎭)은 현토군(玄菟郡) 고구려현(高句麗縣)이다.
86) 대동부(大同府)는 산서성(山西省) 소재(所在)로, 독사방여기요(讀史方輿紀要)에 '동(東)으로 보안주(保安州)가 500리요, 남으로 태원부(太原府) 대주(代州) 안문관(雁門關)이 290리'라 하였다. 서쪽으로 대동우위(大同右衛) 황토산돈(黃土山墩) 230리요, 경도(京都)는 900리이다.
87) 산서(山西)는 태원부(太原府)의 평주(平州) 정주(定州) 기주(沂州) 대주(代州) 가람주(岢嵐州) 보덕주(保德州), 평양부(平陽府)의 포주(蒲州) 해주(解州) 강주(絳州) 곽주(霍州) 길주(吉州) 습주(隰州), 분주부(汾州府)의 영령부(永寧府), 로안부(潞安府)의 택주(澤州) 심주(沁州) 요주(遼州), 대동부(大同府)의 응주(應州) 삭주(朔州) 울주(蔚州) 등의 지역(地域)이다.
88) 하북(河北)은 순천부(順天府)의 통(通) 패(覇) 탁(涿) 창평(昌平) 계(薊) 등의 여러 주(州)와, 보정부(保定府)의 기(祁) 안(安) 역(易) 등, 제주(諸州), 하간부(河間府)의 경(景) 창(滄), 진정부(眞定府)의 정(定) 기(冀) 진(晉) 조(趙) 심(深) 등의 주(州)와, 순덕(順德) 광평(廣平) 대명(大名) 영평(永平) 등의 부지역(府地域)이다.
89) 산동(山東)은 제남부(濟南府)의 태안(泰安) 덕(德) 무정(武定) 빈(濱) 등 여러 주(州) 연주부(兗州府)의 제령(濟寧) 동평조(東平曹) 기(沂) 등 여러 주 동창부(東昌府)의 임청(臨淸)

강좌(江左)를 모두 우리에게 속하게 하였다.

이에 고구려와 백제는 밖으로 다투어도 모두 함께 존재하게 되었다. 요서(遼西)90) 땅에는 백제의 영토가 있었는데 요서(遼西)와 진평(晋平)91)이며, 강남(江南)에는 월주(越州)가 있으니 그에 속한 현(縣)에는 첫째 산음(山陰) 둘째 산월(山越) 셋째 좌월(左越)이 있었다.

문자제(文咨帝) 명치(明治) 11년 11월에 이르러 월주(越州)를 쳐서 빼앗고 군현(郡縣)의 이름을 고치니 송강(松江)92)과 회계(會稽)와 오월(吳城)과 좌월(左越)과 산월(山越)과 천주(泉州)인데, 12년에 신라가 백성을 천주(泉州)93)로 옮겨 채웠다. 이 해에 백제가 공물(貢物)을 바치지 않자 요서(遼西) 진평(晋平) 등 두 군(郡)을 쳐서 빼앗았다. 이렇게 되어 백제군이 없어지고 말았다.

왕개보(王介甫)94)가 말하기를 "연개소문(淵蓋蘇文)은 범상(凡常)한 사

고당(高唐) 복(濮) 등 여러 주이다. 청주부(靑州府)의 거주(莒州)는 삼국사기(三國史記) 최치원전(崔致遠傳)에 고구려(高句麗) 백제(百濟) 전성 시기(全盛 時期)에 남정(南定) 오월(吳越) 북요유연제노(北撓幽燕齊魯) 땅이었다.

90) 요서(遼西)는 연주(燕州)와 순주(順州) 두 주(州)인데, 요서폐현(遼西廢縣)은 순천부(順天府), 창평주(昌平州), 순의현치(順義縣治)이다.
91) 진평(晋平)은 진평성(晋平城)이 태원현(太原縣) 동북쪽 20리이다. 흠정만주원류고(欽定滿洲源流考)와 송서(宋書)에 백제소치(百濟所治)를 진평군(晋平郡) 진평현(晋平縣)이라 하였다.
92) 송강(松江)은 독사방여기요(讀史方輿紀要)에 동쪽으로 해안(海岸)이 100리요, 절강(浙江) 가흥부(嘉興府)가 120리 서북으로 소주부(蘇州府)가 180리이며, 북으로 소주부(蘇州府) 태창주(太倉州)가 350리라 하였다.
93) 천주(泉州)는 수(隋) 진(陳) 이후 군제(郡制)를 폐(廢)하고 주(州)를 개편하면서 이전의 민주(閩州)를 천주(泉州)라 하였다.
94) 왕개보(王介甫)는 송대의 정치가이다. 왕안석(王安石)으로 널리 알려진 인물로, 자(字)는 안석(安石) 호는 반산(半山)으로, 무주(撫州) 임천(臨川)사람이라고 송사열전(宋史列傳)에 기록하고 있다. 그의 글에 동필여비(動筆如飛)하다 하고 시문에 능하여 당송(唐宋) 팔대가(八代家)의 한 사람으로 꼽는다. 소위 신법(新法)을 행하여 부국강병의 정책을 폈다.

람이 아니라고 하더니 과연 그렇도다. 막리지(莫離支)가 있으면 고구려와 백제가 모두 있고 막리지가 가면 고구려와 백제가 모두 망하니 막리지는 또한 인걸(人傑)이로다." 하였다.

막리지가 임종할 때 남생(男生)과 남건(男建)을 돌아다 보며 "너희들 형제는 사랑하기를 물과 같이 하라. 화살을 묶으면 강하고 화살을 나누면 꺾어지는 것이다. 모름지기 이 말을 장차 잊지 말고, 결코 천하와 이웃 나라 사람들의 웃음꺼리가 되지 말라." 하였다.

이때가 개화(開花) 16년 10월 7일이며, 묘는 운산(雲山)의 구봉산(九峰山)에 있다. 고려진(高麗鎭)은 북경의 안정문(安定門) 밖 60리쯤 되는 곳에 있고 안시성(安市城)은 개평부(開平府) 동북쪽 70리에 있으니 지금의 탕지보(湯池堡)이다.

고려성(高麗城)은 하간현(河間縣) 서북쪽 100리에 있으니 모두 태조무열제(太祖武烈帝)가 쌓은 것이다. 당나라 번한(樊漢)의 고려성회고시(高麗城懷古詩) 한 수가 있어 세상에 전해지고 있다. 시는 다음과 같다.

　　벽지(僻地)에 성문(城門)이 열리니
　　구름은 수풀을 이루고
　　성가퀴(雉堞)는 길기만 하네.
　　물은 맑아 저녁 노을 머물고
　　모래는 어두운데 밝은 별은 빛나며
　　자주 치는 북소리에 구름은 연이어 일어나고
　　새로 핀 꽃은 땅을 다듬어 단장하네.
　　갑자기 조정(朝廷)과 시정(市井)은 변하고
　　풍악(管絃) 소리는 다시 높이 울리지 않으니

고난의 길은 황진(黃塵)에 묻히고
쑥대는 옛 길가에 있는데
비취는 가벼운 티끌에 묻히고
거친 언덕에는 소와 양이 오르네
당시의 일 어찌 할 수 없으니
가을 소리에 기러기만 숙연히 지나가네 하였다.
내가 비록 글은 못하나 그 운(韻)을 좇아서 다음 운을 이었다.
요서(遼西)에는 아직도 옛 성터가 있으니
반드시 이름 있는 나라의 운세는 길다 생각 되네.
연(燕)나라의 산은 울퉁불퉁하고 험하여 많은 전쟁을 겪은 듯하고
요하(遼河)는 출렁거려 하늘과 함께 빛나니
바람 부는 숲은 빈 골짜기에 춤추는 듯하고
신선 새는 높은 나무에서 울어 장식하려 하네
국경을 막던 방패와 깃발은 하루 저녁에 변하고
물건 팔려 흔드는 방울 소리만 처량하게 들리는도다.
연(燕)도 양(凉)도 원래는 모두 우리 땅으로
관병(官兵)은 이 곳을 진압하여 오랫동안 말 곁에서 마셨고
영웅은 그 때에 일을 다 하지 못하고 가니
다시 적을 몰기를 양 몰기 하듯 할 사람 없네.
지금 내가 옛 일을 무한히 슬퍼하는 뜻은
핵랑(核郞)이 만리 길 가는데
노자(路資)가 되게 하기 위함이다.

[고구려국 본기]

조대기(朝代記)에 말하기를, "태조(太祖) 융무(隆武) 3년에 요서(遼西)의 10개 성을 쌓아 한(漢)나라에 대비하였다. 그 가운데 하나가 안시(安市)인데 개평부(開平府) 동북쪽 70리에 있고, 둘째는 석성(石城)인데 건안(建安) 서쪽 50리에 있고, 셋째는 건안(建安)인데 안시(安市) 남쪽 70리에 있고, 넷째는 건흥(建興)인데 난하(灤河) 서쪽에 있고, 다섯째는 요동인데 창려(昌黎) 남쪽 경계에 있고, 여섯째는 풍성(豊城)인데 안시(安市) 서북쪽 1백리에 있고, 일곱째는 한성(韓城)인데 풍성 남쪽 2백리에 있고, 여덟째는 옥전보(玉田堡)인데 옛날 요동국(遼東國)으로 한성 서남쪽 60리에 있고, 아홉째는 택성(澤城)인데 요택(遼澤) 서남쪽 50리에 있고, 열 번째는 요택(遼澤)인데 황하(黃河) 북류 왼쪽 언덕에 있다. 5년 봄 정월에 또 백암성(白岩城)과 통도성(桶道城)을 쌓았다." 하였다.

삼한비기(三韓秘記) 구지(舊志) 말하기를, "요서(遼西)에 창료현(昌遼縣)이 있는데 당나라 때에 요주(遼州)로 고쳤고, 남쪽에는 갈석산(碣石山)이 있는데 그 밑에 백암성(白岩城)이 있었다. 당나라 때에 이른바 암주(岩州)가 곧 그것이다. 건안성(建安城)은 당산(唐山) 경계 안에 있고 그 서남쪽은 개평(開平)인데 혹 개평(蓋平)이라고도 한다. 당나라 때 개주(蓋州)라고 한 것이 이것이다." 하였다.

자치통감(資治通鑑)에 이르기를, "현토군(玄菟郡)은 유성(柳城)과 노룡(盧龍) 사이에 있다고 하였으며 한서(漢書)에는 마수산(馬首山)이 유성(柳城) 서남쪽에 있는데 당나라 때에 토성을 쌓았다." 하였다.

연타발(延佗渤)은 졸본(卒本) 사람이다. 남북쪽 갈사(曷思)를 왕래하면서 재물을 모아 부자가 되어 여러 만냥의 돈을 벌었다. 그는 비밀히 주몽(朱蒙)을 도와 나라의 기틀을 일으키고 도읍을 세우는 데 공이 많았다. 뒤에 무리를 거느리고 구려하(九黎河)로 옮겨 물고기와 소금을 팔아 이익을 얻었는데, 고주몽성제(高朱蒙聖帝)가 북옥저(北沃沮)를 칠 때 곡식 5천 석을 바쳤다.

또, 도읍을 눌현(訥見)으로 옮길 때 먼저 자원하여 바치고 떠도는 백성들을 불러 모아 이들을 어루만지고 위로하여 임금의 일을 부지런히 도왔다. 이 공로로 좌원(坐原)에 봉함을 받고 나이 80에 세상을 뜨니 이때가 다물왕(多勿王) 34년 병인(丙寅) 3월이었다.

고주몽이 제위에 있을 적에 말하기를, "만일 적자(嫡子) 유리(琉璃)가 오면 마땅히 태자로 봉하리라." 하였다. 소서노(召西笯)는 장차 두 아들에게 이롭지 못할 것을 걱정하였는데, 기묘년(己卯年) 3월 어떤 사람에게 패대(浿帶) 땅이 기름지고 물자가 많다는 말을 듣고 남쪽으로 도망하여 진번(辰番) 사이 바다 가까운 구석진 땅에 이르렀다.

이 곳에서 산 지 10년 만에 밭을 사고 집을 지어 부자가 되었다. 원근 사람들이 이 소문을 듣고 찾아와서 소속되는 자가 많았다. 이리하여 북쪽은 대수(帶水)에 이르고 서쪽은 큰 바닷가에 이르기까지의 반천리(半千里)가 되는 경계가 모두 그의 소유가 되었다.

이에 사람을 시켜 주몽제에게 글을 보내어 복종할 것을 원하였다. 임금이 몹시 기뻐하여 그를 칭찬하고 소서노에게 칭호를 내려 어하라(於瑕羅)라 하였다. 13년 임인(壬寅)에 세상을 뜨고 태자 비류(沸流)가 섰다.

그러나 사방 경계의 사람들이 따르지 않았다. 이렇게 되어 마려(馬黎) 등이 온조(溫祚)에게 말하기를, "신이 듣기로는 마한이 쇠하여 곧 패망하게 될 것이니 가서 도읍을 세울 때입니다." 하였다.

온조가 말하기를 "그렇다." 하고 곧 배를 편성하여 바다를 건너 비로소 미추홀(味鄒忽)에 이르렀다. 사방 들을 가 보아도 사는 사람은 한 사람도 없고 비어 있었다. 오랜 뒤에 한산(漢山)에 이르러 북아구(北兒岳)에 올라

| 백제금동용봉봉래산향로(百濟金銅龍鳳蓬萊山香爐) |
백제 예술의 걸작. 중국 어디에도 이처럼 완벽한 예술품은 찾아볼 수 없다.

가 살만한 곳을 바라보는데, 마려(馬黎) 오간(烏干) 등 열 사람의 신하가 말하기를, "오직 이 하남(河南)의 땅은 북으로 한수(漢水)를 끼고 동쪽은 고악(高岳)에 의지하였으며 남으로 기름진 땅이 열리고 서쪽으로 큰 바다가 막혀 있습니다. 이는 하늘이 만든 험한 지형과 땅의 이로움이 다른 곳에서 얻기 어려운 형세입니다. 마땅히 여기가 도읍을 할 만한 곳이며 다시 딴 곳을 구할 데가 없습니다." 하였다.

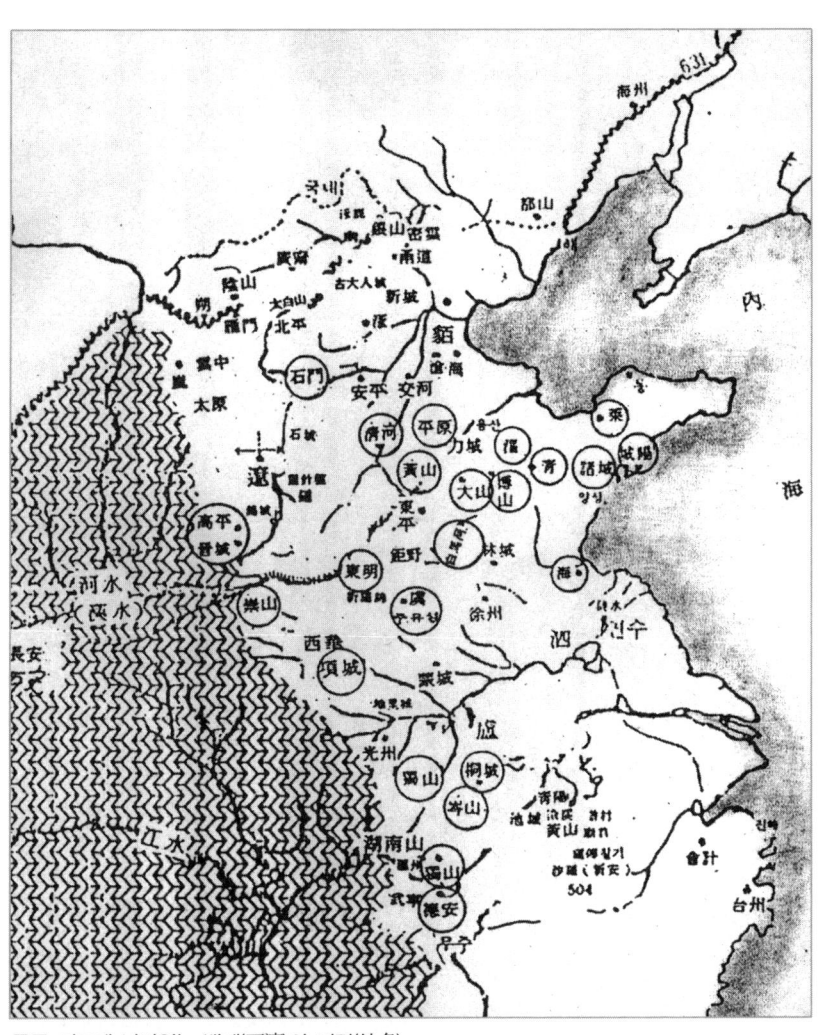

중국 지도에 남아있는 백제(百濟)의 지명(地名)

온조(溫祚)가 열 사람의 신하의 의론을 좇아 드디어 하남(河南)의 위지성(慰支城)에 도읍을 정하고 나라 이름을 백제(百濟)라 하였다. 이는 백 사람의 신하가 건너 왔기 때문에 이 이름을 쓴 것이다.

뒤에 비류(沸流)가 세상을 뜨니 따르는 신하와 백성들이 그 땅을 가지고 와서 복종하였다.

사로시왕(斯盧始王)은 선도산(仙桃山)[95] 성모(聖母)의 아들이다. 옛날 부여(夫餘) 제실(帝室)의 딸 파소(婆蘇)가 남편 없이 애를 배어 남의 의심을 받게 되자 눈수(嫩水)로부터 동옥저(東沃沮)에 이르러 또 배를 타고 남쪽으로 내려와서 진한(辰韓)의 나을촌(奈乙村)에 이르렀다.

이때 소벌도리(蘇伐都利)라 하는 자가 있어 이 말을 듣고 가서 데려가 집에서 길렀다. 나이 13세가 되자 뛰어나게 재지(才智)가 있고 조숙하여 성스러운 덕(德)이 있었다. 이렇게 되어 진한의 6부가 함께 높여 거세간(居世干)이라 하고 서라벌(徐羅伐)에 도읍을 세우고 나라 이름을 진한(辰韓) 또는 사로(斯盧)라고도 하였다.

임나(任那)는 본래 대마도(對馬島) 서북쪽 경계에 있었는데, 북으로 바다가 막히고 다스리는 땅은 국미성(國尾城)이라 하였다. 동쪽과 서쪽에 각각 부락이 있어 혹 공물(貢物)을 바치기도 하고 혹 배반하기도 하였다. 뒤에 대마의 두 섬이 임나(任那)의 통제를 받았기 때문에 이로부터 임나는 비로소 대마 전체의 칭호가 되었다.

옛날부터 구주(仇州)와 대마도(對馬島)는 삼한(三韓)에서 나누어 다스리던 땅이며, 본래 왜인(倭人)이 대대로 살던 곳은 아니다. 임나는 또 나뉘어져서 삼가라(三加羅)가 되었는데, 소위 가라(加羅)라는 것은 머리고을

---

95) 선도산(仙桃山)은 만주 눈강현(嫩江縣) 매강(妹江) 위에 있다.

| 파사석탑 | 파사석탑은 48년(수로왕 7)에 수로왕비 허황옥(許黃玉)이 아유타국에서 싣고 왔다고 삼국유사에 기록되어 있다.

(首邑)의 칭호이다.

　이로부터 세 우두머리(三韓)는 서로 다투어 오래도록 화해가 되지 않아 좌호가라(佐護加羅)는 신라(新羅)에 속하게 되고 인위가라(仁位加羅)는 고구려(高句麗)에, 계지가라(鷄知加羅)는 백제(百濟)에 속하였다는 것이 이것이다. 영락(永樂) 10년에 세 가라(加羅)가 모두 우리에게 돌아왔다.

　이로부터 바다와 육지의 여러 왜가 모두 임나(任那)에 통일되었다. 이를 열 나라로 나누어 다스려 이것을 이름하여 연정(聯政)이라고 하였다.

그러나 고구려에 직접 관할되어 열제(烈帝)의 명하는 바가 아니면 맘대로 할 수가 없었다.

아유타(阿踰佗)는 삼국유사(三國遺事)에서 서역(西域)이라 하고 있다. 그러나 이제 여러 고기(古記)를 상고하여 보면, 아유타(阿踰佗)는 지금의 섬라(暹羅)라 하고 있다. 그렇다면 아유타를 사람들이 혹 말하기를 대식(大寔)의 침략을 받았다고 하니 그래서 드디어 여기에 와서 산 것이다.

이명유기(李茗留記)에 말하기를, "옛날에 백제 상인(商人)이 바다로 아유타에 가서 많은 재물과 보배를 얻어가지고 돌아왔는데, 그 사람이 나를 따라 왕래하므로 더욱 밀접하게 사귀었다. 그러나 그 풍속이 겁이 많고 전쟁에 익숙하지 못하여 남의 통제를 많이 받았다." 하였다.

또 말하기를, "평양에 을밀대(乙密臺)가 있는데 을밀선인(乙密仙人)이 세운 것이라고 세상에서는 전해지고 있다. 을밀(乙密)은 안장제(安藏帝) 때에 뽑혀서 조의(皁衣)가 되었고 나라에 공(功)이 있었는데, 그 근본은 을소(乙素)의 자손이다. 집에 있으면 글을 읽고 활쏘기를 익히며 삼신(三神)을 노래로 읊고 무리들을 모아 수련시켜 의와 용기로 나라에 이바지하여 한 때 조의(皁衣)로서 그 무리가 3천이나 되었다. 가는 곳마다 구름같이 모여 다물(多勿)의 나라를 일으키는 노래(興邦歌)를 함께 불렀다. 이로 인하여 그 몸을 버려 의를 온전히 이루는 풍조를 일으켰다." 하였다. 그 노래에 말하기를,

지나감은 법(法)이 되고 뒤에 옴은 위(上)가 되는도다.
법(法)은 불생불멸(不生不滅)인 고로
위(上)도 귀천(貴賤)도 없다.
사람은 천지 가운데 하나이며 심신(心神)이 곧 근본이다.

하나가 되기 때문에 물신(惟神)과 물건(惟物)은 둘이 아니로다.
참(眞)이란 만 가지 선의 극치이며 신(神)은 하나 가운데 주인이니
극치인 고로 삼진(三眞)이 하나로 돌아가고
일신(一神)은 그런 까닭에 셋도 된다.
하늘 위와 하늘 아래에 오직 내가 스스로 있음이니
다물(多勿)은 그 나라를 일으킴이로다.
자존(自存)한다 함은 행함을 드러내지 않는 것이라.
나라를 일으킴은 무언(無言)의 가르침을 행하는 바다.
진명(眞命)이 대생성통광명(大生性通光明)한 즉 충효하고
광명한 즉 선을 받들어 충효하지 않음이 없고
모든 악은 일체 일어나지 못하게 된다.
오직 백성들이 의롭게 여기는 것은 국가의 소중함이니
나라가 없으면 내가 어디에서 났으며
나라가 있기 때문에 물건이 있어 복이 되고
내가 있기 때문에 혼(魂)이 있어 덕이 되는도다.
혼이 생기면 깨달음이 있고 신령스러움이 있으며
일신(一神)이 거처하는 곳이 천궁(天宮)이 되는도다.
삼혼(三魂)이 있기 때문에 지혜와 삶을 함께 닦을 수 있고
일신(一神)이 있기 때문에 형(形)과 혼(魂)을 또한 모두 펴 나갈 수 있
　　　　　나니.
내 자손으로 하여금 나라를 위하여 잘 하게 함이
태백(太白)의 교훈이 곧 나의 스승이로다.
내 자손이기 때문에 통솔하는 데 고르지 않음이 없고
내 스승이기 때문에 가르침이 새롭지 않은 것이 없도다.

을밀선인(乙密仙人)이 일찍이 대(臺)에 있으면서 오로지 하늘에 제사 지내고 수련하는 것으로 임무를 삼았다. 대개 선인(仙人)의 수련하는 법은 참전(參佺)을 계(戒)로 삼고 이름은 굳세게 하여 물건이 있게 하였다. 몸을 버려 의를 온전히 하여 나라 사람들이 본받는 바가 되어 천추(千秋)를 두고 그 풍도를 우러러 보게 하였다.
　이로써 감동을 일으키고 또한 남이 존경하는 상징이 되었다. 뒤 사람들이 그 대(臺)를 을밀대(乙密臺)라 하였는데, 이것이 금수강산(錦繡江山)의 한 명승지(名勝地)이다.

高句麗國 本紀

　高句麗[1]*之先　出自解慕漱　解慕漱之母鄕　亦其地也　朝代記曰　解慕漱　從天而降　嘗居于熊心山[2]*　起兵於夫餘古都　爲衆所推　遂立國稱王　是謂夫餘始祖也　著烏羽冠　佩龍光劍　乘五龍車　從者百餘人　朝則聽事　暮則登天　無所令而管境自化　山無盜賊　禾穀滿野　國無事而民亦無事　檀君解慕漱之初降　在於壬戌四月初八日　乃秦王政八年也　藁離郡王高辰　解慕漱之二子也　沃沮候弗離支　高辰之孫也　皆以討賊滿功　得封也　弗離支　嘗過西鴨綠　遇河伯女柳花　悅而娶之　生高朱蒙　時則壬寅　五月五日也　乃漢主弗陵　元鳳二年也　弗離支　薨　柳花率子朱蒙　歸于熊心山　今舒蘭[3]*也旣長周遊四方　擇迦葉原[4]*而居之　選於官家　爲牧馬　未幾爲官家所忌　與烏伊摩離陜父　逃至卒本[5]*　適北夫餘王無嗣　朱蒙遂以王骨　入承大統　是爲高句麗始祖也　平樂二十一年甲午十月　伐北沃沮滅之　明年乙未　自卒本　移都訥見　訥見今常春　朱家城家子也　琉璃明帝二十一年　又自訥見　移都于國內城[6]*　亦曰皇城　內有丸都山[7]*　山上築城　有事則居之　大武神烈帝[8]*二十年　帝襲樂浪國滅之　東鴨綠以南屬我　獨海城以南近海諸城[9]*未下　山上帝元年　遣弟罽須　攻破公孫卓[10]*　伐玄免樂浪滅之　遼東悉平

　大辯經曰　高朱蒙聖帝　詔曰天神　造萬人一像　均賦三眞　於是人其代天而能立於世也　況我國之先　出自北夫餘　爲天帝之子乎　哲人虛靜戒律　永絶邪氣　其心安泰　自與衆人　事事得宜　用兵所以緩侵伐　行刑所以其無罪惡　故虛極靜生　靜極知滿　知極德隆也　故虛以聽敎　靜以契矩　知以理物　德以濟人　此乃神市之開物敎化

爲天神通性 爲衆生立法 爲先王完功 爲天下萬世 成智生雙修之化也 乙巴素爲國相 選年小英俊 爲仙人徒郞 掌教化者曰參佺衆選守誠 爲神顧托 掌武藝者 曰皂衣[11]* 兼操成律 爲公挺身也 嘗言於衆曰神市理化之世 由民開智 日赴至治 則有所以恒萬世不可易之標準也 故參佺有戒 聽神以化衆 寒盟[12]*有律 代天行功也 皆自立心作力 以備後功也 乙支文德曰道以事天神 德以庇民邦 吾知其有辭天下也 受三神一體氣 分得性命精 自在光明 昂然不動 有時以感 發而道乃通 是乃所以體行三物德慧力 化成三家心氣身 悅滿三途感息觸 要在日求念標 在世理化 靜修境途 弘益人間也 桓國曰五訓[13]* 神市曰五事[14]* 朝鮮曰五行六政[15]* 夫餘曰九誓[16]* 三韓通俗亦有五戒[17]* 曰孝忠信勇仁 皆教民以正平 而織群之意存焉 柵城有太祖武烈帝紀功碑 東鴨綠之皇城 有廣開土境大勳蹟碑[18]* 安州[19]* 淸川江岸上 有乙支文德[20]* 石像 烏蘇里[21]* 江外 有淵蓋蘇文[22]* 頌德碑 平壤牡丹峰中麓 有東川帝朝天石[23]* 朔州巨門山西麓 有乙巴素[24]* 墓 雲山之九峰山 有淵蓋蘇文墓 朝代記曰 東川帝亦稱檀君 每當寒盟 祭迎三神于平壤 今箕林窟 卽其祭所也 大迎禮典 始行隧穴 有九梯宮朝天石 行路之人 皆可指點也 又有三倫九德之歌 以獎之 皂衣仙人 皆其選也 國人所矜式者也 不然何以加榮 與之爲等於王使者乎 廣開土境好太皇 隆功聖德 卓越百王 四海之內 咸稱烈帝 年十八 登極于光明殿 禮陣天樂 每於臨陣 使士卒 歌此於阿之歌 以助士氣 巡騎至摩利山 登塹城壇 親祭三神 亦用天樂 一自渡海所至 擊破倭人 倭人百濟之介也 百濟先與倭密通 使之聯侵新羅

之境 帝躬率水軍 攻取熊津 林川$^{25)*}$ 蛙山$^{26)*}$ 槐口$^{27)*}$ 伏斯買$^{28)*}$ 雨述山$^{29)*}$ 進乙禮$^{30)*}$ 奴斯只$^{31)*}$ 等城 路次俗離山 期早朝祭天而還 時則百濟 新羅 駕洛諸國 皆入貢不絕 契丹 平凉$^{32)*}$ 皆平服 任那$^{33)*}$ 伊倭$^{34)*}$ 之屬 莫不稱臣 海東之盛 於斯爲最矣 先是陜父 奔南韓 居馬韓山中 從而出居者 數百餘家 未幾歲連大歉 流離遍路 陜父乃知將革 誘衆裹糧 舟從浿水而下 由海浦而潛航 直到狗邪韓國$^{35)*}$ 乃加羅海北岸也 居數月 轉徙于阿蘇山$^{36)*}$ 而居之 是爲多波羅國之始祖也 後幷于任那 聯政以治 三國在海 七國在陸 初弁辰狗邪國人 先在團聚 是爲狗邪韓國 多波羅 一稱多羅韓國 自忽本而來 與高句麗 早已定親 故常爲烈帝所制 多羅國與安羅國$^{37)*}$ 同隣而同姓 舊有熊襲城 今九州熊本城是也 倭在會稽郡$^{38)*}$ 郡東 東冶縣之東 舟渡九千里 至那覇 而又渡一千里 至根島 根島亦曰柢島 時狗奴人 與女王相爭 索路甚嚴 其欲往狗邪韓者 盖有津島 加羅山 志加島$^{39)*}$ 始得到末盧國 戶資之境 其東界則乃狗邪韓國地也 會稽山本神市中經所藏處 而司空禹齋戒三月而得 乃有功於治水故 禹伐石 刻扶婁功於山$^{40)*}$ 之高處云 則吳越$^{41)*}$ 本九黎舊邑 山越左越$^{42)*}$ 皆其遺裔分遷之地也 常與倭 往來貿販 得利者漸多 秦時 徐市自東冶海上 直至那覇$^{43)*}$ 經種島而沿瀨戶內海 始到紀伊 伊勢舊有徐福墓祠 或曰亶州徐福所居云 長壽弘濟好太烈帝 改元建興 仁義治國 恢拓疆宇 熊津江以北屬我 北燕室韋諸國$^{44)*}$ 皆入叙族焉 又與新羅寐錦 百濟於瑕羅 會于南平壤 約定納貢戌兵之數 文咨好太烈帝 改元明治 十一年 齊 魯 吳 越之地屬我 至是國疆漸大 平岡上好太烈帝 有

膽力善騎射 乃有朱蒙之風 改元大德 治敎休明 大德十八年丙申 帝率大將溫達 往討碣石山45)* 拜祭山 追至楡林關46)* 大破北周 楡林鎭以東悉平 楡林今山西境 嬰陽武元好太烈帝時 天下大理 國富民殷 隋主楊廣 本鮮卑遺種 統合南北之域 以其餘勢 侮我 高句麗 以爲小醜 侮慢上國 頻加大兵 我旣有備 而未嘗一敗也 弘武二十五年 廣又復東侵 先遣將兵 重圍卑奢城47)* 官兵戰不利 將襲平壤 帝聞之 欲圖援兵 執遣斜斯政 適有皁衣一仁者 自願 請從而偕到 獻表於楊廣 廣於舡中 手表而讀未半 遽發袖中小弩 中其胸 廣驚到失神 右相羊皿 使負之 急移於小船而退 命懷德 鎭48)* 撤兵 廣謂左右曰予爲天下主 親伐小國而不利 是非萬世之 所嗤乎 羊皿等面黑無答 後人歌之曰 嗟汝蠢蠢漢家兒 莫向遼東 浪死歌 文武我先號桓雄 面亘血胤英傑多 朱蒙太祖廣開土 威振 四海功莫加 紐由一仁 楊萬春 爲他變色自靡踣 世界文明吾最古 攘斥外寇保平和 劉徹楊廣李世民 望風潰走作駒過 永樂紀功碑 千尺 萬旗一色太白峨 乙支文德高句麗石多山49)* 人也 嘗入山修 道 得夢天神而大悟 每當三月十六日則馳往摩利山 供物敬拜而 歸 十月三日則登白頭山祭天 祭天乃神市古俗也 弘武二十三年 隋軍一百三十餘萬 並水陸而來攻 文德能以奇計 出兵鈔擊之 追 至薩水 遂大破之 隋軍水陸俱潰 生還遼東城50)* 者 僅二千七百 人 廣遣使乞和 文德不聽 帝亦嚴命追之 文德與諸將乘勝直驅 一自玄菟51)* 道 至太原52)* 一自樂浪53)* 道至幽州54)* 入其州縣而 治之 招其流民而安之 於是建安55)* 建昌 白岩56)* 昌黎57)* 諸鎭 屬於安市58)* 昌平59)* 涿城60)* 新昌61)* 諸鎭屬於如祈62)* 孤奴63)*

平谷64)* 造陽65)* 樓城66)* 沙溝乙67)* 屬於上谷68) 和龍汾州69)* 桓州70)* 豊城71)* 鴨綠72)* 屬於臨潢73) 皆仍舊而置吏 至是强兵百萬 境土益大 楊廣 壬申之寇也 出師之盛 前古未之有也 以我皁衣 二十萬 滅其軍幾盡 此非乙支文德將軍一人之力乎 若乙支公者 乃萬古造時勢之一聖傑也哉 文忠公趙浚與明使祝盟 共登百祥樓 賦詩曰 薩水湯湯 漾碧虛 隋兵百萬化爲魚 至今留得漁樵語 不滿征夫 一咥西餘 舊史曰嬰陽武元好太烈帝 弘武九年 帝遣西部大人淵太祚 往討登州74)* 禽殺摠管韋冲 先是百濟以兵 平定齊魯吳越之地 設官署 索籍民戶 分封王爵 屯戍險塞 軍征賦調 悉準內地 明治年間 百濟軍政衰頹不振 權益執行 盡歸聖朝 劃定城邑 文武置吏 及隋作兵 有事南北 騷擾四起 害及生民 帝威赫怒 恭行天討 四海之內 莫不聽命也 然隋主楊堅 陰藏禍心 敢出警兵 密遣韋冲 摠管爲名 潰破官家 焚掠邑落 乃遣將兵 禽殺賊魁 山東75)* 平服 海域謐聯 是歲堅于遣楊諒王世績等三十萬 來與戰 纔發定州 未至遼澤76)* 值水亂而餽轉杜絶 癘疫幷熾 周羅猴以兵據登州 徵集戰艦數百 自東萊77)* 泛船 趣平壤 爲我所覺 殿而拒之以進 忽遭大風而全軍漂沒 時百濟請隋爲軍導 受我密諭而未果 左將高成密諭親隋之心 陰壞莫離支北伐之計 至是屢請遣師 攻破百濟有功 獨莫離支力排衆意 强執以南守北伐之策 屢陣利害以從 及高成卽位 盡棄前帝之遺法 遣唐求老子像 使國人 聽講道德經 又動衆數十萬 築長城 自夫餘縣之南海府78)* 千有餘里 時西部大人淵蓋蘇文 請罷講道敎 又以停長城之役 極陣利害 帝甚不悅 奪蘇文之兵 監築長城之役 密與諸大人 議誅滅

之 蘇文先得聞知 乃嘆曰豈有身死而國全之理乎 事急矣 時不可失也 悉集部兵 若將閱武者 盛陣酒饌 召諸大臣 共臨視之 皆至蘇文勵聲曰門近虎狼而不求 反欲殺我乎 遂除之 帝聞變而微服潛逃 至松壤79)* 而下詔招募 國人無一人至者自不勝愧汗 遂自殞碎而崩 朝代記曰淵蓋蘇文 一云蓋金 姓淵氏 其先鳳城人也 父曰太祚 祖曰子遊 曾祖曰廣 並爲莫離支 弘武十四年五月十日生年九世選爲皁衣仙人 儀表雄偉 意氣豪逸 每與軍伍 列薪而臥乎瓠而飮 群焉而盡己 混焉而辨微 賞賜必分給 誠信周護 有推心置腹之雅量 至有緯地經天之材 人皆感服 無一人異懷者 然用法嚴明 貴賤一律 若有犯者 一無假借 雖當大難 小不驚心 與唐使酬言 亦不屈志 常以自族陰害 爲小人 能敵唐人 爲英雄 喜焉而下賤可近 怒焉而權貴俱憚 眞一世快傑也 自言生於水中 能潛泳竟日 尤健不疲 衆咸驚伏地 羅拜曰滄海龍神 復爲化身矣 蘇文旣放高成帝 與衆共迎高藏 是爲寶藏帝 蘇文旣得志 行萬法爲公之道 成己自由 開物平等 三忽爲佺 皁衣有律 注力國防 備唐甚盛 先與百濟上佐平 俱存立義 又請新羅使金春秋 館於私邸曰唐人 多附逆 近於禽獸 請吾子 須忘私仇 自今三國 叙族合力 直屠長安 唐醜其可禽也 戰勝之後 仍舊地而聯政 仁義共治 而約相勿侵 爲永久遵守之計 何如 勸再三 春秋終不聽 惜哉 開化四年唐主李世民 謂群臣曰遼東 本諸夏之地 隋氏四出師而不能得 予今出兵 欲爲報諸夏子弟之讐 世民親佩弓矢 率李世勣 程名振等數十萬 到遼澤 泥氵弖 悼二百餘里 人馬不可通 都尉馬文擧 策馬奔擊 旣合戰 行軍摠管 張君乂 大敗 李道宗 收散軍 世民 自將

數百騎 與世勣會 攻白岩城 西南 城主孫代音 詐遣請降 而實欲乘隙反擊 世民至安市城 先自唐山 進兵攻之 北部耨薩高延壽 南部耨薩高惠眞 率官兵及靺鞨兵十五萬 引至直前 連安市爲壘 據高山之險 食城中之粟 縱兵掠其軍馬 唐奴不敢犯 欲貴則泥悼爲阻 坐困必敗 延壽引軍直前以進 料去安市四十里 遣人問於對盧高正義 以其年老習事也 正義曰世民 內戡群雄 化家爲國 亦不凡常 今據全唐之兵而來 其銳不可輕也 爲吾計者 莫若頓兵不戰 曠日持久 分遣奇兵 斷其糧道 糧道旣盡 求戰不得 欲歸無路 乃可勝也 延壽從其計 賊來則拒 賊去則止 又遣奇兵 掠奪糧路 世民百計誘之以賄 面從而內違 數遣蔭襲陷裂 賊之死傷 酷多 延壽等與靺鞨 合兵爲陣 持久作戰 一夜豹變 急襲電擊 世民幾被圍迫 始有懼色 世民又復遣使 懷財寶 謂延壽曰我以貴國強臣弑其君上故 來問罪 至於交戰 入貴境 蒭粟不給故 間有焚掠幾處而已 俟貴國修禮納交則必復矣 延壽曰諾 退貴兵三十里則吾將見帝矣 然莫離支 爲國柱石 軍法自在 不須多言 汝君世民 廢父弑兄 淫納弟妃 此可問罪也 以此傳之 於是四遣督察 益加守備 依山自固 乘虛奇襲 世民 百計無術 痛恨遼東出兵之不利 而已悔及焉

柳公權小說曰 六軍爲高句麗所乘 殆將不振 候者告英公之麾黑旗被圍 世民大恐 雖終自脫 而危懼如彼 新舊唐書及司馬公通鑑 不言者 豈非爲國諱恥乎 李世勣 言於世民曰建安在南 安市在北 吾軍糧早已失需遼東 今踰安市而攻建安 若高句麗 斷其輸送 勢必窮矣 不若先攻安市 安市下則鼓行而取建安耳 安市城人

望見世民旗盖 輒乘城鼓譟 睡罵世民 數其罪目 以告于衆 世民 怒氣極甚 以爲陷城之日 男女盡坑之 安市城人聞之 益堅守 攻之不下 時張亮兵 在沙卑城 而欲召未果 低回失機 張亮將移兵 襲烏骨城80)* 反爲官兵所敗 李道宗亦遭險不振 於是唐奴諸將 議自相岐 世勣獨以爲高句麗 傾國救安市 不若捨安市而直擣平壤 長孫無忌 以爲天子親征 異於諸將 不可乘危徼幸 今建安新城之敵衆 數十萬 高延壽率靺鞨 亦數十萬 國內城兵 若又回烏骨城而遮樂浪 諸路之險 如是則彼勢日盛 急於迫圍 而我亂敵悔無及焉 不如先攻時 次取建安然後 長驅而進 此萬全之計也 未之決 安市城主楊萬春 聞之 乘夜深 以數百精銳 縋城而下 賊陣自相踐踏 殺傷甚多 世民使李道宗 築土山於城東南隅 官兵從城缺出擊 收奪土山 塹而守之 軍勢益振 唐奴諸陣 殆失戰意 傳伏愛以戰敗斬 道宗以下 皆從跣請罪 莫離支率數百騎 巡駐灤坡 詳問情形 遣命總攻四擊 延壽等與靺鞨 夾攻 楊萬春 登城督戰 士氣益奮 無不一當百矣 世民憤不自勝 敢出決戰 楊萬春乃手聲張弓 世民出陣 矢浮半空 遂爲所中 左目沒焉 世民窮無所措 從間逃遁 命世勣道宗 將步騎數萬爲殿 遼澤泥卓 軍馬難行 命無忌 將萬人 剪草塡道 水深處 以車爲梁 世民自擊薪於馬鞘 以助役 冬十月 至浦吾梁81)* 駐馬 督塡道 諸軍渡渤錯水82)* 暴風雪占濕士卒 多死者 使燃火於道 以待之 時莫離支淵蓋蘇文 乘勝長驅 追之甚急 鄒定國 自赤峰至河間縣83)* 楊萬春 直向新城 軍勢大振 唐奴多棄甲兵而走 方渡易水84)* 時莫離支 命延壽改築桶道城 今高麗鎭85)* 也 又分遣諸軍 一軍 守遼東城 今昌黎也

一軍守上谷 今大同府^{86)*} 也 於是世民 窮無所措 乃遣人乞降 莫離支 率定國 萬春等 數萬驍 盛陣儀仗 鼓吹前導 入城長安 與世民約 山西^{87)*} 河北^{88)*} 山東^{89)*} 江左悉屬於我 先是高句麗與百濟外競俱存 遼西地有百濟所領曰遼西^{90)*} 晋平^{91)*} 江南有越州 其屬縣 一曰山陰 二曰山越 三曰左越 至文咨帝明治十一年十一月攻取越州 改署郡縣 曰松江^{92)*} 會稽吳越 左越 山越泉州^{93)*} 十二年 移新羅民於泉州 以實之 是歲以百濟不貢 遣兵攻取遼西晋平等郡 百濟郡廢 王介甫^{94)*} 曰淵蓋蘇文 非常人也果然 莫離支左則高句麗 與百濟俱在 莫離支 去則百濟 與高句麗俱亡 莫離支亦人傑也哉 莫離支臨終 顧謂男生男建曰 爾兄弟愛之如水 束箭則強 分箭則折 須無忘此將死之言 貽笑於天下隣國之人 開化十六年 十月七日也 墓在雲山之九峰山也 高麗鎭在北京安定門外六十里許 安市城在開平府東北七十里 今湯地堡 高麗城在河間縣西南十三里 皆太祖武烈帝所築也 唐楚漢有高麗城懷古詩一首 傳於世 其詩曰 僻地城門闢 雲林雉堞長 水明留晚照 沙暗燭星光 疊鼓連雲起 新花拂地粧 居然朝市變 無復管絃鏘 荊棘黃塵裡 藁蓬古道傍 輕塵埋翡翠 荒隴上牛羊 無奈當年事 秋聲肅雁行 予雖不文 追其韻而次之 曰遼西尚存古城墟 想必名邦 運祚長 燕甾山層巘多戰色 遼河湯漾共天光 風林空谷演舞態 仙禽高樹欲啼粧 于斿關防一夕變 呼賣振鈴聞凄鏘 燕凉元來盡我有 官兵久鎭飲馬傍 英雄不作時事去 無復驅敵如驅羊 今我弔古無限意 爲臚核郞萬里行

朝代記曰太祖隆武三年 築遼西四十城 以備漢 十城一曰安市

在開平府東北七十里 二曰石城在建安四十五里 三曰建安在安市南七十里 四曰建興在灤河西 五曰遼東在昌黎南境 六曰豊城在安市西北一百里 七曰韓城在豊城南二百利 八曰玉田堡舊遼東國在韓城西南六十里 九曰澤城在遼澤西南五十里 十曰遼澤在黃河北流左岸 五年春正月 又築白岩城 桶道城 三韓秘記 曰九志云 遼西有昌黎縣 唐時改遼州 南有碣石山而其下則白岩城 亦唐時謂岩州 卽此也 建安城在唐山境內 其西南爲開平一云蓋平 唐時亦稱蓋州是也 資資治通鑑曰 玄菟郡在柳城盧龍之間 漢書馬首山 在柳城西南唐時築土城 延佗勃卒本人 來往於南北曷思 而理財致富 至累巨富 陰助朱蒙 其創基立都之功居多 後率衆 轉徙九黎河 而買魚鹽之利 及高朱蒙聖帝 伐北沃沮 納穀五千石 移都訥見 而先自願納 招撫流亡 以勤王事 以功得封於坐原 而年八十歿 平樂十三年丙申春三月也 高朱蒙在位時 嘗言曰嫡子琉璃來 當封爲太子 召西弩慮將不利於二子 歲庚寅三月 因人得聞 浿帶之地肥物衆 南奔至辰番之間 近海僻地而居之 十年買田置莊 致富累萬 遠近聞風 來附者衆 南至帶水 東濱大海 半千里之土境 皆其有也 遣人致書于朱蒙帝 願以內附 帝甚悅而獎之 冊號召西弩 爲於瑕羅 及至十三年壬寅而薨 太子沸流立 四境不附 於是馬黎等 謂溫祚曰 臣聞馬韓 衰敗立至 乃可往立都之時也 溫祚曰諾 乃編舟渡海而始抵馬韓彌鄒忽 行至四野 空無居人 久而得到漢山 登負兒岳而望可居之地 馬黎烏干等十臣曰 惟此河南之地北帶漢水 東據高岳 南開沃澤 西阻大海 此天險地利 難得之勢 宜可都於此 更不可他求也 溫祚從十臣議 遂定都于河南

慰支城 仍稱百濟 以百濟來故得號也 後沸流薨 其臣民以其地歸
附 斯盧始王 仙桃山$^{95)*}$ 聖母之子也 昔有夫餘帝室之女婆蘇 不
夫而孕 爲人所疑 自嫩水 逃至東沃沮 又泛舟南下 低至辰韓奈
乙村 時有蘇伐都利者 聞之往收養於家 而及年十三 歧嶷夙成
有聖德 於時辰韓六部共尊 爲居世干 立都徐羅伐 稱國辰韓 亦
曰斯盧 任那者 本在對馬島西北界 北阻海 有治曰國尾城 東西
各有墟落 或貢或叛 後對馬二島 遂爲任那所制故 自是任那 乃
對馬全稱也 自古 仇州 對馬 乃三韓分治之地也 本非倭人世居
地 任那又分爲三加羅 所謂加羅者 首邑之稱也 自是三汗相爭
歲久不解 佐護加羅屬新羅 仁位加羅屬高句麗 鷄知加羅屬百濟
是也 永樂十年 三加羅盡歸我 自是海陸諸倭 悉統於任那 分治
十國 號爲聯政 然直轄於高句麗 非烈帝所命 不得自專也 阿踰
佗 三國遺事 以爲西域云 而今考諸古記則阿踰佗 今暹羅云 然
則阿踰佗人 或爲大寇所侵遂 到此而居歟 李茗留記云 古有百濟
商 海往阿踰佗 多得財寶而歸 其人從我而來往 日尤交密也 然
其俗燸不慣兵 多爲人所制 又曰平壤有乙密臺 世傳乙密仙人所
建也 乙密安藏帝時 選爲皁衣 有功於國 本乙素之後也 居家讀
書習射 歌詠三神 納徒修鍊 義勇奉公 一世皁衣其徒三千 所到
雲集 齊唱多勿興邦之歌 因此可鼓其捨身全義之風者耳 其歌曰
先去者爲法兮 後來爲上 爲法故不生不滅 爲上故無貴無賤 人中
天地爲一兮 心與身卽本 爲一故其噓其粗是同 卽本故惟神惟物
不二 眞眞爲萬善之極致兮 神主於一中 極致故三眞歸一 一中故
一神卽三 天上天下 惟我自存兮 多勿其興邦 自存故處無爲之事

興邦故行不言之敎 眞命之大生 性通光明兮 入則孝出則忠 光明
故衆善無不奉行 孝忠故諸惡一切莫作 惟民之所義 乃國爲重兮
無國我何生 國重故民有物而爲福 我生故國有魂而爲德 魂之有
生有覺有靈兮 一神攸居之爲天宮 三魂故智生可以雙修 一神故
形魂 亦得 俱衍 俾我子孫 善爲邦兮 太白敎訓吾所師 我子孫故
統無不均 吾所師故敎無不新 乙密仙人嘗居臺 以祭天修鍊爲務
盖仙人修鍊之法 參佺爲戒 健名相榮 空我存物 捨身全義 爲國
人式 風仰千秋足以起感 亦爲人尊之象徵也 後人稱其臺曰乙密
乃錦繡江山之一勝也

대진국 본기(大震國 本紀)

대진국(大震國)은 발해국을 지칭하는 것으로, 고구려가 멸망한 지 30년 후에 유장(遺將)인 대조영(大祚榮) 주도하에 창건된 나라로 국호를 진국(震國)이라 하였다. 건국 이념을 고구려 부활에 두었고, 고구려의 정치·문화 제도 전반을 계승해 왔다. 이러한 진국이 발해국(渤海國)으로 개칭된 것은 기원 713년 무렵인데, 발해라는 국명의 유래는 이러하다. 이 나라의 중심처인 목단강(牧丹江 ; 일명 호이합하(瑚爾哈河), 또는 대진하(大震河))의 발원지는 돈화현 노야령(老爺嶺)으로, 곡절북류(曲折北流)하여 경박호(鏡泊湖)가 되었는데 이 호수를 발해라고 부른 데서 발해라는 국명이 생겨났다. 진국(震國)의 국력이 가장 강성하였던 시기는 제10대 선왕(宣王 : 大仁秀) 시대로, 이 시대를 가리켜 당서(唐書)에 해동성국(海東盛國)이라 칭하였다.

건국 후 14대 227년 동안 존속해 온 이 나라는 건국 초부터 시종일관 적대 관계를 유지해 왔던 글안에게 멸망당했고, 이로써 우리나라 대부분의 북방 영토가 상실되었다. 우리나라 역사에서 발해사에 대한 기술이 빈약한데, 본 대진국 본기(大震國 本紀)가 발해사 복원에 일조가 될 것으로 보인다.

조대기(朝代記)에 말하기를, 개화(開花) 27년 9월 21일 평양성(平壤城)이 함락될 때 진국(振國) 장군 대중상(大仲象)이 서압록하(西鴨綠河)¹⁾를 지키고 있다가 변을 듣고 무리를 거느리고 험한 길을 달려 개원(開原)을 지나는데 이 소식을 듣고 따르고자 하는 자가 8천 명이나 있었다.

이들과 함께 동쪽으로 돌아와서 동모산(東牟山)²⁾에 이르러 웅거(雄據)하면서 성벽을 튼튼히 하여 스스로 보존하며 나라를 후고구려(後高句麗)라 하고 연호(年號)를 중광(重光)이라 하였다. 격문(檄文)이 이르는 곳마다 멀고 가까운 데 있는 여러 성이 돌아와 붙는 자가 많았다.

오직 옛 땅을 회복하는 것으로 자신의 책임을 삼다가 중광(重光) 32년 5월에 세상을 뜨니 묘호(廟號)를 세조(世祖)라 하고 시호(諡號)를 진국열황제(振國烈皇帝)라 하였다. 태자 조영(祚榮)이 부고(訃告)를 전하는 사신을 따라 영주(榮州)³⁾ 계성(薊城)⁴⁾으로부터 무리를 거느리고 와서 제위(帝位)에 올랐다.

이에 홀한성(忽汗城)⁵⁾을 쌓아 도읍(都邑)을 옮기고 군사 10만을 모집

---

1) 서압록(西鴨綠)은 서요하(西遼河)이다.
2) 동모산(東牟山)은 오늘날의 돈화(敦化)로, 진(震) 때의 중경현덕부(中京顯德府)이다. 동모산(東牟山)을 일부 사서(史書)에서는 동모산(東牟山)이라 적고 있기도 하다.
3) 영주(營州)는 청주(靑州)의 동북쪽 요동 땅을 나눠 영주라 하였는데, 오늘날의 하북성(河北省) 요녕성(河北省) 일대이다.
4) 계성(薊城)은 계주(薊城)에 있었는데, 순천부(順天府) 동 200리, 영평부(永平府) 300리, 남(南)으로 천진위(天津衛) 200리, 북으로 고장성(古長城) 250리이다. 전국(戰國) 시대 때에 연(燕)의 땅이었고 진(秦) 때에 어양군(漁陽郡)이라 하였다. 오늘날 북경(北京) 부근의 계(薊)이다.
5) 홀한성(忽汗城)은 요사(遼史)에 '홀한주(忽汗州)로 고평양성(故平壤城)'이라 하였다. 흠정만주원류고(欽定滿洲源流考) 강역안(彊域按)에 호이합하(呼爾哈河) 회어영고탑역서남(滙於寧古塔城西南) 100리에 필이등호(畢爾騰湖)가 있는데 이 호수를 홀한해(忽汗海)라 한다. 발해 상경성과 홀한성은 영고탑성 인근에 위치해 있다. 영고탑(寧古塔)은 청(淸) 때에 영안현(寧安縣)으로 목단강(牧丹江) 서편이다. 목단강(牧丹江)은 고구려 때의 모둔곡(毛屯谷)이다.

| 발해영광탑 | 발해 영광탑은 중국 동북 지역에서 현존하는 고탑(古塔) 가운데 연대가 가장 오래된 것이다.

하니, 위엄있는 소리가 크게 떨쳤다. 이에 정책을 정하고 제도를 세워, 당(唐)을 적으로 삼아 이를 막고 복수할 것을 스스로 맹세하였다. 그리하여 말갈 장수(靺鞨 將帥) 걸사비우(乞四比羽)와 거란의 장수 이진영(李盡榮)과 더불어 손을 잡고 군사를 연합하여 당의 장수 이해고(李楷固)를 천문령(天門嶺)6)에서 대파하였다.

장수들을 나누어 군현(郡縣)을 두루 보살펴 정착시키니 백성들의 신망

---

6) 천문령(天門嶺)은 만주 흥경(興慶) 지방의 영액성(營額城) 인근이다. 흥경(興慶)은 요녕성(遼寧省) 흥경부(興慶府)로, 통화(通化) 회인(懷仁) 집안(輯安) 임강(輯安) 등 4개 현(縣)을 관할한다.

[태백일사]

| 발해 석등 | 발해의 수도 상경용천부 터(흑룡강성 영안시 발해진)에 높이 6미터의 발해 석등이 남아 있다.

을 크게 얻어 만 가지 기강이 새로워졌다. 국호(國號)를 정하여 대진(大震)이라 하고 연호를 천통(天統)이라 하였다.

천통(天統) 21년 봄에 대안전(大安殿)에서 세상을 뜨니, 묘호(廟號)는 태조(太祖)이며 시호(諡號)는 성무고황제(聖武高皇帝)이다. 태자 무예(武藝)가 왕위에 오르고 연호(年號)를 인안(人安)이라 하고, 서쪽은 거란과 오주목(烏珠牧)에 경계를 정하니 동쪽 10리는 황수(潢水)7)에 임하였다.

이 해에 개마(蓋馬)8) 구다(句多)9) 흑수(黑水)10) 여러 나라가 모두 신하

---

7) 황수(潢水)는 옛 이름으로 서압록하(西鴨綠河)인데, 옛 고구려하(西鴨綠河) 서원(西源)이다. 일명 요락수(饒樂水), 탁흘신수(託紇臣水), 토호진하(吐護眞河)라 하며, 몽고에서는 서라목윤하(西喇木倫河)라 부른다. 독사방여기요(讀史方輿紀要)에 '황하(潢河)는 재임황남(在臨潢南)하니 황수(黃水)라' 하며 임황부(臨潢府)라는 부명(府名)도 이에 연유하고 있다. 당지(唐志)에 영주(營州)로부터 도송(度松)을 지나 북으로 400리 가면 황수(潢水)에 이른다고 기록하고 있다.

8) 개마(蓋馬)는 태백일사(太白逸史)에 '개마국(蓋馬國)은 웅심국(熊心國)이라고도 하며 북개마대령(北蓋馬大嶺) 북쪽의 구차국(句茶國)과는 200리이다.'라고 하였다.

라 하고 공물을 바쳤다. 또, 대장 장문휴(張文休)를 보내 자사(刺史) 위준(韋俊)을 죽이고 등래(登萊)¹¹⁾를 취하여 성읍을 삼으니 당나라 임금 융기(隆基)가 노하여 군사를 보내왔으나 싸움에 불리하였다.

이듬해에 수장(守將) 연충린(淵忠麟)이 말갈과 더불어 요서(遼西) 대산(帶山)¹²⁾ 남쪽에서 당나라 군사를 대파하니, 당(唐)이 비밀히 신라와 약속하고 동남쪽 여러 군을 급습하여 천정군(泉井郡)¹³⁾에 이르렀다. 이에 임금이 조서(詔書)를 내려 보병과 기병 2만을 보내어 이를 격파하였다.

이때 마침 큰 눈이 내려 신라와 당나라 군사 가운데 얼어 죽는 자가 많았다. 이에 추격하여 하서(河西)¹⁴⁾의 니하(泥河)에 이르러 경계를 삼았다. 지금의 강릉(江陵) 북니천(北泥川)¹⁵⁾이 이것이다. 해주(海州) 암연현(岩淵縣)¹⁶⁾ 동쪽 경계는 신라이다. 암연(岩淵)은 지금의 옹진(瓮津)이다.

이로부터 신라가 때마다 들어와 공물을 바치고 임진강(臨津江) 이북

---

9) 구차(句茶)는 오늘날의 캄챠카인데, 사할린과 쓰시마열도가 구다천국에 속하였다.
10) 흑수(黑水)는 흑룡강성(黑龍江省) 일역(一域)으로, 지장도(指掌圖)에 '진한지북(辰韓之北)에 남북흑수(南北黑水)가 있다.'고 하였다.
11) 등래(登萊)는 등주(登州)와 래주(萊州)를 가리키는 것으로, 등주는 산동(山東)이고 래주(萊州)는 래양현(萊陽縣)으로 그 서북(西北)에 고려산(高麗山)이 있고 그 곳에 고려술(高麗戌)이 있었다.
12) 대산(帶山)은 계주(薊州) 풍간현(豊潤縣) 동쪽 80리에 요대산(腰帶山)이 있는데 이 곳을 대산(帶山)이라 하며, 대수(帶水)가 여기서 발원(發源)한다.
13) 천정군(泉井郡)은 고구려 때 어을매(於乙買)로, 옛적에 천정성(泉井城)이 덕원부(德原府) 북쪽 15리에 있었다. 천정성(泉井城)은 고구려 때 축성한 것으로 주위가 4322척이다.
14) 하서(河西)는 고구려 하서량군(河西良郡)인데, 일명 하슬라주(河瑟羅州)라 한다.
15) 니천(泥川)은 오늘날 강원도 명주군(溟州郡) 연곡면(連谷面) 청학리(靑鶴里)를 흐르고 있는데, 암벽(岩壁)에 발해문자(渤海文字)가 있다.
16) 암연(岩淵)은 고구려(高句麗) 때 옹천군(瓮遷郡) 땅이었다는 논거로 오늘날의 옹진(甕津)이라고 하는가 하면, 요사(遼史) 지리지(地理志)에 '암연현(巖淵縣) 동계신라(東界新羅) 고평양성재현서남(故平壤城在縣西南) 동북지해주일백이십리(東北至海州一百二十里)'라는 기록을 들어 만주 지역의 지명이라고 하는 설도 있다.

의 여러 성이 모두 우리에게 돌아왔다. 또, 이듬해에 당나라가 신라와 더불어 군사를 연합하여 쳐들어 왔다가 끝내 아무 성과를 거두지 못하고 돌아갔다.

인안(仁安) 16년, 구다(句茶) 개마(蓋馬) 흑수(黑水) 여러 나라가 항복하니 그 성읍(城邑)을 취하였다. 이듬해에 송막(松漠)[17] 등 12성을 쌓고 또 요서(遼西) 6성을 쌓아 드디어 55경 60주 1군 38현[18]을 갖게 되었다. 둘레의 너비가 9천여 리나 되었으니 가히 크다 하겠다. 이 해에 당과 왜와 신라가 모두 사신을 보내어 공물을 바치므로 천하가 해동(海東)의 성국(盛國)이라 하였으며 심지어 발해(渤海) 사람 셋이 범 하나를 당한다는 말까지 있었다.

이때 임금과 백성이 화락(和樂)하고 역사(歷史)를 논하며 의(義)를 즐기고 오곡(五穀)이 풍년이 들며 사해(四海)가 평안하여 대진육덕(大震六德)[19]의 노래가 있어 이를 찬미하였다. 이듬해 3월 안민현(安民縣)[20]에

---

[17] 송막(松漠)은 만주 열하성(熱河省) 위장현(圍場縣)과 내몽고 극십극등(克什克騰)으로, 속칭 천리림(千里林) 평지송림(平地松林)이라 한다.

[18] 발해국(渤海國)의 통치 관할 구역(統治 管轄 區域)을 오경육십주일군삼십팔현(五京六十州一郡三十八縣)이라 하였는데, 발해국지(渤海國志) 총서상(總敍上)에는 오경십오부육십이주(五京十五府六十二州)라 하고, 동서(同書) 총서하(總敍下)에는 오경십이부육십이주(五京十二府六十二州)라 하여 차이를 보이고 있다.

[19] 대진육덕(大震六德)이란 一. 국유교(國有敎) 제천(祭天) 강천경신고(講天經神誥) 수국사(修國史) 二. 항당독립(抗唐獨立) 내이수문덕(內以修文德) 개제도(改制度) 三. 상자국도하지주현개유학(上自國都下至州縣皆有學) 四. 여무사창(女無私娼) 여씨(女氏) 여타성상결십자매(與他姓相結十姉妹) 질기찰기부(迭譏察其夫) 불용측실급타(不容側室及他) 五. 남자(男子) 다지모효용(多智謀驍勇) 출타국우(出他國右) 지유삼인발해당일호지어(至有三人渤海當一虎之語) 六. 남정신라(南定新羅) 북정제부(北征諸部) 대개경우(大開境宇) 진득부여옥저변한조선(盡得夫餘沃沮弁韓朝鮮) 해북제국(海北諸國) 수위해동성국야(遂爲海東盛國也)라 함을 뜻한다.

[20] 안민현(安民縣)에 대해 삼국유사(三國遺事) 흥법(興法) 제삼(第三)에 요수일명압록(遼水一名鴨綠)이요, 금운안민강(今云安民江)이라 하였고, 요사지리지(遼史地理志)에 요주통

감로(甘露)가 내리자, 예관(禮官)이 아뢰어 하례(賀禮)할 것을 청하니 이 말을 좇았다.

이 달 16일에 삼신일체(三神一體)의 상제(上帝)에게 서압록하(西鴨綠河) 위에서 제사를 지냈는데, 서압록(西鴨綠)은 고리(藁離)의 옛나라 땅[21]이다. 19년에 임금이 세상을 뜨니, 묘호(廟號)를 광종(光宗)이라 하고 시호(諡號)를 무황제(武皇帝)라 하였다. 태자(太子) 흠무(欽茂)가 왕위에 오르자 연호(年號)를 대흥(大興)이라 하고, 동경(東京) 용원부(龍原府)에서 상경(上京) 용천부(龍泉府)로 도읍을 옮겼다.

이듬해에 태학(太學)을 세워 천경신고(天經神誥)를 가르치고 환단고사(桓檀古史)를 강론하였으며, 문사(文士)들에게 명하여 국사(國史) 125권을 쓰게 하였다. 태백현묘(太白玄妙)의 도(道)는 백성들에게 흡족하고 널리 인간을 유익하게 하는 교화는 이를 힘입어 만방(萬邦)에 퍼졌다.

대흥(大興) 45년에 치청[22]절도사(淄靑節度使) 이정기(李正己)가 군사를 일으켜 당나라 군사를 막는데, 임금이 장수를 보내 싸움을 도왔다. 이정기는 고구려 사람으로 평로(平盧)[23]에서 태어났다.

22년, 장수들이 군사(軍師) 이희일(李希逸)을 내쫓고 정기(正己)를 즉위시켰으나, 그가 죽자 그의 아들 납(納)이 아버지를 따르던 무리들을 통솔하였다. 56년에 납(納)이 죽자 아들 사고(師古)가 그 자리를 대신하였고, 납(納)이 죽으니 그 집 사람들이 발상(發喪)을 하지 않고 비밀히 사람을 보

현(饒州統縣)이니 당요락부지(唐饒樂府地)라 하였다.
21) 고리고국지(藁離古國地)에 대해 요사지리지(遼史地理志)에 '봉주(鳳州)는 고리국고지(藁離國故地)이니 발해(渤海)의 안녕군경(安寧郡境)으로 재한주북이백리(在韓州北二百里)요, 서북지상경(西北至上京)이 9백리(九百里) 거리에 있다.'고 하였다.
22) 치청(淄靑)은 치주(淄州)와 청주(靑州)를 일컫는다.
23) 평로(平盧)는 열하성(熱河省) 조양현(朝陽縣)이다.

내 사도(師道)를 맞이다가 받들었다.

대흥(大興) 57년, 임금이 세상을 뜨니 묘호(廟號)를 세종(世宗)으로 하고 시호(諡號)를 광성문황제(光聖文皇帝)라 하였다. 나라 사람들이 그의 족제(族弟) 원의(元義)를 세웠는데, 성질이 사납고 악하여 능히 나라를 다스리지 못하였다.

갑술년(甲戌年), 나라 사람들이 이를 폐하고 선제(先帝)의 손자 화흥(華興)을 맞아 세우니 연호를 중흥(中興)이라 하였다. 이듬해에 세상을 뜨니, 묘호(廟號)를 인종(仁宗)이라 하고 시호(諡號)를 성황제(成皇帝)라 하였다.

황숙(皇叔) 숭린(崇璘)이 왕위(王位)에 올랐다. 이 분이 목종(穆宗) 강황제(康皇帝)이다. 의종(毅宗) 정황제(定皇帝) 원유(元瑜)와 강종(康宗) 희황제(僖皇帝) 언의(言義)와 철종(哲宗) 간황제(簡皇帝) 명충(明忠)을 거쳐 성종(聖宗) 선황제(宣皇帝) 인수(仁秀)에 이르니 타고난 바탕이 영특하고 밝으며 덕(德)스러운 기운이 신(神)과 같고 재주가 문무(文武)를 겸하니, 곧 태조(太祖)의 풍모가 있었다.

남쪽은 신라를 정(定)하여 니물(泥勿)[24] 철원(鐵圓) 사불(沙弗)[25] 암연(岩淵) 등 7주를 두고 북쪽으로 염해(鹽海)[26] 나산(羅珊)[27] 갈사(曷思)[28] 조나(藻那)[29] 석혁(錫赫)[30] 및 남북우루(南北虞婁)를 공략하여 여러 부

---

[24] 니물(泥勿)은 강능(江陵) 연곡포(連谷浦)이다.
[25] 사불(沙弗)은 일명 사물(沙勿)이라 하며, 고구려 때의 나을매현(奈乙買縣)이고 신라 때의 사천(沙川)으로, 양주속현(楊州屬縣)이었다.
[26] 염해(鹽海)는 오늘날의 해삼위(海蔘威)이다.
[27] 나산(羅珊)은 북부(北部) 서비리아(西比利亞)에 위치해 있었다.
[28] 갈사(葛思)는 남(南)갈사와 북(北)갈사로 구분되는데, 남갈사는 휘춘하(揮春河)이고 북갈사는 오소리강(烏蘇里江) 유역(流域)이다.

(部)를 두었으니 장백(長白)의 동쪽은 안변(安邊)이라 하고 압강(鴨江) 남쪽은 안원(安遠)이라 하였다.

목단(牧丹)의 동쪽은 철리(鐵利)라고 하였으며 흑수(黑水)의 위는 회원(懷遠)이라 하고, 난하(灤河)의 동쪽은 장령(長嶺)이라 하였다. 장령(長嶺) 동쪽은 동평(東平)이라 하였으며, 우루(虞婁) 북쪽 대개마(大蓋馬)의 남북에 있으니 땅의 넓이가 9천 리나 되었다.

나라의 경계가 크게 열려 문치(文治)의 밝은 다스림이 흡족하여 위로 국도(國都)에서 아래로 주현(州縣)에 이르기까지 모두 학교가 있어 구서오계(九誓五戒)를 아침 저녁으로 외워 익히고, 봄 가을에 성적을 조사하여 여러 사람의 의견을 거쳐 천거(薦擧)하였다.

이와 같이 사람들은 힘을 쌓아갔으며 집집마다 나라에서의 쓰임이 있기를 기대하니, 이로부터 나라의 형세가 부강해지고 안팎이 평안하고 즐거웠으며 도둑질하거나 간사한 꾀를 내는 일이 없었다.

당 왜 신라 및 거란이 모두 두려워하여 복종하지 않을 수 없었으며 천하 만방은 성인(聖人)이 일으켜 다스리는 해동성국(海東盛國)을 공경하고 칭송하였다. 다시 5대를 지나 야율(耶律)이 비록 자주 군사를 내었으나 끝내 항복받지 못하고 뒤에 장종(莊宗) 화황제(和皇帝) 이진(彝震) 순종(順宗) 안황제(安皇帝) 건황(虔晃) 명종(明宗) 경황제(景皇帝) 현석(玄錫)을 거쳐서 애제(哀帝) 인선(諲譔)에 이르러 거란에게 멸하였는데, 세조(世祖)로부터 15세를 이어 내려왔으니 모두 합하여 259년이 되었다.

목종(穆宗)은 연호를 정력(正曆)으로 고치고, 의종(毅宗)은 연호를 영

---

29) 조나(藻那)는 연해주(沿海州) 아극산(雅克山) 방면이다.
30) 석혁(錫赫)은 동부 시베리아 대령 전후 지대(大嶺 前後 地帶)이다.

덕(永德)으로, 강종(康宗)은 연호를 주작(朱雀)으로, 철종(哲宗)은 연호를 태시(太始)로, 성종(聖宗)은 연호를 건흥(建興)으로, 장종(莊宗)은 연호를 함화(咸和)로, 순종(順宗)은 연호를 대정(大定)으로, 명종(明宗)은 연호를 천복(天福)으로, 애제(哀帝)는 연호를 청태(淸泰)로 고쳤다.

대진국(大震國)의 남경(南京) 남해부(南海府)는 본래 남옥저(南沃沮)의 옛나라이니, 지금의 해성현(海城縣)이 그 곳이며 서경(西京) 압록부(鴨綠府)는 본래 고리(藁離)의 옛나라인데 지금의 임황(臨潢)이며, 지금의 서요하(西遼河)가 곧 옛날의 서압록하이다.

그러므로 구지(舊志)의 안민현(安民縣)은 동쪽에 있었고 그 서쪽은 임황현(臨潢縣)이라고 하였다. 임황(臨潢)은 뒤에 요(遼)의 상경(上京) 임황부(臨潢府)가 되었는데, 곧 옛날의 서안평(西安平)이다.

정주(正州)는 의려국(依慮國)[31]이 도읍했던 곳으로 선비(鮮卑)의 모용괴(慕容廆)에게 패하고 근심이 심하여 자살하려 하다가 갑자기 생각하기를, '내 혼이 아직 없어지지 않았으니 어디를 간들 이루어지지 않으랴.' 하고 은밀히 아들 부라(扶羅)에게 부탁하여 백랑산(白狼山)[32]을 넘어 밤에 바다 어구를 건너니 따르는 자가 수천 명이었다.

드디어 바다를 건너 왜인을 평정하고 왕이 되어 스스로 삼신(三神)의 부명(符命)에 응하였다고 하고 신하로 하여금 하의(賀儀)를 올리도록 하였다. 혹 말하기를 의려왕(依慮王)이 선비(鮮卑)에게 패하여 바다로 도망간 뒤에 돌아오지 않았고 자제들은 도망하여 북옥저(北沃沮)를 확보한 후 이듬해에 아들 의라(依羅)를 세웠다고 한다.

---

31) 의려국(依慮國)은 연나부여(椽那夫餘)이다.
32) 백랑산(白狼山)은 만주열하성(滿洲熱河省) 능원현(凌源縣) 동남(東南)으로, 발해석성(渤海石城)이 북굴(北屈)하여 백록산(白鹿山)을 지나 서편(西便)에 백랑산(白狼山)이 있다.

이렇게 된 후 모용괴가 또다시 나라 사람들을 침략하니, 의라는 무리 수천을 거느리고 바다를 건너가서 왜인을 평정하고 왕이 되었다고 한다. 일본에는 옛날에 이국(伊國)이 있었는데 이것을 이세(伊勢)라고도 하였으며 왜와 같은 이웃이었다.
　이도국(伊都國)은 축자(筑紫)에 있었는데 곧 일향국(日向國)이다. 이로부터 동쪽은 왜에 속하였고 그 남동쪽은 안라(安羅)33)에 속하였으니 안라는 본래 홀본(忽本)34) 사람이다. 북쪽에 아소산(阿蘇山)35)이 있고 안라(安羅)는 뒤에 임나(任那)에 들어가서 고구려와 더불어 일찍이 친한 사이가 되었다.
　말로국(末盧國) 남쪽을 대우국(大隅國)이라 하였는데, 시라군(始羅郡)이 있고 본래 남옥저(南沃沮) 사람들이 모여 살던 곳이다. 남만(南蠻) 도침미(屠忱彌) 완하(脘夏) 비자체(比自炑)의 족속들이 공물(貢物)을 바쳤다.
　남만(南蠻)은 구려(九黎)에서 흘러온 종족들로, 산월(山越)로부터 온 자들이다. 비자발(比自炑)은 변진(弁辰) 비사벌(比斯伐) 사람들이 모여 사는 부락이다. 완하(脘夏)는 고구려에 소속된 종(奴)이다.
　이때에 왜인이 산과 섬에 흩어져 사는 나라가 백여 개나 되었다. 그 중에 구야한국(狗邪韓國)이 가장 큰 나라였다. 이곳은 본래 구야본국(狗邪本國) 사람들이 다스리던 곳이다. 해상(海上) 선박(船舶)이 모두 종도(種島)36)에 모여 교역하니 오(吳)37) 위(魏)38) 만(蠻)39) 월(越)40) 등속(等屬)

---

33) 안라(安羅)는 다라국(多羅國)과 동성동린(同姓同隣), 말로국(末盧國)은 일본(日本) 구주(九州) 송포(松浦), 남옥저(松浦)는 오늘날 대련항(大連港), 환하(脘夏)는 환현(晥縣)에 있었는데 노강군(盧江郡) 속현(屬縣)이다.
34) 홀본(忽本)은 졸본천(卒本川)으로, 금연해주(今沿海州) 대소수분하(大小綏芬河) 수서(綏西)이다.
35) 아소산(阿蘇山)은 구주(九州) 비후(肥後) 아소군(阿蘇郡)에 있다.

들이 모두 서로 통하였다.

처음 한 바다 천여 리를 건너면 대마국(對馬國)에 이르는데 사방이 4백여 리나 된다. 또 한 바다 천여 리를 건너면 일기국(一岐國)에 이르는데 사방이 3백 리가 되니, 본래 사이기국(斯爾岐國)이며 많은 여러 섬들이 모두 공물을 바쳤다.

또 한 바다 천여 리를 건너면 말로국(末盧國)에 이르는데 본래 읍루(挹婁) 사람들이 모여 살던 곳이다. 동남쪽 육지로 5백 리를 가면 이도국(伊都國)이 있는데 곧 반여언(盤余彦)의 옛 고을이다.

신당서(新唐書)에 보면 발해(渤海)는 본래 율말말갈(粟末靺鞨)이 고려에 붙은 것이다. 성(姓)은 대씨(大氏)이며 걸걸중상(乞乞仲象)이란 자가 말갈(靺鞨)의 추장(酋長) 걸사비우(乞四比羽) 및 고려의 남은 무리와 함께 동쪽으로 달아나다가 요수(遼水)를 건너 태백산(太白山) 동북 지방을 확보하였다.

오루하(奧婁河)를 막다가 중상(仲象)이 죽고 아들 조영(祚榮)이 남은 무리를 이끌고 도망가다가 곧 비우(比羽)의 무리와 합쳤다. 땅이 거칠고 먼 것을 의지하여 여기에 나라를 세우고, 스스로 진국왕(震國王)이라 하여 부여(夫餘)41) 옥저(沃沮) 변한(弁韓)42) 등 바다 북쪽의 여러 나라를 모두 얻었다 하였다.

---

36) 종도(種島)는 구주(九州) 견우반도(犬隅半島)의 남(南)쪽 해중(海中)에 있다.
37) 오(吳)나라는 상해(上海) 지역에 있었다.
38) 위(魏)나라는 허창(許昌)에 있었다.
39) 만(蠻)은 형초(荊楚)에 있었다.
40) 월(越)은 복주(福州) 지역에 있었다.
41) 부여(夫餘)는 송화강 흑룡강 오소리강 등 3대강 유역에 자리잡고 있었다.
42) 변한(弁韓)은 하북(河北) 일대에 자리 잡고 있었다.

사씨(史氏)가 말하기를 걸걸중상(乞乞仲象)이 패한 나머지 험한 곳으로 도망하여 스스로 보존하여 마치 태왕(太王)이 빈(邠)을 떠난 것과 같이 하였다. 고왕(高王) 조영(祚榮)은 창업의 바탕으로 모든 장애를 제거하고 기틀을 열어 마치 구천(句踐)이 월(越)을 일으킨 것과 같이 하였으니, 대개 폭과 너비는 갖추었다.

이에 문(文)과 덕(德)을 닦아 제도(制度)를 고쳐 관작(官爵)을 세우고, 군현(郡縣)을 두고 큰 나라를 대항하여 땅이 5천 리에 이르렀으며, 국운이 3백년에 이르렀다. 이리하여 당시 사방(四方)에 이를 능가하는 자가 없었으니 또한 왕성하였다 할 것이다 하였다.

고려 현종(顯宗) 원문대왕(元文大王) 20년, 태조 고황제(高皇帝)의 7대손인 거란의 동경장군(東京將軍) 대연림(大延琳)은 유수(留守)인 부마(駙馬) 소효원(蕭孝元)과 남양공주(南陽公主)를 가두고 호부사(戶部使) 한소훈(韓紹興) 등을 죽이고 즉위하여, 흥요(興遼)라 하고 연호를 고쳐 천경(天慶)이라 하였으며 고길덕(高吉德)을 보내어 나라를 세운 것을 고하고 겸하여 도와줄 것을 요구하였다.

요동유수(遼東留守) 소보선(蕭保先)은 정치를 몹시 사납게 하였다. 고려 예종(睿宗) 문효대왕(文孝大王) 11년 정월 초하루에 동경(東京)의 비장(裨將)인 발해 사람 고영창(高永昌)이 수십 명의 무리와 더불어 술김에 용기를 내, 칼을 들고 담을 넘어 들어가 거짓말로 외병(外兵)의 변(變)이 있으니 대비(對備)해야 한다고 하면서 무리를 끌어내 살해하였다.

임시 유수(留守) 태공정(大公鼎)과 부유수(副留守) 고청신(高淸臣)이 쟁투를 벌였으나 이기지 못하고 서쪽 문으로 도망쳐 요(遼)로 달아났다. 이에 영창(永昌)은 스스로 대발해국황제(大渤海國皇帝)라 칭하고 연호를 고쳐 융기(隆基)라 하고 요동(遼東) 50여 주를 차지하였다.

송사(宋史)에 말하기를, 정안국(定安國)은 본래 마한(馬韓)의 종족(種族)인데, 요(遼)에게 패하여 그 우두머리가 나머지 무리들을 규합하여 그 서쪽 변방을 확보하고 나라를 세워 연호를 고치고 자칭 정안국(定安國)이라 하였다고 한다. 개보(開寶) 3년에 그 왕 열만화(烈萬華)가 여진(女眞)이 공물(貢物)을 바치는 편에 표문(表文)을 부쳐 올렸다.

또, 태종(太宗) 때에 그 왕 오현명(烏玄明)이 다시 여진을 통하여 표문을 올렸는데 대략 이러하다.

'신(臣)은 본래 고려의 옛 땅과 발해의 남은 백성을 가지고 이 모퉁이 땅을 확보하고 있습니다.'

태종(太宗)의 답칙(答勅)인즉 대략 이러하다.

'경(卿)이 갑자기 마한(馬韓)의 땅을 차지하여 이런 엄청난 표문을 올리는구나. 운운.'

단공(端拱) 순화(淳化) 연간에 다시 여진을 통하여 표문(表文)을 올렸는데 그 뒤에는 답이 오지 않았다. 대진국(大震國) 애제(哀帝) 청태(淸泰) 26년 봄 정월에 야율배(耶律倍)가 아우 요골(堯骨)과 함께 선봉이 되어 야밤에 홀한성(忽汗城)을 포위하자, 애제(哀帝)가 나와 항복하니 나라가 망하였다. 2월 병오(丙午)에 요태조(遼太祖)가 동단국(東丹國)을 세우고 맏아들 배(倍)를 인황왕(人皇王)으로 삼았다.

연호(年號)를 감로(甘露)라 하고 홀한성(忽汗城)을 고쳐서 천복성(天福城)이라 하였다. 천자(天子)의 관(冠)과 옷을 제도(制度)에 따라 입고 열두 줄 면류관(冕旒冠)을 썼는데, 모두 용(龍)의 형상을 그렸다.

이어 대진국(大震國)의 옛 제도를 사용하여 숙부인 질자(迭剌)를 좌대상(左大相)으로 삼고 대진노상(大震老相)을 우대상(右大相)으로, 대진사도(大震司徒) 대소현(大素賢)을 좌차상(左次相)으로, 야율우지(耶律羽之)

를 우차상(右次相)으로 삼았다.

그리고 나라 안의 사형수(死刑囚) 이하를 사면(赦免)하고, 해마다 공물(貢物)로 포목(布木) 10만 단(端)과 말 1천 필을 바치게 하였다. 감로(甘露) 27년 겨울 12월 경진(庚辰)에 요(遼)가 동경(東京)의 중대성(中臺省)을 없애자 동단국(東丹國)이 없어졌다.

大震國 本紀

朝代記曰 開化二十七年九月二十一日 平壤城陷落時 振國將軍大仲象 守西鴨綠河[1]* 聞變遂率衆走險 路經開原 聞風願從者八千人 乃同歸而東 至東牟山[2]* 而據 堅壁自保稱國後高句麗 建元重光 傳檄所到遠近諸城 歸附者衆 惟以復舊土爲己任 重光三十二年五月崩 廟號曰世祖 諡號曰振國烈皇帝 太子祚榮從訃使自營州[3]* 薊城[4]* 率衆至 卽帝位 築忽汗城[5]* 遷都 募軍十萬 威聲大振 乃定策立制 抗唐爲敵 復讎自誓 與靺鞨將乞四比羽 契丹將李盡榮 握手聯兵 大破唐將李楷固於天門嶺[6]* 分諸將置守郡縣 招撫流亡 周護定著 大得民望 萬綱維新 國號定爲大震 年號曰天統 據有高句麗舊疆 拓地六千里 天統二十一年春 崩于大安殿 廟號曰太祖 諡號曰聖武高皇帝 太子武藝立 改元曰仁安 西與契丹 定界烏珠牧 東十里臨潢水[7]* 是歲盖馬[8]* 句茶[9]* 黑水[10]* 諸國 皆稱臣納貢 又遣大將張文休 殺刺史韋俊 取登萊[11]* 爲城邑 唐主隆基 怒遣兵來討不利 明年守將淵忠麟與靺鞨 大破唐奴於遼西帶山[12]* 之陽 唐密與新羅約 急襲東南諸郡 至泉井郡[13]* 帝詔遣步騎二萬 擊破之 會大雪羅唐軍凍死者甚多 於是追至河西[14]* 泥河爲界 今江陵北泥川[15]* 是也 海州岩淵縣[16]* 東界新羅 岩淵今甕津是也 自此新羅歲時入貢 臨津江以北諸城盡歸我 又明年 唐與新羅 聯兵來侵 竟無功而退 仁安十六年句茶盖馬黑水諸國 以其國來降 取爲城邑 明年築松漠[17]* 十二城 又築遼西六城 遂有五京六十州一郡三十八縣[18]* 圓幅九千餘里 可云盛矣 是歲唐倭及新羅 竝遣使入貢 天下稱爲海東盛國 至有渤海三人當

一虎之語 時君民和樂 論史樂義 五穀豐登 四海晏然 有大震六德[19]* 之歌以美之 翌年三月 安民縣[20]* 甘露降 禮官啓請賀儀從之 是月十六日 祭三神一體上帝于四鴨綠河之上 西鴨綠藁離古國地也[21]* 十九年帝崩 廟號曰光宗 謚號曰武皇帝 太子欽茂立 改元曰大興 自東京龍原府 移都于上京龍泉府 明年立太學 教以天經神誥 講以桓檀古史 又命文士 修國史一百二十五卷 文治興禮樂 武威服諸夷 太白玄妙之道 洽於百姓 弘益人間之化 賴及萬方 大興四十五年 淄青[22]* 節度使李正己 舉兵拒唐軍 帝遣將助戰 李正己高句麗人也 生於平盧[23]* 二十二年師衆 遂軍帥李希逸 立正己 卒子納統父衆 五十六年納卒 子師古代其位 及卒其家人不發喪 潛使迎師道於密而奉之 太興五十七年 帝崩 廟號曰世宗 謚號曰光聖文皇帝 國人立其族弟元義 性暴惡不能理國 甲戌國人廢之 迎立先帝之孫華興 改元曰中興 明年崩 廟號曰仁宗 謚號曰成皇帝 皇叔崇璘立 是爲穆宗康皇帝 歷毅宗定皇帝元瑜 康宗僖皇帝言義 哲宗簡皇帝明忠 至聖宗宣皇帝仁秀 天資英明德氣如神 才兼文武 乃有太祖之風 南定新羅 置泥忽[24]* 鐵圓 沙弗[25]* 岩淵 等七州 北略鹽海[26]* 羅珊[27]* 葛思[28]* 藻那[29]* 錫赫[30]* 及南北虞婁 置諸部 長白之東曰安邊 鴨江之南曰安遠 牧丹之東曰鐵利 黑水之上曰懷遠 灤河之東曰長嶺 長嶺之曰東平 虞婁在北大蓋馬嶺之南北 地廣九千里 境宇大開文治熙洽 上自國都 下至州縣 皆有學 九誓五戒朝夕誦習 春秋考績 衆議薦貢 人旣畜力 家盡待用 自是國勢富強 內外安悅 自無盜竊姦謀之端 唐倭新羅及契丹 莫不畏服 天下萬邦 皆以聖人與治之海東盛國 欽頌

之 更五代 耶律雖頻數加兵 終不能服也 後經莊宗和皇帝彝震
順宗安皇帝虔晃 明宗景皇帝玄錫 至哀帝諲譔 爲契丹所滅 自世
祖 傳十五世 共二百五十九年 穆宗改元曰定歷 毅宗改元曰永德
康宗改元曰朱雀 哲宗改元曰太始 聖宗改元曰建興 莊宗改元曰
咸和 順宗改元曰大定 明宗改元曰天福 哀帝改元曰清泰 大震國
南京南海府 本南沃沮古國 今海城縣是也 西京鴨綠府本藁離國
今臨潢 今西遼河卽古之西鴨綠河也 故舊志安民縣在東 而其西
臨潢縣 臨潢後爲遼上京臨潢府也 乃古之西安平是也 正州依慮
國[31]* 所都 爲鮮卑慕容廆所敗 憂迫欲自裁 忽念我魂尚未滅 則
何往不成乎 密囑于子扶羅 踰白狼山[32]* 夜渡海口 從者數千 遂
渡定倭人爲王 自以爲應三神符命 使群臣獻賀儀 或云依慮王爲
鮮卑所敗 逃入海而不還 子弟走保北沃沮 明年子依羅立 自後慕
容廆 又復侵掠國人 依羅率衆數千 越海遂定倭人爲王 日本舊有
伊國 亦曰伊勢 與倭同隣 伊都國在筑紫 亦卽日向國也 自是以東
屬於倭 其南東屬於安羅[33]* 安羅本忽本[34]* 人也 北有阿蘇山[35]*
安羅後入任那 與高句麗早已定親 末盧國之南曰大隅國 有始羅
郡 本南沃沮人所聚 屠南蠻忱彌脘夏比自炻之屬 皆貢焉 南蠻九
黎遺種 自山越來者也 此自鉢弁辰比斯伐人之聚落也 脘夏高句
麗奴也 時倭人分據山島 各有百餘國 其中狗邪韓國最大 本狗邪
本國人所聚也 海上船舶 皆會於種島[36]* 而交易 吳[37]* 魏[38]* 蠻[39]*
越[40]* 之屬皆通焉 始渡一海千餘里 至對馬國 方可四百餘里 又
渡一海千餘里 至一岐國 方可三百里 本斯爾岐國也 子多諸島皆
貢焉 又渡一海千餘里 至末盧國 本抱婁人所聚也 東南陸行五百

里 至伊都國 乃盤余彦古邑也

新唐書渤海本粟末靺鞨附高麗者 姓大氏乞乞仲象者 與靺鞨酋長乞四比羽 及高麗餘衆 東走渡遼水 保太白山東北 阻奧婁河仲象死 子祚榮引殘痍㾞遁去 卽幷比羽之衆 恃荒遠乃建國 自號震國王 盡得夫餘[41]* 沃沮弁韓[42]* 海北諸國 史氏曰乞乞仲象以敗亡之餘 走險自保 同太王之去邠 高王祚榮 以創業之資 剪棘開基 類句踐之與越 盖幅幨旣建 乃以文德修之 改制度 建官爵 列郡縣抗手大國 方域至五千里 國祚至三百年 當時四方 殆無逾之者 亦去盛矣 高麗顯宗元文大王二十年 契丹東京將軍大延琳 太祖高皇帝七世孫也 因留守駙馬蕭孝元 南陽公主 殺戶部使韓紹勳等卽位 曰興遼 改元天慶 遣高吉德 來告建國兼求援 遼東留守蕭保先 爲政酷虐 高麗睿宗文孝大王十一年 正月朔 東京裨將渤海人高永昌 與數十人乘酒恃勇 恃刀踰牆垣 入府衛登廳 問留守所在給云 外兵變請爲備 保先出衆殺之 假留守大公鼎 副留守高淸臣 戰不能勝 奪西門出 奔遼 永昌自稱大渤海國皇帝 改元隆基 據遼東五十餘州 宋史曰定安國 本馬韓之種 爲遼所敗 其酋帥 糾合餘衆 保其西鄙 建國改元 自號定安國

開寶三年 其王烈萬華 因入貢女眞 附表貢獻 太宗時其王烏玄明 復因女眞 上表略 曰臣本而高麗舊壤 渤海遺黎 保此方隅 太宗答勑略 曰卿奄有馬韓之地 介於鯨波之表云云 端拱淳化間 復因女眞奉表 其後不至 大震國哀帝淸泰二十六年 春正月 耶律倍與弟堯骨爲前鋒 夜圍忽汗城 哀帝出降國亡 二月丙午 遼太祖建東丹國 以長子倍爲人皇王 王之 建元甘露 改忽汗城 爲天福 準

用天子官服 被十二旒冕 皆畫龍象 仍用大震國舊制 以叔迭剌爲左大相 大震老相 爲右大相 大震司徒大素賢 爲左次相 耶律羽之 爲右次相 赦國內殊死以下 約歲貢布十萬端 馬千匹 甘露二十七年冬十二月庚辰 遼罷東京中臺省 東丹國除

고려국 본기(高麗國 本紀)

고려국 본기(高麗國 本紀)는 삼국 정립 이래 최초로 단일 국가를 이룩한 고려국은 안으로는 동족 간의 화합을, 밖으로는 옛 강토의 회복을 다짐하였다. 그러나 발해국을 멸망시킨 글안과 몽고군의 침입, 원(元)나라의 내정간섭에다 여진족의 발호, 홍건적의 내침, 왜구의 노략질 등의 외환에 시달려야 했다. 그러나 높은 문화 수준과 불교를 국교로 한 정신적 단합하여 34대 475년을 지속하다 1392년 이성계 일파의 군부 세력에 의해 멸망하고 말았다.

1388년, 원(元)나라에 이어 새로이 건국된 명(明)나라가 철령(鐵嶺) 이북의 우리나라 땅을 요동에 예속시키겠다고 하자, 조야(朝野)가 분노하며 요동 정벌에 나섰으나 이성계 휘하의 군부가 위화도에서 회군하여 고려 조정에 반기를 들면서 민족적 숙원인 요동 땅 확보는 수포로 돌아갔다. 이성계는 고려왕실종계(高麗王室宗系)를 날조하고, 이에 신하들이 불복하여 저항하거나 은둔하게 되니, 이른바 두문동 72인이라는 충의 열사가 속출하였다. 또 왕씨 족의 대대적인 살육이 벌어지면서 고려국은 1392년 멸망하게 된다. 이 기록을 담은 것이 본 고려국 본기(高麗國 本紀)이다.

오늘날 전해지고 있는 고려사는 이 같은 내용과는 상반되게 쓰여진 왜곡사(歪曲史)이다.

【고려국 본기】

395

태조(太祖) 신성태왕(神聖太王) 천수(天授) 2년에 송악(松岳)1) 남쪽에 도읍(都邑)을 정하고 25년에 친히 훈요(訓要)를 지었는데, 대략 이러하다. "생각되는바, 우리 동방이 오래 전부터 당(唐)나라 문물(文物)과 예악(禮樂)을 비롯해 그들의 제반 제도(制度)를 좇았으나 방위(方位)가 다르고 땅이 달라 사람들의 성품이 각각 다르니 반드시 똑같을 수는 없느니라." 하였다.

태봉국왕(泰封國王) 궁예(弓裔)2)는 그 조상이 평양 사람이며, 본래 고구려 보덕왕(報德王) 안승(安勝)의 먼 후손이다. 그의 아버지는 술가(術家)의 말을 믿고 좇아, 어머니의 성(姓)을 따라 궁씨(弓氏)라 하였다.

이에 앞서 고구려 수림성(水臨城) 사람 모잠(牟岑)3) 대형(大兄)이 남은 백성들과 힘을 합쳐 안승(安勝)4)을 받들어 후고구려의 왕으로 삼고 신라

---

1) 송악(松岳)은 고구려 때에 부소갑(夫蘇岬)이요, 신라 때 송악군(松岳郡)이었다. 고려는 태조 2년, 철원에서 송악으로 이도(移都)하고 개주(開州)라 하였고, 광종(光宗) 원년(元年)에 황도(皇都)라 하였으며, 성종(成宗) 14년에 개성부(開城府)라 하였다. 현종(顯宗) 7년에 부(府)를 파하고 현(縣)을 두었는데 정주(貞州) 덕수(德水) 강음(江陰) 등 3개 현(縣)을 두었다. 문종(文宗) 16년에 위의 3개 현(縣)과 장단(長湍) 송림(松林) 임진(臨津) 토산(兎山) 임강(臨江) 적성(積城) 파평(坡平) 마전(麻田) 등 11개 현(縣)을, 공양왕(恭讓王) 2년에 경기를 좌우도(左右道)로 나누고 개성현(開城縣)은 경기우도(京畿右道)에 속하게 하였다가, 조선조로 넘어왔다. 부(府) 5리에 송악산(松嶽山)이 있으며, 그 옛날에 부소(扶蘇) 또는 곡령(鵠嶺)이라 하였다.

2) 궁예(弓裔 : ?~경명왕 2년) 신라 47대 헌안왕(憲安王) 또는 경문왕(景文王)의 아들이라고 하는데 확실치 않다. 세달사(世達寺)와 홍교사(興敎寺)의 스님으로 있다가 기훤(箕萱) 양길(梁吉)의 부하로 있은 후, 효공왕 2년(898년)에 반기(叛旗)를 들어 스스로 왕이라 하고 나라 이름을 후고구려라 칭하였다. 후에 국호를 마진(摩震)으로 고치고, 서울을 철원(鐵圓)으로 정하였다. 이후 오래지 않아 부하들의 의거(義擧)로 왕건이 추대되자, 피신하였다가 오늘날의 평강(平康)인 부양(斧壤)에서 피살되었다.

3) 모잠(牟岑)은 성(姓)이 검(劒)으로, 고구려의 대형(大兄) 벼슬에 있었다. 고구려의 재건을 위해 사람들을 모아 패강에서 당의 관료들을 사살하고 신라 땅 사야도(史冶島)로 가서 안승(安勝)을 왕으로 세우고 신라의 도움을 청하였다. 그러나 당군이 쳐들어오자 안승(安勝)이 검모잠을 죽이고 신라로 달아났다.

에 후원을 청하였다. 이때 신라왕이 나라 서쪽 금마저(金馬渚)5)에 있게 한 뒤에 보덕왕(報德王)이라 하였다. 이후 신문왕(神文王)이 자리에 오르자 보덕왕(報德王)을 소판(蘇判)6)으로 삼았다.

그 족자(簇子) 대문(大文)이 금마저(金馬渚)에 머물면서 반란을 일으켜 왕이라 하다가 죽임을 당하니 나머지 무리들이 관리들을 죽이고 보덕성(報德城)에 웅거하며 또 반란을 일으키다가 신라에게 평정(平定)되었는데, 여타 백성들은 나라 남쪽 주군(州郡)으로 옮겨 살게 하였다.

대진국(大震國) 명종(明宗) 경황제(景皇帝) 천복(天福) 9년 5월 5일에 궁예(弓裔)를 외가(外家)에서 낳았는데, 그 지붕 위에 소광(素光)이 긴 무지개처럼 하늘에 뻗쳐 있었다. 신라의 천문(天文)을 맡은 관원이 이것을 바라보고 장차 나라에 이롭지 못하다 하여 이 사실을 아뢰자, 왕이 이를 듣고 싫어하여 사람을 시켜 그 집을 부수고 사람을 죽였다.

그러나 그 어미가 진기한 보배를 뇌물로 주고 그를 안고 도망하여 정성껏 길렀다. 열 살남짓 되자 머리를 깎고 중이 되어 이름을 선종(善宗)이라 하였다. 나이 들자 전과 같이 함부로 방탕하여 중이 지켜야 할 계율 따위에 구애받지 않았다.

그는 외모가 훤칠하고 담력이 있었다. 일찍이 주발을 들고 재(齋)를 올

---

4) 안승(安勝)은 고구려의 종실(宗室)로, 신라에 망명하여 고구려 왕으로 봉해져 금마저(金馬渚)에 머물러 있었다. 후에 보덕왕(報德王)으로 칭해지고 문무왕의 누이동생을 아내로 맞이하였다. 이후 보덕국이 세워졌으나 신문왕은 안승에게 소판(蘇判)의 벼슬을 주고 김씨 성을 갖게 한 후 경주에 머물게 하였다. 그런데 신분에 대해 설이 구구하여 가늠하기 어렵다.

5) 금마저(金馬渚)는 전북(全北) 익산군(益山郡) 서일리(西一里)로, 보덕왕성(報德王城) 유허지(有虛址)가 상존(尙存)해 있다.

6) 소판(蘇判)은 신라의 17 등급 관제 가운데 3등급(三等級)으로, 이벌손(伊伐飡) 이척손(伊尺飡) 다음의 잡손(迊飡 : 迊判) 등급을 가리킨다.

리러 가다가 까마귀가 부적(符籍)을 입에 물고 와서 주발 가운데 떨어뜨렸다. 이것을 보니 왕(王)자가 쓰여져 있으므로 숨기고 말하지 않았으나, 스스로 자부하고 있었다.

이보다 앞서 안승(安勝) 등이 신라의 국사(國事)에 힘을 썼으나, 신라 조정에서는 이에 상응하는 보답을 해 주지 않고 도리어 그 토지와 백성들을 거두어 들이고 다만 누이를 안승의 아내로 삼게 했을 뿐이다. 이에 고구려 유민들이 여러 대를 두고 원망이 쌓여 불쾌히 여기다가 변을 일으켰으나 여러 번 패하였다. 그 후 궁예가 등장한 이래 나라는 쇠하고 정치가 매우 어지럽게 되었다.

이 틈을 타서 궁예는 무리를 모아 조종(祖宗)의 옛 땅을 회복하고 여러 대 동안 쌓인 원한을 씻으려 하였다. 이에 죽주(竹州)의 적 기훤(箕萱)에게 항복하였으나 기훤이 업신여기고 예로 대접하지 않자, 궁예는 마음이 답답하고 스스로 편치 않아 몰래 기훤(箕萱)의 부하 원회(元會) 신훤(申煊) 등과 사귀어 벗을 삼고 북원(北原)의 적 양길(梁吉)에게로 가서 항복하였다.

양길이 이들을 잘 예우하여 일을 맡기니, 이들이 군사 백기를 나누어 가지고 동북쪽 주군(州郡)을 침략하여 모두 항복받았다. 또 아슬나(阿瑟那)7)를 공격하였는데 무리가 6백 명에 이르렀다. 이에 그는 스스로 장군이라 칭하고 사졸과 더불어 고락을 같이하며 빼앗은 것을 사사로이 하지 않으니 무리의 마음이 모두 이를 두려워하였다.

천복(天福) 27년에 태수(太守) 왕융(王隆)이 송악군(松岳郡)을 가지고 궁예에게 돌아와서 말하기를, "대왕이 만일 조선(朝鮮) 숙신(肅愼) 변한

---

7) 아슬나(阿瑟那)는 일명 하서량(河西良)으로, 오늘날의 강릉(江陵)이다.

(弁韓)의 땅에서 왕노릇을 하려면, 먼저 송악을 점령하고 우리 맏아들 건(建)으로 그 주인을 삼는 것이 제일입니다." 하니 이 말을 좇았다.

이때 이훤(李萱)이 무진주(武珍州)8)에서 군사를 일으키고 무리들에게 소리치기를, "내가 삼국의 시작을 찾아보니 마한(馬韓)이 먼저 일어나고 혁거세(赫居世)가 뒤에 일어나자 변진(弁辰)이 이를 좇았고, 백제가 나라를 열어 6백 년을 전해오더니 신라와 당이 함께 쳐서 이를 멸망시켰다. 비록 내가 덕(德)은 없으나 이제 의자왕(義慈王)의 분함을 풀고자 한다." 하고 드디어 완산(完山)9)에 도읍하여 스스로 왕이라 칭하고 나라 이름을 후백제라 하였다.

궁예도 또한 이듬해에 스스로 왕이라 하고 말하기를, "신라가 군사를 당나라에 청하여 고구려를 멸망시켰는데, 이는 실로 부끄러운 일이다. 내가 반드시 고구려를 위하여 원수를 갚으리라." 하고 국호를 후고구려라 하고 연호를 무태(武泰)라 하였다. 일찍이 남쪽으로 가다가 흥주사(興州寺)10)에 이르러 벽에 신라 전왕(前王)의 화상(畫像)이 걸린 것을 보고 칼을 빼어 이것을 쳤다. 궁예가 마음 속으로 신라를 삼켜버리고자 하여 도읍을 멸하려고 호령하였는데, 신라에 붙고자 하는 자를 모두 죽였다.

이로부터 궁예는 스스로 미륵불(彌勒佛)이라 하여 머리에 금으로 만든 것을 쓰고, 또 스스로 경문(經文) 25권을 저술하여 때때로 정좌(正坐)하여

---

8) 무진주(武珍州)는 광산(光山)의 옛 칭호로, 고려 천수(天授) 23년에 광주(光州)로 개칭하였다.
9) 완산(完山)은 비자화(比自火) 비사벌(比斯伐)이라 불려 왔는데, 고려 현종(顯宗) 9년에 안남대도호부(安南大都護府)로 승격되고 이후 전주(全州)라 고쳐 불렀다.
10) 흥주사(興州寺)는 신증동국여지승람(新增東國輿地勝覽)에 의하면 영주군(榮州郡) 소재 부석사(孚石寺)의 주(注)에 봉황산(鳳凰山 ; 영주 북쪽 20리에 위치함)에 있는 절로, 궁예가 이 절에 걸려 있는 신라 왕상(王像)을 보고 검으로 찢어 놓았다고 한다.

강설(講說)하였다. 이에 중 석총(釋聰)이 말하기를, "이것은 모두 사설(邪說) 괴담(怪談)이니 가르칠 것이 못된다." 하니 궁예가 노하여 쇠도끼로 쳐 죽였다.

천수(天授) 원년(元年) 여름 6월에 왕건(王建)이 홍유(洪儒)[11] 배현경(裵玄慶)[12] 신숭겸(申崇謙)[13] 복지겸(卜智謙)[14] 등 여러 장수의 추대를 받아, 날이 밝을 무렵에 곡식을 쌓은 낟가리 위에 올라 앉아 군신(君臣)의 예(禮)를 행하고 사람들로 하여금 뛰어 달리면서 "왕공(王公)이 이미 의기(義旗)를 들었다." 라고 외치게 하니 분주히 와서 따르는 자가 많았다. 먼저 궁문(宮門)에 이르렀는데 북을 치고 떠들면서 기다리는 자가 만여 명이나 되었다. 드디어 포정전(布政殿)에서 즉위하고 연호를 천수(天授)라 하였다.

이에 태봉왕(泰封王) 궁예가 변을 듣고 남루한 옷으로 갈아 입고 문을 빠져 나가 도망하였으나, 얼마 안 되어 부양(斧壤)[15] 백성들에게 해를 입었다.

---

11) 홍유(洪儒 : ?~936, 태조 19년) 초명은 술(術) 시호는 충렬(忠烈)로 경기도 의정부 출신이다. 1등 개국 공신으로 대상(大相)이 되었다.

12) 배현경(裵玄慶 : ?~936, 태조 19년) 초명은 백옥진(白玉珍)으로 경주 출신이다. 병졸에서 대광(大匡)벼슬에 이르렀다. 고려 개국 1등 공신이다.

13) 신숭겸(申崇謙) (?~927, 태조 10년) 초명은 능산(能山), 시호는 장절(壯節)이고 본관은 평산(平山)이다. 왕건을 추대하여 보위에 오르게 하였고 왕건이 위험에 처했을 때 대신 전사하였다. 그의 명복을 빌기 위해 왕건은 지묘사(智妙寺)를 세워 추모하게 하였다.

14) 복지겸(卜智謙) 초명은 사귀(沙貴) 또는 사괴(沙瑰)로, 왕건을 추대하여 공신이 되었다. 시호(諡號)가 무공(武恭)으로, 고려 성종 13년(994년)에 홍유 등과 함께 태사(太師)로 추증, 태조의 사당(祠堂)에 배향(配享)되었다.

15) 부양(斧壤)은 고구려 때에 사내현(斯內縣)이라 하였으며 신라 경덕왕(景德王) 때 강평(康平)이라 개칭하고 부평군(富平郡)에 예속시켰다. 고려 현종때 평강(富平郡)으로 개칭하고 동주(東州)에 예속시킨바 있다.

거란의 성종(聖宗)이 장수 소손녕(蕭遜寧)16)을 보내어 봉산(逢山)17)을 쳐부수고 우리의 선봉(先鋒)을 사로잡았다. 이에 성종(成宗) 문의대왕(文懿大王)이 여러 신하들을 모아 의논하니, 어떤 자는 항복하자 하고 어떤 자는 땅을 내어주자고 하였다.

그러나 중군(中軍) 서희(徐熙)는 홀로 이에 반대하여 말하기를, "지금 그 세력이 커나가는 것만 보고 갑자기 서경(西京) 이북을 내어 주자는 것은 옳은 계교가 아닙니다. 또, 삼각산(三角山) 이북도 역시 고구려의 땅인데 저들의 한없는 욕심으로 더 달라고 하면 끝이 없을 것입니다. 그렇다고 우리 땅을 다 내어주겠습니까? 하물며 지금 땅을 떼어 준다면 이는 진실로 만고의 수치가 될 것이오니, 원하옵기는 도성으로 돌아가서 신(臣) 등으로 하여금 한번 싸우게 한 뒤에 의결하여도 늦지 않을 것입니다." 하였다.

이에 서희가 국서(國書)를 받들고 거란의 군영에 가서 서로 만나 보는 것이 어떠냐 하고 만날 예(禮)를 물었다. 이에 손녕(遜寧)이 말하기를, "나는 큰 나라의 귀인(貴人)이니 마땅히 뜰에서 절하여야 한다." 하므로, 서희가 말하기를, "양국의 대등한 대신들이 어찌 그 같이 할 수가 있겠는가." 하였다.

손녕이 서희에게 말하기를, "너희 나라는 신라 땅에서 일어났으니 고구려의 땅은 우리의 소유인데 너희가 이를 침식했고, 우리의 땅과 너희 나라가 이어져 있는데도 바다 건너 송(宋)을 섬기기 때문에 오늘과 같은 전쟁이 일어나게 된 것이다. 그러나 만일 땅을 떼어 바치고 수교한다면 아무 일

---

16) 소손녕(蕭遜寧)은 글안의 장수로, 고려 성종 12년(993년)에 글안군의 도통(都統)이 되어 고려 서북 국경을 넘어 봉산(蓬山)으로 침입하였다. 이유인 즉 신라 땅에서 일어난 고려가 자기들이 차지한 고구려 땅을 수복하려 하느냐 하는 것이었다. 그러나 서희 장군의 일축에 강동 6주를 포기하고 물러갔다.
17) 봉산(蓬山)은 평북 선천군(宣川郡) 군산면(郡山面) 봉산동(蓬山洞)에 소재한다.

이 없을 것이다." 하였다.

　서희가 말하기를, "그렇지 않다. 우리나라는 옛 고구려의 땅이기 때문에 국호를 고려라 하고 평양에 도읍하였다. 만일 땅의 경계로 말한다면 귀국(貴國)의 동경(東京)[18]은 모두 우리 지경에 있거늘 어찌 침식이라고 할 수 있는가? 만일 여진을 쫓아내고 우리의 옛 땅을 돌려준다면 어찌 수교를 마다 하겠는가." 하니 그 말하는 모습이 매우 강개(慷慨)하였다. 이에 손녕이 억지로 되지 못할 것을 알고 드디어 군사를 물리기로 결정하고 잔치를 베풀어 위안시켜 돌려보냈다.

　도원수(都元帥) 윤관(尹瓘)[19]이 여진(女眞)을 쳐부수고 선춘령(先春嶺)에 비석을 세워 경계를 삼고 아들 언이(彦頤)[20]를 임금에게 보내 이 글을 올려 하례하니 평장사(平章事) 최홍사(崔弘嗣) 김경숙(金景肅)과 참지정사(參知政事) 임의(任懿)와 추밀원사(樞密院事) 이위(李瑋) 등이 선정전(宣政殿)에 들어가 임금에게 극단적인 말을 하기를, "윤관(尹瓘) 오연총(吳延寵) 임언(林彦) 등이 명분 없는 군사를 일으켜 군을 패하게 하고 나라를 해쳤으니 그 죄는 용서할 수 없습니다." 하고, 이어서 간관(諫官) 김연(金緣)과 이재(李載) 등이 잇달아 탄핵하며 말하기를, "인주(人主)가 토지

---

18) 동경(東京)은 고구려 때의 오열홀(烏列忽)로, '동경요양부(東京遼陽府)는 본시(本是) 조선지(朝鮮地)'라고 요사지리지(遼史地理志)에 기록하고 있다.

19) 윤관(尹瓘 : ?~예종 6년, 1111) 고려 중기의 명신이며 장군이다. 여러 벼슬길을 거쳐 숙종 9년(1104년) 동북면행영병마도통(東北面行營兵馬都統)에 임명되었다. 예종 2년(1107년) 여진 정벌 원수가 되어 동북계에 있는 여진 정벌 후 9성을 쌓았다. 사후(死後) 시호(諡號)를 문경(文敬)이라 하였다가 문숙(文肅)으로 고치고 예종의 사당에 모셔졌다.

20) 유자언이(遺子彦頤)이라 함은 윤관 장군의 아들을 말하는 것이다 윤언이(尹彦頤 : ?~1149, 의종 9년)는 여러 벼슬을 거쳤고, 경연(經筵)에 나아가 임금께 강(講)하고 상찬(賞讚)을 받았다. 김부식에게 배척되었다가 후에 광주 목사가 됨에 사은(謝恩)하고 억울함을 밝혔다. 의종(毅宗) 초에 정당문학(政堂文學)을 지냈다.

를 취하는 것은 본래 백성을 기르기 위함입니다. 그런데 성(城)을 차지하려고 싸워, 사람을 죽였으니 그 땅을 돌려주어 백성을 쉬게 하는 것만 못하고 지금 주지 않으면 반드시 거란과 틈이 생길 것입니다." 하였다.

임금이 말하기를, "무슨 까닭으로 그렇게 말하는가." 하니 연(緣)이 답하기를, "나라에서 처음 구성(九城)을 쌓을 때에 거란에게 말하기를 여진의 궁한리(弓漢里)[21]는 우리의 옛 땅이며 거기에 사는 백성들 또한 우리에게 편입된 백성인데 근래에 와서 변방을 침입하기를 그치지 않기 때문에 이를 수복하여 성을 쌓는 것이다 하였습니다. 궁한리(弓漢里) 추장 중에는 거란의 관직을 받은 자가 많기 때문에 거란이 우리를 망령된 말이라 하여 꾸짖는 것이오니, 우리가 만약 동쪽으로 여진을 대비하고 북으로 거란을 대비해야 한다면 신의 생각으로는 구성(九城)은 삼한(三韓)의 복이 아니므로 두렵게 여깁니다." 하였다.

간의대부(諫議大夫) 김인존(金仁存)도 옛 땅을 돌려주기를 청하였다. 임금이 선유(宣諭)하기를 "두 원수(元帥)가 여진을 친 것은 선제(先帝)의 유지(遺志)를 받든 것이고, 짐 또한 몸소 말한 일을 받들어 죽음을 무릅쓰고 적의 보루에 깊이 들어가 적들을 사살하는 것이 이기는 계략이라 할 수는 없으나, 백 리의 땅을 넓히고 구주(九州)[22]의 성(城)을 쌓아 나라의 수

---

21) 궁한리(弓漢里)는 여진인의 거주지로, 이곳을 거점으로 잦은 침입이 있어 왔다. 따라서 윤관 장군의 여진 정벌은 호환영절(胡患永絶)을 위해 궁한리(弓漢里)의 병항(瓶項)을 공취(攻取)하는 것이었는데, 궁한리 밖은 산이 이어져 벽립(壁立)하고 있어 오직 한 가닥의 작은 길만으로 통할 수 있으므로 그 곳에 관성(關城)을 설치하여 그 소로(小路)를 막는다면 목적은 달성될 수 있을 것으로 판단하였다. 그러나 막상 현지에 도착해 보니 수륙 통행이 사통팔달(四通八達)해 있었다. 이에 보다 북쪽으로 진격하여 예종 3년(1108) 무자 2월에 공험진에 성을 축성하고 이택(李澤)을 함주(咸州) 대도독부사(大都督府使)로 삼고 영주(英州) 복주(福州) 웅주(雄州) 길주(吉州)의 4주(州)와 공험진에 방어사를 두게 되는데, 궁한리(弓漢里)에는 6백 74간의 성을 쌓고 길주(吉州)라 하였다.
22) 구주(九州)는 함주(咸州) 영주(英州) 웅주(雄州) 복주(福州) 길주(吉州) 선주(宣州) 등 육

치를 씻었으니 그 공이 크다 할 것이다. 무엇보다 여진은 사람의 얼굴을 하고 짐승의 마음을 지녀 변덕스럽기 이를 데 없다. 이제 남은 무리들이 의지할 곳이 없기 때문에 그 추장이 항복하여 화친할 것을 청해 왔다. 여러 신하들도 모두 좋다고 하니 짐도 또한 어떻게 대처해야 할지 모르겠다. 유사(有司)가 법에 따라 탄핵하자는 소리가 높아져 부득이 직책을 빼앗았으나 짐은 끝내 이것을 가지고 허물하지 않을 것이니 다시 구제할 수 있기를 바라노라." 하였다.

　예종(睿宗) 문효대왕(文孝大王) 4년 가을 7월에 9성(九城)을 철수하고 여진의 옛 땅을 돌려주었다. 이에 앞서 여진의 요불(裹弗) 사현(史顯) 등이 사신으로 조정에 들어와 아뢰기를, "옛날 우리 태사(太師) 영가(盈歌)23)가 일찍이 말하기를 우리 조종(祖宗) 큰 나라(大邦)에서 나서 자손에 이르렀으므로 의(義)에 마땅히 돌아가 따라야 한다 하였습니다. 이제 태사(太師) 오아속(烏雅束)24)도 역시 큰 나라를 부모의 나라로 삼고 있습니다. 갑오년간(甲午年間)에 이르러 궁한촌(弓漢村) 사람들의 행동이 온당치 못하였으나 이는 본래 태사(太師)가 지휘한 것이 아닙니다. 국조(國朝)에서 죄를 묻고 쳤으나 다시 수호(修好)할 것을 허락하였기 때문에 우리는 이를 믿고 조공을 끊지 않았습니다. 그런데 지난 해에 군사를 많이 내어 우리의 늙은이와 어린이를 죽이고 9성(九城)을 쌓았습니다. 이렇게 되어 외롭게 남은 백성들은 흩어져 돌아갈 곳이 없게 되었습니다. 이에 태사(太師)가 나를

주(六州)와 공험진(公險鎭) 통태진(通泰鎭) 평융진(平戎鎭) 등 3개 진(鎭)을 말한다.
23) 영가(盈歌 : ?~1103, 고려 숙종 8년)는 여진 완안부(完顏部)의 추장으로, 그의 아비는 오고내(烏古迺)이다. 금나라 건국 후에 목종(穆宗)으로 추증되었다.
24) 오아속(烏雅束)은 완안부(完顏部)의 오아속(烏雅束)으로, 자(字)는 모로완(毛路完)이고 금(金)나라 강종(康宗)으로 세조(世祖)의 장자(長子)이다. 여진어로 우야소라 부르며 영가의 조카로, 후에 강종(康宗)으로 추존된 인물이다.

보내 땅을 돌려줄 것을 청하게 된 것입니다." 하였다.

또, 재상 추밀원 대성(臺省) 지고제(知制誥) 시신(侍臣) 도병마판관(都兵馬判官) 및 3품(三品) 이상의 문무관원(文武官員)들을 모아 놓고 다시 9성을 돌려줄 것에 대한 가부(可否)를 의논하니 모두 그렇게 하자고 말하였다.

구사(舊史)에 말하기를, "두 장군이 선춘령(先春嶺)[25]에 비석(碑石)을 세우고 여기가 고려의 경계라고 하였는데 선춘령은 두만강 7백 리 밖 송화강 가까운 땅에 있다." 하였다.

광주목(廣州牧) 윤언이(尹彦頤)의 자해표(自解表)에 말하기를 "중군(中軍)이 아뢴 것을 보니 언이(彦頤)가 정지상(鄭知常)과 더불어 결사당을

---

[25] 선춘령(先春嶺)에 대해 세종실록지리지에는 '동림성(東林城)에서 북쪽으로 5리쯤 가면 소다로(所多老)의 영기(營基)가 있고 그 북쪽으로 30리쯤에 회질가탄(會叱家灘)이 있으니 바로 두만강 하류이다. 강 건너 10리 되는 넓은 들 가운데에 큰 성이 있으니 곧 현성(縣城)이다. 이 성 북쪽으로 90리 되는 곳, 산상에 옛 석성(石城)이 있으니 그 이름이 어라손참(於羅孫站)이다. 그 북쪽으로 허을손참(許乙孫站)이 있고, 그 북쪽으로 60리에 유선참(留善站)이 있으며, 그 동북쪽으로 70리에 토성기(土城基)가 있으니 이것이 거양성(巨陽城)이다. 그 성은 본래 고려 대장 윤관이 쌓은 것이다. 그 비의 네 면에 글이 새겨져 있었으나 호인(胡人)이 그 글자를 깎아버렸는데 뒤에 사람들이 그 밑을 파 보았더니 고려지경(高麗之境)이라는 네 글자가 새겨져 있었다. 선춘현에서 수빈강(綏濱江 ; 수분하(綏芬河))을 건너면 옛 성터가 있다고 하였다. 이상의 기록을 현대의 지도상으로 비정(比定)해 보면, 오늘날 길림성 복흥진(腹興鎭)과 나자구진(羅子沟鎭) 사이의 향진계(響鎭界) 고개가 선춘령(先春嶺)임을 추정할 수 있다. 선춘령(先春嶺)은 두만강 외 동북 700리 수분하근지(綏芬河近地)에 있다.
공험진(公險鎭)은 소다로(所多老)에서 북쪽으로 30리를 가면 어두하현(於豆下峴)이 있으며, 그 북쪽으로 60리에 동건리(童巾里)가 있고, 그 북쪽으로 3리쯤에 두만강탄(豆滿江灘)을 건너서 북쪽으로 90리를 가면 오동사오리참(吾童沙吾里站)이 있으며, 그 북쪽으로 60리에 하이두은(河伊豆隱)이 있고, 그 북쪽으로 1백 리에 영가사오리참(英哥沙吾里站)이 있으며, 그 북쪽으로 소하강(蘇下江) 가에 공험진(公險鎭)이 있으니 곧 윤관(尹瓘)이 설치한 진(鎭)이다. 이상의 선춘령과 공험진의 위치와 고려 때 윤관 장군이 동북면 지역의 여진족을 몰아내고 9성(九城)을 쌓았다는 기록에 대해 9성의 위치 비정에 따른 설이 분분하였다. 예컨대, 일본인 지내굉(池內宏)은 그 위치를 함흥 평야로 한정하였는데 그 근거가 마운령비를 선춘령비로 잘못 인식한 데서 비롯된 것이었다.

만들어 크고 작은 일을 실지로 같이 상의하더니, 임자(壬子)년에 왕이 서쪽으로 거동하였을 때 연호를 세우기를 청하였습니다. 또, 국학생(國學生)들을 꾀어 전술한 바와 같은 내용을 아뢰게 하였습니다. 이는 대개 대금(大金)을 충동하여 일을 만들게 하고 그 틈을 타서 자의대로 일을 처리하고 밖의 사람과 붕당(朋黨)을 맺어 옳지 못한 일을 꾀하려는 것이니 신하된 자의 뜻이 아니라고 하였습니다. 신은 이것을 두세 번 읽어 본 뒤에야 비로소 마음이 편안해졌습니다. 여기에서 연호를 세우자고 한 것은 임금을 존중하는 정성에 본뜻이 있는 것이며, 우리 본조(本朝)에 있어서는 태조(太祖) 공종(光宗)의 고사(故事)가 있고 옛날 기록을 상고해 보더라도 비록 신라와 발해가 황제를 칭했어도 대국은 군사를 동원해 침입해 오지 못하였습니다. 큰 나라가 일찍이 조그마한 나라에 군사를 내지 않는 것이 실수임을 의논하지 않고 어찌하여 성세(聖世)에 도리어 이런 일을 한다는 말입니까? 신이 이 일에 대해 논의한다면 죄는 이러합니다. 만일 결사당을 만들어 대금(大金)을 격노시켰다는 것은, 그 말이 비록 엄청난 말이나 근본과 끝이 서로 맞지 않습니다. 왜냐하면, 가령 강한 적이 우리의 땅을 침범한다면 오직 그것을 막기에 겨를이 없을 것인데 어떻게 틈을 타서 일을 꾸미겠습니까? 또 붕당이라고 하는 것은 누구를 지목하는 것이며, 처치하고자 한 자가 누구이며, 만일 무리가 화합하지 못한다면 싸워도 패할 것이며, 몸을 둘 곳이 없을진대 어찌 멋대로 모반을 꾀하겠습니까? 아무리 되돌려 곰곰이 생각해 보아도, 신의 지극히 미약한 자질이기는 하나 서쪽을 정벌하는 싸움에 종사하여 몸을 잊고 나라를 지켰으니 이는 의리와 분수의 당연함이며 일이 이루어지는 것은 모두 사람에게 달려 있으니 어찌 힘써 노력하지 않았겠습니까." 하였다.

금사(金史)에 말하기를, 세종(世宗) 대정(大定) 15년 9월에 고려의 서경유수(西京留守) 조위총(趙位寵)이 서언(徐彦) 등을 보내 표문(表文)을 올려 자비령(慈悲嶺)26) 서쪽과 압록강 동쪽을 바치겠다고 하였으나 허락하지 않았다 하였다.

고려사(高麗史)에 말하기를, 예종(睿宗) 11년 3월 을미 초하루에 임금이 요(遼)의 내원(來遠)과 포주(抱州) 두 성이 여진의 공격을 받아 성 안에 먹을 것이 없다는 말을 듣고 도병마록사(都兵馬錄事) 소억(邵億)을 시켜 쌀 1천 석을 보냈으나 내원통군(來遠統軍)은 사양하고 받지 않았다. 8월 경진(庚辰)에 금(金)의 장수 철갈(撒喝)이 요(遼)의 내원(來遠)과 포주(抱州) 두 성을 공격하여 거의 함락하게 되니, 통군(統軍) 야율령(耶律寧)이 무리를 거느리고 도망하려 하였다. 이에 임금이 추밀원지주사(樞密院知奏事) 한교여(韓皦如)를 보내, 불러 타일렀으나 임금의 허락이 없다 하여 사양하였다.

교여(皦如)가 달려가서 이를 아뢰니 임금이 추밀원으로 하여금 간단한 글을 갖추어 보내려 하였다. 그러나 재신(宰臣)과 간관(諫官)이 아뢰기를, "저들이 임금의 교지(敎旨)를 요구하나 그 뜻을 헤아리기 어려우니 중지하시기 바란다."고 하였다. 임금이 이에 사신을 금(金)에 보내 "포주(抱州)는 본래 우리의 옛 땅이므로 요(遼)에 돌려달라."고 하니 금의 임금이 "네가 스스로 가져가라."고 사자(使者)에게 말하였다고 하였다.

후암(厚菴) 이존비(李尊庇)27)는 고려 경효왕(景孝王) 때 사람이다. 일

---

26) 자비령(慈悲嶺)은 황해도 서흥부(瑞興府) 서편 60리에 있는데, 일명 파령(巴嶺)이라 한다고 신증동국여지승람(新增東國輿地勝覽)에 기록되어 있다.
27) 이존비(李尊庇 : ?~충렬왕 13년, 1287) 조실부모(早失父母)하고 장인(丈人) 백문절(白文節)에게 수학(修學)하여 문장과 예서(隸書)에 능하였다. 충렬왕 13년, 일본 정벌 시 경상 충청 전라도 도순문사(都巡問使)가 되어 병량 군선 조달에 힘썼다. 일을 처리함에 있어 민원을 사지 않고 원만히 감당하였다. 세자는 그가 죽자 그의 정직성에 대해 깊이 애도하였다.

찍이 서연(書筵)에서 자주부강(自主富强)의 방법을 계속해 아뢰기를, "본국(本國)은 환단조선(桓檀朝鮮) 북부여(北夫餘) 고구려(高句麗) 이래로 모두 부강자주(富强自主)하였습니다. 또, 연호(年號)를 세우고 제(帝)라 한 일은 우리 태조(太祖) 초년(初年)에 이르러서도 일찍이 행하였습니다. 그러나 지금은 사대(事大)의 논(論)이 국시(國是)로 정(定)해지고 군신(君臣)의 상하(上下)가 굴욕을 달게 받고 스스로 새로운 것을 생각하지 않으니, 하늘을 두려워하고 나라를 보존(保存)한다는 것은 진실로 아름답습니다. 그러나 천하(天下) 후세(後世)의 비웃음은 어찌하오리까? 또 왜(倭)와 원한(怨恨)을 맺었으니 만일 원(元)나라 왕실(王室)에 변(變)이 있으면 장차 무엇을 믿고 나라를 유지하겠습니까? 제(帝)라고 부르는 일은 이때에 꺼리는 일이므로 졸지에 회복하기 어려운 일이기는 하나 스스로 강해질 방법을 강구하지 않을 수 없습니다." 하였다.

이때로부터 아뢰는 일이 잠잠하였으나 듣는 자가 옳다고 하지 않을 자가 없었다. 뒤에 왜(倭)에 대비할 다섯 가지 일을 말하였는데 첫째는 호구(戶口)를 자세히 조사하여 모든 백성이 군사가 되게 하는 일이며, 둘째는 군사의 일과 농사를 하나로 하여 바다와 육지를 함께 지킬 것이며, 셋째는 군량(軍糧)을 쌓아두고 병선(兵船)을 수리하고 만드는 일이며, 넷째는 수군(水軍)을 확장하여 육지의 전쟁도 겸하여 익힐 것이며, 다섯째는 지리(地理)를 자세히 알아 인화(人和)를 확실히 보존하는 일이라고 하였다.

일찍이 회당상인(晦堂上人)에게 준 시(詩)가 있었는데,

물건에는 아름답고 악함이 없어 끝내는 쓰게 되는데
누가 쓴 오얏(李) 열매에 씨가 많다고 싫어 하리오.
맏아들은 오랫동안 천자(天子)의 조정(朝廷)에 있고

둘째는 새로이 법왕가(法王家)에 붙었네.
충성을 옮기는 것은 진실로 신하의 본분이 되는 것인데
사랑을 쪼개는 것은 출세(出世)하는 것과 같지 않은가!
늙은이의 막힌 생각은 오히려 우스우니
때때로 혼몽(魂蒙)함이 하늘 가에 아득하구나.

　임금이 연경(燕京)에 있을 때 연화(蓮花)에게 유혹되었는데 이별할 때에 손수 연꽃 한 송이를 임금에게 주면서 말하기를, "임금께서 돌아가시는 길에 만약 이 꽃이 시드는 것을 보시거든 이 목숨이 장차 다 하는 것임을 아시옵소서." 하였다.
　그런지 며칠 후에 꽃을 보니 시들어 가고 있었다. 임금은 연화(蓮花)의 죽음을 염려하여 다시 연경(燕京)으로 돌아가려 하였다.
　이에 이존비(李尊庇)가 연경으로 가서 탐지하고 돌아오겠다고 청하였다. 연화가 울면서 시를 바치기를,

연꽃의 향기를 서로 바쳤는데
처음 올 때는 아리땁고 붉었으나
꽃송이를 옮긴 지 몇 날이 지나니
초췌해지기는 임과 같습니다.

　이존비는 임금이 이 시를 보고 더욱 그리워할까 두려워하여 연화를 대신하여 시를 지어 바치기를,

이 어리석은 자여 이 어리석은 자여

수레를 머물지 말라 수레를 머물지 말라.
이 몸은 문득 연잎에 맺힌 구슬과 같아
저 쪽을 움직이면 이 쪽에서 다가 가리.

임금이 이 시를 보고 크게 노하여 곧바로 귀국하고 말았다. 귀국 후에도 한동안 임금이 연녀에 대한 그리움을 감추지 못하자, 이존비가 아뢰기를, "신이 그 때에 상을 모시고 급히 돌아오지 않으면 안 되겠기에 부득이 거짓 시를 지어 바쳤습니다. 바라옵기는 거짓으로 고한 죄를 지겠나이다." 하자 임금이 노하여 관직을 삭탈하고 귀양보냈다.

문의태자(文義太子)28)와 조정 신하들이 거듭 아뢰어 해명하고 임금도 뉘우치고 깨달아 관직을 회복시키고 불러들이도록 하였다. 그러나 사자(使者)가 도착하기 전에 존비가 죽었다. 부음(訃音)을 들은 임금은 슬퍼하여 조회(朝會)를 폐하였다.

이때 태자가 문상을 와서 말하기를, "이존비의 정직함은 나라의 사직(司直)인데 어찌 이처럼 일찍 돌아가셨습니까." 하고, 명하여 왕례(王禮)로 장사(葬事)를 지내게 하고 드디어 형강(荊江)29) 위에 그 산 4리를 둘러 봉(封)하니 지금에 이르기까지 그 동(洞)을 왕묘(王墓)라 하고 그 마을을 산사(山四)라 하였다.

시중(侍中) 행촌(杏村) 이암(李嵒)이 일찍이 소(疏)를 올려 권신(權臣)의 무리들이 국호(國號)를 없애고 행성(行省)을 세우기를 청하려는 의논

---

28) 문의(文義)는 충청도 회덕현계(懷德縣界) 17리, 북으로 청주계(淸州界) 12리이다.
29) 형강(荊江)은 속칭 형각진(荊角津)이라 하는데, 회덕(懷德) 북쪽에 위치해 있다. 전라도 무주(茂朱) 덕유산(德裕山)에서 발원하여 공주(公州) 금강(錦江)에 달해 서천군(舒川郡)을 거쳐 바다로 들어간다.

을 막았는데, 그 소(疏)의 대략은 이러하다.

  천하 사람들이 각각 그 나라를 가지고 나라를 삼고 각각 그 유풍(遺風)으로 풍속을 삼는 바, 나라의 경계(境界)는 없앨 수 없는 것이며 백성들의 풍속(風俗) 또한 섞이게 할 수 없습니다. 하물며 우리나라는 환단(桓檀)이래로 모두 천제(天帝)의 아들이라 하고 하늘에 제사지냈으며 스스로 제후(諸侯)들을 나누어 봉(封)한 것과는 근본적으로 어긋나는 일입니다. 지금 비록 한 때 남의 지휘 아래에 있기는 하나, 이미 혼정(魂精)과 혈육(血肉)이 있어 한 조상의 근원에서 얻고 있으니 이는 곧 신시(神市) 개천(開天)으로부터 삼한관경(三韓管境)이 천하만세(天下萬世)에서 크고 이름난 나라[大名邦]였습니다. 우리 천수태조(天授太祖)께서는 고구려의 다물(多勿)이 나라를 세운 풍도(風道)를 이어받아 창업의 바탕으로 삼고, 천하를 평정하여 나라의 세력을 크게 떨쳤습니다.
  그러나 어쩌다 중간에 강한 이웃이 있어 틈을 타 사나운 짓을 하여 유주(幽州) 영주(營州) 동쪽이 아직 우리에게 돌아오지 않았습니다. 이 때문에 임금과 신하가 밤낮으로 분발하고 진작(振作)하여 자주(自主)와 부강(富强)의 계획을 세우고 있는데, 감히 청렴한 사람들을 해치려 하는 크게 간사하고 포악한 자들이 있어 제 재주만 믿고 음모하고 있사오니, 우리나라가 비록 작으나 어찌 국호(國號)를 없앨 수 있으며 임금의 세력이 비록 약하다 하나 어찌 위호(位號)를 낮출 수 있겠습니까? 지금 이 행동은 모두 간사한 조무래기들이 저희의 죄를 감추고 피하려는 데서 나온 일이며 나라 사람들의 공언(公言)이 아니오니, 마땅히 도당(都堂)에 청하여 엄하게 그 죄를 다스리시옵소서.

행촌 시중(杏村 侍中)이 저술(著述)한 책 세 가지가 있는데 단군세기(檀君世紀)는 원시국가(原始國家)의 체통(體統)을 밝힌 것이며, 태백진훈(太白眞訓)은 환단(桓檀)이 서로 전한 도학(道學)과 심법(心法)을 소개하였으며, 농상집요(農桑輯要)는 세상을 경영하는 실무를 말한 학문이다.

문정공(文靖公) 목은(牧隱) 이색(李穡)이 여기에 서문(序文)을 쓰기를, '대체로 의식이 풍족하고 재물이 풍부한 까닭과 농사지어 자식을 기르는데 두루 대비하는 일들을 부문(部門)으로 나누고 같은 부류(部類)끼리 모아 세밀히 분석하고 자세히 설명하였으니 진정한 실리(實理)에서 나온 좋은 책이다.' 하였다.

행촌(杏村) 선생이 일찍이 천보산(天寶山)30)을 거닐다가 밤에 태소암(太素庵)에서 자는데 한 거사(居士)가 말하기를, "소전(素佺)은 기이한 고서(古書)를 많이 간직하고 있다함에 이명(李茗) 범장(范樟)과 함께 신서(神書)를 얻어 보니 모두 옛 환단전수(桓檀傳修)의 진결(眞訣)들이었다. 통달(通脫) 박고(博古)한 학문은 뛰어나서 가히 격찬할 만하였다. 그 가운데 참전수계(參佺修戒)의 법(法)은 성(性)을 응결하여 혜(慧)를 만들고, 명(命)을 응결하여 덕(德)을 만들고, 정(精)을 응결하여 힘(力)을 만들게 한다. 이 힘이 우주(宇宙)에 작용해 삼신(三神)은 장존(長存)하게 되고, 그것이 사람과 사물에 있어 삼진(三眞)이 멸하지 않음은 천하만세의 대정신(大精神)과 함께 혼연(混然)하여 체(體)를 같이 하니, 이는 생화(生化)가 무궁(無窮)한 때문"이라 하였다.

선생이 말씀하시기를, "도(道)가 하늘에 있으면 이것이 삼신(三神)이고 도(道)가 사람에게 있으면 이것이 삼진(三眞)이니, 그 근본을 말한다면 하

---

30) 천보산(天寶山)은 경기도 양주(楊州) 동쪽 25리, 포천(抱川)에서 서쪽으로 21리이다.

나일 뿐이다. 오직 하나 뿐인 도(道)는 둘이 될 수 없는 법이니 크고도 크도다. 환웅(桓雄)이 맨 처음 모든 물건을 나게 하여 도(道)를 하늘 근원(天源)에서 얻으시고 가르침을 태백(太白)에 세우셨으니 신시(神市) 개천(開天)의 뜻이 비로소 세상을 크게 밝혔다. 이제 우리들이 이 글에 의거하여 도(道)를 구하고 참전(參佺)하여 계(戒)를 받으니, 우리의 가르침을 존중한다 해도 아직 퍼지 못하고, 백 가지 길(途)을 귀로 들어도 만나기 어려운데 늙음은 닥쳐오니 정녕 한스럽기 이를 데 없구나." 하였다.

선생은 시중(侍仲)이라는 벼슬자리를 내놓고 강도(江都)의 홍행촌(紅杏村)으로 물러나 스스로 호(號)를 홍행촌수(紅杏村叟)라 하고, 행촌삼서(杏村三書)를 저술하여 집에 갖춰 두었다.

헌효왕(獻孝王) 후인 5년 3월, 행촌(杏村) 이암(李嵓)[31]은 참성단(塹城壇)에 올라가 하늘에 제사 지내면서 백문보(白文寶)[32]에게 이르기를, 덕

---

[31] 이암(李嵓 : 충렬왕 23년, 1297～공민왕 13년, 1364) 고려 말의 서화가(書畫家)이자 정치가로, 초명은 군해(君侅) 자는 고운(古雲) 호는 행촌(杏村) 시호는 문정(文貞) 본관은 고성(固城)이다. 이존비(李尊庇)의 손자로, 충선왕 5년(1313년) 17세에 문과에 급제해 충정왕 때 찬성사(贊成事) 우정승(右政丞) 공민왕 초에 철성군(鐵城君)에 피봉(被封), 홍건적(紅巾賊) 침입 시 왕을 모시고 남행하여 그 공으로 1등 공신이 되어 철원 부원군에 봉해졌다. 서도(書道)에 뛰어나 동국(東國)의 조자앙(趙子昂)이라 하였고, 대갑편(大甲編)을 옮겨 써서 왕에게 바쳤다. 그림으로는 묵죽(墨竹)을 잘 그렸다. 우왕 1년(1375년) 충정왕의 사당에 모셔졌다. 필적으로 춘천 청평산 문수원장경비(文殊院藏経碑)가 있다.

[32] 백문보(白文寶 : ?～고려 공민왕 23년) 고려말 충신이다. 충숙왕 때 과거에 급제하여 검열(檢閱) 우상시(右常侍) 전리판서(典理判書)를 지냈다. 공민왕 10년(1361년)에 홍건적의 침입으로 사국(史局)에 있던 사고(史藁) 실록의 대부분이 없어졌으므로 왕은 청주에 머물러 있으면서 공봉(供奉) 곽추(郭樞)를 시켜 나머지 서책을 해인사로 옮겨 놓도록 명하였으나, 왜구들의 침입이 있을 뿐 아니라 갑자기 국사를 옮기면 민심이 동요될 우려가 있다고 건의하여 중지시켰다. 그는 과거에 10과를 둘 것과 숭불(崇佛)의 폐단을 논하고 승려가 되려면 허가를 받도록 하였고, 우왕이 세자로 있을 때 사부(師傅)에 임명되었다. 그의 자는 화부(和父) 호는 담암(澹庵) 시호는 충간(澹庵) 본관은 직산(稷山)이며, 직산군(稷山君)에 피봉(被封)되었다.

(德)에 의지하고 신(神)을 호위(護衛)하는 것은 하나의 신념(信念)에 있고 영재(英材)를 길러 나라를 지키는 것은 그 공(功)이 발원(發願)하는 데 있는 것이다. 그러므로 신(神)이 사람을 의지하고 사람 또한 신(神)을 의지하면 백성과 나라가 길이 평강하리라. 하늘에 제사지내는 정성(精誠)은 보본(報本)하는 데로 돌아가는 것인데, 이를 인간사에서 바라는 것은 헛수고이니라 하였다.

정지상(鄭之祥)33)은 하동(河東) 사람이다. 그 누이로 인해 원(元)나라를 왕래하게 되었는데 경효왕(敬孝王)이 입시(入侍)할 때에 잘 모신 공(功)이 있어 왕이 즉위하자 감찰지평(監察持平)으로 뽑혔다. 일을 처리함에 있어 큰 소리를 내지 않았다.

일찍이 그가 전라도 안렴사(安廉使)가 되어 임지에 도착해 세도가를 만나보고는 다짜고짜 그들을 문초하고 여러 고을에 이를 공시하니 온 고을 백성들이 가슴을 쓸어내렸다.

야사불화(埜思不花)는 본국 사람인데 원나라에 있을 때에 순제(順帝)의 사랑을 받아 그의 형 서신주(徐臣柱)는 육재(六宰)가 되었고 아우 응려(應呂)는 상호군(上護軍)이 되어 위세를 부리니, 나라 사람들이 그를 꺼려 하였다.

---

33) 정지상(鄭之祥 : ?~인종13년, 1135) 고려 인종 때의 문신으로, 초명은 지원(之元)이고 호는 남호(南湖)이다. 예종 7년에 과거에 급제하여 정언(正言) 사간(司諫)을 지내고 인종 때 기거주(起居注)를 지냈다. 역신 이자겸(李資謙)을 축출한 척준경(拓俊京)이 그 공로를 믿고 발호하자 왕에게 상소하여 척준경 일당을 유배시켰다. 묘청 일파에 가담하여 한 때 묘청 백수한(白壽翰) 등과 함께 삼성(三聖)이라는 칭호를 받으면서 서울을 서경으로 옮길 것과 금나라를 정벌해 고려왕도 황제라 칭하도록 주창하였다. 후에 묘청의 난이 일어나자 여기에 관련되었다 하여 김안(金安) 백수한(白壽翰) 등과 함께 김부식에 의해 참살되었다. 시문에 뛰어나 고려 12시인 중 한 사람으로 꼽혔으며 왕명에 의해 동산거사(東山居士) 곽여(郭輿)의 산재기(山齋記)를 지었고 노장철학(老莊哲學)을 숭상하였다.

불화(不花)가 강향(降香)하는 일로 본국에 이르러, 가는 곳마다 횡포하고 존무사(存撫使)나 안렴사(安廉使)에게까지도 심히 거칠게 대하였다. 이렇듯 무도하게 굴어 어느 누구도 그와 접촉하는 것을 삼가 하였다. 그가 전주(全州)에 이르자 정지상(鄭之祥)이 공손하게 맞이하였으나 불화(不花)는 몹시 거만하게 대하였다.

접반사(伴接使) 홍원철(洪元哲)이 지상(之祥)에게 부탁한 것이 있었으나 지상(之祥)이 듣지 않으니, 원철(元哲)이 몹시 노하여 불화(不花)에게 말하기를 "지상(之祥)이 중국 사신에게 거만하게 군다." 라고 하였다.

불화(不花)가 지상을 얽어매어 두니 지상(之祥)이 분해하며 크게 부르짖기를, "주리(州吏)들에게 거짓으로 말하기를 나라에서 이미 여러 기씨(奇氏)들을 베고 다시 원(元)나라를 섬기지 않으며 재상(宰相) 김경직(金敬直)을 원수(元帥)로 삼고 압록강(鴨綠江)을 지키고 있으니, 이제 사신(使臣)들을 제어하기란 쉬운 일이다. 너희들은 무엇이 두려워 나를 풀어주지 않는가? 장차 너희 주(州)가 낮추어져서 작은 현(縣)이 되는 것을 보려 하느냐." 하니, 읍리(邑吏)가 소리를 지르며 달려들어 결박을 풀고 지상을 부축해 나왔다.

지상(之祥)이 드디어 무리를 거느리고 불화(不花) 원철(元哲) 등을 잡아 가두고 불화가 차고 있던 금패(金牌)를 빼앗아 가지고 개성(開城)으로 가는 도중에 공주(公州)를 지나다가 응려(應呂)를 잡아 쇠도끼로 치니 며칠 뒤에 죽었다.

지상(之祥)이 개성으로 가 왕에게 자초지종을 아뢰자 왕이 놀라 순군(巡軍)을 내려 보내고 행성원외(行省員外) 정휘(鄭暉)에게 명하여 전주목사(全州牧使) 최영기(崔英起) 및 읍리(邑吏)들을 체포하게 하였다. 또, 차포온(車蒲溫)을 보내어 궁중의 술을 내려 불화(不花)를 위로하고 금패(金

牌)를 돌려주었다.

　원(元)나라에서는 단사관(斷事官) 매주(買住)를 보내 지상(之祥)을 국문케 하였으나 왕이 여러 기씨(奇氏)를 사살하고 지상(之祥)을 석방하여 순군제공(巡軍提控)으로 삼았다. 이어서 호부시랑(戶部侍郞) 어사중승(御使中丞)으로 승직시켰고 벼슬이 판사(判事)에 이르러 죽었다.

　그는 성격이 엄하여 죽을 죄는 반드시 죽게 하였다. 지상(之祥)의 아내는 과부로 담양(潭陽)에서 살다가 왜적에게 해를 입었고, 아들 종(從)은 박위(朴葳)34)를 따라서 대마도(對馬島)를 쳤다.

　문대(文大)35)는 고종(高宗) 안효대왕(安孝大王) 18년에 낭장(郞將)으로 서창현(瑞昌縣)에 있었는데, 몽고 군사가 철산성(鐵山城) 밑에 이르러 문대(文大)에게 몽고 군사가 왔으니 빨리 나와서 항복하도록 고을 사람들을 타일렀다.

　그러나 문대(文大)는 소리 지르기를 "가짜 몽고 군사가 왔으니 항복하지 말라." 하였다. 몽고 군사가 죽이려하다가 다시 한번 소리치게 하였더니 다시 전과 같이 하므로 드디어 그를 사살하였다. 몽고 군사가 성을 몹시 급하게 공격하자 성 안의 식량이 다하여 지킬 수가 없었다. 성이 장차 함락되게 되자, 판관(判官) 이희적(李希績)이 성 안의 부녀들과 어린이들을 모아 창고 안으로 들이고 불을 지른 후 자기는 장정들을 거느리고 스스로 자결하였다.

　경효왕(敬孝王) 12년 신묘(辛卯) 3월에 밀직사(密直司) 이강(李岡)36)

---

34) 박위(朴葳)는 고려 말의 장군으로 요동정벌 출정 시 위화도에서 회군한 이성계를 따라 최영 장군을 몰아낸 후 경상도(慶尙道) 도순문사(都巡問使)가 되었고, 이어서 양광도(楊廣道) 절도사(節度使)가 되어 왜구를 물리쳤다. 후에 충의군(忠義君)에 봉해졌다.

35) 문대(文大 : ?~고종 18년, 1231) 고려 고종 때의 낭장(郞將)으로, 서창현(瑞昌縣)에 있을 때 몽고군의 포로가 되었다. 죽음을 무릅쓰고 몽고병에 협력하지 않고 순국하였다.

이 왕명으로 참성단(塹城壇)에 제사지내고 이어 나무판에 시(詩)를 새겨 이르기를,

> 봄바람에 경치는 풍년이 든 해처럼 화사한데
> 어명을 받고 오는 길은 멀기도 하다.
> 채찍질 하며 달려 아침에 단봉궐(丹鳳闕)을 뒤로 하였고
> 이어서 배 타고 저물도록 백구(白鳩)의 물결을 좇았다.
> 하늘은 푸르고 산 빛은 골짜기에 가득 찬데
> 그 기운에 초목은 자연스레 꽃 피네.
> 봉래(蓬萊)가 어느 곳이냐고 사람들이 묻거든
> 이 땅이 곧 신선의 집이 봉래라 하게.
> 마음은 고요하고 몸은 한가로워 뼈대는 신선이 되고자 하는데
> 인간사 다단하기만 하여 혼돈스럽기 이를 데 없네.
> 제물을 올리는 신비한 자리는 중흥(中興)한 뒤에 마련된 것이요
> 돌을 쌓은 신령한 제단은 태고(太古) 전이라네.
> 이미 눈으로 천리 땅을 보고도 몸이 구중천(九重天)에 있음을 의심하는가.
> 이 길은 짝 없는 길이기는 하나 있는 듯하니
> 도성으로 돌아간 첫해에 만나세.

강능왕(江陵王) 우(禑) 5년 3월 신미(辛未)에 사신을 보내 참성단(塹城

---

36) 이강(李岡 : 충숙왕 복위 2년, 1333∼공민왕 17년, 1368) 이암의 아들로, 자는 사비(思卑) 호는 평재(平齋) 시호는 문경(文敬)이다. 충목왕 3년에 문과에 급제하였고 벼슬은 밀직부사(密直副使)를 지냈다.

壇)에 제사지낼 것을 명하였는데 대제학(大提學) 권근(權近)37)이 서고문
(誓告文)을 지어 바쳤다. 그 글에 말하기를,

    초헌(初獻)에 바다 위에 산이 높으니 사람 사는 세상의 번잡함과 요란
함이 끊어져 있고 단(壇)은 하늘이 가까우니 신선(神仙)이 탄 수레의 강림
(降臨)을 맞고자 하나이다.
    보잘것없는 음식을 차렸으나 밝은 신은 있는 듯 하오이다. 이헌(二獻)
에 신(神)이여 들으시고 의심하지 않으시며 사람들을 품어 주시는도다. 하
늘이 덮고 있음은 사사로움이 없이 땅 위에 내려 비치는도다. 섬기기를 예
(禮)로써 하니 감동되어 드디어 통하는도다.
    가만히 생각하면 마리산(摩利山)은 단군이 제사지내던 곳인데 성조(聖
祖)로부터 백성을 위하여 극(極)을 세우고 옛일을 유익하게 이어 후세에
아름다움을 드리웠고 그 뒤의 임금이 오랑캐를 피하여 도읍을 옮기고 또
한 여기에 힘입어 근본을 보존하였습니다.
    그러므로 우리가 집을 지키는 일이 잘못되지 않았고 짐(朕)의 소자(小
子)들이 이를 계승하여 공경하였습니다. 외적들이 개처럼 엿보는데 하늘
이 어떻게 우리 백성들을 죽게 내버려 둘 수 있을 것이며, 어쩌다 먼 변방
이 업신여김을 받고 있으면서도 오히려 표문을 들으시고 허락하셨는데,
하물며 이 고을이 침략을 받았는데 어찌 차마 되놈들을 보고만 있을 수 있
겠나이까?

---

37) 권근(權近 : 공민왕 1년, 1352~태종 9년, 1409) 호는 양촌(陽村)이고 시호는 문충(文忠)이
다. 고려조에 등과하여 벼슬이 첨서밀직사사(僉書密直司事)에 이르렀고, 사신으로 명나라
를 다녀왔다. 조선조에 대제학을 지내기도 하였다. 성리학과 문장에 능하였고 조정에서의
모든 글월을 찬술하였다. 저서로 양촌집(陽村集) 입학도설(入學圖說) 대별곡(臺別曲) 등 다
수가 있다.

어찌 밝은 위엄의 효험이 없을 수 있겠습니까? 이는 덕이 없고 바르지 못한 데 있는 것으로 이 모두가 스스로의 책임입니다. 그러나 사람이 만일 그 업(業)에 편안치 못하면 신(神)이 장차 돌아갈 곳이 없을 것이니 이에 옛법을 좇아 이때에 당하고 있는 환란을 고하는 것입니다.

이 낮은 정성은 지극하고, 보감(寶鑑)은 밝고 밝아 바다에 파도가 일지 않도록 하시어 어려움을 이겨낼 수 있는 힘이 크게 몰려들게 해 주시옵고 하늘이 거듭 명하여 사직(社稷)의 평안함을 이루게 하소서.

천수(天授) 기원 439년은 경효왕(敬孝王) 5년에 해당하는 해이다. 이 해 여름 4월 정유(丁酉)에 기철(奇轍)38) 권겸(權謙) 노탈(盧頉) 등이 반란을 꾀하다가 죽었고, 정지상(鄭之祥)을 석방하여 순군제강(巡軍提控)을 삼고 정동행성(征東行省) 이문소(理問所)39)를 쳐서 파하였다. 이때에 원나라가 몹시 쇠퇴하자, 오왕(吳王) 장사성(張士城) 등이 강소(江蘇)에서 일어나 소란스러운 일이 많았다.

---

38) 기철(奇轍 : ?~공민왕 5년, 1356) 기자오(奇子敖)의 아들로, 그의 누이동생이 원(元) 순제의 후궁으로 들어가 제2왕후로 책봉되어 태자를 낳았다. 이에 기철은 행성참지정사(行省參知政事)로 임명되고, 세도를 부려 민폐가 많았다. 같은 패거리인 권겸(權謙)도 딸을 원의 순제에게 바치고 기철과 세력 다툼을 벌였는가 하면, 이들은 원나라에서 내란이 일어나 자신들의 위치가 불안해지자 딸을 원나라 바치고 있던 노(盧)척이라는 인물들과 결탁하여 이들의 심복과 인척들을 요직에 앉혀 놓고 세력을 키워 나갔다. 이에 공민왕은 이들과 그 일당을 제거해 버리니 역사는 이 사변을 기철포살사건(奇轍捕殺事件)이라 기록하고 있다.
39) 정동행성이문소(征東行省理問所)는 정동행중서성(征東行中書省)을 말하는 것으로, 원나라가 일본 정벌을 위해 설치하였던 관청이다. 1280년(고려 충렬왕 2년)에 설치하였다가 1282년 정월에 폐지하였다. 그런데 이 행성의 이문소는 정치적 또는 국제적 범죄자를 심문키 위한 가장 대표적인 기관으로 존속하면서, 일본 정벌을 포기한 이후 고려의 내정 간섭 기구가 되었다. 이 이문소는 무려 70여 년간 존속하다가 공민왕 5년인 1356년에 폐지되었다.

그런데 최영(崔瑩)⁴⁰⁾ 등이 고우(高郵)로부터 돌아오자 임금이 최영(崔瑩) 등의 의론을 따라 서북쪽을 회복할 계획을 정하고 먼저 정동행성을 쳐서 없애고 이어 인당(印瑭)⁴¹⁾ 최영 등 여러 장수를 보내어 압록강 서쪽 여덟 참(站)을 쳐부수었다.

또, 유인우(柳仁雨)⁴²⁾ 공천보(貢天甫) 김원봉(金元鳳) 등을 보내어 쌍

---

40) 최영(崔瑩) : 충숙왕 3년, 1316~우왕 14년, 1388) 고려 말의 명장이다. 무인으로 양광도(楊廣道) 도순문사(都巡問使) 휘하에 있으면서 여러 차례에 걸쳐 왜구를 토벌하여 공을 세웠다. 공민왕 1년(1352년)에 조일신(趙日新)이 난을 일으키자 그 일당을 죽여 호군(護軍)으로 출세하게 되었다. 공민왕 3년(1354년), 산동(山東) 고우(高郵)에서 반란을 일으킨 장사성(張士誠)을 치기 위하여 원(元)나라에서 원병(援兵)을 요청하자 대호군(大護軍)으로서 정병(精兵) 2천 명을 이끌고 선봉(先鋒)이 되어 적을 섬멸함으로써 용명(勇名)을 대륙에 떨쳤다. 두 차례에 걸친 홍건적의 침입을 격퇴하여 훈1등 도형벽상공신(圖形壁上功臣)에 전리판서(典理判書)가 되었다. 공민왕 7년(1358년)에는 양광(楊廣) 전라도(全羅道) 왜적체복사(倭賊體覆使)가 되어 오늘날의 장연(長淵)인 오예포(五乂浦)에 침입한 왜구의 배 400여 척을 격파하였고, 7년 후인 공민왕 14년에는 왜구가 교동(喬桐) 강화도(江華島)에 나타나 노략질에 동서강도지휘사(東西江都指揮使)로 있다가 신돈(辛旽)의 참소(讒訴)로 계림윤(鷄林尹)으로 좌천되었다. 공민왕 20년에 신돈이 처형되자 곧 소환되어 찬성사(贊成事)가 되었다. 1376년(우왕 2년), 홍산(鴻山) 전투에서 왜구를 크게 무질러 철원(鐵原) 부원군(府院君)에 피봉되었다. 이 전투 이후 왜구는 최영 장군을 백수최만호(白首崔萬戶)라 하여 매우 두려워하게 되었다고 한다. 우왕 4년(1378), 왜구가 승천부(昇天府) · 풍덕(豊德)에 쳐들어와 개경(開京)까지 위험하자, 한 때 그 형세가 매우 불리하였으나 다행히 적을 쳐 공을 세우고 안사공신(安社功臣)의 호를 받았다. 이즈음 고려와 명과의 관계가 원활치 못한 가운데 철령 이북의 땅을 명나라가 차지하겠다는 이른바 철령위 문제가 대두되자 최영은 요동 정벌을 주장하고 팔도도통사(八道都統使)가 되어 우왕과 함께 평양에까지 출진하였으나, 이성계의 위화도 회군으로 뜻을 이루지 못하고 고양으로 유배당하였다가 죽임을 당하였다. 청렴결백하고 재물을 탐하는 일이 없어 수많은 일화를 남기고 있다.

41) 인당(印瑭)은 고려 공민왕 때의 장수이다. 남정만호(南征萬戶)로 원군(元軍)에 종군(從軍)하여 홍건적(紅巾賊)의 난을 평정하고 돌아와 첨의평리(僉議評理)가 되었다. 원(元)나라가 쇠약해지자 공민왕은 인당(印瑭)을 서북면병마사(西北面兵馬使)로 삼아 압록강 이서(以西)의 여덟 참(站)을 공략케 하였는데, 인당이 파사부(婆沙府) 등 세 참(站)을 무찌르고 돌아와 참지정사(參知政事)로 승진되었다. 그러나 원나라에서 고려가 월경침입(越境侵入)하였다고 질책하면서 80만 대군으로 응징하겠다고 하자 공민왕이 매우 당황한 나머지 허물을 인당에게 돌려 사형(死刑)시키고, 사신을 보내 사죄하였다. 인당은 교동(喬桐) 인씨(印氏) 시조(印氏)이다.

성(雙城) 등의 땅을 도로 찾았다. 10년 겨울 10월에 홍두적(紅頭賊)⁴³⁾ 번성(潘城) 사유(沙劉) 주원장(朱元璋)⁴⁴⁾ 등 10만여 무리가 압록강을 건너 삭주(朔州)⁴⁵⁾를 침범하였다. 11년, 적이 안주(安州)⁴⁶⁾를 습격하여 상장군(上將軍) 이음(李蔭)과 조천주(趙天柱)가 여기에서 죽었다.

2월에 임금이 복주(福州)⁴⁷⁾에 이르러 정세운(鄭世雲)⁴⁸⁾을 총병관(總

---

42) 유인우(柳仁雨)는 고려 말의 무인(武人)으로, 99년간 원나라에 빼앗겼던 함남(咸南) 영흥부(永興府)에 있던 쌍성총관부(雙城摠管府)를 탈환할 때 밀직부사(密直副使)로 동북면병마사(東北面兵馬使)가 되어 부사(副使) 대호군(大護軍) 공부보(貢夫甫) 종부령(宗簿令) 김원봉(金元鳳) 강릉도안무사(江陵道按撫使) 이인임(李仁任) 등과 함께 나가 싸웠다. 이자춘(李子春) 부자(父子)의 내응(內應)을 얻어 총관부(摠管府)를 함락시키고 화등(和登) 장정(長定) 장예(長預) 고문(高文) 선주(宣州) 선덕(宣德) 원흥(元興) 영인(寧仁) 요덕(耀德) 정변(靜邊) 등지를 수복하였다.

43) 홍건적(紅巾賊)은 표지(標識)로 붉은 수건을 쓴 까닭에 홍적(紅賊) 또는 홍두적(紅頭賊)이라고도 하였다. 원말(元末) 순제(順帝) 지정(至正) 11년(1351년)에 하북(河北)의 한산동(韓山童)을 두목으로 삼아 일어난 적도(賊盜)들로, 이들은 한산동(韓山童)의 아들인 한림아(韓林兒)를 황제(皇帝)로 삼고 국호(國號)를 송(宋)이라 하고 만주로 침입하여 요양(遼陽)을 점령하였으나, 원(元)군에 쫓겨 고려 영토로 몰려 들어왔다. 이들은 두 차례에 걸쳐 고려를 침입하다 전멸 상태에 빠지기는 하였으나, 결과적으로 고려 정부에 막대한 타격을 주어 고려 왕조의 멸망을 촉진한 요인이 되었다.

44) 주원장(朱元璋)은 세간에 전하기를 함경도 명천 사람이라고 한다. 명사(明史)에는 세거지(世居地)를 패(沛)라 하고 사주(泗州)로 이거(移居)해 왔다고 한다. 홍건적에 가담하여 두각을 나타낸 후, 양자강 유역의 경제력을 배경으로 군웅(群雄)을 항복케 하고 원을 밖으로 몰아내고 명태조가 되어 중국을 통일한 인물이다.

45) 삭주(朔州)는 고구려 때에 좌물촌(左勿村)으로, 오선궁(邀仙宮)인 대관(大舘)이 있던 유허지(遺墟地)이다. 보장왕 3년에 목책을 세우고 삭주라 하였다. 그 후 위주(爲州)로 고려에 와서 위부(爲府)라 하였다. 이곳에 오늘날 수풍호(水豊湖)가 자리하고 있다.

46) 안주(安州)는 고구려 때 식성현(息城縣), 고려에서는 팽원군(彭原郡), 고려 태조 14년 안북부(安北府)로 성종(成宗)은 영주안북대도호부(寧州安北大都護府)로 현종(顯宗)은 안북대도호부(安北大都護府)로 공민왕 18년에 안주만호부(安州萬戶府)를 두었다.

47) 복주(福州)는 안동(安東)의 옛 지명으로, 신라에서는 고타야군(古陁耶郡)이라 하다가 경덕왕(景德王) 때에 고창군(古昌郡)이라 하였다. 공민왕이 홍건적의 난을 피해 있었던 곳이었다. 후에 안동대도호부(安東大都護府)를 두었다.

48) 정세운(鄭世雲)은 공민왕 때의 장군으로 공민왕을 따라 원(元)에 갔다 온 후 대호군(大護

[고려국본기]

421

兵官)으로 삼았다. 세운(世雲)은 성품이 충성스럽고 맑아, 임금이 도읍을 떠난 이래로 밤낮 근심하고 분하게 여겨 홍두적을 소탕하는 일과 경성(京城)을 회복하는 일을 자신의 책임으로 여기니, 임금도 또한 의지하고 믿었다.

세운이 여러 번 급히 애통한 조서(詔書)를 내려 백성들의 마음을 위로하고 사신을 여러 도(道)에 보내어 군사를 모집하도록 독려하라고 청하자, 임금이 드디어 조서를 내리게 하였다.

이때 수문하시중(守門下侍仲) 이암(李嵒)이 전하여 이르기를, "천하가 편안하면 뜻을 정승에게 쏟고 천하가 어지러우면 뜻을 장수에게 쏟는 것이니, 나는 문신(文臣)이기에 군사가 될 수 없으므로 그대는 힘쓸지어다." 하였다.

세운(世雲)이 도당(都堂)에 나아가 분한 말로 소리 높여 유숙(柳淑)[49]에게 말하기를, "어찌하여 첨군(簽軍)으로서 기약이 뒤지는가." 하고 책망하였다. 세운이 떠나는데 이암(李嵒)이 말하기를, "지금 강한 도둑이 갑자기 쳐들어 와 황성(皇城)을 지키지 못하고 임금의 수레가 난을 피하여 도성을 떠나니 천하의 웃음거리가 되고 삼한(三韓)의 치욕이 되었는데, 그대가 앞장서서 대의(大義)를 부르짖고 무기를 들고 군사를 일으키니 사직(社稷)이 다시 안정되고 왕업(王業)의 중흥(中興)이 오로지 이 한 번의 거사

軍)이 되고, 이어 1등 공신으로 왕의 총애를 받았다. 홍건적의 난 때 총병관(摠兵官)이 되어 홍건적을 압로강 밖으로 몰아내고 개경을 수복하였다. 정적(政敵) 김용(金鏞)의 간계(奸計)에 말려 죽었다. 사후 첨의정승(僉議政丞)에 추증되었다.

[49] 유숙(柳淑)은 공민왕 때의 현신(賢臣)이다. 자는 순부(純夫) 호는 사암(思菴) 시호는 문희(文僖)로, 서주(瑞州) 사람이다. 공민왕을 따라 오랫동안 원나라에 있었는데, 돌아와 좌사의대부(左司議大夫)로 승진하고 기무(機務)에 참여하였다. 판전교(判典校)로 있으면서 왕의 자문역을 하였다. 동경유수(東京留守) 첨의평리(僉議評理) 서령군(瑞寧君)에 피봉되고, 신돈의 모함을 받아 영광(靈光)에서 목매어 죽었다. 우왕 때 공민왕의 사당에 모셔졌다.

(擧事)에 달려있다. 그러니 우리 임금과 신하는 밤낮으로 그대의 개선만을 기다릴 것이다."하며 권하고 일깨워 그를 보내고 매일같이 여러 장수들을 독려하여 의(義)를 일으키게 하고 계획을 세워 방법을 가르치니, 안우(安祐)[50] 이암(李嵒)의 종질(從姪) 순(珣 ; 희필(希秘)로 개명함)[51] 한방신(韓方信) 등 여러 장수가 이를 좇아 공(功)을 세웠다.

20년 신해(辛亥) 갑술(甲戌)에 여진천호(女眞千戶) 이두란(李豆蘭)[52] 첩목아(帖木兒)가 백호(百戶) 보개(甫介)를 보내어 일백호(一百戶)를 가지고 와서 항복하였다. 윤(潤) 3월 기미(己未)에 북원(北元) 요양성(遼陽城) 평장사(平章事) 유익(劉益) 왕우승(王右丞) 등이 요양(遼陽)[53]은 본래 우리 땅이라 하며 우리나라에 돌려보내 붙이려 하여 사람을 보내와 청하였다.

---

50) 안우(安祐 : ?~공민왕 11년, 1362) 공민왕 때의 장수로, 제주(濟州) 사람이다. 공민왕 집권 초에 군부판서응양군상호군(軍簿判書鷹揚軍上護軍), 지추밀원사(知樞密院事), 참지중서정사(參知中書政事)를 지냈다. 홍건적을 몰아내는 데 혁혁한 공을 세웠다. 그 공으로 중서평장정사(中書平章政事)가 되고 공신(功臣)의 호(號)를 받았다. 이듬해에 또다시 홍건적 20만의 무리가 쳐들어 오니 이를 막아내고 안주(安州)에 머물고 있던 중, 적의 습격을 받아 대패하였다. 이후 홍건적은 개성으로 들어와 약 2개월간 머무르면서 약탈과 학살을 자행하고 귀중한 전적과 유물을 불살랐다. 이듬해 봄, 정세운(鄭世雲)이 지휘하는 고려군은 안우(安祐)를 비롯해 이방실(李芳實) 최영(崔瑩) 이성계(李成桂) 등이 합동으로 개성을 포위 공격하여 적을 섬멸하였다. 당시 재상이던 김용(金鏞)은 이들의 공을 시기하여 안우(安祐)를 죽음으로 몰아넣었다.
51) 이순(李珣)은 일명 희필(希泌)이라 하며, 이암(李嵒)의 종질(從姪)이다. 홍건적을 격파하는 데 공이 컸다. 시호는 충정(忠靖)이다.
52) 이두란(李豆蘭 : 고려 충혜왕 1년, 1331~조선 태종 2년, 1402) 여진 천호의 아라부카(阿羅不花)의 아들로, 이성계의 휘하로 들어와 이씨 성을 받았다. 본성은 동(冬)이고 초명은 두란티무르[豆蘭帖木兒]이다. 이성계를 도와 정사좌명공신(定社佐命功臣)이 되고 명나라를 도와 건주위(建州衛)를 정벌하고 청해백(淸海伯)에 피봉되어 태조의 사당에 모셔졌다.
53) 요양(遼陽)은 진한관경지지(辰韓管境之地)로 고구려 때 오열홀(烏列忽), 발해 때에 중경현덕부(中京顯德府) 금덕현(金德縣)이었다. 오늘날 요녕성 중부의 도시로, 태자하(太子河) 남안에 위치해 있다. 한대(漢代) 이래 중진(重鎭)이며 장대(長大) 본계(本溪) 두 철도의 교차점이다. 부근에 탄전(炭田)이 있고 고적(古跡)이 여럿 있다.

이때 조정의 의론이 한결같지 않고 나라 일에 어려움이 많았으나, 임금이 정몽주(鄭夢周)를 명나라에 보내어 촉(蜀)을 평정한 것을 하례하게 하였다. 그런데 김의(金義)가 명나라 사신 채빈(蔡斌)을 죽이니 조야(朝野)가 모두 시끄러워 이런 일을 말하고자 하는 자가 없었기 때문에 그 때에 즉시 회복하지 못하였다. 그리하여 유익(劉益) 등이 결국 금주(金州)54) 복주(復州)55) 개평(蓋平)56) 해성(海城) 요양(遼陽) 등지의 땅을 가지고 명나라에 가서 붙게 되었다.

아아! 당시의 청론도(淸論徒)들이 무사하게 지내는 것만 힘썼기 때문에 스스로 좋은 기회를 잃어 마침내 옛 강토를 다시 회복하지 못하게 되었으니, 지사(志士)의 한(恨)이 이같이 깊을 수가 없도다.

강능왕(江陵王)이 선제(先帝)의 명으로 왕위에 오르니 이때 요동도사(遼東都司)가 승차(承差) 이사경(李司敬) 등을 보내와 압록강에 이르러 방(榜)을 붙여 말하기를, 철령(鐵嶺)57)에서 북쪽과 동쪽, 그리고 서쪽은 원래 개원(開原)에 속하였던 곳이니 거기에서 관할하는 군인 중의 한인(漢人)과 여진(女眞) 달달(達獺) 고려(高麗)는 그대로 요동(遼東)에 소속시킨다 하였다. 이에 조정의 의론이 분분하여 한결같지 않더니 마침내 전쟁을 독려하기로 결정하고 서울과 지방의 병마를 일으키고 최영(崔瑩)을 팔도도통사(八道都統使)로 삼았다.

---

54) 금주(金州)는 고구려의 금현(金縣)으로, 금(金)나라 정우(貞祐) 4년 금주(金州)라 하였다. 금주만(金州灣) 좌안(左岸)에 자리하고 있다.
55) 복주(復州)는 금나라 때에 칭명(稱名)되었는데, 오늘날 봉천부(奉天府) 복주(復州)이다.
56) 개평(蓋平)은 오늘날의 해성(海城) 서남(西南)으로, 개주하(蓋州河) 북안(北岸)에 위치하였다.
57) 철령(鐵嶺)은 고구려의 동산현(銅山縣) 심양(瀋陽) 북동(北東) 70km이다. 장대(長大) 철도의 부설로 성황을 잃어버렸지만 인근 굴지의 시장이다.

高麗國 本紀

太祖神聖太王天授二年 定都于松岳[1]* 之陽 二十六年御製訓要其略 曰惟我東方舊慕唐風 文物禮樂悉遵其制 殊方異土人性各異 苟必不同 泰封國王弓裔[2]* 其先平壤人 本報德王安勝之遠裔也 其父剛從術家言 從母姓爲弓氏 先是高句麗水臨城人牟岑[3]* 大兄 收合殘民奉安勝[4]* 爲後高句麗王 請援於新羅 新羅王處之國西金馬渚[5]* 後改爲報德王 神文王立 徵報德王爲蘇判[6]* 其族子大文 留金馬渚 謀叛稱王被誅餘衆殺官吏 據報德城 又叛爲新羅所平 徙其人於國南州郡 大震國明宗景皇帝天福九年五月五日 弓裔生於外家 其屋上有素光 若長虹上屬天 新羅日官望之 以爲將不利於國家 以聞王嫌之 使人抵其家殺之 其母略珍寶 請抱而逃鼠 劭勞養育 年十餘歲 祝髮爲僧 號善宗及壯 放逸如故 不拘檢僧律 軒輊有膽氣 嘗持鉢赴齋 有烏啣牙籤落鉢中 視之有王字 秘不言頗自負 先自安勝 有勞王事 而新羅不報 反收其土地人民而盡奪 只以王妹妻之而已 高句麗遺民以故 累世積怨 怏怏起變而屢敗 至弓裔見國家衰亂 乘欲聚衆 復祖宗之舊土 洗積世之仇 乃投竹州賊箕萱 萱侮慢不禮 弓裔鬱悒不自安 潛結萱麾下元會申煊等爲友 投北原賊梁吉 吉善遇之 委之以事 分兵百騎 使東略州郡 皆降之又攻阿瑟那[7]* 衆之六百 自稱將軍 與士卒同甘苦 予奪不以事 衆心皆畏之 天福二十七年太守王隆 以松岳郡歸弓裔 設之曰大王若欲王朝鮮肅愼弁韓之地 如先占松岳 以吾長子建 爲其主 從之 時李萱起兵武珍州[8]* 乃聲言於衆曰吾原三國之始 馬韓先起赫居世後興 弁韓從之 百濟開國 傳世六百 新羅

【태백일사】

與唐合攻滅之 今予雖不德 欲雪義慈之憤 遂都完山[9]* 稱王 國號後百濟 弓裔亦以明年稱王 謂曰新羅請兵於唐 滅高句麗 是可恥也 吾必爲高句麗報讐 立國號曰後高句麗 建元曰武泰 嘗南行至興州寺[10]* 見壁掛新羅前王畫像拔劍擊之 弓裔意慾倂呑新羅 呼爲滅都 自新羅歸附者 幷皆殺之 自是弓裔自稱彌勒佛 頭戴金幘 又自述經二十卷 或正坐講說 僧釋聰謂曰皆邪說怪談 不可以訓 弓裔怒以鐵椎打殺之 天授元年戊寅夏六月 王建爲洪儒[11]* 裴玄慶[12]* 申崇謙[13]* 卜智謙[14]* 等諸將軍之所推戴 黎明坐於積穀之上 行君臣之禮 命人馳且乎曰王公 已擧義旗矣 奔走來赴者衆 先至宮門 鼓譟以待者 亦萬餘人 遂卽位於布政殿 建元天授 於是泰封王弓裔聞變以微服出門亡去 尋爲斧壤[15]* 民所害 契丹聖宗遣將蕭遜寧[16]* 侵破蓬山[17]* 獲我先鋒 成宗文懿大王 會群臣議 或言乞降 或言割地 與之 中軍徐熙獨曰 今見其勢大盛 遽割西京以北 與之 非計也 且三角山以北 亦高句麗舊址也 彼以谿壑之慾 責之無壓 可盡與乎 況今割地 則誠萬古之恥也 願駕還都城 使臣等 一與之戰然後 議之未晩也 熙奉國書 赴契丹營 問相見之禮 遜寧曰我大朝貴人 宜拜於庭 熙曰兩國大臣 何得如是 遜寧謂熙曰汝國 與新羅地 高句麗之地 我所有也 而汝侵蝕之 又與我連壤 而越海事宋故 有今日之師 若割地以獻而修朝聘 可無事矣 熙曰非也 我國卽高句麗之舊也 故號高麗都平壤 若論地界 則貴國之東京[18]* 皆在我境 何得謂之侵蝕乎 若逐女眞 還我舊地則敢不修聘 辭氣慷慨 遜寧知不可强 遂決罷兵 宴慰以送 都元帥尹瓘[19]* 攻破女眞 立碑于先春嶺 以爲界 遣子彦頤[20]* 奉

表賀 平章事崔弘嗣金景庸 參知政事任懿 樞密院事李瑋等 入對宣正殿 極論尹瓘吳延寵林彦等 妄興無名之兵 敗軍害國 罪不可赦 諫官金綠李載等 亦相繼劾之 曰人主之取土地 本欲育民也 今爭城而殺人 莫如還其地而息民 今不與 必與契丹生釁 上曰何也 緣曰國家初築九城 使告契丹 表稱女眞弓漢里[21]* 乃我舊地 其居民 亦我編氓 近來寇邊不已故 收復而築其城 表辭如是 而弓漢里 酋長 多受契丹官職者 契丹以我爲妄言 以加責讓 我若東備女眞 北備契丹 臣恐九城 非三韓之福也 諫議大夫金仁存 亦請還舊地 上宣諭曰兩元帥之伐女眞 受先帝之遺志 體朕躬之述事 身冒鋒鏑 深入賊壘 斬馘俘虜 不可勝計 而關千里之地 築九州[22]* 之城 以雪國家之恥 則其功可謂多矣 然女眞人面獸心 反復無常 厥有餘醜 無所依處故 酋長納降請和 群臣皆以爲便 朕亦不忍 有司守法 頗有論劾 遽奪其職 朕終不以此 爲咎 庶幾有孟明之復濟也 睿宗文孝大王四年秋 撤九城 還女眞舊地 先是女眞 使裹弗史顯等 入朝奏曰 昔 我太師盈歌[23]* 嘗言我祖宗 出自大邦 至于子孫 義當歸附 可也 今太師烏雅束[24]* 亦以大邦 爲父母之國 至甲申年間 弓漢村人 作不靖 本非太師之指揮 國朝鳴罪討之 復許修好故 我信之 不絶朝貢 去年大擧 殺我耄倪 築置九城 使子遺之民 靡所止歸 太師遣我來 請還地云云 又會宰樞臺省知制誥侍臣都兵馬判官 及文武三品官以上 更議還九城可否 皆曰可 舊史云 兩將軍 立碑於先春嶺曰至此爲高麗之境 先春嶺[25]* 在豆滿江七百里外松花江近地云 廣州牧使 尹彦頤自解表云 及睹中軍所奏 曰彦頤與鄭知常 結爲死黨 大小之事 實同

商議 在壬子年西幸時 請立元稱號 又諷誘國學生 奏前件事 盖
欲激大金 生事乘間 恣意處置 朋黨外人 謀爲不軌 非人臣意 臣
讀過再三然後 心乃安繫 是立元之請 本乎尊主之誠 在我本朝
有太祖光宗之故事 稽其往牒 雖新羅渤海 以得爲之 大國未嘗加
兵 小國無敢議其失 奈何聖世 反爲潛行 臣嘗議之 罪則然矣 若
夫結爲死黨 激怒大金 語言雖甚大焉 本末不相坐 何則假使強敵
來侵我強 夫惟禦之未遑 安得乘間而用事 其指朋黨者 誰氏 其
欲處置者 何人 衆若不和 戰之則敗 且容身之無地 何恣意以爲
謀 有賴聖知 重念臣以至弱之質 從西征之役 忘身以衛其國 乃
義分之當然 成事皆因於人 何勤勞之足道 金史曰世宗大定十五
年九月 高麗西京留守趙位寵 遣徐彦等進表 欲以慈悲嶺[26)*] 以西
鴨綠江以東 內附不許 高麗史曰睿宗十一年三月乙未朔 上聞遼
來遠 抱州二城 爲女眞所攻 城中食盡 遣都兵馬錄事邵億 送米
一千石 來遠統軍辭不受 八月庚辰 金將撒喝 攻遼夾遠抱州二城
幾陷 其統軍耶律寧 欲帥衆而逃 上遣樞密院知奏事韓皦如 招諭
寧以無王旨辭 皦如馳奏 上欲令樞密院 且箚子送之 宰臣諫官
奏曰彼求王旨 其意難則 請止之 上乃遣使如金 請曰抱州 本吾
舊地也 願以見還 金主謂使者曰爾其自取之 厚庵李尊庇[27)*] 高麗
景孝王時人也 嘗在書筵 論自主富強之策 仍奏曰本國 自桓檀朝
鮮北夫餘高句麗以來 皆富強自主 且建元稱帝之事 至我太祖初
亦嘗行之 而今則事大之論 定爲國是 君臣上下 甘受屈辱 不圖
所以自新 其畏天保國 則誠美矣 奈天下後世之笑何 月與倭搆怨
萬一元室有變 將焉所恃而爲國 稱帝之事 爲時忌諱 則固難卒復

而自强之策 不可不講也 奏雖寢 聞者莫不韙之 後又陳備倭五事
一曰 詳備戶口 悉民爲兵 二曰兵農一作 水陸共守 三曰積置兵
粮 修造戰艦 四曰擴張水軍 兼習陸操 五曰詳悉地理 確保人和
嘗有寄晦堂上人詩 曰物無美惡終歸用 苦李誰嫌着子多 長息久
朝天子所 次兒新付法王家 移忠固是爲臣分 割愛其如出世何 還
笑老翁猶滯念 有時魂夢杳天涯 上在燕京 惑於蓮女 臨別 手贈
蓮花一朶曰上 歸路 視此花若凋 此命將盡 數日後視花 花欲憔
悴 上恐蓮女死 復欲如燕 尊庇請往探而回 蓮女泣而獻詩曰 相
贈蓮花香 初來悼約紅 移叢問幾日 憔悴與君同 尊庇恐上見詩增
懷 代蓮女而製 進曰這癡漢這癡漢 勿留輦勿留輦 此身便如蓮葉
珠 彼邊轉處此邊圓 上見詩大怒 遂還國 後上恨蓮女不已 尊庇
乃奏曰臣於伊時 急於奉還 不得已權辭 請伏欺罔之誅 上怒削官
謫文義[28]* 太子及朝臣 反復啓解之 上亦悔悟 復官召還 使者未
至 尊庇卒 訃聞上震悼輟朝 太子臨喪曰李尊庇正直 邦家司直
何天如是乎 仍命葬用王禮 遂以荊江[29]* 之上 還其山四里 封之
至今洞曰王墓 里曰山四 杏村李侍中嵒 嘗疏沮權臣輩 欲廢國號
而請立行省之議 其疏略 曰天下之人 各以其國爲國 各以其俗爲
俗 國界不可破也 民俗亦不可混也 況我國自桓檀以來 皆稱天帝
之子 行祭天之事 自與分封諸侯 元不相同 今雖一時爲人轅下
旣有魂精血肉 而得一源之祖 是乃神市開天 三韓管境之爲大名
邦於天下萬世者也 我天授太祖以創業之資 承高句麗多勿 立國
之餘風 平定宇內 國聲大振也 間有強隣 承以作暴 幽營以東 尚
未歸我 則此君臣 日夜奮振 謀所以自主富強之策 敢有潛淸輩之

大姦慝 逞能陰謀 我國雖小 國號不可廢也 主勢雖弱 位號何其降也 今此之擧 皆奸小之輩之出於捕逃 而非國人之公言也 宜請都堂 嚴治其罪 杏村侍中 遺著書三種 其著檀君世紀 以明原始國家之體統 又著太白眞訓 紹述桓檀相傳之道學心法 農桑輯要 乃經世實務之學也 文靖公李牧隱穡 序之曰凡衣食之所由足 貲財之所由豊 種蒔孳息之所由周備者 莫不分門類聚 縷析燭照 實理生之良書也 杏村先生 嘗有於天寶山[30]* 夜宿太素庵 有一居士 曰素佺 多藏奇古之書 乃與李茗范樟 同得神書 皆古桓檀傳受之眞訣也 其通脫博古之學 卓然有所可稱 而其參佺修戒之法 盖凝性作慧 凝命作德 疑精作力 其在宇宙而三神長存 其在人物而三眞不滅者 當與天下萬世之大精神 混然同其體 而生化無窮也 先生曰道在天也 是爲三神 道在人也 是爲三眞 言其本則爲一而已 唯一之爲道 不二之爲法也 大哉桓雄 首出庶物 得道天源 入敎太白 神市開天之義 始大明於世矣 今吾輩 因文求道 參佺受戒 尊吾敎而未發 又聞百途而難會 老將及矣 可恨哉 先生以侍中致仕 退居江都之杏村 自號爲紅杏村叟 遂著杏村三書 藏于家 敬孝王後三月 杏村李嵒[31]* 以命 祭天于塹城壇 謂曰文寶[32]* 曰賴德護肸 一存信念 養英衛國 功在發願 乃神依人 人亦依神而民而國 永得安康 祭天之誠 竟歸報本 其求人世 敢可忽諸 鄭之祥[33]* 河東人也 因其妹 往來于元 値敬孝王入侍 隨從有勞 及王卽位 驟選至監察持平 不諳事理 嘗爲全羅道按廉使入境 遇勢家所使 輒捞掠徇示諸郡 一道寒心 埜思不花 本國人也 在元有寵於順帝 其兄徐臣桂 爲六宰 弟應呂爲上護軍 依勢作威福 國

人畏之 不花降香至本國 所至從暴 存撫安廉 多被辱罵 莫不違
忤 至全州之祥迎候恭謹 不花待遇甚倨 伴接使洪元哲 有求於之
祥 之祥不聽 元哲激怒 不花曰之祥慢天使 不花縶縛之 之祥忿
恚大叫 給州使曰國家 已誅諸奇 不復事元 命宰相金敬直爲元帥
守鴨綠江 此使易制耳 若等何畏而不我救 將見而州降爲小縣也
邑吏呼譟而入 解縛扶出 之祥遂率衆 執不花元哲等 囚之 奪不
花所佩之金牌 馳還京 過公州 執應呂以鐵椎撾之 數日而死 之
祥來白于王 王驚愕下巡軍 命行省員外鄭暉 捕全州牧使崔英起
及邑吏等 又遣車蒲溫賚內醞慰不花 還其牌 元遣斷使官買住 來
鞠之祥 王誅諸奇釋之祥 爲巡軍提控 再轉戶部侍郞一御史中丞
官至判事 辛性嚴凡戮死罪必遺之 之祥妻寡居潭陽 爲倭所害 子
從隨朴葳[34]* 擊對馬島 文大[35]* 高宗安孝大王十八年 以郞將在
瑞昌縣 爲蒙古兵所虜 蒙古兵至鐵山城下 令文大呼喩州人曰眞
蒙古兵來矣 可速出降 文大乃呼 曰假蒙古兵也 且勿降 蒙古人
欲斬之 使更呼復如前 遂斬之 蒙古攻城甚急 城中糧盡不克守
將陷判官李希績聚城中婦女小兒 納倉中火之 率丁壯自刎而死
敬孝王十二年辛卯三月 密直司李岡[36]* 以命祭塹城壇 仍刻板題
詩 其詩曰 春風景物富年華 承命來遊道里賒 朝辭丹鳳闕 棹舟
暮趁白鷗波 半空蒼翠浮色 滿壑氛氳草自花 借問蓬萊何處是 人
言此地卽仙家 心靜身閑骨欲仙 遙思人事正茫然 薦蘋秘席中興
後 累石靈壇太古前 已得眼看千里地 況疑身在九重天 此行無耦
如相托 須値還都第一年 江陵王禑五年三月辛未 命遣使致祭于
塹城壇 大提學權近[37]* 製誓告文以進 其文曰初獻 海上山高 逈

隔人寰之煩擾 壇中天近 可邀仙駅之降臨 薄尊斯陳 明神如在
二獻 神聽不惑 庇貺斯人 天覆無私 照臨下士 事之以禮 感而遂
通 窃念摩利山 檀君攸祀 自聖祖爲民立極 俾繼舊而垂休 曁後
王避狄遷都 赤賴玆而保本 故我家守之不墜 而朕小子承之益虔
天何外寇之狗偸 而以致我民之魚爛 雖遠疆之受侮 尙許表文 況
厥邑之被侵 胡然忍視 其明威之不驗 定否德之無良 實難求他
惟在自責 然人若不安其業 則神將無所於歸 玆因舊典之遵 敢告
當時之患 皐忱款款 寶鑑明明 致令海不揚波 丕亨梯航之輻湊
天其申命 光贊社稷之安磐 天授紀元四百三十九年 敬孝王五年
是歲夏四月丁酉 奇轍[38]* 權謙盧頙等 謀叛伏誅 釋鄭之祥 爲巡
軍提控 罷征東行省理問所[39]* 時元室極爲衰弊 吳王張士誠 起於
江蘇 事多騷亂矣 崔瑩[40]* 等及自高郵歸 上始從瑩等議 遂定西
北恢收之計 先罷征東行省 繼遣印瑭[41]* 崔瑩等諸將 攻鴨綠江以
西八站破之 又遣柳仁雨[42]* 貢天甫金元鳳等 收復雙城等地地 十
年冬十月紅頭賊[43]* 藩誠沙劉 朱元璋[44]* 高麗史愍王十年秋七月
壬子 張士誠遣千戶傅憶來聘等十萬餘衆 渡鴨綠江寇朔州[45]* 十
一年賊襲安州[46]* 上將軍李蔭趙天柱死之 十二月上至福州[47]* 以
鄭世雲[48]* 爲總兵官 世雲性忠淸 自播遷以來 日夜憂憤 以掃蕩
紅賊 恢復京城 爲己任 上亦倚信 世雲屢請函下哀痛之詔 以慰
民心 遣使諸道 以督徵兵 上遂下詔 守門下侍中李嵒傳 曰天下
安注意相 天下亂注意將 余文臣懦不能軍 子其勉之 世雲詣都堂
憤言揚聲 謂柳淑[49]* 以簽軍後期爲責 將行嵒謂世雲白今 強寇猝
至 皇城失守 乘輿播遷 爲天下之笑 三韓之恥 而公首唱大義 仗

金+戈行師 社稷之再安 王業之中興 在此一擧 吾君臣日夜 望公之凱旋也 奬諭遣之 每日督勵諸將倡義 出謀受計 安祐[50]* 李珣[51]* 韓方信等諸將 皆從之有功 二十年辛亥二月甲戌 女眞千戶李豆蘭[52]* 帖木兒 遣百戶甫介以一百戶來投 閏三月己未北原遼陽省平章事劉益王右丞等 以遼陽[53]* 本高麗地 欲歸附我國 遣人來請 時廷議不一國事多難 然上遣鄭夢周 如明賀平蜀 金義殺明使蔡斌 朝野騷然 其欲言事者幾希 以故未卽回報 劉益等遂以金州[54]* 復州[55]* 蓋平[56]* 等地 歸附于明 嗚呼 當時淸論 徒因循是務 自失好機 竟不恢收舊疆 志士之恨 於斯爲深矣 江陵王以先帝命卽位 時遼東都司差承差李思敬等 到鴨綠江張榜 曰鐵嶺[57]* 迤北迤東迤西 元屬開元 所管軍人 漢人女眞達達高麗 仍屬遼東云云 朝議紛紜不一 竟以督戰決定 大發中外兵馬 以崔瑩爲八道都統使

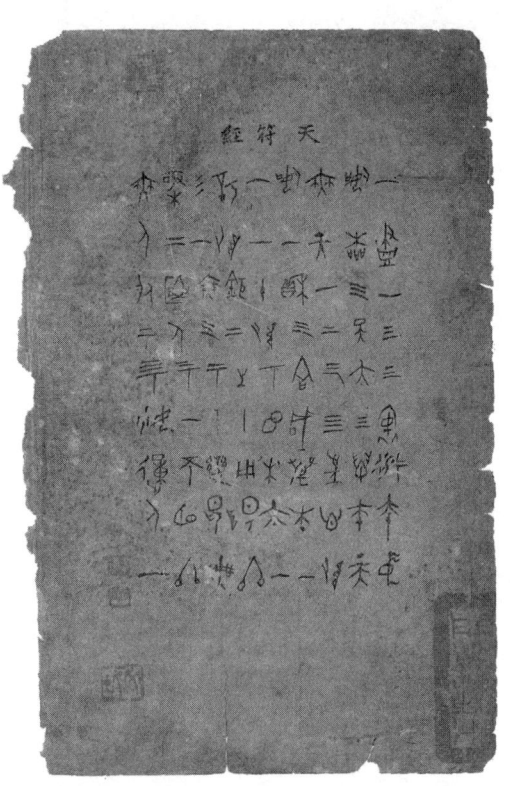

이 천부경(天符經)은 고려의 마지막 충신 두문동 72현 가운데 한명이었던 농은(農隱) 민안부(閔安富) 선생의 유집에서 발견된 것으로 알려지고 있다.

태백일사 발(太白逸史 跋)

갑자년(甲子年)에 내가 괴산(槐山)으로 귀양갔을 때 그 곳에서 마땅히 근신해야 할 처지였기 때문에 몹시 무료하였다. 이에 집에 간직해 두었던 책 궤짝을 내다가 살펴보니, 그 중 사료(史料)로 상고할 만한 것이 있었다.

이것을 평소 옛 노인들에게서 들은 것과 함께 추려서 기록하였으나 책이 되지는 못하였다. 그 후 16년이 지난 경진(庚辰年)에 내가 찬수관(撰修官)이 되자 내각(內閣)의 비장서(秘藏書)들을 읽어 볼 수 있어, 이전에 써 두었던 원고를 상고하여 이를 차례로 엮어 태백일사(太白逸史)라 하였다. 그러나 감히 세상에 내놓지 못하고 비장해 두고 외부에 내놓지 못하였다. 일십당(一十堂) 주인(主人)이 쓰노라.

太白逸史 跋

歲甲子余謫槐山 處宜謹愼 頗爲無聊 乃取閱家藏陳篋 其有可據於史傳者 與夫平日聞諸古老者 幷擧採錄 而未成書 後一十六年庚辰 余以撰修官 頗得內閣秘書而讀之 乃按前稿而編次之 名曰太白逸史 然敢不問於世 秘藏之爲 不出戶外者 一十堂主人書

환단고기 발(桓檀古記 跋)

　　기축년(己丑年) 봄, 나는 강도(江都) 마리산(摩利山)에 들어갔다가 마침 대영절(大迎節)을 맞이하게 되어 대시전(大始殿)에서 이정산(李靜山) 유립(裕立) 씨를 만나게 되었다. 그는 나에게 환단고기(桓檀古記)를 정서(正書)해 줄 것을 부탁하였다. 나는 글씨가 거칠어서 그렇듯 소중한 책무를 감당할 수 없었지만, 우리 국조(國祖)의 고사(古史)라는 것을 알고 승낙하였다.

　　그 중에는 삼성기(三聖記) 상 하와 단군세기(檀君世紀) 북부여기(北夫餘記) 상 하와 태백일사(太白逸史)가 실려 있었다. 한 달이 넘어 끝을 냈지만, 환인(桓因)은 7세(世)를 전하였다고만 하였고 그 연대는 자세하지 않았다. 환웅(桓雄)이 개천(開天)한 후 18세(世)를 이어 1565년을 지냈고 단군(檀君)은 47세를 이어 2096년을 거쳐 지금에 이르기까지 모두 5846년이 되었다. 그러니 기자(箕子)가 어떻게 그 중간에 관계될 수 있겠는가?

　　오호라! 천부(天符)의 경(經)과 홍익(弘益)의 교훈(敎訓)과 신고전계(神誥佺戒)가 이제까지 보존되어 오고 있으니, 이는 분명히 자신을 닦고 세상 사람들을 다스리는 심법(心法)이 되어 세상을 다스리고 백성을 구제하는 큰 법전(法典)이 아닐 수 없다. 때문에 천하가 모두 복종하여 성신(聖神)으로 높였던 것이다. 그러나 우리나라 유가(儒家)와 불가(佛家)들은 고전(古典)에 어두운데다 적은 일을 취하는 것에 마음을 둘 뿐, 서쪽 나라에 대하여 무릎 꿇는 것을 달게 여김으로 부끄러움을 알지 못하고 있다. 오호라! 뒤에 이 글을 보는 자는 머리 숙여 공경해야 할 것이다. 그것을 바라는 마음에서 이 글을 써서 책 뒤에 붙인다.

신시(神市) 개천(開天) 5846년 기축(己丑) 5월 상순(上旬)

동복(同福) 오형기(吳炯基) 발(跋)

桓檀古記 跋

己丑春 余入江都至摩利山 適值大迎節 謁大始殿 李靜山裕岦氏 囑余以桓檀古記正書之役 余筆荒雖不能 勝重任爲識我國 祖古史而之中 有三聖記上下 檀君世紀 北夫餘記 上下 太白逸史 載在焉 月餘而告迄 桓因傳七世云 而未詳其年代 自桓雄開天傳十八世而歷一千五百六十五年 檀君傳四十七世 而歷二千九十六年 至于今凡五千八百四十六年 箕子何與於其間哉 嗚呼 天符之經弘益之訓 神誥佺戒 猶有存焉 明明爲修己治人之心法 堂堂爲經世濟民之大典 故天下咸服尊之而聖神 而我東土之儒家與佛氏 昧於古典 安於小成甘爲屈膝於西土 而莫之恥也 噫後之覽此書者 必惕然而起敬也 請書此以付之卷後 神市開天五千八百四十六年 己丑五月上澣 同福吳炯基跋

부록

동이(東夷) 그들은 누구인가

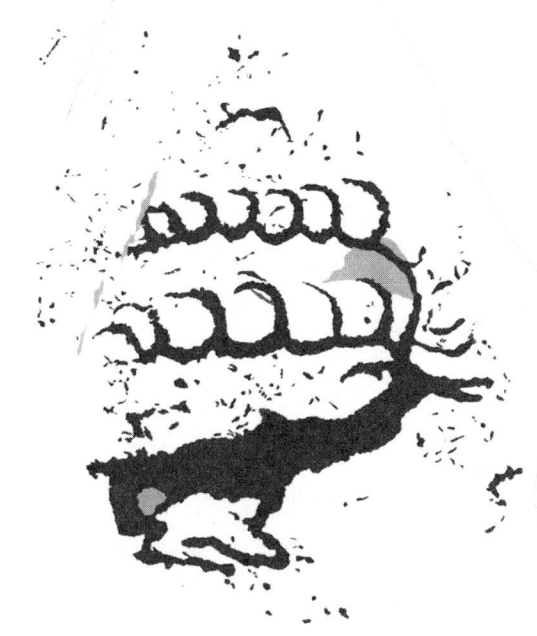

한민족의 시원은 어디인가? 북방의 바이칼을 중심으로 한민족이 태동했다는 것이 학계의 정설이다. 흥미로운 것은 우리 민족의 분포가 순록의 길과 밀접하게 연관되어 있다는 사실이다. 스텝의 길 혹은 몽골리안 루트로 불리는 길이다. 순록은 이끼를 따라 이동하고, 순록을 따라 이동해 온 유목민족이 동이민족이다. 황하 유역에서 농경을 주로 하던 중국의 한(漢)족과는 출발선이 서로 다르다. 고조선과 고구려를 자신들의 역사라고 주장하는 중국의 주장은 일고의 가치도 없다.

그림 : 중앙아시아의 바위 그림, 동북아역사재단

동이(東夷) 그들은 누구인가

1. 동이(東夷)의 연원(淵源)

　인류가 살아오는 과정 속에는 당해 지역의 주인공들이 살아오던 공간상의 활동 영역과 집단이 생겨나게 마련이다. 역사는 이에 대해 그것이 씨족이던 부족이던 이들을 조상으로 받드는 가운데, 그들이 어떤 종족이며 활동무대가 어디이며 어떻게 생활해 왔는가를 기술하고 있다. 특히 주인공에 대한 혈연 내지 종족사는 매우 중시되고 있다.
　우리의 선민(先民)들이 인류 역사상 일찍부터 활동해 온 사실에 동의한다면, 이들 선민들에 대한 고찰이 제기되어야만 한다. 이에 우리 한민족의 연원을 고찰해 보고 이어서 이들이 건설한 국가 영역이 어느 지경(地境)에까지 이르러 왔는가를, 그리고 우선 우리의 선민(先民)은 동이족(東夷族)인가에 대해 자문자답(自問自答)해 보고자 한다.
　설문해자(說文解字)에서는 이(夷)를 종대종궁동방지인야(從大從弓東方之人也)라 하여 대궁(大弓)과 관련지어 설명하고 있고, 후한서 동이전(後漢書 東夷傳)에는 동방(東方)을 이(夷)라 하며, 이(夷)는 뿌리를 의미하는 데 만물이 땅에 뿌리박고 있듯이 천성이 유순하고 도(道)가 있어 도(道)로써 다스리기 쉬운 불사군자국(不死君子國)이며, 동이족(東夷族)은 어질

고 살리기를 좋아한다고 하였다.1)

　동이(東夷)는 산동반도(山東半島)로부터 회사유역(淮泗流域)에 분포해 온 집단으로, 한족(漢族)과의 접촉은 은(殷)시대부터이다. 은(殷)나라 말기에는 인방(人方)으로 불렸으며, 한때 은(殷)으로부터 대규모의 정벌을 당한 적도 있다. 은대(殷代)의 갑골문(甲骨文)에도 이에 대한 기록이 있으며 서주 시대(西周 時代)의 금석문(金石文)에도 동이(東夷) 남이(南夷) 회이(淮夷)라는 명칭이 보인다.2)

　갑골문(甲骨文)의 기록에 의하면 상대(商代)는 갑골문의 단대(斷代) 제1기인 무정(武丁) 시대부터 제을(帝乙) 제신시기(帝辛時期)인 제5기에 걸쳐서, 제2기인 조경(祖庚) 조갑(祖甲) 시기를 제외하고는 이족(夷族)의 정벌에 힘써 왔음을 알 수 있다.

　특히 5기의 복사(卜辭) 중에는 인방(人方)과의 전쟁 기록이 무려 28회나 기록되고 있는데, 이는 상(商)나라의 국력 약화를 초래하는 결정적인 요인이 되었던 것으로 보인다.3)

　한족(漢族)들이 점차 여러 민족 간의 이질성(異質性)을 드러내면서 만(蠻) 융(戎) 적(狄)이라 구분하고, 음양오행사상(陰陽五行思想)이 발달함에 따라 방위개념(方位概念)이 첨가되어 서융(西戎) 남만(南蠻) 북적(北狄) 등의 명칭으로 변칭(變稱) 고착(固着)되어 왔다.

---

1) 後漢書 卷八十五 東夷列傳 第七十五 : 王制云 東方曰夷 夷者柢也 言仁而好生 萬物柢地而出 故天性柔順 不死之國焉.
2) 王獻唐, 人與夷, 中華文史論叢, 1982-1, PP. 203-213. 陳夢家, 殷墟卜辭綜述, 中華書局, 1956, PP.301-310.
3) 郭沫若主編, 甲骨文合集, 中華書局, 1984. 癸卯卜 黃貞王旬無憂在正月王來征夷方在攸侯喜鄙永 黃貞王旬無憂在正月王來征夷方在攸侯喜鄙永 未王卜　貞旬....征夷方在舊......憂在九月王征夷方在雇 癸巳卜 貞王旬無憂在二月齊次 惟王來征夷方.

즉, 동이(東夷) 남만(南蠻) 북적(北狄) 서융(西戎)이라는 식으로 방위에 따른 구분이 확실하게 정립(定立)되어, 중국 저변의 이민족(異民族)을 동서남북으로 나누어 부르기 시작하였음을 예기 왕제편(禮記 王制篇)을 통해 알 수 있다.[4]

이렇게 볼 때, 초기의 동이(東夷)라는 것은 한족(漢族)이 동방의 이민족에게 붙였던 범칭(凡稱)으로, 특정 종족을 지칭하는 고유명사라기보다는 방위 개념을 첨가한 한족(漢族)에 대한 상대적 개념으로 보인다.

그런데 이들 한족(漢族)의 활동 영역이 확대되고 지리적 지식량이 늘어나면서 점차 일정한 종족적 개념의 성격을 띠게 되었다. 동이족(東夷族)은 주로 중국 서북부에서 수렵 생활(狩獵 生活)을 하다가 동쪽으로 이동(移動)하여 한 줄기는 산동 방면(山東 方面)으로 내려가고, 다른 한 줄기는 다시 동(東)으로 나와 만주 한반도 일대로 퍼져 나갔다.

2. 동이(東夷)에 대한 시대별(時代別) 적용 의미(適用 意味)

동이족(東夷族)에 대한 적용 의미는 진(秦)나라의 통일을 전후하여 다르게 나타나고 있다. 즉 진(秦)나라 통일 이전에는 한족(漢族)과 대립 관계에 있으면서 황하(黃河)와 회하(淮河) 유역을 중심으로 한 중국 동북부와 기타 지역에 거주하는 북방 몽골리안계 종족을 일컬었으나, 진(秦)나라 통일 이후에는 산동반도 일부가 중국사에 흡수됨으로써 발해만(渤海灣)을 끼고 만주와 한반도에 분포한 한예맥(韓濊貊)을 동이(東夷)라 불렀다고

---

4) 禮記 卷 12 王制篇에 東方曰夷 南方曰蠻 北方曰狄 西方曰戎 東方曰夷 被髮文身 有不火食者矣.

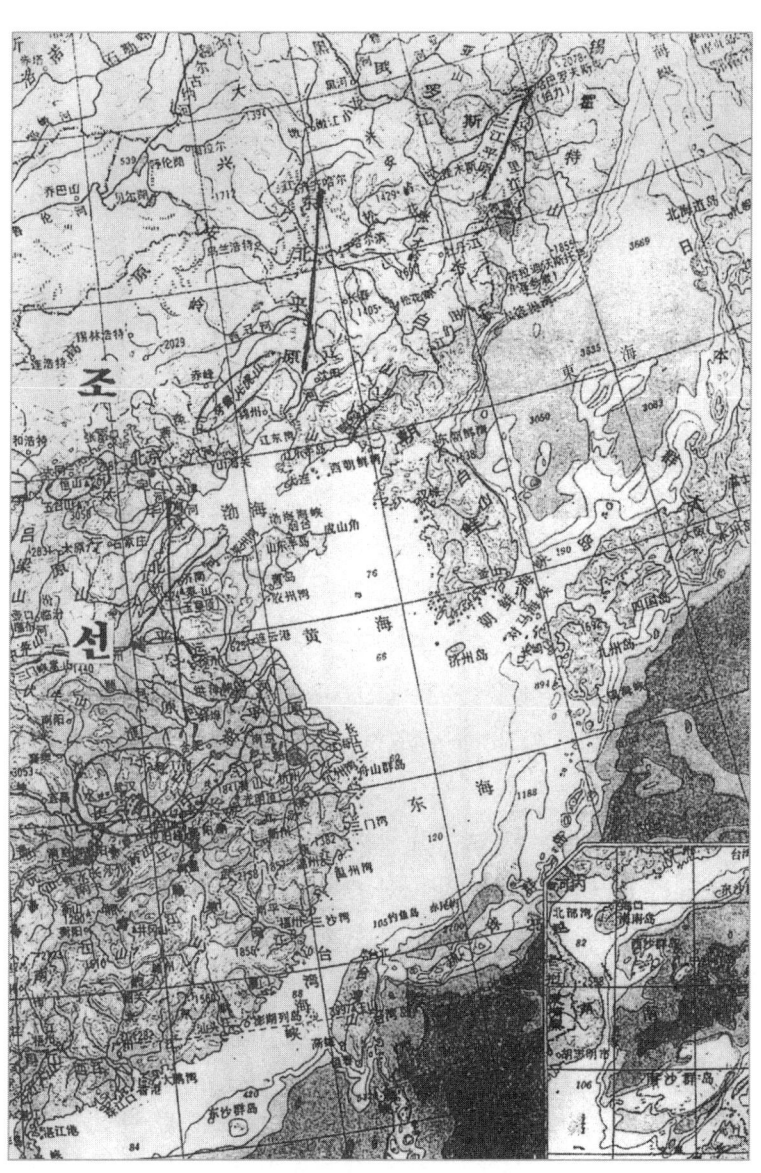

동양 최고의 지리서인 산해경(山海經)에 기록된 조선(朝鮮)의 위치.

한다.

또 다른 설로 동이가 기자조선(箕子朝鮮)과 밀접한 관련이 있다는 주장이 제기되고 있는데, 이 같은 견해는 흑도문화(黑陶文化)가 동이의 분포와 일치하고 용산문화(龍山文化)가 은문화(殷文化)로 연결이 되는 것을 전제로 할 때, 은(殷)나라가 동이족(東夷族)의 한 부류가 되고 은(殷)나라의 후예인 기자가 세운 기자조선을 동이족이 세운 나라로 볼 수 있다는 인식에서 비롯된 설이다.5) 그런데 이 당시 은(殷)나라의 후예인 기자가 세운 기자조선은 산해경(山海經)에 기술된 대로 북해(北海) 모퉁이의 대륙조선(大陸朝鮮)이다.

한서(漢書)에는 '현토(玄菟) 낙랑(樂浪)은 무제시(武帝時)에 설치되었던 조선 예(濊) 맥(貊) 구려(句麗)의 만이(蠻夷)들이라 하였다. 은(殷)나라의 도(道)가 쇠함에 기자는 조선으로 갔다.'라고 기자조선에 대해 언급하고 있다. 즉, 한서(漢書)의 찬자(撰者)는 기자가 간 조선 지역을 동이(東夷)로 인식하면서 동이 지역이 기자의 가르침으로 교화되었기 때문에 공자(孔子)도 중국의 도(道)가 어지러워지자, 동이(東夷)로 가고자 했다는 것이다.6)

그러나 후한서(後漢書) 삼국지(三國志) 등의 동이전(東夷傳)에는 읍루(挹婁) 왜(倭) 등이 포함되어 있어, 동이의 범주를 쉽사리 판가름하기 어렵다. 대체로 동이에 관해서는 흑도 문화(黑陶 文化)와의 관련성, 무문토기(無文土器) 청동기 문화(靑銅器 文化)의 담당자로서의 역할과 구체적인 종족적 특징을 구분케 하는 과제를 남겨두고 있다.

---

5) 史記 卷 38, 宋徽子世家, 武王旣克殷 訪問箕子 於是武王乃封箕子於朝鮮 不臣也.
6) 林惠祥, 中國民族史, 孟子曰 舜東夷之人也 舜殷之祖. 隱人爲東夷 與於東方而殷亡後 箕子東走朝鮮亦是東夷活動中心地. 崔在仁, 上古朝鮮三千年史, 精神文化社, 1998, p. 52~53.

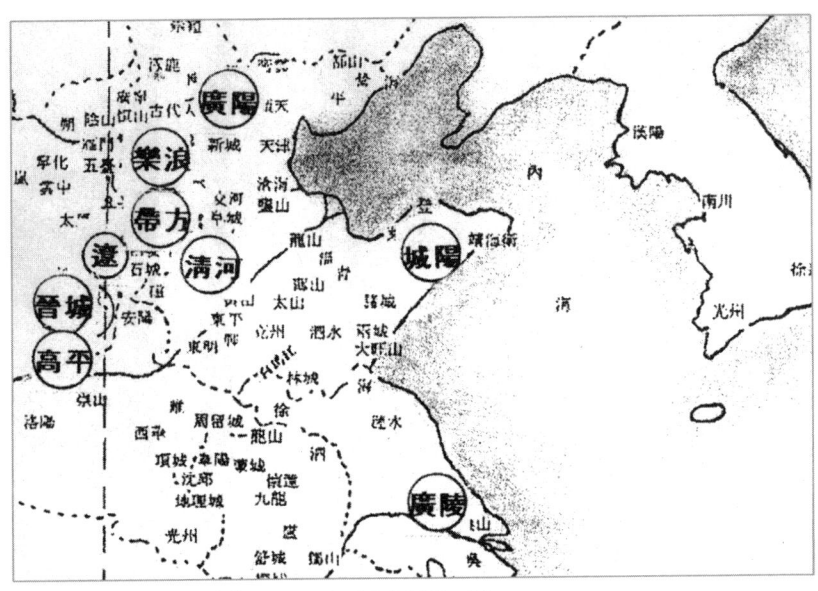

남제서(南齊書)와 송서(宋書)에 기록된 백제의 통치 지역

 그런가 하면 삼국지 위서 동이전(三國志 魏書 東夷傳)에는 동이의 무리가 동쪽으로는 바다에 닿았고 서쪽은 사막에까지 이르렀다 하였다. 위서(魏書) 권삼십(卷三十) 동이전(東夷傳)에 부여(夫餘) 고구려(高句麗) 동옥저(東沃沮) 읍루(挹婁) 예(濊) 한전(韓傳)을 수록하고 있는데, 당해 시기는 대체로 왕망(王莽) 초부터 삼국시대 말기(8~265)까지의 사실을 기록하고 있다.[7] 삼국지 위서 동이전(三國志 魏書 東夷傳)은 중국 정사(正史) 중 처음으로 동이 각 민족의 위치, 지세(地勢), 국력, 통치 형태, 생활 풍습

---

[7] 漢書 卷28下 地理志下 玄菟 樂浪 武帝時置 皆朝鮮 濊 貊 句麗蠻夷 殷道衰 箕子去之朝鮮. 同 漢書에 또한 殷道衰 箕子去之朝鮮 教其民以禮義 田蠶 織作 … 可貴哉 仁賢之化也! 然東夷柔順 異於三方之外 故孔子悼道不幸設浮於海 欲居九夷 有以也夫.

등을 비교적 상세히 다룬 사료적 가치가 높은 자료이다.

당(唐) 태종(太宗) 정관 연간(貞觀 年間 : 18~20 ; 644~646)에 방현령(房玄齡) 등이 봉칙찬(奉勅撰)한 서진(西晉) 52년간과 동진(東晉) 102년간의 역사를 기록한 진대(晉代)의 정사(正史)인 진서(晉書)는 제기(帝紀) 10권, 지(志) 20권, 열전(列傳) 70권, 재기(載記) 30권 등 모두 130권으로 엮어져 있다. 이 진서(晉書) 권(卷) 97 사이열전(四夷列傳) 동이조(東夷條)에 부여(夫餘) 마한(馬韓) 진한(辰韓) 및 숙신(肅愼)에 관한 사항이 실려 있다.

남제서(南齊書) 동남이열전(東南夷列傳)에는 동이고구려(東夷高句麗)가 서쪽 위(魏) 오랑캐와 경계를 접하고 있다고 하였다. 남제서(南齊書)는 남조(南朝) 량(梁)의 소자현(蕭子顯 : 489~537)이 찬(撰)한 것으로, 남제(南齊) 7대(479~502) 24년간의 정사(正史)가 실려 있고, 본기(本紀) 8권, 지(志) 11권, 열전(列傳) 40권 등 모두 59권으로 되어 있다. 동서(同書) 권 58 동남이열전(東南夷列傳)에 고려(高麗) 백제(百濟) 가라전(加羅傳)이 수록되어 있는데, 대체로 남제(南齊) 시대의 교섭 사실을 전하고 있다.

량서(梁書)는 당(唐) 태종(太宗) 정관 연간(貞觀 年間 : 3~10 ; 629~636)에 도사렴(姚思廉)이 봉칙찬(奉勅撰)한 량조(梁朝) 6세(世:502~557) 56년간의 정사(正史)인데, 본기(本紀) 6권, 열전(列傳) 50권으로 모두 56권이다. 이 책 권 54 동이열전(東夷列傳)에 고구려 백제 신라전이 수록되어 있는데, 특히 신라전은 중국 사서상 최초로 등장하는 것으로 사료적 가치가 높다.

여기에서 동명(東明)을 고구려의 선조(先祖)로 기술하고 있는데, 이 같은 기술은 량서(梁書)가 최초이다.

남사(南史) 이맥열전(夷貊列傳)에는 동이(東夷)의 여러 나라 중에서 조선이 제일 강대하였는데, 기자의 교화를 입어 그 기물(器物)에도 예악(禮樂)이 남아 있다고 기록하고 있다.8) 이 남사(南史)는 당 태종(627~649) 때 이연수(李延壽)가 찬(撰)한 남조(南朝) 4대(송(宋) 제(齊) 양(梁) 진(陳)) 170년간(420~589)의 정사(正史)인데, 본기(本紀) 10권, 열전(列傳) 70권으로 모두 80권이다. 권 79의 이맥열전(夷貊列傳) 하(下)에 고구려 백제 신라전이 수록되어 있는데, 대체로 남조(南朝)의 정사(正史)를 산삭(刪削) 편찬한 것으로 새로운 사실은 보이지 않는다.

수서(隋書) 권 81 동이열전(東夷列傳)에 고구려 백제 신라 말갈전(靺鞨傳)이 수록되어 있는데, 수서(隋書)는 당 태종 정관 3~10년(年 : 581~618) 사이에 위징(魏微 : 580~543) 등이 봉칙찬(奉勅撰)한 수조(隋朝) 3대 38년간(581~618)의 정사(正史)로, 제기(帝紀) 5권, 열전(列傳) 50권, 지(志) 30권, 장손(長孫) 무기(無忌)가 편찬한 량진(梁陳) 제(齊) 주(周) 수(隋)의 지(志) 모두 85권으로 되어 있는데, 말갈(靺鞨)편에 '구이(九夷)가 살고 있는 곳은 하(夏)와는 동떨어져 있고 산과 바다가 막혀 있어도 도어(道御)하기가 쉽다.'라고 적고 있다.9)

구당서(舊唐書) 동이열전(東夷列傳) 권 199 상(上) 동이전(東夷傳)에 고구려 백제 신라전이 수록되어 있는데 고구려와 백제는 멸망 시까지, 신라는 문성왕(文聖王 3년, 841)때까지의 기사가 서술되어 있다. 이러한 구당서(舊唐書)는 후진(後晉) 고조(高祖) 천복(天福 5년, 940)~출제(出帝) 개운(開運 2년, 945) 사이에 유상(劉昫 : 887~946) 등이 봉칙찬(奉勅撰)한 당(唐) 20대 290년간(618~907)의 정사(正史)로, 본기(本紀) 20권 지

---

8) 南史 夷貊列傳, 東夷之國 朝鮮爲大 得箕子之化 其器物猶有禮樂云.
9) 九夷所居 與中夏懸隔 然天性柔順 無獷暴之風 雖隔邈山海 而易以道御.

(志) 30권 열전(列傳) 150권 등 모두 200권으로 되어 있다.

신당서 권 220 동이열전에 고구려, 백제, 신라전이 수록되어 있고 고구려와 백제는 멸망 시까지, 신라는 문성왕(文成王 : 839~856) 때까지의 사실이 기록되어 있다.10) 신당서의 체계는 구당서보다 높게 평가되나 후대의 기술인 까닭에 사료적 가치에 있어서는 구당서에 못 미친다.

신오대사(新五代史)는 송(宋)나라 구양수(歐陽修 : 1007~1072)가 구오대사(舊五代史)의 결함을 개수할 목적으로 지은 오대(五代)의 역사로, 본기(本紀) 12권, 열전(列傳) 45권, 고(考) 3권, 세가(世家) 10권, 십국세가연보(十國世家年譜) 1권, 사이부록(四夷附錄) 3권 등 모두 74권으로 되어 있다.

이밖에 후한서 동이전(後漢書 東夷傳)을 비롯해 삼국지(三國志) 위서(魏書) 진서(晉書) 권 97, 사이열전(四夷列傳) 남제서(南齊書) 동남이열전(東南夷列傳) 량서(梁書) 남사(南史) 이맥열전(夷貊列傳) 수서(隋書) 구당서(舊唐書) 신당서(新唐書) 신오대사(新五代史) 구오대사(舊五代史) 논어(論語) 예기(禮記) 산해경(山海經) 등 숱한 사서(史書)에도 동이(東夷)에 관해 언급되어 있다.

특히, 사기(史記)를 비롯한 전한서(前漢書) 후한서(後漢書) 삼국지(三國志) 송서(宋書) 남제서(南齊書) 위서(魏書) 등에는 논찬(論贊) 평어(評語) 등 역사적 사실의 기술과 함께 시대에 따라 변하는 동이(東夷)에 대한 인식 태도를 기술하고 있다.

이상의 여러 사서(史書)에 언급되어 있는 동이(東夷)란 한족(漢族)이 주로 중국 동북방에 분포하고 있는 종족을 부르던 고유 명칭으로, 특정한

---

10) 崔在仁, 上古朝鮮三千年史, 精神文化社, 1998, p.20~21.

종족을 지칭하기보다는 한문화권(漢文化圈)의 상대적인 문화 개념으로 호칭된 것임을 알 수 있다. 중국의 상고문화와 관련해 선진문헌(先秦文獻)에서부터 오늘에 이르기까지 동이(東夷)에 대한 기록을 남기고 있다.11)

3. 구이(九夷)로 알려진 동이제족(東夷諸族)

동이족(東夷族)은 견이(畎夷) 우이(于夷) 방이(方夷) 황이(黃夷) 백이(白夷) 적이(赤夷) 현이(玄夷) 풍이(風夷) 양이(陽夷) 등으로 구분되고, 이들을 통칭 구이족(九夷族)이라 한다. 중국 문헌에서 이(夷)와 더불어 자주 보이는 것이 구이(九夷)와 사이(四夷)이다. 구이(九夷)는 이(夷)의 아홉 가지 종류를 총칭하는 말로 알려져 있다. 즉 예기(禮記) 예제편(禮制篇)의 공영달(孔穎達)의 소(疏)12), 박물지(博物志)의 지(地)13)에도 잘 나타나 있다.

이와 같은 기록으로 미루어 보아 이(夷)는 구(九), 융(戎)은 칠(七), 적(狄)은 팔(八) 등 종족 수를 나타내는 것처럼 보인다. 그런데 여기서 말하는 구(九)는 고대에서는 '많다'라는 의미를 갖고 있는 것으로, 중국 문헌에 흔히 보이는 구주(九州) 구천(九川) 구하(九河) 구산(九山) 등의 사용 용례로 미루어 보아 '많다'라는 의미로 보인다.

설문(說文)에도 '구(九)'가 다수를 의미하는 것으로 풀이 되고 있고14) 죽서기년(竹書紀年), 후한서 동이열전(後漢書 東夷列傳)15), 이아(爾雅)

---

11) 奇修延, 東夷의 槪念과 實體의 變遷에 관한 硏究, 白山學報, 第42號 1992. p.12, 12~14.
12) 禮記 禮制篇, 孔穎達 疏, 爾雅 釋地云 九夷八狄七戎六蠻謂之四海 孫炎云 海之言.
13) 博物志 地, 七戎六蠻九夷八狄 形類不同 摠而言之 謂之四海 言皆近于海也.
14) 說文, 九 陽之數也 象其屈曲究盡之形.
15) 竹書紀年, 帝芬卽位 三年 九夷來御 曰畎夷 于夷 方夷 黃夷 白夷 赤夷 玄夷 風夷 陽夷라 하

이순(李巡) 주(注) 등 속에도 구(九)와 구이(九夷)에 대해 열거하고 있다.16)

구이(九夷)의 명칭은 시간의 추이에 따라 다르게 나타나고 있는데, 이는 이(夷)의 종족이 단지 아홉 개의 부류에 그친 것이 아니라 최소한 대표적인 종족이 9개종이 아닌가 추단된다.

서경(書經)의 대우모(大禹謨)17)에도 사이(四夷)는 중국이나 천자(天子)에 대한 상대 개념(相對 槪念)으로 쓰여 졌으며, 같은 책 여오(旅獒)에도18) 사이(四夷)는 사예(四裔) 사해(四海)와 같은 의미로 중국 중원 지역에 대비되는 개념으로 보인다.

따라서, 사이(四夷)는 동이(東夷) 서융(西戎) 남만(南蠻) 북적(北狄) 등을 모두 포함하는 개념으로 중국 변방을 가리키는 말로도 보인다. 후한서 동이열전(後漢書 東夷列傳)에 보이는 만이(蠻夷) 융(戎) 적(狄)을 사이(四夷)라 하면서 공(公) 후(侯) 백(伯) 자(子) 남(男)을 모두 제후(諸侯)라고 부르는 것과 같은 표현으로 간주하지 않았나 생각된다.

사이(四夷)라는 표현은 선진시대(先秦時代)의 문헌인 시경(詩經)에는 보이지 않으며 서경(書經)에 3회, 사기(史記)에 16회, 한서(漢書)에 60회, 후한서(後漢書)에 25회로 중국인의 세계관이 확립된 시기인 한대(漢代) 이후에 자주 언급되고 있음을 알수 있다.19)

였고, 後漢書 東夷列傳에 夷有九種 曰畎夷 于夷 方夷 黃夷 白夷 赤夷 玄夷 風夷 陽夷 故孔子欲居九夷라 하였다.

16) 爾雅, 李巡 注中, 以爲九夷 一曰玄免 二曰樂浪 三曰高麗 四曰滿飾 五曰更 六曰索家 七曰東屠 八曰倭 九曰天鄙.

17) 書經 大禹謨, 無怠無荒 四夷來王.

18) 旅獒, 明王愼德 四夷咸賓 畢命에는 四夷左衽 罔不咸賴 孟子 梁惠王편에 位中國而撫四夷 左傳 昭公 十七年 吾聞之天子失官 學在四夷 左傳 昭公 二十三年 古者天子守在四夷 詩經 小雅奐藻何草不黃篇序四夷交侵 中國背叛 淮南子 一卷 原道訓 海外賓服 四夷納職.

19) 王獻, 1982 人與夷 中華文史論叢 2 : 逢振鎬, 東夷及其史前文化試論東夷古國史硏究 第1輯,

한대(漢代)의 사서(辭書)인 설문해자(說文解字)의 '이(夷) 동방지인(東方之人)', 예기(禮記) 왕제편(王制篇)의 '동방왈(東方曰) 이(夷) 남방왈(南方曰) 만(蠻) 북방왈(北方曰) 적(狄) 서방왈(西方曰) 융(戎)'이라는 구절만 보아도 한대(漢代) 이후(以後) 중국인들이 자신들의 동부에 거주하는 비화하집단(非華夏集團)을 이(夷)로 표현한 것임을 알 수 있다.

산동성(山東省) 일대에서 보이는 갑골문(甲骨文) 가운데 시방(尸方) 또는 인방(人方)이 곧 이족(夷族) 집단이라 하였고,[20] 죽서기년(竹書紀年)을 비롯한 각종 선진 문헌(先秦 文獻)이나 금문(金文)에 나오는 회이(淮夷) 남이(南夷) 서이(徐夷 : 또는 서융(徐戎)) 방이(方夷) 견이(犬夷) 우이(于夷) 황이(黃夷) 백이(白夷) 적이(赤夷) 현이(玄夷) 풍이(風夷) 양이(陽夷) 래이(萊夷) 도이(島夷 : 또는 조이(鳥夷)) 우이(嵎夷) 등을 춘추전국 시대(春秋戰國 時代)까지 산동성(山東省) 강소성(江蘇省) 북부 일대에 거주하였던 동이로 보는 데 별다른 이의가 없다.

후한서 동이전(後漢書 東夷傳)은 5세기 중엽에 범엽(范曄)이 편찬한 사서(史書)로, 동이전 내용은 약 3/4 정도가 앞서 편찬된 삼국지(三國志)의 관련 기사를 그대로 전사(轉寫)한 것이다. 그러나 중국 사서 가운데 최초로 체계적인 동이관(東夷觀)을 제시하였다는 점에서 사학사적(史學史的)인 의의를 인정받고 있다.

범엽(范曄)은 춘추 시대 이후 전국(戰國), 진(秦), 한초(漢初)에 이르는 동이(東夷)를 선진(先秦) 시대 이전 동이(東夷)로 빈번히 언급된 회이(淮夷)와 사기(史記) 한서(漢書) 중 동이(東夷)의 대표로 지목된 조선과의 특

1988, 참조.
20) 甲骨文에는 尸 人 夷는 分化되지 않았다고 하며, 淮 方 于 犬 陽 등은 地名, 白 赤 黃 玄은 服飾 風은 토템에 관한 것으로 해석된다.

별한 관계가 시대에 따른 중국인의 동이 개념의 변화를 서술한 것처럼 보이게 하고 있다. 즉, 중국 고대사의 동이 개념을 혼동시킨 오류를 범하였음을 지적당하고 있다.[21]

그러나 실상은 하은주(夏殷周) 삼대(三代)에 걸쳐 중국 민족의 형성 및 그 문화의 창조에 중요한 역할을 한 동이가 한민족(韓民族)의 계보임은 틀림이 없다. 즉, 초기 민족사와 문화적 수준과 활동 무대의 중심이었다. 예문통(蒙文通)[22]은 고사견징(古史甄微)에서 도이(島夷)를 해대민족(海岱民族)으로 칭하면서 고대 중국의 3대족 가운데 하나로 보았다.

전사년(傅斯年)[23]은 이하동서설(夷夏東西說)에서 동이에 대한 면밀하고도 광범위한 자료를 통해 동이 역사(東夷 歷史)가 하역사(夏歷史)와 같은 수준이었다고 밝히고 있다.

특히 그는 고문헌의 분석을 통해 태호복희씨(太昊伏羲氏) 소호금천씨(小昊金天氏)를 조신(祖神)으로 삼았던 세력들이 바로 대표적인 동이계였음을 밝히고, 중국 문명사 초기에 동이(東夷)가 크게 기여했으며 중국의 상고사는 서방의 하(夏) 주(周)와 동방의 이(夷) 은(殷)의 대결로 전개된 것이라고 보았다. 이 이론은 후에 대문구문화(大汶口文化)의 발견에 따라 다시 각광(脚光)을 받게 되었다.

---

21) 秦幷六國 其淮泗夷皆散爲民戶 陳涉起兵 天下崩潰 燕人衛滿避地朝鮮 因王其國前東夷와 後東夷와의 관련설에 따른 是非를 낳게 하고 있다.

22) 蒙文通은 古史甄微 商務印書館 1933, 참조.

23) 傅斯年 夷夏東西說 中國上古史論文選集 上 華世出版社 1979, p.519~576.

4. 동이족(東夷族)의 분포(分布)

동이족(東夷族)들은 주로 황하 유역, 남만주, 요하 연안, 요동 반도, 대능하 연안 지대(大凌河 沿岸 地帶), 조선 내지 등으로 이동·분산·거주해왔다. 이 가운데 중국 북방 지대인 산동, 북경, 황하 유역에 정착한 이들이 동이족 원류(東夷族 源流)이다. 이들은 황제(黃帝) 이래 한족(漢族)과 다툼을 벌이고 상(商)나라 은(殷)나라를 건설하였다.

주(周)나라 말기에 재차 부흥하여 진한(辰韓) 변한(弁韓) 청구국(靑丘國) 고죽국(孤竹國)을 건국하고 기원전 200년경까지 강대한 국가를 경략하였다. 진시황(秦始皇)의 만리장성 구축으로 인해 성내외(城內外)로 양단(兩斷), 산동(山東) 및 기타 여러 지역의 동이족들이 한족(漢族)으로 동화·흡수·소멸되었는데 전한 시대(前漢 時代) 무제(武帝) 이래 동이족이 분산되면서 동이족 대신에 예(穢) 맥(貊) 및 한(韓)으로 호칭되기도 하였다.[24]

지리적으로 아시아 대륙 중앙을 기준으로 할 때 동쪽인 오늘날의 강소(江蘇) 안휘(安徽) 산동(山東) 하북(河北) 등 동해(東海 : 황해(黃海)) 가까이 살고 있던 이(夷)의 여러 부족들을 동이(東夷)라고 통칭한데 반해, 섬서(陝西) 산서(山西) 등 서쪽에 사는 이족(夷族)들을 서이(西夷)라고 불렀다. 그런가 하면 동이족(東夷族)의 주거지는 고대 북중국 중앙부로, 소위 중원(中原) 동쪽에 사는 이족(異族)을 원근(遠近)과 황해(黃海) 내외(內外)를 막론하고 일괄 총칭한 족명(族名)으로 보고 있기도 하다.[25]

---

24) 유. 엠. 부찐 古朝鮮, 國史編纂委員會, 1986, p.57. 金貞培, 고조선의 주민 구성과 문화적 복합, 백산학보 12호, 1974
25) 大韓獨立運動總史編纂委員會編, 韓(桓) 國民族總史考, 國民族總史考, 檀紀4319年, p.15.

유명한 백이숙제(伯夷叔齊) 역시 기주(冀州)에 살았는데 발해변(渤海邊)인 영평부(永平府) 주변에 자리 잡고 있던 고죽국(孤竹國)의 왕자이다. 예기(禮記)26)에 대련 소련 선거상 삼일불태(大連 小連 善居喪 三日不怠) 라 하고 있는데, '기주(冀州)는 공자의 고향인 노국내(魯國內)이거나 또는 그 인근에 자리 잡았을 것으로 추측되는 대련(大連) 소련(小連)으로 보이며, 동쪽에 사는 사람들을 이(夷)라고 하는데 그들은 머리를 다듬지도 않고 몸에 문신(文身)을 새기며 식사 준비에도 불을 사용하지 않는다. 서쪽에 사는 사람들을 융(戎)이라 하고 북쪽에 사는 사람들을 적(狄)이라고 부른다.'라고 하고 있다.27)

춘추 시대(春秋 時代) 회수(淮水)가 이인(夷人)들을 동이(東夷)라 한다고 열국지(列國誌)와 책부원귀(冊府元龜)에 언급하고 있기도 하다. 오늘날 섬서(陝西) 지방인 주(周)나라 문왕(文王)을 맹자(孟子)에서 서이지인(西夷之人)이라고 하여 대륙 내에 동이(東夷)와 서이(西夷)라는 칭호가 있었음을 알 수 있다.

이러한 칭호는 순전히 지역 거주 구분에 따른 칭호로 혈통, 체질, 품성, 언어는 동일하며 타 선주민(先住民)이나 한족(漢族)과는 다른 언어를 사용하였다.

동이(東夷)에 대해 여러 사서(史書)에 언급되어 있는 사항을 간략히 간추려 보면, 상서(尙書) 중호지고(仲虺之誥)에 '동쪽에서는 서이(西夷)의 불만을 진압해야 했고…' 맹자(孟子) 이루 하(離婁 下)에는 '순(舜)은 동이에서 이주한 자였으며 우왕(禹王)은 서이 출신이다.'라는 내용이 있다.

---

26) 禮記, 孔子曰 大連 小連 善居喪 三日不怠 三月不懈 期悲哀三年憂 東夷之子也라.
27) 古朝鮮, 유. 엠. 부찐, 국사편찬위원회, 1986, p.57~58. 再引用.

또, 사기(史記) 권(卷) 27에 '고대에는 동물군과 천막의 형상을 한 구름은 북이의 공격에 대한 전조(前兆)로 간주(看做)되었고, 막대기와 배의 형상을 한 구름은 남이(南夷)의 공격에 대한 전조(前兆)였다.' 사기 권(卷) 10, 흉노사(匈奴史) 자료집(資料集)에 '왕위(王位)에는 모돈(冒頓)이 들어앉았고, 흉노(匈奴)는 강하게 되었고, 그들은 모든 동이족을 정복했다.'라고 하고 있다.

동이족(東夷族)을 상고북중국(上古北中國) 내부의 동해(東海) 부근인 현 강소(江蘇) 안휘(安徽) 산동(山東) 하북(河北) 요동반도(遼東半島) 등지에 살던 이족(夷族)과 중국 대륙 중앙지를 벗어난 동북 만주, 조선 내륙, 일본 열도 등에 거주한 이인(夷人)으로 양분(兩分)하고, 구이(九夷)를 논하면서 북중국 내부의 구이(九夷 : 상고구이새내외(上古九夷塞內外))와 중국 외부(中國 外部)의 구이(九夷 : 후대구이(後代九夷) 새외구이(塞外九夷) 해동구이(海東九夷))를 구분 짓고, 북중국 내부의 구이에 대해 동래집(東萊集)과 후한서(後漢書)에 동일한 명칭들을 열거하고 있다.28)

이족(夷族)들은 삼황제(三黃帝) 이래 하은대(夏殷代)를 거쳐 그 일부는 산동반도와 발해안(渤海岸)과 양자강구(揚子江口)와 그 이북(以北) 해안 부근 일대에 분포, 산재해 있던 이족(異族)들이다. 즉 동해(東海 : 황해(黃海))안 가까운 곳에 살던 이들을 동이(東夷), 그리고 빈기(邠岐) 위수(渭水) 지방에 살던 종족들을 서이(西夷)라 하였다.

견이(畎夷)는 견이(犬夷) 대봉(大封) 곤이(昆夷)라고도 하는데, 새내구이(塞內九夷)에 속하였던 여러 이족(夷族) 중 가장 강력한 정치 집단이었다. 후한서(後漢書)에 성탕왕(成湯王) 즉위 후 빈유 기산간(邠雎岐山間 :

---

28) 東萊集, 上古有 畎夷 嵎夷(于夷) 于夷 黃夷 白夷 赤夷 玄夷 藍夷(風夷) 之稱이라 하였고, 後漢書에도 同一한 名稱들이 列擧되어 있다.

현(現) 산서성(山西省) 서남(西南)과 섬서성(陝西省) 중남부(中南部)) 일대에 들어가 있는 견이(畎夷)를 쳐 쫓았다고 하였다. 견이(畎夷)는 그 전후걸(後桀)의 난(亂) 때에 그 곳으로 들어와 점령해 살고 있었다.29)

이보다 훨씬 앞선 하대(夏代)의 일로서 후한서(後漢書)에 '옛날 하(夏)나라 태강왕(太康王)이 실정(失政)하자 사방의 이족(夷族)이 배반하더니 견이(畎夷)를 정벌하였으나, 7년 후에야 견이(畎夷)가 사자(使者)를 보내 예(禮)를 표하였다.'는 내용이 있다.30) 여기에서 주목할 만한 것은 여러 견이족(畎夷族)의 존재(存在)와 영역(領域), 그리고 이들의 세력(勢力)이 만만치 않았다는 점과 대립(對立)과 반목(反目)이 7년간이나 지속된 후에야 교류가 있었다는 점이다.

대륙 황해변 박(亳)땅에 수도(首都)를 정한 탕왕(湯王)이 수도 서쪽 빈기(邠岐) 지방의 견이(畎夷)를 공격하니 이 곳으로부터 서쪽이나 북쪽으로 피해갔다. 그러나 유왕(幽王) 때 호경(鎬京 : 현(現) 섬서성(陝西省) 서안부(西安府) 속현(屬縣))으로 견이족(畎夷族)이 쳐들어 와서 주실동천(周室東遷)의 원인이 되었는데, 이때부터 견이족(畎夷族)을 견융(犬戎)이라 불렀다.

견(畎), 곤(昆), 견(犬), 대융(大戎)의 원류(源流)는 같으며 견(畎) 또는 견(犬)의 음인 우리말 큰(大)을 사음(寫音)한 것이다. 곤(昆) 또한 그 음(音)인 곤으로 〈큰〉을 나타낸 동시에 맏(백(伯) 대(大) 장(長))이라는 훈(訓)으로 대형(大兄) 백형(伯兄)인 대백(大伯)을 의미한다.

위의 견이(畎夷), 곤이(昆夷), 견이(犬夷), 대융(大戎)은 큰 이를 이두화

---

29) 後漢書, 成湯卽位 征犬夷 先是 后桀之亂 畎夷入居 邠岐之間 成湯旣與 伐而攘之.
30) 後漢書, 昔夏后氏 太康失國 四夷皆叛 及后相卽位 乃征畎夷 七年然後來賓.

(吏讀化)한 것으로 견이족(畎夷族)의 한 분파를 견융(犬戎) 이외에 강이(羌夷) 강융(羌戎) 산융(山戎)이라 하였다. 상은대(商殷代) 이래 적개심(敵愾心)이 높아지면서 대자(大字) 우(右) 상변에 점 하나를 찍어 원래의 대(大) 자와 구별해 놓고 이를 개라는 의미로 폄하하였다. 즉, 견(犬)자는 개의 뜻을 나타내는 글자로 구(狗)가 있음에도 불구하고 상대(商代) 이래로 큰 이[大夷]를 욕보이기 위해 만들어 낸 글자로 보인다. 우이(嵎夷) 우이(于夷)의 우(嵎), 우(于)는 우로 상(上)을 나타내는 것이며 곤(昆)은 대(大)를 의미하는 것이다. 대봉(大封) 역시 큰 이(夷)로 보아야 한다.31)

다른 한편, 이(夷)는 주로 지리적 구분에 따른 타민족을 가리키는 용어로 쓰였다. 즉 중국 동쪽 지경(地境)에 사는 종족과 뒤에는 북동(北東) 지경(地境)에 사는 종족에 대한 지칭으로 사용되었는데, 가장 먼저 동이(東夷)라는 말을 사용한 것은 산동반도(山東半島)에 사는 종족에 대해서이다.

이후 제(齊)나라에게 산동 지역(山東 地域) 여러 종족들이 정벌을 당한 이후 요서(遼西)와 요하 유역(遼河 流域), 즉 남만주에 살던 종족들을 동이(東夷)라 칭하였다고 하는가 하면, 또 다른 설로 엠. 붸. 끄류꼬프는 남만주 종족을 동이(東夷)라 부르게 된 것은 중국인들이 인류 주거지의 사극형(四極型)을 유지하기 위한 노력에 따른 것으로, 기원전 6세기와 4세기 사이의 문헌에 나오는 동이와 후한서에 나오는 동이는 전혀 관계가 없다고 한다.32)

은상 시대(殷商時代)에는 조이(鳥夷) 우이(嵎夷) 래이(萊夷) 회이(淮

---

31) 大韓獨立運動總史編纂委員會編, 韓(桓)國民族總史考, 同委員會刊, 단기 4319년, p.19.
32) 황병란, 중국고대사, 모스크바, 1958, 참조.

夷) 백이(百夷) 적이(赤夷) 현이(玄夷) 풍이(風夷) 양이(陽夷) 등이 있었다고 한서(漢書) 권 85에 기록되어 있다. 사기(史記)의 성왕치세(成王治世) 부분에 동이와의 충돌을 기록하고 있는데, 은(殷) 부제(紂帝)의 적대국(敵對國)이었고 은(殷)이 멸망한 후에 주(周)와의 전쟁이 시작되었다고 한다.

상서(尙書)에는 성왕(成王)이 동이(東夷)를 평정하였을 때 숙신인(肅愼人)이 축하의 뜻을 전하기 위해 내방하였다는 내용이 나와 있다. 이에 왕은 영백(榮伯)에게 명해 숙신(肅愼)에 대해 감사의 뜻을 표하는 법령을 공포하도록 하였다고 한다. 그러면서도 분명한 것은 양측 간에 긴장은 계속 유지되었다는 점이다. 기원전 7세기에는 산융(山戎)의 옆에 도하(屠河) 고죽(孤竹) 영지(泠支) 예맥(穢貊) 등이 자리하고 있었다.[33]

한족(漢族) 황제(黃帝)가 동이족(東夷族) 군장(君長) 치우(蚩尤)와 충돌한 시기는 BC 2600년경이다. BC 3천년경(약 5천년 전) 송화강(松花江) 연안(沿岸)의 북만주 평야에 농경(農耕)을 위해 정착한 종족이 역사상의 동이족(東夷族)으로, 이들은 풍요(豊饒)롭고 온화한 지대로 남하하여 세 방향으로 진출하였다.

1대는 북경(北京)과 산동(山東)의 황하 하류 지방에서 중류 연안 지대의 회수(淮水) 사수(泗水) 지방에, 2대는 압록강을 넘어 조선 내지로, 3대는 남만주 지방인 요하와 대능하 연안의 평야와 요동반도로 퍼져 나갔다.

이 3대가 예(穢) 맥(貊) 간(干+치(豸)) 족(族)들로, 이들은 국가를 건설하고 유신교(唯神敎)를 신봉(信奉)했으며, 농경(農耕) 위주의 신석기 동철기(銅鐵器) 시대를 주도하고 흑색도기(黑色陶器) 문화를 창출(創出)

---

[33] 엠. 붸. 끄류꼬프, 〈기원전 2000~1000년간의 고대 중국의 사료에 나타난 세계 인종의 분포 상황에 대하여〉, 모스크바, 1970, p.42 재인용. 〈유. 엠. 부쩐, 고조선, 국편위, 1986, P.60. 註.139〉

하였다.34)

　이들 동이족(東夷族)은 퉁구스족[通古斯族], 흉노족(匈奴族) 등의 세 부류로 나누어지는데, 문화 언어 체질이 유사하다. 동이족(東夷族)은 편발(編髮)의 경우 상투, 퉁구스 여진족(女眞族)은 후두(後頭) 일조(一條)의 장변발(長辮髮), 흉노족은(匈奴族)인 몽고(蒙古) 돌궐(突厥族) 등은 후두(後頭)에 양조(兩條)의 단변발(短辮髮)을 하였다.

　동이족(東夷族)은 한민족(漢民族)이 인류학상 민족으로 형성되기 이전인 고대 아세아인의 후손으로, 수천 년 전 중앙아시아 동방인 소위 천산북로(天山北路)라는 시베리아의 남단을 경유하여 송화강 연안에 정착하여 농경을 위주로 한 생활을 하였다.

　신석기 시대 말 금속병용기의 중견체로 황하 연안에 토착(土着)하였고, 중심 근거지를 산동반도로 하여 북방의 하북성(河北省 : 북경(北京) 및 천진(天津)) 지방과 그 남방의 강소성(江蘇省) 지방을 무대로 하였다.

　이 당시 중국 본토의 중심지는 섬서(陝西) 하남(河南) 산서(山西) 지방이었으므로, 동이족(東夷族)이 정착했던 위의 산동 하북성 강소성의 세 지방은 발해(渤海)와 황하 연안으로써 중국 본토에서 볼 때 동방(東方)이었다.

　하(夏) 은(殷) 주(周) 시대에는 대능하(大凌河)의 하류 연안에 번한(番汗)과 발조선(發朝鮮 : 맥(貊) 반(潘) 번(番))이 있었으나, 뒷날 한무제(漢武帝)에게 점령 당해 낙랑군(樂浪郡)의 중심지(BC 108)가 되었다. 하지만, 그 전에는 청구국(靑邱國)으로 서방 인접 지역인 고죽국(孤竹國)도 동이족(東夷族)의 발상지(發祥地)였다.

---

34) 大韓獨立運動總史編纂委員會編, 韓(桓)國民族總史考, 同委員會刊, 檀紀 4319年, p.8.

이 양국(兩國)의 대안지(對岸地)가 산동반도로, 동이족은 청구(靑邱) 고죽(孤竹) 두 나라 대안(對岸)의 산동지방으로 부단히 이민(移民)하면서 살아왔다. 동이(東夷) 가운데 소위 구이족(九夷族) 중 우이(嵎夷) 거이(莒夷) 래이(萊夷) 양이(陽夷) 량이(良夷 : 랑야(瑯琊)) 등은 산동지방에 정착해 온 동이족이다.

그들은 번조선(藩朝鮮)의 이민(移民)이었으므로 맥(貊)이라고도 총칭(總稱)되었으며, 거국(莒國) 개국(介國) 곤오(昆吾) 등의 소국(小國)과 태산남방(泰山南方)의 낭야(瑯琊)라는 지방에 살았다. 진시황이 중국을 통일하고(BC 246) 낭아산상(瑯琊山上)에 기념 비석을 세운 것이나 만리장성을 구축한 주목적도 동이의 왕래를 차단하고 그들을 제압하는 데 있었다.

이 낭아(瑯琊)가 낙랑(樂浪)으로, 동이인(東夷人)의 나라였음이 분명하다. 낭아 지방(瑯琊 地方)은 뒷날 진시황이 군명(郡名)으로 채택하였으나 사실은 그 이전 춘추 시대(BC 500) 이래 여러 현(縣)의 중심이 된 곳으로, 동반(東方) 래현(萊縣)이 4백 리, 서남방으로 근주(沂州)가 4백 리, 동북방으로 청주(靑州)가 2백 리, 서방으로 곡부남방(曲阜南方)인 연주(兗州)까지 5백 리의 광대한 지역이었다.

즉, 산동 지방은 우이(嵎夷)의 개척지였고 그 남방은 우이(于夷)라는 곤오족(昆吾族 : 개모(盖牟) 근모(根牟) 곤이(昆夷) 개국(蓋國) 엄국(奄國))의 근거지로, 이들이 낭아(瑯琊)의 주인공이었다. 이 곤오족(昆吾族)은 낭아 지방 동이족(東夷族)의 통칭이며 견융(犬戎) 역시 곤오족(昆吾族)의 분파로서 산서 남방 하남성(河南省) 지방의 주민이었다.

궁술(弓術)이 능한 명인(名人)과 회수(淮水) 유역의 서언왕(徐偃王), 고구려의 주몽(朱夢) 등 동이계(東夷系)의 수장(首長)들에게는 궁시설화

(弓矢說話)가 있어 동이족(東夷族)은 활을 잘 쏘는 민족임을 뒷받침하고 있다.35)

5. 동이계(東夷系)인 요(堯) 순(舜) 우제(禹帝)

중국 시조 황제(黃帝) 헌훤씨(軒轅氏)는 별칭으로 유웅씨(有熊氏) 진운씨(縉雲氏)라고도 하며, 동이족(東夷族)의 군장(君長)인 치우(蚩尤)를 격퇴(擊退)하려다 실패한 바 있다. 이들은 하북(河北)과 산동지방에 거주하였으며 하남성(河南省) 내에 황제(黃帝) 헌원(軒轅)의 구(丘)가 있다. 요제(堯帝)의 고향은 청국국(靑邱國)으로 동이인(東夷人)이다.

당시 기주(冀州)였던 하북성(河北省) 남방 및 산동 서북방 북경(北境)은 요(堯)의 나라였는데, 요(堯)는 주위의 구이(九夷)와 친목을 도모하였고 중신(重臣) 희중(羲仲)을 산동 북방 동해안 청주(靑州)의 양명(暘明) 지방에 거주하던 우이(嵎夷)에게 보내 친선을 유지해 왔다.

순제(舜帝)는 산동성(山東省) 사람으로 유우씨(有虞氏)인데, 뇌택(雷澤 : 산동 서남방인 연주(兗州), 현 촉산호(蜀山湖)) 부근 역산(歷山)에서 어렸을 적에 농사를 지었으며 요제(堯帝)의 사위(女婿)로서 아황(娥皇)과 여영(女媖)을 정실(正實)로 삼았던 동이인(東夷人)이었다. 하우(夏禹)의 건국자 우(禹)는 서융(西戎) 사람으로 동이화(東夷化)한 인물이다. 우(禹)의 하국(夏國)은 삼대(三代 : 하(夏) 은(殷) 주(周))로 역사적 신빙성을 가진, 중국 최초로 국가 체제가 정비된 나라였다.

---

35) 三國志 魏書 東夷傳-挹婁傳 및 韓國洋弓三十年史-韓國弓道의 由來와 變遷過程-韓國洋弓三十年史編纂委員會, 1992, 146.

우(禹)의 부친인 곤(鯀)은 요제에게서 황하 치수의 책임을 맡았으나 소임을 다하지 못해 차대(次代)인 순(舜)에게 익산(羽山 : 산동성 남방의 기주(沂州) 북(北)쪽에서 주살(誅殺)당하였다. 우(禹)의 모(母)는 유신씨(有辛氏)의 여식(女息)으로 서강(西羌 : 현 사천성(四川省) 지역) 지방의 석세(石細)에서 솔가(率家) 동래(東來)한 가족이다. 우(禹)는 자(字)가 고밀(高密)이다.

고밀(高密)은 검개모(儉蓋牟), 곤오(昆吾), 웅(熊), 검(儉)과 같은 고대 조선어의 신성(神聖) 신왕(神王) 군주(君主)를 뜻하는 것으로, 동이어(東夷語) 존칭이 고밀(高密)이다. 이는 3대(夏 殷 周)의 개모국(蓋牟國)을 고밀국(高密國)이라 한 데서도 알 수 있다.

사기(史記)에 의하면 우(禹)가 순(舜)에게서 선양(禪讓)을 받았다고는 하나, 당시 하우(夏禹)가 동이족의 비등한 여론을 시정하기 위해 노력한 것으로 보아 우(禹)의 아들 계(啓)가 찬탈(簒奪)의 장본인(張本人)인 듯이 기록되고 있으나 실은 우왕(禹王)이 왕위를 찬탈한 것으로 보인다.

우(禹)는 치수사업(治水事業)을 위해 전국을 답사하여 구주(九州)를 개척하고 구도(九道)를 개도(開道)시키고 구택(九澤)을 개발하고 구산(九山)을 측정(測定)하였다. 우(禹)의 구주(九州)는 중국 최초의 통치 구역으로, 하우(夏禹)의 자손이 약 440년간(BC 2209~1766) 19대째 제왕(帝王)으로 있었는데, 말제(末帝) 하걸(夏桀)이 요비(妖妃)인 말희(末喜)를 총애해 정치를 돌보지 않자 최초로 혁명의 기치를 든 것이 동이족이었다.

하(夏)국을 멸하고 은(殷) 상(商)을 건국한 종족 역시 동이의 곤오족인데, 이들은 산동성 북방에서 서진(西進)하여 하북성 남방의 예후국(黎侯國 : 후일위(後日衛))을 경유 남하하고 회(淮) 서이(西夷)의 후원을 받아 하북성 북방에서 건국하였다. 이 곳은 고죽국(孤竹國)의 월해대안(越海對岸)

인 낭아(琅琊)의 서북방 예국(黎國) 남방이었다.

한무제(漢武帝) 원수(元狩) 3년(BC 120)에 장안(長安) 수도 부근에 방(方) 3백 리 되는 곤오지(昆吾池) 조영(造營) 사업을 전개하였는데, 그 목적은 당시 동이족이던 곤오족(昆吾族)을 굴복시키기 위한 한(漢)나라 수군(水軍)들의 상륙 작전 훈련지를 구축하고자 함에 있었다.

산동성 곡부(曲阜) 서남방 연현(兗縣)에 있는 뇌택호(雷澤湖)는 회수(淮水)와 저수(沮水) 우하천(兩河川) 사이의 주류(主流)인데, 이 곳은 고대 동이족의 집결지로, 낭아(琅琊)의 서방에 해당하고 곤오족(昆吾族)의 나라인 개모국(蓋牟國) : 근모국(根牟國))이었다. 하(夏)나라 때 예군(黎郡)의 통치국으로, 후일 위국(衛國)이 되었으며 중국 고대 신화의 발생지이기도 하다.36) 또한, 이 곳은 고대 동이(東夷) 군장(君長)인 치우(蚩尤)가 다스리던 나라였다. 예(黎)는 이(夷) 예(穢) 위(衛)와 같은 음으로, 예(黎)는 고대 종족명이니 즉 동이족의 별칭이었다.

뇌택호반(雷澤湖畔)은 복희씨(伏羲氏) 요(堯) 순(舜) 등 제왕(帝王)에 관한 사화(史話)의 중심지였으며, 다음과 같은 사실(史實)이 전해지고 있다.

복희씨(伏羲氏)는 모화(母華)의 사위(胥)로, 뇌택(雷澤)이 복희(伏羲)를 낳았고 요(堯)의 수(壽)가 116세였다.

치우(蚩尤) 역시 박현(濮縣) 지방 사람으로 산동성 안평(安平)이 고향이라고 한다. 뇌택(雷澤)은 예군(黎 : 穢君) 곤오족(昆吾族)의 나라로 후일의 위국(衛國) 지방인데, 동이족의 선주민(先住民) 지대이기도 하다. 즉, 중국 태고 신화 시대 발상지로 동이족 선주민들의 식민지였다.

---

36) 大韓獨立運動總史編纂委員會編, 韓(桓)國民族總史考, 同委員會刊, 檀紀 4319年, p.8.

동이어(東夷語)의 왕호(王號)는 한(汗)인데, 가한(可汗)은 몽고 돌궐족의 왕호로 한(汗) 가한(可汗)이라 하였다. 동이족인 치우왕(蚩尤王)과 한족(漢族)과의 충돌을 대체로 BC 2600년경으로 볼 때, 동이족의 동방 이동(東方 移動)은 대략 BC 3000년경 전후로 추단된다. 이러한 이동(移動)으로 송화강 연안의 북만주 평야에 농경(農耕)을 위하여 정착한 이주민들을 동이족(東夷族)이라 불렀다.37)

6. 우이(嵎夷)와 조선(朝鮮)

상서(尙書)와 사기(史記)에 '요분명희중 택우이왈 양곡(堯分命羲仲 宅嵎夷曰 暘谷)'이라 하여 요(堯)임금이 희중(羲仲)을 우이(嵎夷) 땅에 분주(分駐)케 하였는데 그 곳이 양곡(暘谷)이라고 하였다. 사기(史記) 정의(正義) 편에서는 여기에 덧붙여 '우이청주야 일소출처 왈양명지곡(嵎夷靑州也 日所出處曰暘明之谷)'이라 하고 있다. 풀이하면, '현 산동 지방인 청주(靑州)는 우이(嵎夷) 땅이다. 해가 돋는 곳을 양곡(暘谷)이라 일컫는다.'는 뜻이다.

위서(魏書) 단군기(檀君記)를 보면 우리의 옛 지명인 아사달(阿斯達)이라는 명칭이 보인다. 일본어로 아침 朝를 아사(アサ)라 칭하므로 이 아사(阿斯)는 해 돋는 해돋이를 의미하는 것이며, 달(達)은 고구려 시대만 하여도 산(山)을 나타내는 것으로, 해 돋는 산(山)이 바로 아사달(阿斯達)인 것이다.

---

37) 申採湜, 東洋史槪論, 三英社, 1993, 38, 金庠基, 東夷와 淮夷 西戎에 대하여 東方學志 1·2, 1954, 1955.

아사달을 음(音)의 편의상 일출(日出)의 성역(聖域) 내인 아산(阿山)이란 말을 한자(漢字)로 표음(表音)하면서 아(阿)음을 아침 朝 훈(訓)의 초음(初音)인 아(阿)로써 하고 산(山) 음(音)을 선(鮮)자의 음(音)을 빌어 산(山)과 선(鮮)으로써 대체하면서 해돋는 아침의 신선한 기분까지를 아울러 표현하게 된 것이 조선(朝鮮)이라는 이두식(吏讀式) 표기이다.

다시 말해 아침 해 돋는 곳이 우이(嵎夷) 양곡(暘谷) 조선(朝鮮)이라는 등식(等式)이 성립케 된 것이다. 우(嵎)는 해 돋는 산(山) 위, 자인 것이다. 이는 곧 아사달(阿斯達)을 의미하는 것으로 현 산동인 청주(靑州) 지방에 우이족(嵎夷族)이 자리하고 있었는데, 일출(日出)의 성산(聖山) 아사달(阿斯達)은 양곡(暘谷)을 지칭하는 태산(泰山 : 박(亳) 박산(搏山))을 가리키는 것이 분명하다. 우이(嵎夷)는 현 태산(泰山) 아래에서 터전을 마련하고 살기 시작한 이족(夷族)이다.

양곡(暘谷)은 조선(朝鮮)으로 우(嵎)는 조선(朝鮮) 우(嵎) 자이다. 우는 우위[上位] 즉 고위(高位)의 이족(夷族)인 동시에 그네의 수장(首長)을 우이(嵎夷 : 상인(上人))라고 불러온 이족(夷族)이라고 본다. 우(嵎) 우(于) 욱(郁) 우이(嵎夷 : 상인(上人))는 여타 여러 이족(夷族) 가운데 가장 높은 수장(首長)을 의미하는 상층인(上層人)이다.

예컨대 포희씨(庖羲氏)의 진족(辰族)은 고관(高官 : 상층인(上層人))을 가리켜 용수(龍帥 : 전이)라고 하였는데, 우이는 곧 우이(嵎夷) 또는 이(夷)를 의미한다. 후대 부여(夫餘)에서 고위인(高位人)을 우대(優台)라고 한 것이나 임금을 우이 위 상(上)이라고 존칭한 것은 바로 우이(嵎夷 : 상인(上人))에서 비롯된 것으로 보인다.

일본어에서도 상방(上方) 상위(上位)를 우에(ウエ)라고 하는 것은 이 우이(嵎夷 : 상인(上人))와 상통하는 것이다. 이아구주도(爾雅九州圖)에 우

이즉조선(嵎夷卽朝鮮)이라 하였다. 청주(青州 : 현 산동(上人) 땅)에 살고 있던 우이족(嵎夷族)의 영역(領域)을 아산(朝鮮)이라 하였는데, 중국 대륙에서 해가 돋는 가장 동쪽의 땅이 청주 땅이다.

어떤 이는 조선(朝鮮)이라는 어원을 단군기원(檀君紀元)에서 찾고자 하는데, 이는 이보다 훨씬 오래 전인 우이(嵎夷)에서 비롯된 것이다. 우(禹)의 사적(事蹟)을 기록한 상서(尙書)나 사기(史記)에도 '해대유청주(海岱惟青州) 우이기략(嵎夷旣略)'이라 하였는데, 풀이하면 '동해(黃海)에서 태산(泰山 : 대(岱))까지가 청주(青州)이니 그 곳 우이(嵎夷)의 선무경략(宣撫經略)도 끝났다.'라는 뜻이다.

이러한 우이(嵎夷) 사람들은 점차 해 뜨는 동쪽을 향해 이동해 왔다. 따라서 자연히 우이족(嵎夷族)의 이동지(移動地)에는 조선(朝鮮)이라는 지명이 따라 붙게 된 것이다. 우공추지(禹貢錐指)38)에 청주(青州)는 바다를 건너 요동(遼東) 우이(嵎夷) 땅까지 겸(兼)하여 관할하게 되었다고 하여 새로운 조선(朝鮮)은 곧바로 신우이지(新嵎夷地)를 뜻하였다.

사기(史記)39)에는 구이(九夷) 외에 우(禹)임금이 구주(九州)를 정한 후 북쪽으로는 산융(山戎) 발(發) 식신(息愼)을, 동쪽으로는 장이(長夷) 조이(鳥夷)를 선무(宣撫)하였다고 하고 있다. 사기색은(史記索隱)40)에는 장이(長夷)라는 것도 이족(夷族)의 일파(一派)라고 하였다. 대대례(大戴禮)라는 책에도 장이(長夷)라는 것이 나오는 것으로 보아 장이(長夷)라는 것이 이족(夷族)의 명칭임이 분명하다.

사기(史記)에도 장조이(長鳥夷)라 하여 장이(長夷) 조이(鳥夷)의 두 이

---

38) 禹貢錐指, 青州跨海 兼得遼東嵎夷之地 … 朝鮮卽嵎夷 云云.
39) 史記, 禹定九州 … 北撫 山戎 發 息愼 東 長 鳥夷.
40) 史記 索隱 長夷也 鳥夷也 今按大戴禮 亦云 長夷則 長是夷.

족(夷族)을 가리키고 있으며, 사기(史記) 주(註)에도 동북지민(東北之民)이라 하여 산동일대(山東一帶) 연주(兗州) 요동(遼東) 등지가 우이(嵎夷)의 근역(近域)과 대체로 일치되는 것이어서 우이(嵎夷) 장이(長夷) 조이(鳥夷)가 서로 혼처(混處)하고 있던 여린(與隣)의 이족(夷族)들이었음을 짐작할 수 있다.

조이(鳥夷)는 조류(鳥類) 토템의 이족(夷族)일 것으로 보이는데, 사기(史記) 주(註)41)에 이족(夷族)들이 조류(鳥類)와 수류(獸類)를 백성들에게 나누어주어 먹게 하였다는 설명은 억지 폄하(貶下)의 논리에 불과하다. 우리의 선족(先族)인 이족(夷族)의 호칭을 곰 닭 기러기(雁) 제비(燕) 등과 연계한 것은 조수(鳥獸) 토템에서 비롯된 것으로 보인다.

오늘날 산동(山東)인 청주(青州) 지방에는 주대(周代) 이후에 제(齊)와 제(齊)의 서북쪽 연(燕)나라가 있었는데, 이는 이 지역에 제비 토템의 이족(夷族)이 살고 있어 온 데서 비롯된 국호(國號)이다. 제(齊)와 연(燕 : 연(兗)과 동음(同音))은 제비를 표의한 글자들이다.

제비 토템 사상은 이족(夷族)의 동천(東遷)에 따라 조선 땅 내륙 안쪽에도 들어와, 경상도 안동(安東) 땅을 제비의 고장으로 여겨 성주(星主)풀이라는 노래가 생겨나기도 하고 흥부놀부전에 신연(神燕)의 설화로 등장하고 있기도 하다.

사기(史記)에 보면 은(殷) 상(商)의 시조 성탕(成湯)은 제곡(帝嚳)의 아들인 설(契)의 후손인데, 설(契)의 어머니가 떨어진 제비 알을 주워 먹고 잉태하여 성탕을 낳았다고 한다. 이는 은(殷)의 제실일족(帝室一族)이 제비 토템 신앙을 갖고 있었음을 반증하는 것이다.

---

41) 史記 註, 鳥夷 東北之民 賦食鳥獸者.

은(殷)은 현 하남성(河南省) 상구(商邱)와 안양(安陽)에 수도(首都)를 정하였고, 설(契)이래 대대로 청주(靑州) 연주(兗州) 등 동해 가까운 지방에 제실일족(帝室一族)들이 번성했었고, 설(契)의 어머니 간적(簡狄)은 이 제비 지방의 유력한 가계(家系) 출신이었다고 한다.

　제비 지방을 벗어난 신우이(新嵎夷) 땅, 즉 현 요동반도와 관련된 것을 들어 보면 한안(韓雁) 시구재해지주(始鳩在海之洲)라 하여 산해경찬(山海經讚)에 시구(始鳩)라는 말이 있는데, 이를 통해 해지주(海之洲)에 비둘기 토템의 이족(夷族)이 살고 있었음을 알 수 있다.

　상서(尙書)42)에 기주(冀州)의 도이(島夷)는 요동반도의 조이(鳥夷)를 지칭하고 있는데, 사기(史記)에는 도이(島夷) 대신에 조이(鳥夷)라 적고 있다.

　서이(西夷) 가운데서 일어난 주(周)나라는 학(鶴)토템 신앙을 갖고 있었는데 학은 우리말로 두루미라고 하고 일본어로도 어미(語尾)의 미를 떼어버린 두루(つる)라고 하며, 주(周)는 '두루 주' 자로 그 훈(訓)인 두루는 '널리'라는 뜻을 지니고 있는 동시에 날짐승 학(鶴)이란 뜻도 가지고 있다.

　즉, 학은 고비원상(高飛遠翔)해서 널리(周) 회천하(回天下)하는 새이기 때문이다. 사기(史記)에 보면 주(周)의 선조(先祖)인 기(弃)를 낳은 후 즉시 얼음 덮인 개천 위에 내버렸더니 새들이 와서 날개로 덮어 보호해 주었다고 하는데, 이는 주왕실(周王室)이 조류(鳥類) 토템족임을 알려 주는 것으로 어린애를 날개로 덮어 보호해 주었다는 큰 새는 학(鶴)일 가능성이 높다.

　모시(毛詩)에 적조(赤鳥)라 하는 새의 적(赤)은 학(鶴)의 머리가 빨간

---

42) 尙書, 冀州島夷 皮服 夾右碣石 又于河.

것을 말한다고 하며, 어떤 이는 봉황(鳳凰)으로 보는 이도 있다. 사기(史記)에 보면 장이(長夷)는 북중국 동해안 지역과 산동반도 남부 일원에 살고 있던 종족으로, 우이(嵎夷)나 조이(鳥夷) 등과 린여(隣與)의 족(族)이었음을 짐작케 한다.

장이(長夷)의 장(長)은 길다는 말이니 동물 중 길다란 것을 숭앙하는 토템 사상을 가졌던 이족(夷族)임을 알 수 있는데, 사기(史記)에 삼황중(三皇中) 태호(太皡) 포희씨(庖犧氏)와 여와씨(女媧氏)는 몸통은 뱀이요 머리는 사람 모습인 사신인수(蛇身人首)라 하였고, 포희씨유룡서(庖犧氏有龍瑞) 이룡기관왈(以龍紀官曰)이라 하여 용사(龍師)가 포희씨(庖犧氏) 치세(治世)에 나타났으므로 신하들의 벼슬이름에 용(龍 : 진이)이라는 이름을 붙여 진이(龍師)라고 불렀다. 이로 미루어 보아, 장이(長夷)는 사룡(蛇龍) 토템의 족(族)이었음을 알 수 있다. 용사(龍蛇)는 모두 몸이 길고 형태상 통하므로 용사일체(龍蛇一體)로 보고 있기 때문이다. 사기(史記)에 염제 신농씨(炎帝神農氏) 용신(神龍)에 감(感)하여 낳았다고 하니 그의 족(族)도 용(龍) 토템의 신앙을 가졌음을 알 수 있다.

길다는 말을 또한 '질다'라고도 하는데, 긴 막대기를 진막대기라고도 하며 길게 끈다를 질게 끈다고 하는 말들이 지역에 따라 쓰이고 있다.

진은 한자로 진(辰)이라 하고 우리말 진이(龍)를 사음한 것으로 추단된다. 장이(長夷)라는 것은 용(龍) 또는 사룡(蛇龍)을 합쳐 우리말 진이(辰夷)를 그대로 한자화(漢字化)한 것으로, 장이(長夷)는 곧 진이이며 용(龍) 또한 같은 맥락이다.

장이(長夷) 즉 진족(辰族)은 원래 북중국 해하빈(海河浜) 지대에 살면서 어로(漁撈)를 일삼았으므로 자연히 배 타는 일로 소일하게 되었다. 그러므로 이들이 용을 숭앙하게 된 것도 바다와 관련이 있다.

즉, 이들은 항해의 안전을 기원하는 의미에서 바다의 신(神)인 용(龍)의 상(像)을 조각(彫刻)하거나 깃발에 그려 달고 항해하였고, 이러한 유풍(遺風)은 고구려 고분(古墳)에서 발견된 용사상박(龍蛇相搏)한 웅휘(雄揮)한 자태로 나타나 있는데 이는 진이족(辰夷族) 본래의 신앙을 이어받은 것으로 보여 진다.

구이(九夷)의 한 갈래인 양이(暘夷) 역시 해 돋는 고장인 양곡(暘谷)에 자리 잡았던 우이(嵎夷)와는 다른 갈래로 보이는데, 대명통일지(大明統一志)43)에 영평(永平)이라는 곳에 수양산(首陽山)이 있는데 이 부근에 조선성이라는 성(城)이 있었다고 한다.

수양(首陽)이라 함은 해가 먼저 돋는 곳으로, 수선조양지지(首先照陽之地)라 표현하였다. 이것을 좀더 풀이해 보면 일출(日出)의 성산(聖山 : 양곡(暘谷) 아사달(阿斯達)), 일출(日出)의 성역 내(聖域 內 : 조선(朝鮮), 아산)라는 뜻에서 조선성(朝鮮城)이 여기에 있었다는 사실과 잘 부합되는 것임을 대조, 고찰해 보면 이 곳이 양(暘:양(陽)) 이족(夷族)이 살고 있던 고장임을 유추해 볼 수 있다.

이 지역은 본래 이전의 고죽국(孤竹國)이 자리하고 있던 땅인데, 주대(周代)에 들어와서 고죽국은 멸망하고 그 일부의 유민은 바다를 건너 조선 땅 서북부로 들어가 만이(滿飴 : 상은태(上殷台) 위만이)라는 새외동이(塞外東夷)가 되었다.

서이족(西夷族)에 대해서는 후한서(後漢書)44)에 '서이(西夷)가 자의대로 왕호(王號)를 칭하고 여러 이(夷)족들을 이끌고 종주국(宗主國)인

---

43) 大明統一志, 朝鮮城 在永平府境內 相傳箕子 受封之地也.
44) 後漢書, 西夷借號 乃率九夷 以伐宗周 西至河上 穆王畏其方熾 乃分東方諸侯 命徐偃王主之.

주(周)나라로 쳐들어 가 서방(西方)으로 황하(黃河) 북쪽에까지 이르니, 주목왕(周穆王)은 그 세력의 대단함에 눌려서 하는 수 없이 동쪽 제후(諸侯)들을 서이족(西夷族)의 왕(王)인 서언(西偃)에게 맡아 다스리게 하였다.'고 한다.

서이(徐夷)의 서(徐)는 서라는 음(音)으로써 우리말 소(牛)를 가리킨 것으로, 서와 소는 넘나드는 음(音)으로서 고대에는 완전히 분화되어 있지 않았다. 일본에서는 오늘날에도 그렇다. '느릿느릿하다'를 '서서(徐徐)히'로 표현하는 것은 소걸음을 의미하는 것이다.

서이(徐夷)의 영역(領域)은 오늘날의 산동(山東) 강소(江蘇) 안휘(安徽) 지역이고 그 옛날 서주(徐州)나 청주(靑州) 일원으로, 이 일대는 소의 산지로 유명한 곳이었는데 이 지방 고대인들이 자연히 소 토템의 신앙을 갖게 되면서 서이족명(徐夷族名)이 생겨난 것으로 보인다.

서주(徐州)는 황해변에 자리잡고 있었는데 이 인근에는 구황하수(舊黃河水) 휘산(徽山 : 호(號)) 홍택호(洪澤湖) 회하(淮河) 등이 자리하고 있어 대수향(大水鄕)을 이루어 용(龍) 토템 신앙도 갖게 되었다.

염제신농씨(炎帝神農氏)는 소의 머리에 사람의 몸을 가졌다고 하였으며, 그 어머니가 신룡(神龍)에 감화(感化)되어 염제신농씨(炎帝神農氏)를 낳았다고 한다. 사기(史記)에 의하면 염제족(炎帝族)은 우(牛) 용(龍) 두 토템을 겸신(兼信)하고 있었던 듯하며, 이 염제족(炎帝族)은 서이족(徐夷族)과 일맥상통하는 동시에 진족(辰族)과도 동여(同與)의 족(族)이었다. 염제(炎帝)는 또한 유웅국(有熊國)의 왕자였다고 하니 곰 토템도 겸했을 것으로 보인다.

일본의 전설 가운데 우수인신(牛首人身)의 성장(聖長 : 고위인(高位人))이 있어 백성들의 시시비비(是是非非) 곡직(曲直)에 대해 정확한 판정

과 어김없는 예언을 해 주는가 하면 공약(公約) 또한 엄정하였는데, 그의 이름은 크단(くたん)이었다고 한다.

크단(くたん)은 한자(漢字)로 건(件)에 해당하는데 이 건자(件字)의 인변(人辺)은 인신(人身)에 소우(牛)로, 몸은 우수(牛首)를 표현한 것이다. 우수인신(牛首人身)의 성장(聖長 : 고위인(高位人))은 신농씨계통(神農氏系統)이거나 서이족의 어떤 수장(首長)을 가리키는 것으로 '크단'이란 그 이름은 '크단이(대인(大人), 구태(九台)' 즉, 수장(首長)이란 뜻으로 해석되는데, '건(件)' 자(字)의 음(音)인 '건, 겐' 등도 '큰'의 사음(寫音)이어서 큰 이[大人]를 의미하는 것으로 보인다.

고대 구주(九州)의 하나인 서주(徐州)의 남경(南境)은 회수(淮水)로 회수반(淮水畔)을 주무대로 한 회이(淮夷)는 서이(徐夷)와 이명동질(異名同質) 내지 일여족(一與族)으로 추정된다. 또다른 구이(九夷) 외 이족(異族)으로 칭해지는 강이(姜夷)는 강융(姜戎), 강씨지융(姜氏之戎)으로 기록되고 있는데 주(周)나라가 강성했던 제11대 선왕(宣王) 시에도 이 강이(姜夷)의 정벌에 실패하였다고 한다.

강이(姜夷)를 서편(西便) 이족(異族)인 서이족(西夷族)의 일파로 보기도 하고, 요대사악(堯代四岳)의 후예족(後裔族)으로 보기도 하며, 견융(犬戎)과 함께 견이족(畎夷族)의 일분파(一分派)로 보기도 한다.

양주조이(楊州鳥夷)에 대해서는 상서(尙書)에 '회해유양주 … 도이의복(淮海維楊州….島夷衣服)'이라 하였는데 풀이하면, '회수(淮水)에서 바다까지는 양주(楊州)이다. … 도이(島夷)들은 초복(草服)을 입는다.'라 상고(上古) 현 회수(淮水) 남방 양자강구일대(楊子江口一帶)인 양주(楊州)에 도이(島夷)라는 이족(夷族)이 있었다고 한다.

도이(島夷)는 수향민(水鄕民)에 붙여진 족속(族屬)으로, 북방의 기주도이(冀州島夷)들이 많은 피복을 조공하였으므로 남방 양주(楊州) 도이(島夷)들이 섬유질(纖維質) 식물 재료의 의복을 입었는데 이는 기후 조건에 의한 차이를 드러내 주고 있는 것이다. 풍이(風夷)는 람이(藍夷)라고도 하는데 포희씨(庖犧氏)와 여와(女媧) 양씨(兩氏)는 모두 풍성(風姓)이었다고 사기(史記)에 적고 있다.

람(藍)은 바람(風)이라는 우리말의 '람(藍)'음을 표사(表寫)한 것이다. 전설에 용은 풍운(風雲)을 일으킨다고 하고 있어, 풍성(風姓)이라든지 풍이(風夷)라 하는 칭호도 용(龍) 토템족인 데서 생겨났을 것으로 보인다.

풍이(風夷)는 은(殷)나라 중정제(仲丁帝)와 하단(河亶) 갑제(甲帝) 때 반란을 일으킨 적이 있었다. 이 밖에 황이(黃夷 : 黃帝) 현이(玄夷) 백이(白夷 : 전욱제(顓頊帝)) 적이(赤夷 : 염제(炎帝) : 염(炎)은 화(火)=적(赤)과 같은 의미) 방이(方夷 : 요제(堯帝) : 능이 방능(房陵)에 있는데 방(方)은 방(房)을 가리킴) 등이 있었다. 주말(周末)까지 중국 내륙에 남아 있던 회이(淮夷) 또는 회사이족(淮泗夷族)은 서주(徐州) 땅 회하(淮河) 사수변(泗水邊)에 자리하고 있었다.

상서(尙書)나 사기(史記)에 보면 '해대급회(海岱及淮) 유서주(惟徐州)…회이(淮夷) 빈주(淮夷)'라 하여 회이(淮夷)의 이름이 이미 우대기사(禹代記事)에 나타나 있다. 주대(周代)에 들어와서 려왕(厲王)과 선왕(宣王) 때 반란을 일으킨 일이 있었는데, 소공(召公)의 정토(征討)로 평정되었다. 후한서(後漢書)에 의하면 이들은 주말(周末)까지 동이족(東夷族)으로서 명맥(命脈)을 유지해 내려왔으나, 진(秦)의 통일과 함께 회(淮) 사(泗)의 이족(夷族)은 흩어져 진(秦)의 백성으로 동화되고 말았다. 이 시기에 중국땅 안에 거주하던 동이족(東夷族)은 대부분 흩어졌다.

구이(九夷) 외의 또다른 이족(夷族)인 래이(萊夷)는 우(禹)임금의 사적 가운데 나타나 있다. 주말(周末) 춘추(春秋) 시대(상서(尙書) : 해대유청주(海岱惟靑州)… 래이위목(萊夷爲牧))에 이르러 노정공(魯定公)이 공자(孔子)를 데리고 제경공(齊景公)을 예방하였을 때 제(齊)나라 대부(大夫) 예미(려미)(黎彌) : 일명(一名) 여조(黎祖))가 래이(萊夷) 3백 명을 악공(樂工)으로 가장(假裝)하여 노후(魯候)와 공자(孔子)를 붙잡으려다가 실패한 기록이 동주열국지(東周列國誌)에 실려 있다.

이를 보면, 당시까지만 해도 이족(夷族)으로서의 잔맥(殘脈)은 보존(保存)되어 있은 듯하다. 그러나 점차 제(齊)나라 백성이 되면서 래이(萊夷)라는 족명(族名)은 산동반도 동부인 래주(萊州) 부근에 흩어져 희미하게 되었다.

7. 동이족(東夷族)의 자태와 주(主) 활동무대(活動舞臺)

이(夷)는 문자 사용 이전기의 제후(諸侯)에 해당하는 의미로 발음되었던 표현이다. 주(周)나라 무왕(武王)이 염제(炎帝)의 뒤를 초(焦)에, 황제(黃帝)의 후계(後系)를 축(祝)에, 요(堯)의 후계(後系)를 계(薊)에 각각 봉(封)하였다고 하는데, 오늘날 하남성(河南省)을 중심으로 한 황하 중하류 지방에서 중국의 고대 문명이 일어났으며, 이 지방을 중화(中華) 또는 중국(中國)이라 칭하였다. 이 지방 사위(四圍)에 거주하는 이종족(異種族)을 이적(夷狄) 만이(蠻夷) 적융(戎狄)이라 부르면서 경멸(輕蔑)하였다.

그런가 하면 현 산동성에서 태어나 하남성에서 산 순임금도 동이족이였고, 현 섬서성(陝西省)에서 태어난 주(周)나라 문왕(文王)도 서이(西夷) 사람이라고 맹자(孟子)는 기술하고 있다. 서주중기(西周中期)에 제작된 것으로 알려지고 있는 종조종명문(宗周鐘銘文)에는 남이(南夷) 동이(東夷)라는 글자와 감유육방(甘有六邦)이라는 글자가 보인다.

원래 은(殷)과 이(夷)는 동음(同音)의 자(字)로, 은족(殷族)은 동이족(東夷族)의 일종으로 보인다. 전국 말(戰國 末)에서 한대(漢代)에 이르면서 동이(東夷) 남만(南蠻) 서융(西戎) 북적(北狄)이라든가 그 밖의 사방 여러 이종족(異種族)의 칭호가 고정화되었다. 한대(漢代) 이후에는 오늘날의 만주 조선 일본 지역을 동이지(東夷地)라 하였고, 후한서 삼국지 동이전(後漢書 三國志 東夷傳)에도 이 지방을 동이지(東夷地)라 하였다.[45]

이상의 제후족(諸夷族)들은 대체로 세 상고조선국(上古朝鮮國)을 현 중국 내륙에 건설하였는데, 그 하나가 현 산동(山東) 지방의 우이조선(嵎夷朝鮮)이고, 그 다음이 요동반도(遼東半島) 내(內)에 자리하고 있던 신우이조선(新嵎夷朝鮮)이다. 그리고 마지막 하나가 난하 유역(灤河 流域)의 고죽국(孤竹國)인 양이조선(暘夷朝鮮)이다.

이들의 별칭은 예맥조선(濊貊朝鮮)으로, 지리적으로 보면 우리의 상고인(上古人)인 동이족들이 북중국 동해빈(東海浜)에 자리하고 있었음을 알 수 있다. 주목해야 할 점은 세계 문명을 주도해 온 수많은 종족이나 국가는 주로 해양이나 대하에 근접해 있었다는 점이다.

사기(史記) 권일(卷一) 오제본기(五帝本紀)에 중원(中原) 역사의 시조로 복희(伏犧) 신농(神農) 황제(皇帝)를 삼황(三皇)이라 하고 소호(小昊) 고양(高陽) 고신(高辛) 당요(唐堯) 우순(虞舜)을 오제(五帝)라고 부르는데 하(夏) 이전 이들 오제(五帝)의 시대가 5백여 년이었다고 한다.[46]

---

45) 京都大學文學部東洋史硏究室, 東洋史辭典, 東京創元社, 昭和49年, p. 517.
46) 史記 卷一 五帝本紀, 自黃帝至舜禹皆同姓而異其國號.

위의 글은 산동성(山東省) 용산(龍山)의 흑도문화(黑陶文化)와 하남성(河南省) 앙소촌(仰韶村)의 채도(彩陶)문화가 하대(夏代) 혹은 그 이전의 문화일 것이라는 고고학적 견해와 사기의 삼황오제(三皇五帝) 시대가 5백여 년이었다는 기록과 일치하고 있다.

이어서 사기(史記) 권일(卷一) 오제본기(五帝本紀)[47]에 고대로부터 중원천지에 퍼져 살았던 동이(東夷)를 구종(九種)의 구이(九夷)라고 하였는데, 이들이 바로 중국 사서에 언급되어 있는 사이(四夷) 또는 구이(九夷)이다.[48]

이들 구이(九夷)의 피부와 자태(容貌)를 구분해 보면 대략 우이(于夷) 견이(畎夷) 방이(方夷) 황이(黃夷) 양이(陽夷)는 같은 모습이며, 백이(白夷) 적이(赤夷) 현이(玄夷) 람이(藍夷) 등은 자태(姿態)와 용모(容貌)가 아래와 같이 다르다.

견이(畎夷)는 피부가 누른 편이며 코는 높지 않고 볼이 넓다. 머리는 검고 눈은 평평하며 눈동자가 검다.

우이(于夷)는 견이(畎夷)의 모습과 같다.

방이(方夷)는 견이(畎夷)의 모습과 같다.

황이(黃夷)는 견이(畎夷)의 모습과 같다.

양이(陽夷)는 견이(畎夷)의 모습과 같다.

백이(白夷)는 피부가 희며 코가 높다. 눈은 깊고 동자는 푸르며 머리카락은 잿빛이 많은 편이다.

---

47) 史記卷一 五帝本紀 黃帝者 小典之子 註 索隱 爲五帝之首 系本並以 伏犧 神農 皇帝 爲三皇 小昊 高辛 唐堯 虞舜 爲五帝 黃帝號有熊 以其本是 有熊國 君之子故也 黃帝 都軒轅之丘因以爲名 索隱 小典者 諸侯國號 非人名也 八帝五百餘年.

48) 三國志魏志卷三十東夷傳 四夷來賓所謂中國失禮 求之四夷者 夷 戎 狄 蠻 總名四夷者 後漢書卷百十五東夷傳 中國失禮 求之四夷猶信 東夷九種 畎夷 于夷 方夷 黃夷 白夷 赤夷 玄夷 風夷 陽夷 此九夷也.

적이(赤夷)는 피부가 붉은 구리 빛이며 몸체는 황이(黃夷)와 비슷하다. 코는 낮고 뾰족하며 곱슬머리이다.

현이(玄夷)는 피부가 검고 코는 낮으며 짧고 넓다. 이마는 뒤로 넘어지고 입술이 나왔으며 곱슬머리이다.

남이(藍夷)는 피부가 짙은 갈색(褐色)이며 모양은 황이(黃夷)와 비슷하다.

여기에 덧붙여 중국사전사화(中國史前史話)의 저자 서량지(徐亮之)는 말하기를 '동이(東夷)는 원시세석기(原始細石器) 문화인이며 동이(東夷)였던 순(舜)은 흑도문화(黑陶文化)의 창시자(創始者)였을 것으로 보인다.(東夷乃原始細石器文化人 以及虞舜乃東夷之爲黑陶創始者)'고 하였다.

황제(黃帝)에 대해 사기(史記)는 중원(中原) 최초의 제왕(帝王)이라고 하면서, 황제(黃帝)는 유웅국(有熊國) 소전군주(小典君主)의 차자(次子)로 유웅국(有熊國)의 수구(壽丘)에서 출생하였는데 수구(壽丘)는 노(魯)나라 지방의 동문 북쪽 지금의 연주(兗州) 부곡현(阜曲縣)이라고 하였다.[49]

산해경(山海經)에[50] 의하면 대황지(大荒地) 가운데 불함산(不咸山)이 있는데 그 곳은 숙신씨(肅愼氏)가 흰 옷을 입고 사는 곳이라 한다. 그들은 용맹한 사람들이었기에 중원(中原)의 복희(伏犧) 신농(神農) 황제(皇帝)의 삼황(三皇)과 소호(小昊) 고양(高陽) 고신(高辛) 당요(唐堯) 우순(虞舜)의 오제(五帝)는 모두 숙신(肅愼)에서 배출된 인물들이다.

---

49) 史記卷一 五帝本紀 黃帝者 爲五帝之首 有熊國君 小典之次子 生黃帝於壽丘 在魯東門之北 今在兗州 阜曲縣東北之十里 및 索隱, 小典者 非人名也 諸侯國號 生黃帝於壽丘 在魯東門之北 今在兗州阜曲縣 有熊今河南新鄭是也.

50) 山海經(中國藝文印書館發行), 海外西經 大荒地中 有山名日不咸 肅愼氏之白民北 有樹(樹人物指稱) 名日雄 常先八代帝於此取之.

[부록]

　　황제(皇帝)가 중원(中原)에서 섭정(攝政)했을 때 치우(蚩尤)는 구려(九黎)의 군주(君主)였다고 하며, 황제가 응룡(熊龍)에게 명하여 치우(蚩尤)를 벌(伐)했다는 산해경(山海經)의 기록이 사기(史記) 주(註)로 인용되고 있다.
　　그 때의 구려(九黎) 군주(君主) 치우(蚩尤)가 풍백(風伯)과 우사(雨師)에게 청하여 폭풍우(暴風雨)가 쏟아지게 했다고 한다.[51] 이상의 기록을 볼 때 티벳 지방의 한족(漢族)이 동진(東進)하여 들어오기 이전의 중원(中原)은 동이(東夷)의 천지(天地)였음을 알 수 있다.
　　첫째 황제 이전의 치우는 구려(九黎=구이(九夷))의 군주였다. 즉 중원 최초의 제왕(帝王)인 황제(黃帝) 이전에 구려(九黎)라는 구이(九夷)가 존재하고 있었다는 것과, 거기에 더하여 산동과 하남 사이에 유웅국(有熊國)이라는 나라가 존재하고 있었다는 것이다. 이러한 유웅국은 제후국(諸侯國)이었음이 입증되고 있다.
　　이제 중원 최초의 제왕이라는 황제 이전에 산동 지방에 존재했던 유웅국이 제후국이었다면 동이의 활동 중심지로서의 산동 지방 제후국인 유웅국의 종주국은 어디였을까 하는 문제가 제기된다.
　　따라서, 황제의 출신지인 유웅국과 동이의 조상 환웅의 아들인 단군의 모친 웅녀와는 어떤 관계였나 하는 것이 문제가 된다. 왜냐 하면, 웅녀는 문자 그대로의 웅녀가 아니라 황제처럼 유웅국의 출신이 아닌가 여겨지기 때문이다. 또한, 오늘날 북경(北京) 서쪽 오지(奧地)인 탁록 들판에서 황제(黃帝)와 대전(對戰)했던 치우(蚩尤)가 구려(九黎)라는 구이(九夷)의 군주(君主)였다는 것을 보면, 그 때 벌써 동이(東夷)는 구이(九夷)로까지 늘어

---

[51] 山海經 大荒北經 史記卷一 五帝本紀 正義 龍魚河圖云 黃帝攝政 有蚩尤 山海經云 黃帝令應龍攻蚩尤 蚩尤請風伯雨師 以從大風雨.

나 있었다고 볼 수 있다.

　구려구이(九黎九夷) 군주 치우가 동이(東夷) 조상(祖上) 환웅(桓雄)이 거느렸던 풍백(風伯)과 우사(雨師)의 도움을 받았다는 사기(史記) 권일(卷一) 오제본기(五帝本紀)의 기록이 이때의 풍백(風伯)과 우사(雨師)가 환웅천자(桓雄天子) 때부터 존재했던 풍백(風伯)과 우사(雨師)라 여겨지기 때문이다.

　상고대(上古代)의 중원 대륙(中原 大陸)이 동이(東夷)의 천지였다는 것에 대해 중국 사학자들이 말하는 바에 의하면, 4천여 년 전 은대(殷代) 이전 뿐만 아니라 은대(殷代) 이후의 주(周)나라 춘추전국 시대(春秋戰國 時代)까지 중원(中原)은 동이족(東夷族)의 활동지였다고 한다. 산동 지방을 위시하여 하남(河南) 강소(江蘇) 안휘(安徽) 호북(湖北) 지방과 하북(河北) 및 발해(渤海) 요동(遼東) 지방 조선(朝鮮) 지역이 동이(東夷)의 활동 무대였고, 그 가운데 산동 반도는 동이의 중심적 활동 무대였다고 한다.

　이어서 중국 민족사(中國 民族史)의 저자 왕동령(王桐齡)은 말하기를, 천산산맥(天山山脈)과 곤륜산(崑崙山) 사이 타리무(塔里木 : Tarimbasim) 분지의 티벳 지방에서 한족(漢族)이 중원 지방으로 이동해 들어오기 이전의 호북(湖北) 호남(湖南) 강서(江西) 절강(浙江) 강소(江蘇) 지방은 묘족(苗族)이라고 일컬어지던 구려(九黎 : 구려구이(九黎九夷))족들이 점령하고 있었으며 묘족(苗族)의 군주는 치우(蚩尤)였다고 하였다.[52]

　임혜상(林惠祥)의 중국 민족사(中國 民族史) 역시 순(舜)임금이 동이(東夷) 출신임을 분명히 언급하고 있다. 이 말은 순(舜)임금의 후손이 대대로 치자(治者)의 위치에 있었으므로 중원(中原)의 지배자(支配者)가 동이

---

52) 王桐齡, 中國民族史,當漢族未入中國以前 現在湖北湖南江西等地 本爲苗族所屬 此族之國名 九黎 君主蚩尤.

(東夷)였음을 입증하는 것이다.

　중국인은 중국 고대 문명이 황하 중·하류인 지금의 허난성(河南省)을 중심으로 열렸기 때문에, 이 지방을 중화(中華) 또는 중국(中國)이라 칭하고 그 사방의 타종족을 이적(夷狄) 만이(蠻夷) 융적(戎狄)이라 부르며 경멸하였다.

　맹자(孟子)는 지금의 산둥성에서 태어나 허난성에서 거주한 순임금을 동이(東夷) 사람이라 하였고53), 지금의 산시성(陝西省)에서 태어난 주(周)나라의 문왕(文王)을 서이(西夷) 사람이라고 하였다.

　서주(西周) 중기에 만들어진 종주종명(宗周鐘銘)에 남이(南夷) 동이(東夷)의 26방(邦)이 보인다. 원래 은(殷)과 이(夷)는 같은 음(音)의 글자이므로 은족(殷族)도 동이(東夷)의 한 종족으로 여겨진다.

　전국 말(戰國 末)에 한대(漢代)가 되면서 동이(東夷) 남만(南蠻) 서융(西戎) 북적(北狄)과 사방(四方) 이족(異族)의 칭호가 고정되어, 한대(漢代) 이후로는 동북만주 조선 일본 등을 동이의 땅이라 하고 후한서(後漢書) 삼국지(三國志) 등의 동이전(東夷傳)에는 이들 지방에 관해 기술하고 있다.

　위의 여러 사실을 간명하게 정리한 중국고금지명대사전(中國古今地名大辭典)에는 춘추전국 시대(春秋戰國 時代)의 막(幕)을 내리게 했던 진(秦)을 멸한 한고조(漢高祖) 유방(劉邦)이 세운 나라가 한(漢)나라인데, 도읍(都邑)을 장안(長安)으로 하였고,54) 그 곳은 이전의 티벳 지방 한족(漢

---

53) 孟子言舜東夷之人也 今人推得舜殷之祖 殷人爲東夷 興於東方而殷亡後 箕子東走朝鮮 亦爲東夷殷民族所居地也.
54) 中國古今地名大辭典 : p. 1102. 漢朝代 漢高祖劉邦滅秦有天下 國號漢 故城在今陝西長安縣西北三十里 中國黃河 長江 珠江 三流域 朝鮮北部 傳十二主 二百十二年 是爲前漢 亦稱西漢 爲王奔所篡 光武中興遷都洛陽 傳十二 主 一百九十六年 禪位於魏 是爲後漢又稱東漢

族)이 중국으로 이동하여 들어오기 이전 조선(朝鮮)의 땅이었다고 분명하게 밝히고 있다.

맹자이루하(孟子離婁下)에 '순생어제마(舜生於諸馮) 졸어명조(卒於鳴條) 동방지인야(東夷之人也)'라 하였고, 문왕(文王)은 '기주(岐州)에서 출생하여 호경(鎬京 : 서안(西安))에서 졸(卒)했으니 서이지인야(西夷之人也)'라 하였다.

요컨대 사기(史記) 권일(卷一)의 오제본기(五帝本紀)에 황제(黃帝)로부터 우순(虞舜)과 하우(夏禹)에 이르기까지 이들은 같은 성(姓)을 지녔던 같은 피붙이인 동이족(東夷族)이었다.

동이(東夷)의 활동 중심지였던 산동(山東)의 유웅국(有熊國)은 동이(東夷)의 조상(祖上) 환웅천자국(桓雄天子國)이던 환국(桓國)의 제후국(諸侯國)으로 존재했었음을 부인할 수 없다. 기존의 몇몇 중국 사서(史書)에 숙신(肅愼) 또는 산융(山戎)이라 표기한 것은 숙신(肅愼)이 조선음사표기(朝鮮音寫表記)의 이두문(吏讀文)임을 유의(留意)해야 한다.

즉, 사기(史記)에서 말하는 발숙신(發肅愼)과 관자(管子)의 발조선(發朝鮮)의 발(發)을 자전(字典)에서는 발(發) 개야(開也) 기야(起也) 출야(出也) 동야(動也) 여야(與也) 명야(明也) 방야(放也)의 발(發)로 해석하는데, 이것을 산해경(山海經)의 풀이대로 중원(中原)의 삼황오제(三皇五帝)가 숙신(肅愼)에서 중원(中原)으로 간 사람들이라고 할 때, 사가(史記)의 발숙신(發肅愼)과 관자(管子)의 발조선(發朝鮮)은 다 같은 조선(朝鮮)임을 알 수 있다.

이에 우리 상고사(上古史)와 직결되는 단어(單語)와 구절(句節)을 살펴

昭列帝劉備卽位於蜀 亦稱蜀漢祥蜀漢條 中略 漢族最初根據地 當在崑崙山,中國古今地名大辭典(p. 1102)

보면 다음과 같다.

1. 史記五帝本紀. 山戎發肅愼謂之東北之夷 漢書 四方夷人 總之北發 漢書是北方國名 管子發朝鮮 同一朝鮮也
2. 竹書紀年卷之一. 虞舜二十五年 肅愼氏來朝貢弓矢
3. 三國志魏志東夷傳. 自虞暨周 東夷有肅愼 皆曠世而至其蝦遠也
4. 後漢書東夷傳. 乃武王滅紂 肅愼來獻石砮楛矢
5. 三國志魏志東夷傳. 雖夷狄之邦 中國失禮 求之四夷猶信 以接前史之所未備焉
6. 淮南子隧形訓. 肅愼氏之 天民 肅敬也 愼畏也
7. 山海經海外西經. 東夷有肅愼東北夷 常先八代帝 於此取之
8. 說文解. 註 東夷之人也 從弓者 肅愼氏貢楛矢石砮之類
9. 說苑. 孔子曰 此肅愼氏之矢也 於是肅愼氏 貢楛矢石砮長尺咫(지)
10. 山海經海內經. 東海之內北海之隅 有國名曰朝鮮天毒畏人愛之
11. 史記五帝本紀. 舜冀州之人也 自黃帝至舜禹 皆同姓而異其國號
12. 孟子 離累下. 舜東夷之人也
13. 史記齊太公世家. 北伐山戎 離枝孤竹 索隱 皆古國名 遼西令支縣有孤竹城
14. 史記五帝本紀. 黃帝者 有熊國君 小典之子 索隱 小典者 非人名也 諸侯國號
15. 史記五帝本紀. 分命羲仲居郁夷曰 暘谷 孔安國曰 郁夷之稱 嵎夷日出於暘谷
16. 史記五帝本紀舜乃遂見 東方君長 同律度量衡 修五禮
17. 史記匈奴傳. 唐堯 虞舜以上有山戎 正義 山戎北戎

동의어(同義語)인 구환(九桓) 구려(九黎) 구이(九夷) 구족(九族)

1. 史記五帝本紀. 堯帝以親九族
2. 禮記.緇衣 苗民也 有苗九黎之後 小昊顓九黎分類其子孫也
3. 後漢書東夷傳. 東夷有九種 畎夷 嵎夷(于夷) 方夷 黃夷 白夷 赤夷 玄夷 風夷 (藍夷) 陽夷
4. 後漢書東夷傳. 東方曰夷 孔子欲居九夷
5. 後漢書東夷傳. 肅愼復至後 西夷乃卒九夷以伐宗周

6. 後漢書東夷傳. 夷戎狄蠻 總名四夷者
7. 三國志魏志東夷傳. 烏丸者東胡也 居遼東遼西

8. 동이(東夷)와 삼위태백(三危太白)

　중원(中原)의 삼황오제(三皇五帝)는 천자환웅(天子桓雄)의 직계 단군 조선 중심 부족인 숙신(肅愼) 출신(出身)들이었다. 환웅천자가 홍익인간(弘益人間)이라 한 삼위태백(三危太白)은 고대 동이(東夷)가 분포되어 활약하였던 만주 조선 내륙인 백두산을 위시해 중원 대륙 감숙성(甘肅省) 돈황현(敦煌縣)의 삼위산(三危山) 사이이다.
　그렇게 보는 논거는 황하 문명의 개척자로 알려져 있는 치우(蚩尤)와 황제(黃帝) 때부터 요순대(堯舜代)에 이르기까지 동이(東夷)가 구종(九種)의 구이(九夷)로 퍼져 살았던 구족(九族)을 요순(堯舜)이 화친(和親)하였고,55) 요순(堯舜)의 친화 정책(和親 政策)에 불복종한 이족(夷族)들에게 서변(西邊) 오지(奧地)인 삼위산(三危山)이 있는 지역으로 옮겨 살게 했다는 것이 천삼묘(遷三苗)의 삼위(三危)이기 때문이다.
　서경우서요전(書經禹書堯典)에 보면 '서삼묘우삼위(竄三苗于三危)'라 하였고, 사기(史記) 오제본기(五帝本紀)에는 '이만남만(以蠻南蠻) 천삼묘어삼위(遷三苗於三危) 삼묘재강회형주(三苗在江淮荊州) 유인명왈묘민(有人名曰苗民)'이라 하고, 신이경(神異經)에서는 '서황지중(西荒之中) 유인명왈묘민(有人名曰苗民)'이라 하였다.
　삼위(三危) 지방으로 옮겨 살게 했다는 삼묘(三苗)를 사기(史記)에서는

---

55) 史記 卷一 五帝本紀. 書經虞書堯典 帝堯放勳 以親九族旣睦.

서이(西夷) 서융(西戎) 남만(南蠻)으로 기술하고 있다. 또한 산해경(山海經)과 신이경(神異經)에서 말하는 묘민(苗民)은 동이(東夷)를 지칭하는 것임은 재언(再言)을 요치 않는다.

산해경에서 흑수(黑水)는 흑룡강(黑龍江) 유역에 살았던 사람들을 묘민(苗民)이라고 했는데, 이들이 백두산 주변에 환웅천자(桓雄天子)가 웅졸도(熊卒徒) 3천 명을 거느리고 남쪽으로 내려와서 신시(神市)를 개설하였던 묘민(苗民)들이었다.

또다른 묘민(苗民)은 요순(堯舜) 때의 이민 정책(移民 政策)에 의하여 삼위(三危) 지방으로 옮겨 살게 된 천삼묘(遷三苗)의 삼위(三危)인데, 신이경(神異經)에서 말하는 묘민(苗民) 역시 곤륜산(崑崙山) 동쪽의 삼위(三危) 지방인 서역(西域)에 사는 사람들을 말하는 묘민(苗民)이라 하였다. 이밖에 회수(淮水) 지방의 치우 치하(蚩尤 治下)에 살았던 사람들도 묘민(苗民)이라고 기술하고 있다. 중국 고전(古典)에 나타나고 있는 반고(盤固) 유소(有巢) 수인(燧人) 복희(伏羲) 신농(神農) 황제(黃帝) 등은 모두 동이(東夷)의 조상인 환웅천자(桓雄天子)의 후예(後裔)들인 것이다.[56]

후한서(後漢書) 권백십오(卷百十五) 동이전(東夷傳)에 사이(四夷)는 남이(南夷) 서이(西夷) 남만(南蠻) 북적(北狄) 들이라 하고 동이유구종(東夷有九種)의 구이(九夷)라고 하지만, 이들 모두가 원래 동이족(東夷族)으로 환웅천자(桓雄天子)의 후예(後裔)들이다.[57]

사기(史記)에는 황하 문명(黃河 文明)의 서장(序章)을 삼황오제(三皇五帝)로부터 요하순(堯夏舜)을 거쳐 춘추전국 시대(春秋戰國 時代), 진

---

56) 山海經 海外西經 大荒之中 有山名不咸 有肅愼之國白民 有樹(樹人物指稱)名曰雄 常先八代 帝於此取之, 史記五帝 本紀 自黃帝之舜禹 皆同姓而異其國號.
57) 後漢書卷百十五 東夷傳, 中國失禮求之四夷 夷戎蠻狄 總名四夷者 東夷有九種 此九夷也.

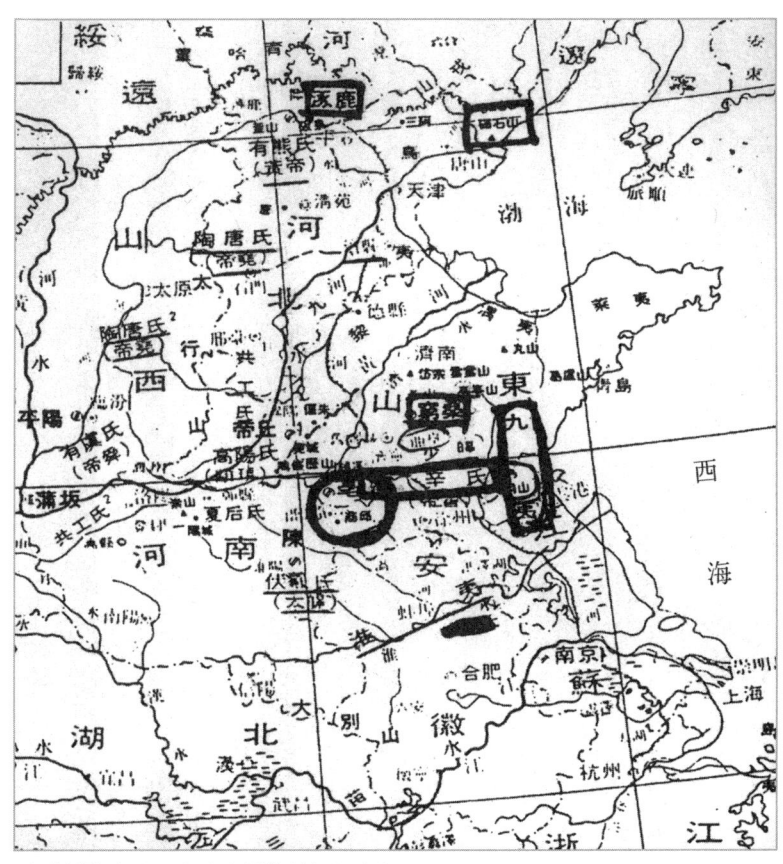

사기(史記)에 기록된 갈석산(碣石山)의 위치

(秦)의 무공(繆公) 때까지 선왕(先王)들의 덕치(德治)를 모아서 편찬한 서경(書經)을 바탕으로 하여 기술하고 있는데, 사기에는 하우(夏禹) 때 백익(伯益)의 찬술이라는 산해경(山海經)이 주(註)로 많이 인용되어 있다. 그러므로 사기에는 황제(皇帝)와 치우(蚩尤)와의 대결 때 구려(九黎)의 군주였다는 치우(蚩尤)가 환웅(桓雄) 때부터 존재하였다는 풍백(風伯)과 우사

(雨師)의 도움을 받았다고 한다.58)

사기오제본기(史記五帝本紀)는 요순(堯舜) 때까지만을 기술한 것이고, 그 다음 2권(二卷)부터 하우(夏禹)가 사방(四方)을 순회하면서 육지에는 구주(九州)를 개설하고 하천(河川)은 구하(九河)를 통하게 하였다.

기주(冀州)로부터 시작된 사기의 기록을 살펴보면, 기주(冀州) 지방의 태원(太原)과 악양(嶽陽)으로부터 황하 중류의 위수(渭水) 지방을 거쳐 회수(淮水) 지방을 돌아본 다음, 산동(山東) 지방을 거쳐 요동(遼東)에 이르러서 언급하기를 조이(鳥夷)는 짐승 가죽으로 옷을 만들어 입었다고 하고, 이들은 발해(渤海) 연안의 갈석산(碣石山)을 끼고 살았던 동이(東夷)들이었음을 밝히고 있다.59)

사기는 황하 문명의 서장(序章)을 밝히기를, 중원 대륙 내에 용문(龍門) 서하(西河 : 황하 상류(黃河 上流))가 있고 남쪽으로는 회수(淮水)가 있으며 서쪽으로는 곤륜산(崑崙山)이 있는 곳이 서역(西域)인데, 여기서부터 천삼묘(遷三苗)의 동이(東夷)들이 사기(史記)와 기타 고전(古典)들에 서이(西夷) 또는 서융(西戎)으로 기술되기 시작한다.

그러니 사기에서 동이(東夷) 서이(西夷) 남만(南蠻) 북적(北狄)을 사이(四夷)라 하고, 대륙 서편 기주(冀州) 형주(荊州)로부터 동쪽의 태행산(太行山)을 지나 갈석(碣石)60)에 이르러 발해(渤海) 아닌 황해(黃海)로 들어가며 약수(弱水)가 합려(合黎)에 이르며 흑수(黑水)로부터 삼위(三危) 지

---

58) 史記五帝本紀 蚩尤最爲暴莫能伐 集解 應劭曰 蚩尤古天子也 山海經云 黃帝令應龍攻蚩尤 蚩尤請風伯雨師以從大風雨.
59) 史記卷二 夏本紀 載四時以開九州通九河 禹行自冀州始 旣修太原至于嶽陽 入于渭亂于河 (黃河) 淮夷蠙珠泉魚 萊夷爲牧通於齋 鳥夷被服夾右碣石入于海 集解 鄭玄曰 鳥夷東北之夷 地理志云靺鞨國 古肅愼也 其國南國有 白山 索隱 樂浪遂城縣有碣石山 長城所起.
60) 여기서 말하는 碣石은 渤海沿岸의 碣石과는 다른 內陸쪽에 있는 碣石을 지칭한다.

방에 이르러 남해(南海)로 들어간다고 기술되어 있고, 공안국(孔安國) 주(註)에 흑수(黑水)가 남쪽의 삼위 지방을 지나 바다로 들어간다고 하고 있다.61)

후한서(後漢書) 동이전(東夷傳)에는 본래 예맥(濊貊)의 땅이었던 부여(夫餘)의 북쪽에 약수(弱水)가 있다고 되어 있는데, 사기 하(史記 下) 본기 상(本紀 上)의 흑수(黑水)를 구체적으로 살펴볼 필요가 있다.

왜냐 하면, 흑수(黑水)가 삼위(三危) 지방을 지나 남해(南海)로 들어간다면 중국 대륙의 북쪽에 있다는 흑수(黑水)가 남쪽으로 흘러 삼위(三危) 지방을 거쳐 중국 내륙 남단(南端)의 남지나해(南支那海)로 흘러 남북으로 흐르는 장강(長江)이 중국 대륙에 있어야 하는데, 그러한 강(江)은 중국 대륙에는 존재하지 않기 때문이다.

그렇다면 사기(史記)에 명기된 '약수지우합려(弱水至于合黎) 도흑수지우삼위(道黑水至于三危)'는 중국 감숙성 돈황현의 삼위산과 만주 북부의 흑수라는 흑룡강이 '도흑수지우삼위(道黑水至于三危)'에 해당되는 것으로 보인다.

그 근거로 사기하본기(史記夏本記)에 '약수기서(弱水旣西) 흑수서하(黑水西河)' 본문(本文) 밑 색은(索隱)에 산해경(山海經)을 인용한 주(註)에서 '흑수(黑水)는 곤륜허(崑崙墟)의 서북우(西北隅) 출(出)이고, 약수(弱水)는 곤륜허(崑崙墟)의 서남우(西南隅) 출(出)이 다른 것 뿐이라.' 한 점을 들 수 있다.62)

---

61) 史記夏本記 弱水至于合黎 道黑水至于三危入于南海 集解 孔安國 曰 黑水自北而南經三危過梁州入南海也.
62) 史記 夏本記, 黑水西河 索隱 山海經云 黑水出崑崙墟西北隅也 弱水旣西 山海經云 弱水出崑崙墟西南隅也.

[부록]

삼위태백(三危太白)과 동이(東夷)의 분포

사기의 약수(弱水)와 흑수(黑水)는 후한서(後漢書)에 약수(弱水)는 부여(夫餘)의 북쪽에 있다는 증언대로 산해경은 약수(弱水)와 흑수(黑水)가 모두 곤륜허(崑崙墟)의 서북(西北)과 서남(西南)만이 다를 뿐, 약수(弱水)나 흑수(黑水)는 모두 부여(夫餘)의 북쪽에 있다는 사실을 분명히 입증하고 있다.

　다시 말해, 약수(弱水)와 흑수(黑水)가 출(出)하는 방향(方向)이 서북(西北)과 서남(西南)만을 달리하는 것으로 후한서 동이전(後漢書 東夷傳)의 기술대로 부여(夫餘) 북쪽의 한 곳에 약수(弱水)와 흑수(黑水)가 있었다는 사실을 확인할 수 있다.[63]

　흑수(黑水)는 바이칼호 동쪽 흑룡강(黑龍江)이 사기 하본기(史記 夏本紀)에 명기된 삼위태백(三危太白)의 흑수(黑水)임을 확인케 하고 있다. 그러니 사기(史記)에 명기된 '약수지우합려(弱水至于合黎) 도흑수지우삼위(道黑水至于三危)'는 중원(中原)의 감숙성(甘肅省) 돈황현(敦煌縣)의 삼위산(三危山)과 만주 북부의 흑수(黑水)와 남부의 백두산이 있는 곳이 흑수삼위태백(黑水三危太白)임을 알 수 있다.

　따라서, 만주 지방의 약수(弱水)와 흑수(黑水)가 고대 숙신(肅愼)의 고지(故地)였다는 것을 밝히고 있는 것처럼 고대 조선의 영역(領域)은 중국 사기(史記)가 흑수(黑水)라고 명기한 흑룡강(黑龍江)이 있다는 지방으로부터 백두산을 거쳐 중원 대륙 감숙성(甘肅省) 돈황현(敦煌縣)의 삼위(三危) 지방까지가 환웅천자(桓雄天子)가 홍익인간(弘益人間)이라고 했던 흑수삼위태백(黑水三危太白)임이 분명하다.

　산해경(山海經) 대황북경(大荒北經)에 흑수(黑水) 북쪽 사람은 묘민

---

63) 滿洲歷史地理志에 黑水를 黑龍江으로 기재.

(苗民)이었다는 것과 황제(黃帝)의 처(妻) 뇌조(雷祖)가 흑수(黑水)의 서쪽 조운국(朝雲國) 출신이었다고 하는 사실에서도 흑수(黑水)와 일치하고 있다.

이러한 기록들은 모두 동이(東夷)가 묘민(苗民)임을 입증하는 것으로, 삼위태백(三危太白)은 중원 대륙의 삼위(三危) 지방과 만주와 한반도에 걸쳐 있는 백두산(白頭山) 사이임을 입증하고 있다. 다시 말하거니와 5천여 년 전 동이(東夷)는 황제(黃帝) 이전에 벌써 구이(九夷)로 퍼져 살면서 티벳 지방의 한족(漢族)이 중원(中原)으로 이동(移動)하기 이전의 중원(中原)은 동이(東夷)들의 천지(天地)였음이 입증되는 것이기 때문이다.

사기(史記)에 삼황오제 시대(三皇五帝 時代)가 대략 5백 년이었다고 하는데, 황제(黃帝)는 동이(東夷) 활동의 중심지였던 산동(山東) 유웅국(有熊國) 소전(小典)의 아들이었다는 것과 유웅국(有熊國)은 제후국(諸侯國)이였음을 알 수 있다.[64]

여기에서 눈여겨 보아야 할 점은 제후국(諸侯國)에 종주국(宗主國)이 있었다고 한다면 사기(史記)에 황제(黃帝)가 중원(中原)의 첫 제왕(帝王)이라고 하고 황제(黃帝) 이전의 신농(神農)의 시대는 쇠하였다고 한다.[65]

이와 연관해 환웅(桓雄)의 아들 단군(檀君)이 아사달에 조선(朝鮮)을 건국(建國)하기 이전에 인간사(人間事) 360여 사(餘事)를 교화(敎化)하였다는 환웅천자(桓雄天子)의 자손(子孫)은 그 때 이미 구려(九黎)라는 구이(九夷)로 번성했었음을 알 수 있다. 그런데 환웅의 역사에서 웅졸(雄卒) 3천 명을 거느리고 남쪽으로 내려와 신시(神市)를 개설하고 인간 360

---

64) 山海經大荒北經 黑水之北有人苗民也 山海經海內經 黑水西有朝雲國 黃帝妻雷祖生昌意.
65) 史記五帝本紀八代帝五百年 黃帝在位 百年.

여 사(餘事)를 교화(敎化)했다는 환웅(桓雄)의 시대는 몇백 년 혹은 몇천 년인지를 확언하기가 어렵다.

 중원(中原) 최고(最古)의 인문 지리서(人文 地理書)인 산해경(山海經)에 중원(中原) 삼황오제(三皇五帝)의 팔대제(八代帝) 모두가 숙신(肅愼)에서 배출되었다고 하는데, 이는 순(舜)이 동방군장(東邦君長)을 알현했다는 북면지도(北面之道)에 관해서 단군 조선의 외치(外治)라는 대목에 나타나 있다.

 황제(黃帝)의 조국인 유웅국(有熊國)의 종주국(宗主國)은 동이(東夷)의 조상인 환웅천자의 나라 환국(桓國)이었다.66) 여러 제후국(諸侯國)의 종주국(宗主國)이던 숙신(肅愼)은 순(舜) 때 벌써 단궁(檀弓)을 제공하여 순(舜)이 중원(中原)을 평정(平定)하는 데 도움을 주었다고 죽서기년(竹書紀年)은 증언하고 있으며, 한 걸음 더 나아가 중원(中原) 천자(天子)가 치우(蚩尤)인가 아닌가 하는 시비를 일게 하고 있다.

 단군(檀君)이 건국한 시기가 요(堯)임금 때인 것으로 알려지고 있는데, 이는 위서(魏書)를 인용했던 삼국유사에 의거했기 때문이다. 그러나 사기(史記)와 산해경(山海經)에서 말하는 숙신(肅愼)이 조선(朝鮮)의 음사표기(音寫表記)라는 것을 감안한다면, 중원(中原)의 삼황오제(三皇五帝)를 배출한 숙신(肅愼)이고 치우(蚩尤)에게 풍백(風伯)과 우사(雨師)를 보내 도움을 준 쪽이 조선(朝鮮 : 숙신(肅愼))이고 보면 단군(檀君)의 건국 연대(建國 年代)가 훨씬 오래였지 않나 생각된다.

 죽서기년(竹書紀年)에 나타나는 숙신(肅愼)이 이미 단군 조선(檀君 朝鮮)의 명물(名物)이던 단궁(檀弓)과 고시(枯矢)를 중원(中原)으로 수출(輸

---

66) 史記五帝本紀 黃帝者 有熊國小典之子 小典者 非人名也 諸侯國號.

出)했던 나라였다고 볼 때, 건국 연대를 훨씬 오래 전으로 보지 않을 수 없다. 또한, 단군의 어머니 웅녀(熊女)는 황제(黃帝)의 조국인 유웅국(有熊國) 출신(出身)으로 여겨진다.

동이악(東夷樂)은 기원 전부터 중국 동쪽 지방에 살던 민족들의 음악으로, 동이지악(東夷之樂)이라고도 한다. 주례 주(周禮 註) 주례춘관 주(周禮春官 註) 대기명당위(戴記明堂位) 효경구명결(孝經鉤命決) 백호통(白虎通) 통전(通典) 등의 문헌에 보면 동이악(東夷樂)을 매(昧) 말(靺) 이(離) 주리(侏離) 등으로 부르기도 했는데, 음악적 특성은 밝히지 않고 있다. 당서(唐書)에는 고구려악(高句麗樂)과 백제악(百濟樂)도 동이악(東夷樂)이라고 불렀다고 전한다.

9. 강성(強盛)했던 구이족(九夷族)

신농(神農)은 몸은 사람의 형상이었지만 머리는 소머리였는데, 백성들에게 농사짓는 법을 가르쳤기 때문에 신농(神農)이라 한다. 그를 염제(炎帝)라고 하는 것은 불을 다루는 방법을 백성들에게 가르쳐 주었기 때문이다.

신농(神農)은, 춘추 시대(春秋 時代) 려국(厲國)에서 출생하였다. 그가 처음으로 도읍(都邑)한 곳은 사노(徙魯)로, 그 곳 산동(山東)에는 석굴(石窟)이 있었다. 신농(神農)은 복희씨(伏羲氏)가 몰(沒)한 뒤에 일어났지만 신농씨(神農氏)의 시대가 쇠하자 제후(諸侯)들이 서로 침범하는 난세가 이어졌다. 그렇지만 신농(神農)은 이러한 난세를 평정할 능력이 없었다.[67]

치우(蚩尤)는 난세 시(亂世 時)에 최강자였다. 그를 대적할 자가 없을 정도였다. 황제(黃帝)가 나타나 섭정(攝政)을 했을 때 치우는 갑옷을 입고 투구를 쓰고 다섯 유형의 군사를 조련하여 몽둥이와 칼 창 활 등의 무기를 갖춘 정예병들을 거느리니 그 위세가 천하에 떨쳤다. 따라서 만민(萬民)이 그의 명을 받들었던 천자(天子)였다.[68]

　치우(蚩尤)와 황제(黃帝)와의 대전(對戰)은 황제(黃帝)가 천자(天子)의 일을 행할 때 인의(仁義)를 가지고는 능히 치우(蚩尤)를 제어할 수 없었기에 하늘을 우러러 보며 탄식하자, 하늘에서 현녀(玄女)를 보내주었다. 황제(黃帝)는 그녀를 자랑스러운 후견자로 삼고 웅룡(熊龍)에게 명하여 치우(蚩尤)를 정벌케 하였다. 이러한 치우(蚩尤)는 구려(九黎)라는 구이(九夷)들의 군주(君主)였다.

　이때 치우(蚩尤)는 풍백(風伯)과 우사(雨師)에게 청하여 폭풍우가 쏟아지게 하였다. 그러나 황제(黃帝)는 하늘에서 보내준 현녀(玄女)를 시켜 폭풍우를 멈추게 했으며, 드디어 치우(蚩尤)를 죽이고 승리했다.

　이러한 내용을 풀이해 보면 치우(蚩尤)는 막강한 군사력을 갖추고 있었는데 반해 황제(黃帝)는 순전히 하늘에서 보내주었다는 현녀(玄女)의 신통력(神通力)에 의지하여 웅룡(熊龍)으로 하여금 치우(蚩尤)를 쳐 이기게 된 것이니, 이것은 인간들의 상식으로는 이해할 수 없는 노릇이다.

　이에 관해 환단고기(桓檀古記) 마한세가(馬韓世家)에 의하면 치우(蚩尤)는 군사(軍士)를 정비하여 10년간을 황제(黃帝)와 더불어 73회의 전투

---

67) 史記五帝本紀 黃帝者爲五帝之首 神農氏衰 諸侯相侵伐 於時黃帝乃用干伐.
68) 史記五帝本紀 蚩尤最爲暴莫能伐 應劭日 蚩尤古天子也 索隱 按此蚩尤最暴則 蚩尤非天子也. 蚩尤最爲暴莫能伐 黃帝攝政有蚩尤 獸身人語 銅頭鐵額造五兵 伐刀戟大弩威振天下萬民欽命 孔安國曰 九黎君號蚩尤是也 應劭曰 蚩尤古天子也 瓚曰 蚩尤最暴則非天子也 管子 蚩尤受盧山之金而作五兵 明非庶人也.

를 벌였는데 헌원(軒轅)은 늘 패전으로 끝났었다고 한다. 신시본기(神市本紀)69)에서는 치우(蚩尤)가 막강한 군사력으로 십년 동안 황제(黃帝)와 73회나 싸웠지만 지칠 줄 몰랐고 패한 적이 없다라고 하고 있다. 그럼에도 한족(漢族)인 사마천(司馬遷)의 사기(史記)에는 패자(敗者)인 황제(黃帝)를 승리자로 둔갑시켜 마치 서역(西域) 한족(漢族)의 선민(先民)인 것처럼 만들어 놓고 있다.

위와 같은 사실에 대해 사마천(司馬遷)은 동이(東夷)의 세력을 근본부터 잘라 버리고 황제(黃帝)와 하우(夏禹)를 서방(西方) 한족(漢族)의 상고사(上古史)로 둔갑(遁甲)시키기 위한 사필왜곡(史筆歪曲)을 하였다.

구이(九夷 : 견(畎) 현(玄) 풍(風) 양(陽) 우(于) 방(方) 황(黃) 백적이(白赤夷))가 여러 갈래로 나누어지는 가운데 욱(郁) 우(隅) 조(鳥) 래(萊) 회(淮) 도이(島夷) 등으로 늘어났고 동이 정신(東夷 精神 : 홍익인간(弘益人間))으로부터 점차 멀어져 하은주(夏殷周) 시대 제후들은 동이족(東夷族)이었지만 동이 정신(東夷 精神)에서 멀어졌다.

이후 여러 제후(諸侯)들의 세력이 커지면서 제(齊) 초(楚) 진(晉) 등의 제후국(諸侯國)이 등장하고 마침내 제(齊)나라 재상 관중(管仲)의 패도정치(覇道政治)로 제(齊)나라가 춘추 시대(春秋 時代)의 제패자(制覇者)가 되고 말았다. 이후 동이족(東夷族)들은 입지(立地)를 잃었는데, 이들이 바로 동예(東濊)라고 일컬어져 온 예맥조선인(濊貊朝鮮人)들이다.

이후 중국 고전에 등장하는 예맥(濊貊) 동예(東濊)는 이명동일체(異名

---

69) 桓檀古記, 太白逸史, 神市本紀, 蚩尤最爲暴莫能伐 於是軒轅乃習用干伐古征不亨 黃帝行天子事 以仁義不能禁止 蚩尤 乃仰天而歎 天遣玄女下授黃帝兵符 黃帝遂畵蚩尤 山海經云 黃帝令應龍攻蚩尤 蚩尤請風伯雨師以從大風雨 黃帝乃下天女以魃雨止 遂殺蚩尤 魃不得復上.桓檀古記 馬韓世家 蚩尤天王益整軍 十年之間 與軒轅戰七十三回 軒轅旣屢敗戰. 桓檀古記神市本紀 蚩尤天王 益整軍 十年之間 軒轅戰七十三回 將無疲色軍不退 軒轅旣屢戰退.

同一體)의 칭호이다. 그러나 동이 정신(東夷 精神)에 따른 언급은 쉽사리 지워지지 않고 내려오는 가운데 진시황(秦始皇)이 중원(中原)을 통일한 다음 분서갱유(焚書坑儒)를 거치고 티벳 계통의 한고조(漢高祖) 이후의 동이(東夷)가 중원(中原) 내에서 유지 존속치 못하고 동화(同化)되어 왔다.

   이는 한무제(漢武帝) 때 동이(東夷) 예맥(濊貊)의 한 부족장(部族長)이던 남려(南閭)가 한(漢)나라에 예속(隸屬)되려 함에 발해(渤海) 남쪽 연제(燕齊) 사이에 설치되었던 창해군(滄海郡)의 예맥(濊貊) 조선인(朝鮮人)들인 동예(東濊)의 강력한 항거에 부딪혀 철폐되는 소동(騷動)을 통해 알 수 있다.70)

   한고조(漢高祖)가 백등산(白登山)에서 흉노(匈奴)에게 포위되었다가 풀려난 이후 흉노왕(匈奴王) 두만(頭曼)이 장자(長子)인 모돈(冒頓)보다 후비 소생의 차자(次子)를 편애하자, 모돈(冒頓)이 그 아비를 사살하였다.

   이 소식을 들은 부여왕(夫餘王)이 사신(使臣)을 보내 살부시해(殺父弑害)를 문책하고 흉노족의 명마(名馬)인 천리마(千里馬)를 보내라고 하였다. 이에 모돈(冒頓)이 신하들의 의견을 물으니 이 보마(寶馬)를 주어서는 안 된다는 것이 중론(衆論)이었다. 그러나 모돈이 말하기를 내 어찌 인접국(隣接國)에 말 한 필을 아끼겠느냐 하면서 부여(夫餘)에 보냈다고 한다.

   이후 부여왕이 모돈에게 알씨(閼氏 : 왕비(王妃))를 바치라고 하자 모돈(冒頓)이 뭇 신하들에게 의견을 물으니 답하기를, 이는 무례하기 이를 데 없는 노릇이니 물리쳐야 한다고 하였으나 모돈이 말하기를 내 어찌 인접국의 청에 여자 하나를 아끼겠느냐 하며 알씨(閼氏)를 부여로 보냈다.71)

---

70) 前漢書卷二十四 食貨志下 武帝因文景之畜 … 中略 … 彭吳穿濊貊 朝鮮滄海國 則燕齊之間 靡然發動.

그런 다음에 부여(夫餘)가 다시 흉노(匈奴) 모돈(冒頓)에게 양측 간 중간 지대인 1천여 리의 땅을 바치라 하자, 모돈이 노해 부여를 습격하니 무방비 상태에 있던 부여가 흥안령(興安嶺) 서쪽의 땅, 천여 리를 흉노에게 침탈당하였다.72)

이 밖에 만주의 동이(東夷)로부터 분리되었던 선비(鮮卑) 거란(契丹) 숙신(肅愼)의 후예(後裔)인 읍루(挹婁) 말갈(靺鞨) 물길(勿吉) 여진(女眞) 등은 모두 동이(東夷)였지만, 동이 정신(東夷 精神)이 망각되면서 소멸되고 말았다.73)

동이(東夷)는 하은주(夏殷周) 시대를 전후해서 이(夷) 융(戎) 적(狄)이라 칭하였고, 춘추전국 시대에 와서는 동호(東胡)라 칭하였고, 진한대(秦漢代)에는 예맥(濊貊), 한대(漢代) 이후부터는 선비(鮮卑) 또는 조환(鳥丸)이라 일컬었고, 당대(唐代)에는 말갈(靺鞨), 당말(唐末)에는 거란(契丹), 송대(宋代) 이후부터 명대(明代)에 이르기까지는 여진(女眞)이라 하였다.

따라서 동이(東夷), 동호(東胡), 예맥(濊貊) 등은 우리 한민족(韓民族)의 선민(先民)이었음은 물론, 이후의 선비(鮮卑) 또는 조환(鳥丸) 말갈(靺鞨) 물길(勿吉) 거란(契丹) 여진(女眞) 등도 동일 계통족(同一 系統族)으로 추정되며 정통 동이(正統 東夷)는 오늘날까지의 우리 한민족(韓民族)이며

---

71) 前漢書 卷九十四 匈奴傳 當是時東胡强盛 於是匈奴頭曼 單于有太子冒頓 後有愛閼氏生小子 頭曼欲廢冒頓而立小子 冒頓從其父單于頭曼獵射殺 盡誅其后母與弟 於是冒頓自立爲單于 時 東胡强盛聞冒頓殺父自立 遒使使謂冒頓.

72) 史記 卷百十 匈奴傳 是時東胡强盛 聞冒頓殺父自立 乃使使謂冒頓 欲得頭曼時有千里馬 冒頓問群臣群臣皆曰 千里 馬匈奴寶馬也 勿與 冒頓曰 奈何與人隣國而愛一馬乎 遂與之千里馬東胡.

73) 竹書紀年 卷之一 肅愼二十五年 肅愼氏來朝貢弓矢.

학(狢) 또는 맥(貊)이 중국 사서(史書) 가운데 조선(朝鮮)이라는 기록들을 전해주고 있다.[74]

사기에 동북이(東北夷)를 숙신(肅愼) 산융(山戎) 욱이(旭夷) 조이(鳥夷) 융이(戎夷) 동호(東胡)라 하고 조선(朝鮮)이라 한 것은 은말(殷末)의 기자(箕子) 때 뿐이다. 전국 시대(戰國 時代) 연(燕)의 장수 진개(秦開)가 조선(朝鮮)에 인질(人質)로 잡혀온 바 있는데, 이때의 상황을 사기 한서(漢書)의 기록에도 조선(朝鮮)이라 표기하지 않고 동호(東胡)라고만 표기하고 있다. 다만, 위략집본(魏略輯本)에만 연(燕)의 장수 진개(秦開)가 조선(朝鮮)에 인질(人質)이 되었음과 연(燕)으로 돌아간 뒤 조선(朝鮮)을 급습해 조선 땅 1천여 리를 취했다고 기술하고 있을 뿐이다.[75]

회수 연안 지대(淮水 沿岸 地帶)의 동이족(東夷族)을 회이(淮夷)라 하는데, 회이(淮夷)는 현 산동성 남방에 인접한 지방인 강소성(江蘇省)이며 그 서방에 회수(淮水) 사수(泗水)가 남류(南流)하여 황해(黃海)로 유입하

---

74) 史記卷三十八 宋微子世家 於是武王 乃封箕子於朝鮮而不臣也 史記卷一 五帝本紀 分命羲仲 居郁夷曰暘谷 正義 堯命羲仲理東方 嵎夷之地日所出處 名曰暘明之谷 羲仲主東方之官 徐廣云尙書日出暘谷郁夷亦地之別名也 東史年表 古記云 東方有先光朝日光鮮故謂之朝鮮 檀君 箕子 濊貊 燕東 秦東 辰蕃 衛滿 發朝鮮 大人之朝鮮 三國遺事以前의 朝鮮에 대한 기록 朴堤上의 符都志에 檀君朝鮮 증언, 渤海國 大祚榮 아우 大野勃의 檀奇古史 三十八에 記述되어 있다.
75) 史記에 黃帝와 夏禹가 마치 西方漢族의 先民이었던 것처럼 만들어 내기 위하여 九黎의 東夷君主인 蚩尤時代의 歷史를 抹殺해 버린 痕迹이 發見된다. 史記五帝本紀에 보면 黃帝 以前의 神農氏時代가 있었으며, 黃帝는 東夷活動의 中心地였던 山東의 有熊國 出身으로 當時 九夷의 天子였던 九黎의 蚩尤는 最强者였음이 밝혀지고 있다. 황제는 小典의 아들로서 山東 魯地方 東門北쪽 지금의 兗州 阜曲縣 東北 壽丘에서 出生했는데, 그를 黃帝라 하였음은 중국 土壤이 黃土(黃河)이기 때문이다. 黃帝의 族系는 伏羲 神農皇帝로 이어지는데 黃帝 以後 小昊를 위시하여 舜에 이르기까지 五帝였고, 黃帝는 山東 有熊國 小典의 次子로 처음 都邑했던 곳이 軒轅였는데, 그 軒轅이 黃帝의 이름이고 號는 黃帝 祖國의 國號인 有熊氏라 하였다.

는 지방이다. 회이(淮夷)는 산동성을 경유 남하한 동이족으로 농잠 생활을 하였다. 회이(淮夷)는 동주(東周) 초기(BC 600)까지 매우 강성하여 그 서방 서주(徐州)의 서이(徐夷)와 더불어 큰 세력을 형성하였다.

　주(周)나라가 은(殷)을 멸망시키고 통일 중국 약 1백년 후인(BC 1000) 제5대 목왕(穆王) 시대에 회수(淮水) 서방의 서이(西夷)가 자못 강대해져 왕호(王號)를 자칭하고 기타 동이족(東夷族)을 규합하여 주(周)나라를 전복할 기미를 보이자, 목왕(穆王)은 서이(徐夷)의 정벌에 나선 바 있다. 그러나 목왕(穆王 : BC 945)이 하상(河上)에 도달하여 정탐해 보니 서언왕(徐偃王)의 사기가 충천함에 두려워 후퇴한 후 제후(諸族) 가운데서 오직 서언왕(徐偃王)에게만 왕호(王號)를 묵인해 주었다.

　서언왕(徐偃王)은 황지(潢地 : 개봉(開封)) 동방 5백 리 지방의 왕국(王國)을 통치하였다. 인의(仁義)로 시정(施政)을 펼치니 백성들이 경모숭배(敬慕崇拜)하고 근방 36개국의 제후(諸侯)가 자진하여 친선 관계를 맺었다. 뒷날 주왕(周王)이 서언왕(徐偃王)을 토벌하니 인자한 왕은 백성이 전화(戰火)로 인해 토탄(土炭)에 빠질 것을 우려하여 북쪽 팽성(澎城)으로 물러났다.

　이에 수만 호(數萬 戶)의 백성들이 왕을 따라 무원현(武原縣)으로 이주하고 그 곳을 서산(徐山)이라 하였다.

　견이(畎夷)는 견융(犬戎)이라고도 하는데 산동 지방 곤오족(昆吾族)의 분파로, 산서(山西) 남방에 정착하였다. 북경(北京) 천진(天津) 지방의 동이족(東夷族)은 번한(番韓)에서 서방으로 향하는 두 갈래 길에 있었는데, 그 하나가 대능하(大凌河) 하류 연안에서 해변으로 산해관(山海關)을 거친 난하(灤河) 하류 지방이고 다른 한 쪽은 대능하(大凌河) 하류 연안을 조양(朝陽 : 영주(營州)~류성(柳城)) 지방으로 거치거나 열하성(熱河省)을 거쳐 북경(北京) 지방에 도착하는 쪽이었다.

전자(前者)의 노정(路程)에는 고이(高夷) 영지(令支) 고죽(孤竹) 등이, 후자의 노정(路程)에는 산융(山戎)이라는 동이족(東夷族)이 있었다. 이들도 번한(番韓)인 조선(朝鮮) 지방에서 서천(西遷)한 까닭에 일괄하여 맥(貊)이라 총칭하였다.

전자의 노정 가운데 비자(肥子) 영지(令支) 고죽(孤竹) 등의 제국(諸國)들은 남방 대안(對岸)인 산동반도의 동이(東夷)와는 연락이 잇달았다. 후자의 노정(路程)에는 산융(山戎)인 맥(貊)이 강성한 동이족(東夷族)으로써 수백 년간 연(燕)을 에워싸고 있었다.

여기에다 노(魯) 제(齊) 등의 주(周)나라 제후(諸侯)가 산동 지방의 동족(同族) 동이(東夷)를 압박함에 산융(山戎)은 산동 지방까지 출전(出戰)을 하였고, 또 탁군(逐郡 : 북경서남방(北京西南方)) 지방에 설립된 한후국(韓侯國)을 선왕(宣王 : BC 800)에 멸망시켜 산융(山戎)의 한후국(韓侯國)을 세우기도 하였다.

한후국(韓侯國)은 진(秦)에 멸망당한 장량(張良)의 모국(母國)으로, 선주(先住)한 동이족(東夷族)의 곤오족(昆吾族)이 산동 지방에 정착, 선주(先住)하였던 동이(東夷)의 근간족(根幹族)이었다.

중국 역사상 구이(九夷)라 함은 중국 본토 내에 산재한 지방적 명칭이며, 선주(先住)한 곤오족(昆吾族)의 분파들이다. 산동 지방을 점거하여 발전한 곤오족(昆吾族)들은 서방으로 연주(兗州)라는 박현(濮縣 : 뇌택 주위(雷澤 周圍)) 지방에서 번창하였다. 이는 뒷날 위국(衛國) 지방이 된 려국(黎國)으로 발전하였고 은조(殷朝) 건국에도 중추적 역할을 하였다.

중국 문화의 발상지가 된 박현(濮縣 : 뇌택 주위(雷澤周圍)) 지방은 산동의 서남방인 하남성의 북방 지대로, 황제(黃帝) 시대인 치우(蚩尤) 정권의 고도(古都)이며 태호복희(太皥伏羲)씨 요(堯) 순(舜)의 양제(兩帝)와 관련되는 은조(殷朝) 건설(建設)의 기반이 되는 터전이었다.

다른 한 갈래의 곤오족(昆吾族)은 산동에서 회(淮) 사수(泗水) 지방으로 남하하여 정착하였고, 일부 견이(犬夷)는 뒷날의 견융(犬戎)인 동시에 곤오족(昆吾族)의 분파이다. 곤오족은 개모국(盖牟國 : 근모(根车))이며 뒷날 개국엄국(盖國奄國:오국(吾國))으로 분열되었는데, 래이(萊夷) 여이(莒夷) 우이(于夷) 등이 곤오족(昆吾族)에 속한다. 즉, 산동 지방을 근거지로 한 동이족은 곤오족(昆吾族)이며 구이(九夷)의 대부분(大部分)은 그 분파들이라 할 수 있다.

동주열국지(東周列國誌)에 의하면 송(宋)나라 양공(襄公)이 열국(列國)을 망라하여 연맹회를 조직하고 자신이 맹주가 되고자 하여 몇몇 나라의 군주를 초청하였다. 이때 매우 작은 증(鄫)나라 군주도 초청을 하였는데 증(鄫)나라 군주는 참석 여부에 대해 매우 망설이다가 참석하고자 길을 재촉하였으나 기일을 이틀이나 어겨 겨우 참석을 하였다.

송(宋)나라 양공(襄公)은 몹시 화를 내며 증(鄫)나라 군주를 힐책하였다. 이때 대부(大夫) 벼슬자리에 있는 공자탕(公子湯)이 아뢰기를, "이전 제(齊)나라 환공(桓公)이 남북 정벌(南北征伐) 시 복종치 않는 나라는 용서 없이 쳐부수셨는데 이때에도 동이(東夷) 무리만은 건드리지 않았습니다. 그런데 앞으로 동이(東夷)를 응징하려면 증(鄫)나라 군주를 이용할 필요가 있습니다."라고 하였다.

송(宋)의 양공(襄公)이 "어떻게 이용해야 하는가?"라고 물었다. 이에 공자탕은 "회수(淮水)에는 풍운(風雲)을 일으키는 신령한 수신(水神)이 있어 동이(東夷) 사람들은 이를 받들기 위해 신사(神社)를 짓고 네 절기마다 제사를 올리고 있습니다. 그러니 대왕께서 증나라 임금을 붙잡아 죽여 제물(祭物)로 삼고 회수신(雎 : 淮水神)에게 제(祭)를 올린다면 무엇보다 수신(水神)이 복을 내려 주실 것이며, 동이족(東夷族)이 그 같은 말을 들으면 '송(宋)나라 임금은 여러 제후(諸侯)를 마음대로 죽이고 살리는 무서운 분'이라고 두려워하면서 대왕의 명에 복종하게 될 것이 아니겠습니까. 그렇게 된 후, 동이의 힘을 빌어 말 안 듣는 제후를 징벌하면 대업은 이루어질 것입니다."라고 하였다.[76]

이족(夷族)의 세력 상황을 기록한 설원(說苑)에 의하면 성탕(成湯)이 우(禹)나라 임금 걸(傑)을 쳐부수고 하(夏)에 대신하여 전중국의 제왕(帝王)이 되고자 하였을 때, 그의 신하 이윤(伊尹)이 말하기를 "그렇게 서두르시기만 하실 것이 아니라 우선 걸왕(傑王)에게 바쳐오던 공물(貢物)을 일시 중단하고 저쪽에서 어떻게 나오는가 그 태도와 동정을 살핀 후 방침을 정하기로 합시다." 하였다.

그래서 공물을 바치지 않으니 걸왕이 노해서 구이(九夷)의 군대를 동원해 탕(湯)을 치고자 하였다. 이에 이윤이 또 말하기를 "안 되겠습니다. 아직은 시기 상조입니다. 걸왕의 명령에 구이(九夷)의 군대가 움직인다면 구이(九夷)의 여론에서는 조공(朝貢)을 바치지 않은 것이 우리 편의 잘못이라고 인정한 것이 됩니다."라고 하였다. 이후 탕왕은 걸왕에게 사죄하고 나서 다시 조공을 바쳤다. 그러나 다음 해에 또다시 공물을 바치지 않았다.

이번에도 걸왕은 노하여 구이(九夷)의 군대로 하여금 탕왕을 치라고 명령하였다. 그런데 이때에는 구이(九夷)가 걸왕(傑王)의 명령에 복종치 않았다. 이윤이 말하기를 이제는 됐습니다. 구이의 군사가 걸왕의 명령에 따르지 않는 한 걸왕은 한낱 독부(獨夫)에 불과합니다. 이래서 탕왕은 군을

---

76) 金啓業, 韓(桓)國民族總史考, 大韓獨立運動總史編纂委員會, 1985, p. 6～10.

동원하여 걸왕을 쳐부수고 그를 붙잡아서 남소(南蘇)로 귀양 보냈다.77)

위의 기사는 당시 중원 천지 집권자들마저도 구이(九夷)의 기세를 두려워했음을 입증할 수 있는 기록이라 하겠다.

10. 동이족(東夷族)과 한족(漢族)의 대결(對決)

중원(中原)의 선주민(先住民)이었던 동이족(東夷族)과 한족(漢族)의 대결은 티벳 지역에서 중원 내륙으로 비집고 들어온 한족(漢族)들의 끈질긴 침투 때문이었다. 이들은 중원의 선주민들을 폄하, 멸시, 적대시(敵對視)하는 칭명(稱名)을 멋대로 붙여 왔다. 그 가운데 예맥(穢貊)이라는 칭호를 살펴보면, 예(穢)는 더럽고 거칠다는 뜻으로 이에 오랑캐 맥(貊)자를 합쳐 사납고 싸움 잘하는 오랑캐라는 뜻을 의미하는 것이다.

구이(九夷)의 군주(君主)였던 치우(蚩尤)와 황제(黃帝)의 싸움도 실은 일부 동이(東夷) 가운데 저항하던 족속(族屬)들을 중원(中原)의 오지(奧地)로 쫓아버렸다는 데서 이른바 천삼묘어삼위(遷三苗於三危)라는 글귀를 남기게 하였다. 이들을 사기(史記)와 한서(漢書)에는 서이(西夷) 또는 남만(南蠻)이라고 적고 있다.

사기 하본기(史記 夏本紀)에 의하면 하(夏)의 시조(始祖) 우(禹)는 동이(東夷) 유웅국(有熊國) 출신인 황제(黃帝)의 현손(玄孫)인데, 당대(唐代)의 안사고(顏師古)가 정의 주(正義 註)에서 우(禹)를 서이(西夷)로 둔갑시

---

77) 東周列國誌, 湯欲伐桀 伊尹曰 請沮之貢職 以觀其動 傑怒起 九夷之師以伐之 伊尹曰未可 彼尙猶起九夷之師 以伐之 是罪在我 湯乃謝罪 後人職貢 明年又不貢職 傑起九夷之師 九夷之師不起 伊尹曰可矣 乃與師伐之 遷傑 南巢 云云.

키고 있다.78)

 태강(太康)의 아우이며 중강(中康)의 아들인 제상(帝相) 때에 견이(犬夷)를 정벌했으나,79) 하(夏)나라 8대인 제괴(帝槐) 때에 이르러서야 구이(九夷) 일부가 복종하다가 10대 제설(帝泄) 치하에서는 화목하였고 제공갑(帝孔甲) 때에 이르러 덕(德)이 없어 많은 제후(諸侯)들이 반기(叛旗)를 들어 동이(東夷)로 알려진 탕(湯)이 혁명을 일으켰다.80)

 은대(殷代)에 와서는 동이(東夷)로 알려져 있는 은탕(殷湯)이 즉위하여 견이(犬夷)를 정벌하였고, 은(殷)의 10대 제중정(帝仲丁)은 람이(藍夷)를 정벌했다고 하지만 사실은 중정(仲丁) 때 람이(藍夷)의 공격을 받아 도읍(都邑)을 오(隞)로 옮겨야 할 정도였다.81) 은말기(殷末期)에는 제무을(帝武乙)이 무도(無道)하여 동이(東夷)의 종주국이던 숙신조선(肅愼朝鮮)에 불경하게 굴다가 조선(朝鮮)으로부터 벼락을 맞아 죽고, 그 증손(曾孫) 주왕(紂王)에 이르러 은(殷)은 망하였다.

 이처럼 고대의 동이는 중원에 퍼져 살면서, 실권(實權)을 잡고 있던 왕조(王朝)들과의 다툼이 끊이지 않았다. 예컨대, 주무왕(周武王)의 손자 강왕(康王) 때에도 회수(淮水) 안휘(安徽) 강소(江蘇) 지방의 회이(淮夷) 서

---

78) 東周列國誌 鄧君慨宋之滅 亦來赴會 已踰期二日矣 宋襄公 問於群 臣曰 寡人 首倡盟好 鄧小國輒(첩)敢怠慢 何以 立威 大夫公子 湯進曰 何者齊桓公 南征北伐 獨未服 東夷之衆 君欲威中國 必先服東夷 欲服東夷 必用鄧子 襄公曰 用之何如 公子蕩曰 雎水之次 有神能風雨 東夷皆立社祠之 四時不缺 君誠用鄧子 爲犧牲 以祭雎神 不唯神將降福 使東夷聞之 皆謂君能 生殺諸侯 誰不聳懼來服 然後 借東夷之力 以征諸侯 伯業成矣.
79) 竹書紀年.東海繹史,第一 世紀一.
80) 史記 夏本紀, 帝桀之時自孔甲以來 而諸侯多叛 夏桀不務德 湯修德諸侯皆歸湯 湯遂率兵以伐夏桀.
81) 史記 殷本紀, 帝仲丁遷于隞. 後漢書卷百十五 東夷傳 至于仲丁藍夷作寇 自是或服或畔三百餘年.

이(西夷) 람이(藍夷) 들이 세운 나라들이 반기(叛旗)를 들고 일어났다.

그런데도 사기(史記)에는 단군 조선(檀君 朝鮮) 이래 중원(中原) 삼한(三韓) 동이(東夷)의 활동을 전하지 않고 있으나, 공자(孔子)가 편찬한 춘추(春秋)에는 당시 나라의 수(數)가 무려 1백여 국이 넘는다고 기록하고 있다.

주나라 강왕(康王)이 죽은 뒤 그의 아들 소왕(昭王 : 무왕(武王)의 증손(曾孫)) 때 도이(東夷)들의 반란이 심하자, 소왕(昭王)이 직접 회유하려고 나섰다가 은(殷)의 여민(餘民)이던 동이(東夷)들의 음모에 의해 강물에 빠져 죽었는데, 사기(史記)에서는 소왕이 남쪽을 순회하다가 돌아오지 못하고 강물에 빠져 죽었다고만 기술하고 있다.[82]

춘추 시대(春秋 時代)의 동이(東夷)는 서언왕(徐偃王) 때 주위의 36개 국으로부터 조공(朝貢)을 받아 온 큰 나라였다. 이는 주왕실(周王室)에게는 대단한 위협(威脅)이었다. 이에 주(周)의 목왕(穆王)은 초(楚)의 문후(文候)에게 서언왕을 정벌할 것을 청했다. 이에 서언왕(徐偃王)은 전쟁을 하게 되면 수많은 백성들의 희생이 불가피할 것을 염려해 스스로 타 지역으로 물러났는데, 이를 서산(徐山)이라 하였다.[83]

춘추 시대(春秋 時代 : BC 722~403)에 신하가 임금을 시해한 사건이 30여 건이 되고 이 와중에 망한 나라가 50여 개 국이 된다고 회남자(淮南子) 주술훈(主術訓)과 사기(史記) 제태공세가(齊太公世家)에 기록되어 있다.

예컨대, 주초(周初) 하북 지방 제후국(諸侯國)이던 한(韓)은 동이(東夷)

---

82) 史記 周本紀, 昭王之時南巡狩 不返卒於江上 其卒不赴告諱之也 正義 帝王世紀云昭王德衰 昭王南征濟于漢船人 惡之 以膠民進王 王御船至中流 膠渡船解 王沒于水中而崩.

83) 後漢書卷百十五 東夷傳 徐偃王行仁義 陸地而朝者 三十有六國穆王乃使造父御以告楚令伐. 徐 於是楚文王大擧兵而 滅之 徐偃王仁而無權 不忍鬪其故致於敗 乃北走彭城武原縣東山下 百姓隨之者以萬數 因名其山爲徐山.

들의 공격을 받아 약 200여 년간 존속하다가 멸망하였고, 산융(山戎)이라는 동이(東夷) 예맥(濊貊)은 연(燕)을 넘어 제(齊)나라에까지 침입하는 등 주왕조(周王朝) 제후(諸侯)들이 위기에 처하게 되었다.

산융(山戎)인 예맥조선(濊貊朝鮮)이 제환공(齊桓公) 23년에 연(燕)을 쳤을 때, 연(燕)이 제(齊)에 구원을 청하여 제환공(齊桓公)이 산융(山戎: 동호(東胡) 동이(東夷) 예맥조선(濊貊朝鮮))을 벌(伐)하고 고죽(孤竹)에서 돌아갔던 때가 춘추 시대(春秋 時代)였다.[84]

11. 전국(戰國) 및 진한대(秦漢代)의 동이(東夷)

동이(東夷) 출신이던 진(秦)은 전국(戰國) 시대 말에 여섯 나라를 통일했지만, 진(秦)이 티벳 지방의 타리무(塔里木) 분지로부터 중원(中原) 땅으로 이동해 왔던 한족(漢族)에게 패망하자 동이족은 중원에서 설 자리를 잃어버리게 되었다. 한(漢)의 유방(劉邦)이 초(楚) 패왕(覇王) 항우(項羽)와 결전했을 때, 유방의 모신(謀臣)으로 공을 세운 장량(張良)은 동이족(東夷族)으로서 주왕실(周王室)의 제후국(諸侯國)이던 한(韓)의 세족(世族)이었다.

유방의 최대 명장이던 한신(韓信) 역시 회수(淮水) 지역 회이(淮夷) 출신이었다. 동이를 요순(堯舜) 때에는 산융(山戎) 숙신(肅愼)이라 하였고, 하은주(夏殷周) 3세와 춘추 시대까지는 동이(東夷)라 했다. 전국(戰國) 시

---

84) 史記卷百十 匈奴傳, 是後六十有五年 而山戎越燕而伐齊 其後四十四年 而山戎伐燕 燕告急于齊 齊桓公北伐山戎 山戎走. 史記卷百十二 齊太公世家, 齊桓公四十年 於是始覇焉 齊桓公二十三年 山戎伐燕 燕告急於齊 齊桓公救燕 遂伐山戎至于孤竹而還 … 中略 … 北伐山戎 離枝孤竹 索隱 離枝孤竹皆古國名 遼西令支縣有孤竹城 平州盧龍也.

대에는 사이(四夷)라 했으며, 한대(漢代)에는 동호(東胡) 또는 예맥(濊貊)이라 했다.

다시 말해, 고대 중원의 삼황오제(三皇五帝)라는 복희(伏犧)와 염제신농(炎帝神農)과 황제헌원(黃帝軒轅)뿐 아니라 오제(五帝)였다는 소호금천씨(小昊金天氏) 이후의 요(堯)와 순(舜)을 모두 중국 한민족(漢民族)의 선조(先祖)들이었던 것처럼 왜곡(歪曲)시켜 놓았다.

이러한 논거는 서량지(徐亮之) 임혜상(林惠祥) 왕동령(王桐齡)의 저서나 논문을 통해 입증되고 있다. 유교(儒敎)의 조종(祖宗)으로 알려진 공자가 동이(東夷)들의 조상인 요순(堯舜)의 도(道)를 믿고 따르면서 보다 구체적으로 정리해 놓은 것이 유교로, 자왈오도일이관지(子曰吾道一以貫之)라 하여 경천애민(敬天愛民)의 순천적존(順天適存)한다는 도(道)가 유교이다.

후한서 지리지(後漢書 地理志)에는 동이(東夷) 사람들은 천성(天性)이 유순(柔順)하기 때문에 천도(天道)를 거슬리는 일이 없는 백성들로, 군자(君子)가 끊이지 아니하는 군자불사(君子不死)의 나라이기에 공자도 그곳에 가서 살고 싶다고 한 나라인데, 이들은 요순(堯舜) 때부터 해돋는 나라 동방(東方)에 사는 사람들이라고 하였다.

한(漢)나라 동방삭(東方朔)의 신이경(神異經)에 동방 사람들은 서로 공경하고 정이 많기 때문에 서로 사모하는 어진 사람들이므로 서로의 허물을 드러내지 않고 감싸주는 백성들이며, 환란(患亂)을 당하는 경우 위험을 무릅쓰고 구해 준다고 하였다.

이러한 사람들은 깊이 들여다보지 않으면 어리석은 것같이 보이나, 실은 진실로 착하고 어진 사람들이다. 팔조법(八條法)이 있으며 품성(品性)이 착하고 욕심이 적고 염치(廉恥)가 있는 사람들이다. 그러니 동성(同姓)

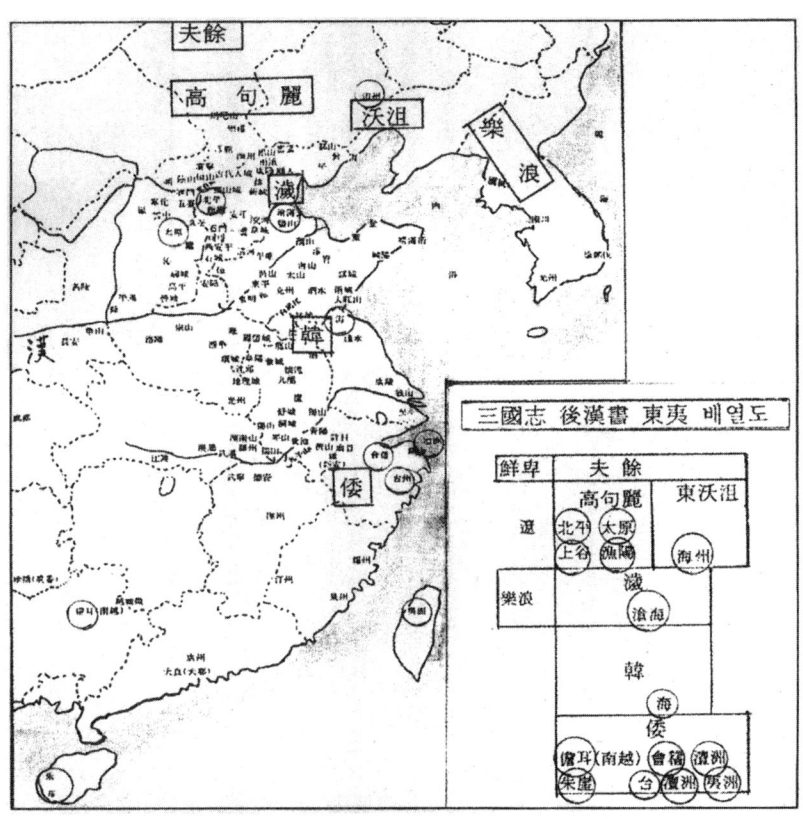

후한서 삼국지에 표시된 동이열국(東夷列國)의 위치

간에 혼인하지 아니하며 길을 가다가도 마주치면 서로 길을 비키며 양보하는 미덕(美德)을 지닌 백성들이다.85)

중국 사상 충의로 높이 평가되고 있는 제갈량(諸葛亮)의 심서동이론(心

---

85) 後漢書 卷二十八 地理志 … 皆濊貊朝鮮 殷道衰箕子去之朝鮮 犯禁八條 是以其民終不相盜 無門戶之閉 婦人貞信 不淫辟 東夷天性柔順 異於三方 故孔子欲居九夷有以也 師古曰 東夷 其國有仁賢之化可以行道也.

書東夷論)에도 '동이(東夷)는 예절이 바르고 대의(大義)에 입각하기 때문에 정의심과 충성심이 강하며, 군신 상하가 서로 화목하기 때문에 백성들은 안락하게 살고 있다. 외적이 침입해 위난에 처할 시는 총력을 기울여 방어해 내는 견고한 나라이다. 그러니 가히 침략을 도모할 수 없는 나라이다.'라고 하였다.86)

고대로부터 숙신(肅愼) 산융(山戎) 읍루(挹婁) 말갈(靺鞨) 물길(勿吉) 옥저(沃沮) 부여(夫餘) 등은 모두 단군 조선(檀君 朝鮮)의 부족(部族)들이었기 때문에, 단군 조선(檀君 朝鮮) 이후 단군세가(檀君世家)는 부여세가(夫餘世家)와 연결되었다. 숙신(肅愼)의 뒤를 이은 부여(夫餘)는 단군 조선의 중심 부족국이었는데, 부여(夫餘)의 동명왕(東明王)은 단군(檀君)의 아들이라 하였다.87)

삼국지 위지 동이전(三國志 魏志 東夷傳) 후한서 동이전(後漢書 東夷傳) 진서 부여전(晋書 夫餘傳)에 의하면 만리장성 이북으로부터 북으로는 약수(弱水) 또는 흑수(黑水)라는 흑룡강(黑龍江)까지와 서역(西域)은 선비(鮮卑)와 접해 있는 사방(四方)이 2천 리로, 호구(戶口) 8만 호였다고 한다.88)

부여(餘) 사람들은 옛날 숙신(肅愼) 때부터 흰옷을 입었던 사람들이다. 남녀 간에 정절을 지키며 동성불혼(同姓不婚)을 했으며, 신의와 정의

---

86) 後漢書 卷百十五 東夷傳 東方夷者 言仁而好生 天性柔順易以道御至有君子不死之國 故孔子欲居九夷也 昔堯命羲仲 宅嵎夷暘谷日之所出也 … 中略 … 東明因至夫餘而王之焉 於東夷之城 古肅愼氏之國也 其人性小嗜欲 同姓不婚 東方有人 相恭座而不傷毀 見人有患亂投死求人 蒼卒見之如癡名曰善. 三國志 魏志卷三十 東夷傳 昔箕子朝鮮 作八條之敎 其人性愿慤小嗜欲有廉恥 皆以穢爲民 同姓不婚 謹厚衣 尙日 其欲行者相逢 皆往讓路 … 諸葛亮, 心書東夷論,東夷之性 後禮大義 …中略 … 上下和睦 百姓安樂 未可圖也.
87) 桓檀古記北夫餘記 東明王高頭莫汗 使人來告曰 我是天帝子也.
88) 三國志魏志 卷三十 東夷傳 夫餘在長成之北有弱水 西與鮮卑接 方可二千里八萬戶.

감이 강하고 용감한 사람들이었기에 한(漢)나라는 이러한 부여가 흥기(興起)하면 큰 걱정이라 하고 부여를 방어하기 위하여 만리장성을 쌓았다고 한다.[89]

만리장성을 구축한 변으로 전국 시대 말기에 중원 대륙을 통일했던 진시황 당시의 동북아 정세는 북방에 강력한 흉노(匈奴)가 있었고 동북방에는 동호(東胡)라 일컬어 지던 부여(夫餘)가 있었다.

진시황이 죽은 뒤 항우(項羽)와 유방(劉邦)이 힘을 합하여 진(秦)을 멸하고, 그 후 다시 유방(劉邦)이 항우(項羽)를 물리치고 중국을 재통일하였는데, 한고조(漢高祖)는 흉노족(匈奴族)의 모돈(冒頓)에게 매년 비단과 곡물을 바치고 한황실(漢皇室)의 공주까지 흉노(匈奴) 선우(墠 : 단우(單于)) 임금에게 바치지 않고는 한(漢)의 평화를 지켜낼 수 없을 정도였다고 전한서(前漢書)는 언급하고 있다.[90]

유방(劉邦)이 한(漢)을 세웠으나 북방의 흉노족은 진시황이 구축했던 만리장성을 넘어 산서 지방(山西 地方)인 태원(太原)까지 진출해 와 이를 막고자 한고조(漢高祖)가 출전했으나, 오히려 백등산(白登山)에서 포위되고 만다. 어쩔 수 없이 위기를 벗어나기 위해 한고조는 모돈(冒頓) 선우(單于)의 비(妃) 알씨(閼氏)에게 사람을 보내 미인을 헌상하고자 한다고 전갈하였다.

이 말을 들은 알씨가 모돈에게 말하기를, "한나라 왕은 신령한 힘을 지

---

89) 三國志魏志 卷三十 東夷傳 其人性愿慤小嗜欲有廉恥皆以穢爲民 性彊勇謹厚 在國衣尙白. 三國史記 高句麗本紀 第一 漢嚴尤奏言匈奴未克 夫餘濊貊復起此大憂也. 史記卷百十匈奴傳 於時漢患之高帝乃使劉敬奉宗室女公主爲墠于閼氏 歲奉匈奴絮繒酒米食物各有數約 爲昆弟以和親 冒頓小止.
90) 前漢書卷九十四上 匈奴傳 於時漢高祖患之 酒使劉敬奉宗 室女翁主爲墠于閼氏 歲奉匈奴絮繒酒食物各有數 約爲兄弟以和親 冒頓小止.

닌 인물인데 이제 그 땅을 비록 얻는다 하더라도 잠시일 뿐 오래 지키지 못할 것이다."라고 하니 포위망을 풀어 주어 한고조가 탈출할 수 있었다. 이후 한은 비단과 곡물을 매년 흉노(匈奴)에게 바쳤을 뿐 아니라 황실의 공주까지 모돈의 비(妃)로 바치고, 제국(弟國)으로서 예를 다할 것을 맹약하고 화친하였다.

모돈(冒頓)이 죽은 뒤에도 이러한 맹약은 지켜져 한 제10대 황제인 원제(元帝 : BC49∼33) 때까지도 흉노의 호한선우(呼韓單于)에게 원제(元帝)의 후실 왕소군(王昭君)을 바쳤다. 이에 따른 한(恨)이 서렸던 원한시(怨恨詩)가 사기(史記) 권백십(卷百十) 흉노전(匈奴傳)에 전해지고 있다.

漢道方全盛 朝廷足武臣 何須薄命妾 辛苦事和親
한나라 황도 바야흐로 전성하고 조정에 무신 넉넉하거늘
하필이면 미인박명이라더니 신첩으로 흉노 섬기는 신고를 치루게 하나.

昭君弗玉鞍 上馬紅頰 今日漢後宮 明日胡之妾
소군 구슬안장 손질하고 말에 오르니 분홍빛 두 볼에 흐르는 눈물
금일은 한나라 후궁 내일은 흉노의 첩됨을 슬퍼하노라.

掩淚辭丹鳳 含悲向自龍 單于浪驚喜 無復舊時用
소군 드디어 한나라 궁을 하직하고 흉노 사자 따라 나서니
흉노 선우 미친 듯이 기뻐하려니와 소군의 옛 모습 다시 볼 수 없으리.

萬里邊城遠 千山行路難 擧頭惟見日 何處是長安
만리장성 길은 멀고 천산행로 산세 험한데
머리들어 해를 바라보며 떠나온 장안 어느 하늘인고!

胡之無花草 春來不似春 自然衣帶緩 非是爲腰身
호지에 무화초 봄이 와도 봄같지 않은데 어느새 시름으로
수척한 허리 흉노 선우의 사랑을 위해서가 아니로세.

이 밖의 애한(哀恨) 시(詩)로

이 내 집 한나라 이 몸을 만리 땅 이국으로 시집 보내 멀고 먼 이국 왕을 섬기노니, 둥근 천막을 방(房)으로 삼고 털옷을 이불 삼고 고기로 끼니를 때우고 낙(酪)을 국으로 먹으며 자나깨나 고국 생각 잠 못 이루니, 원컨대 이 몸 백조(白鳥) 되어 내 고국으로 돌아가고저[91]

라고 읊었다.

12. 화이관(華夷觀)과 사이사상(四夷思想)

BC 1766년 성탕(成湯)이 하(夏)나라를 멸하고 상(商 : 殷)을 세운 것은 오로지 동이족의 결속과 후원에 의한 것이다.

동이인 곤오족(昆吾族)은 산동성(山東省) 북방에서 서진(西進)하여 하북성(河北省) 남방의 려후국(黎侯國 : 뒷날 위(衛))을 경유, 남하하여 회(淮) 서이(西夷)의 후원을 받아 하남성(河南省) 북방에 상(商 : 은(殷))을 세웠다.

이 곳은 고죽국(孤竹國)의 월해대안(越海對岸)인 낭아(瑯琊)의 서북방, 려국(黎國)의 남방이었다. 은(殷)의 시조는 설(契)인데 순(舜)의 예교 정책

---

91) 史記 卷百十 匈奴傳 및 世界歷史 3권 p.277, 正韓出版社.

(禮敎 政策)을 맡은 사도(司徒)들이었다.

설(契)의 조상은 황제(黃帝)와 창힐(蒼頡)이며, 공자는 설(契)의 후손으로 알려지고 있다. 즉, 순(舜)이 설(契)을 상(商) 지방에 봉(封)하고 자(子)를 사성(賜姓)한 것이다.

은(殷)의 수도(首都)는 회이(淮夷)의 서방 인접지였다. 은(殷)의 650년간 통치 중에서 고죽국(孤竹國)을 위시한 다수의 동이 국가(東夷 國家)가 은(殷)의 제후(諸侯)가 되었다.

은(殷)은 주(周)의 무왕(武王)에 의해 멸망되었는데, 28대 650년간 존속했던 은(殷)의 멸망은 동이족의 몰락을 가져왔고 서융적(西戎的) 색채(色彩)의 한족구가(漢族國家)가 흥기하게 되었다.

주(周)는 스스로 제하(諸夏)라 칭하고 화(華) 이(夷)의 문자를 사용하기 시작하였다. 제하(諸夏)는 제한(諸漢)의 의미로, 한족(漢族)을 자칭(自稱)한 것이다. BC 2600년 창힐(蒼頡)은 문자를 창작하였는데, 창힐(蒼頡)의 후예(後裔)인 설(契)은 교문(敎文)에 주력하였다.

한문(漢文)의 한(漢)은 하(夏)에서 비롯된 것으로, 진한(秦漢) 시대 이전에 있어 온 문자인 태문(太文)을 한자(漢字)라 하였다. 이는 한글과 상통한 동음대위한(東音大謂韓 : 정다산(丁茶山))이라 하여 조선고어(朝鮮古語) 한(汗) 간(干) 한(桓) 한(韓)으로 표시하는 대(大)라는 것이다. 하(夏)가 한(漢)으로 대칭된 것은 한무제(漢武帝 : 기원전 100년) 이후이다.

전한(前漢) 시대에도 하후(夏候)니 하민(夏民)으로 자칭해 왔다. 설문해자(說文解字)에 하(夏) 가(暇) 해(害) 대(大)는 고음상(古音上) 상동(相同)하고, 맹자(孟子)에도 시일해상(時日害喪) 주(註)에 해(害)는 대야(大也)라 하고 예즉 음의(禮卽 飮義)에 하(夏)는 가(暇)라 하였다.92)

화이사상(華夷思想)은 이적(夷狄)을 중화(中華) 또는 중국(中國)과 구별하는 사상으로, 중국을 천하의 중앙이라 생각하고 그 주변에 문화가 낮은 동이(東夷) 서융(西戎) 남만(南蠻) 북적(北狄)이 거주한다는 사이사상(四夷思想)에서 비롯되었다.

그런데 서주(西周) 시대로부터 춘추(春秋) 시대만 하더라도 사이(四夷)는 반드시 중국 주변 지대에만 있는 것이 아니고 중국 내부에도 존재하였다.

이들과 중화(中華)를 구별하는 기준은 종족이나 지역의 문제가 아니고, 주왕조(周王朝)의 예문화(禮文化)를 체득하고 있는가 그렇지 못한가에 있었다.

주대(周代)의 씨족 사회가 무너지고 춘추전국(春秋戰國) 시대의 영역국가(領域國家) 체제(體制)에서 문화적(文化的) 동질화(同質化)가 진행되자 사이(四夷)는 이미 중국 내부에 존재하지 않고 주변 지대로 밀려나게 되면서 화이사상은 싹터왔다.[93]

서주(西周) 시대에 이어 춘추전국 시대에는 동이(東夷)의 거주지인 산동 일대에 제후(諸侯)가 분봉(分封)됨에 따라 동이(東夷)는 노(魯) 제(齊) 초(楚) 등의 나라와 영유권(領有權) 확보를 위한 치열한 투쟁을 벌이지만 점차 복속(服屬) 동화(同化)의 과정을 겪게 된다.

하지만 그들의 생활 양식과 전통은 상당 부분 유지되고 있었다. 진대(秦代)에는 군현제(郡縣制)의 시행(施行)으로 산동에 있던 동이(東夷) 집단이 진국(秦國)의 민호(民戶)로 편입(編入)됨에 따라 동이(東夷)는 한족(漢族)의 일부가 되었다.

---

92) 金啓業, 韓(桓)國民族總史考, 大韓獨立運動總史編纂委員會, 1985, p.4.
93) 위와 같은 책, pp.11~18. 및 申採湜, 東洋史槪論, 三英社, 1993, p.187.

이러한 변화는 동이(東夷)에 대한 개념(概念)을 변화시켰고 나아가서 동이(東夷)의 기존 거주지는 물론 여타 지역에서도 중화 세계관(中華 世界觀)을 키워나가는 계기가 되었다.

한족(漢族)이 중원(中原)을 차지함에 따라 중국 동북 지방(東北 地方)에 거주하는 여러 민족들을 동이(東夷)라 칭하게 되었다. 다시 말해 오늘날 중국인들의 대동이관(對東夷觀)은 중국 민족의 영토적(領土的)인 팽창(膨脹)과 그로 인한 그들의 세계관(世界觀) 확대(擴大)와 밀접한 관련을 갖게 되었다.

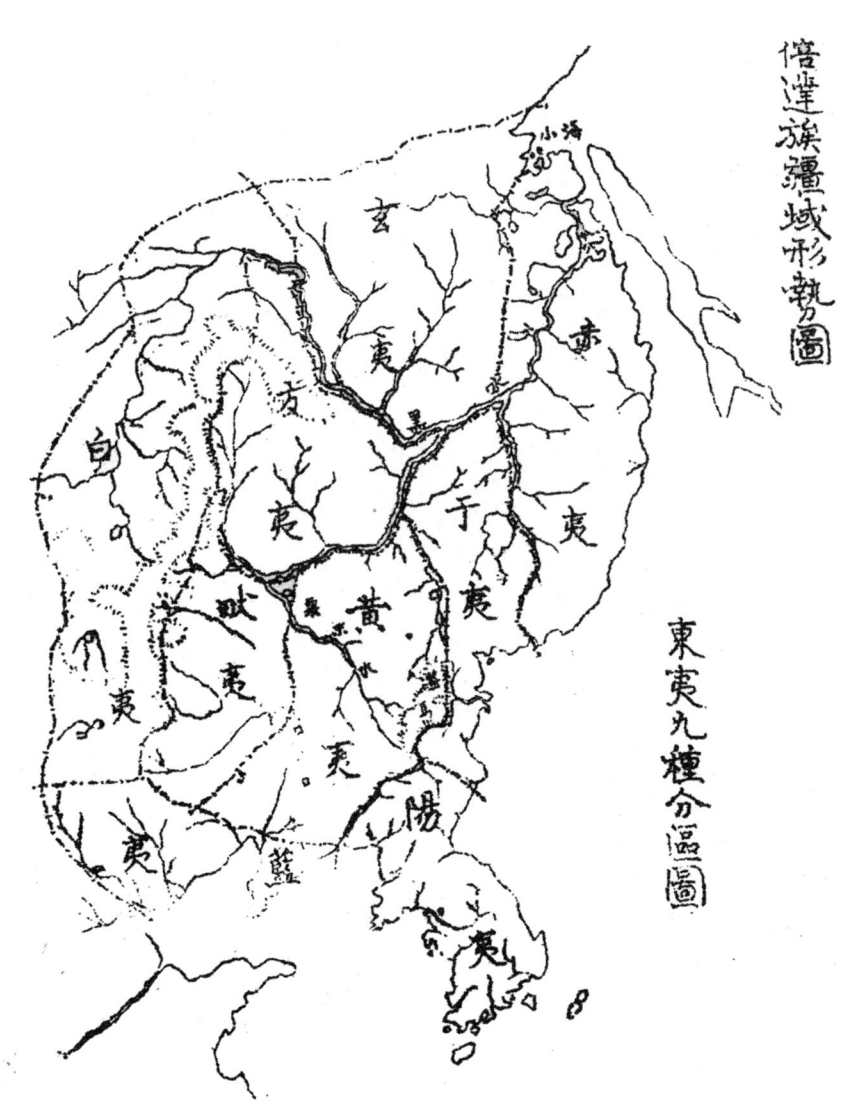

일제시대 만주에서 독립운동을 전개했던 신흥무관학교에서 민족정신을 고취하기 위해 사용했던 지도

[부록]

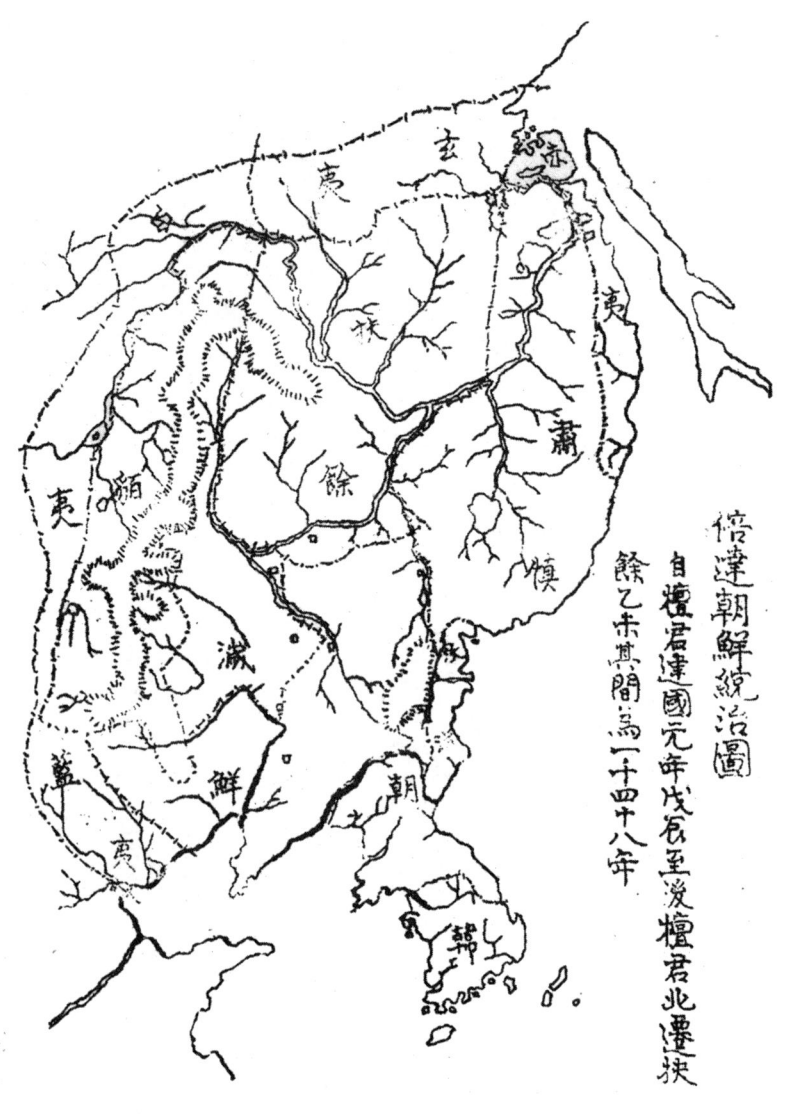

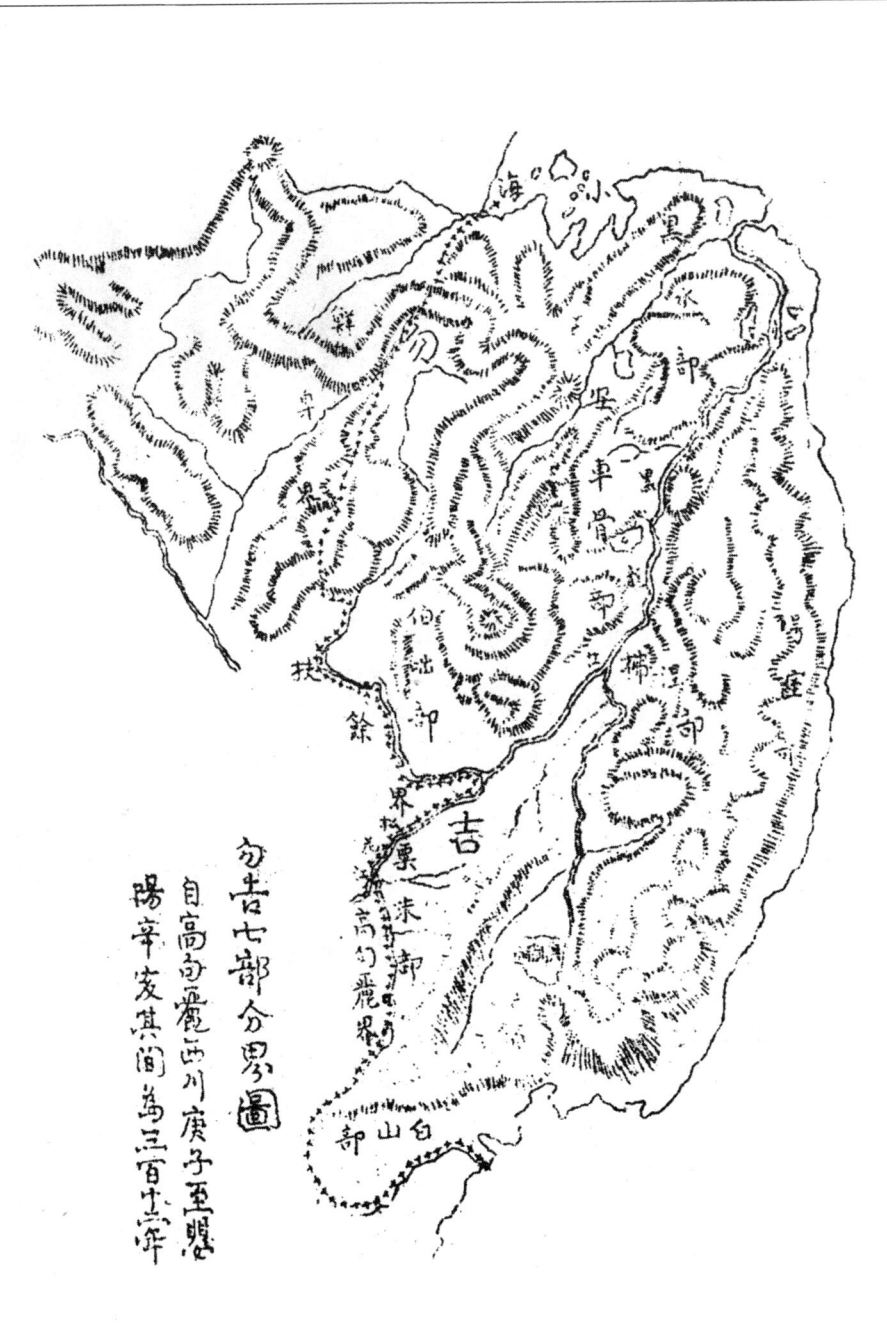

【부록】

渤海全盛疆域圖

自高祖元年己亥至哀宗
丙辰其間凡爲二百二十年